城市轨道交通工程
系统联调联试

张建平　主编

中南大学出版社
www.csupress.com.cn

·长沙·

本书编委会

◇ **主　编**

张建平

◇ **副主编**

刘乐毅　封世洋　秦　进

◇ **参编人员**

张　垒　成　锦　韩智勇　张永慨　王　超

关广辉　王华骏　孙　涛　张　进　谢建平

序

在《城市轨道交通工程系统联调联试》这部专著即将付梓之际，作为本书主编，我心中充满了感慨。在过去的近20年里，我的职业生涯与南京地铁的蓬勃发展紧密相连。自2005年9月3日南京地铁1号线开通运营以来，我便与南京地铁共同成长，它不仅见证了我个人的成长历程，也赋予了我丰富的实践知识和经验。截至2024年3月，南京地铁已经开通了13条线路，覆盖了南京市的所有行政区，构建了一个高效便捷的轨道交通网络。同时，还有11条线路正在如火如荼地建设中。在这些年里，作为运营主要负责人，我有幸亲身参与了多条线路综合联调，每一次的挑战都是对我的专业能力的考验，也是我积累宝贵经验的良机。

近年来，南京地铁的影响力逐渐扩大，也开始走出南京，与更多的兄弟单位分享联调经验和成果。在这个过程中，我们遇到了更多问题，也积累了更丰富的实践经验。

综合联调作为轨道交通新线建设中至关重要的一环，其复杂性涵盖了设备单体调试、系统调试及精细化的过程管理等多个维度。每条线路综合联调都承载着新线顺利开通运营的期望，只有确保新线设备的稳定性和可靠性，才能为乘客提供安全、舒适的出行体验。在这本书中，我们试图将在综合联调方面的实践经验进行总结和提炼，分享给广大读者。本书详细介绍了设备单体调试、系统调试、自动驾驶场景验证及过程管理等方面的内容，希望能为普通读者和从业者提供一份全面、实用的参考资料。

随着科技的飞速发展，新技术如信息化、AI等正为综合联调工作带来革命性的变革。机器学习和数据分析可以自动识别和修复系统中的问题，大大提高了联调工作的质量和效率，本书中我们将试图分享一些这方面的思考，希望对读者有所启发。

尽管我们努力使本书尽可能完善，但难免存在不足之处和纰漏。因此，诚邀广大专家和读者提出宝贵的意见和建议，帮助我们不断完善和提高。

最后，衷心感谢所有参与本书编写的专家和学者，正是他们的辛勤工作和智慧结晶，使得本书得以顺利完成。愿我们的努力能为城市轨道交通行业的繁荣发展贡献绵薄之力。

目 录

第一篇 引言篇

第1章 概述 …………………………………………………………… 3

1.1 联调联试特征 ………………………………………………… 3

1.2 联调联试目的 ………………………………………………… 3

1.3 联调联试范围 ………………………………………………… 4

1.4 联调联试流程 ………………………………………………… 5

第二篇 单系统调试篇

第2章 轨道专业单系统调试 ……………………………………… 9

2.1 系统概述 ……………………………………………………… 9

2.2 主要设备 ……………………………………………………… 9

2.3 单系统调试方式方法 ………………………………………… 10

2.4 单系统调试对联调联试的意义 ……………………………… 10

第3章 车辆专业单系统调试 ……………………………………… 11

3.1 系统概述 ……………………………………………………… 11

3.2 主要设备 ……………………………………………………… 11

3.3 单系统调试方式方法 ………………………………………… 12

3.4 单系统调试对联调联试的意义 ……………………………… 13

第4章 供电专业单系统调试 ……………………………………… 14

4.1 系统概述 ……………………………………………………… 14

4.2 主要设备 ……………………………………………………… 14

4.3 单系统调试方式方法 ………………………………………… 14

4.4 单系统调试对联调联试的意义 ……………………………… 16

第 5 章　信号专业单系统调试 ··· 17

　5.1　系统概述 ··· 17

　5.2　主要设备 ··· 17

　5.3　单系统调试方式方法 ··· 17

　5.4　单系统调试对联调联试的意义 ·· 20

第 6 章　通信专业单系统调试 ··· 21

　6.1　系统概述 ··· 21

　6.2　主要设备 ··· 21

　6.3　单系统调试方式方法 ··· 23

　6.4　单系统调试对联调联试的意义 ·· 24

第 7 章　综合监控专业单系统调试 ·· 25

　7.1　综合监控系统 ·· 25

　7.2　火灾自动报警系统 ·· 27

　7.3　环境与设备监控系统 ··· 30

　7.4　门禁系统 ··· 32

第 8 章　机电专业单系统调试 ··· 35

　8.1　通风空调系统 ·· 35

　8.2　给排水系统 ··· 40

　8.3　电扶梯系统 ··· 42

　8.4　站台门系统 ··· 45

第 9 章　自动售检票专业单系统调试 ·· 47

　9.1　系统概述 ··· 47

　9.2　主要设备 ··· 47

　9.3　单系统调试 ··· 48

　9.4　单系统调试对联调联试的意义 ·· 49

第三篇　联调联试篇

第 10 章　车辆系统联调联试 ··· 53

　10.1　系统概述 ·· 53

　10.2　测试项目 ·· 53

　10.3　方式方法 ·· 55

　10.4　常见问题 ·· 67

10.5　安全注意事项 ·· 68

第 11 章　供电系统联调联试 ·· 69

11.1　系统概述 ··· 69
11.2　测试项目 ··· 70
11.3　方式方法 ··· 71
11.4　常见问题 ··· 87
11.5　安全注意事项 ·· 88

第 12 章　信号系统联调联试 ·· 89

12.1　系统概述 ··· 89
12.2　测试项目 ··· 89
12.3　方式方法 ··· 93
12.4　常见问题 ··· 112
12.5　安全注意事项 ·· 112

第 13 章　通信系统联调联试 ·· 114

13.1　系统概述 ··· 114
13.2　测试项目 ··· 114
13.3　方式方法 ··· 116
13.4　常见问题 ··· 147
13.5　安全注意事项 ·· 147

第 14 章　综合监控系统联调联试 ·· 149

14.1　系统概述 ··· 149
14.2　测试项目 ··· 149
14.3　方式方法 ··· 153

第四篇　其他系统调试篇

第 15 章　冷、热滑试验 ·· 247

15.1　冷滑实验 ··· 247
15.2　热滑实验 ··· 248

第 16 章　轮轨关系测试 ·· 250

16.1　轨道动态几何状态 ··· 250
16.2　车辆动力学 ··· 251

第 17 章　弓网关系测试 ·· 254

17.1　测试概述 ·· 254
17.2　测试内容 ·· 254
17.3　组织方式 ·· 255
17.4　前置条件 ·· 255
17.5　调试方法及步骤 ·· 255

第 18 章　试运行跑图调试 ·· 258

18.1　概述 ·· 258
18.2　组织方式 ·· 258
18.3　前置条件 ·· 259
18.4　程序及主要内容 ·· 259

第五篇　无人驾驶篇

第 19 章　无人驾驶联调联试介绍及正常运行场景验证 ·· 263

19.1　运行前准备场景 ·· 264
19.2　唤醒场景 ·· 267
19.3　轨道车运行场景 ·· 269
19.4　运营列车出库场景 ·· 270
19.5　列车进入正线服务场景 ·· 272
19.6　列车区间运行场景 ·· 273
19.7　列车进站停车场景 ·· 274
19.8　列车站台发车场景 ·· 277
19.9　列车折返换端场景 ·· 278
19.10　清客场景 ·· 280
19.11　运营调整场景 ·· 282
19.12　末班车运行场景 ·· 285
19.13　自动关站场景 ·· 286
19.14　列车停止正线服务场景 ·· 287
19.15　列车回库场景 ·· 288
19.16　清扫场景 ·· 289
19.17　休眠场景 ·· 290
19.18　日检与检修场景 ·· 292
19.19　洗车场景 ·· 294
19.20　场段内转线场景 ·· 296
19.21　车上设备工作状态远程检测场景 ·· 300

19.22 自动化区域内人员防护场景 ································ 301

第20章 故障场景验证 ································ 303

20.1 站台门故障场景 ································ 303

20.2 车辆故障场景 ································ 306

20.3 信号设备故障场景 ································ 310

20.4 蠕动模式场景 ································ 312

20.5 远程限制运行模式(RRM)场景 ················ 313

20.6 综合监控设备故障场景 ························ 315

20.7 通信设备故障场景 ····························· 316

20.8 列车远程控制功能场景 ························ 320

20.9 接触网失电场景 ······························ 321

第21章 应急场景验证 ································ 323

21.1 紧急呼叫场景 ································ 323

21.2 车门紧急解锁装置场景 ························ 324

21.3 障碍物/脱轨检测场景 ························ 326

21.4 车上设施异常场景 ···························· 328

21.5 再关车门/站台门控制场景 ···················· 329

21.6 站台紧急关闭场景 ···························· 331

21.7 车辆火灾场景 ································ 332

21.8 车站火灾场景 ································ 334

21.9 区间火灾场景 ································ 335

21.10 恶劣天气模式场景 ···························· 337

21.11 列车救援场景 ································ 338

21.12 区间疏散场景 ································ 340

21.13 区间阻塞场景 ································ 342

21.14 区间积水场景 ································ 343

21.15 控制中心失效场景 ···························· 344

21.16 远程紧急制动场景 ···························· 345

第六篇 管理篇

第22章 组织管理 ································ 349

22.1 组织原则 ································ 349

22.2 组织模式 ································ 350

22.3 组织流程 ································ 351

第 23 章 计划管理 ·· 353

23.1 实施流程 ·· 353

23.2 计划管理 ·· 353

23.3 进度管理 ·· 358

第 24 章 问题管理 ·· 360

24.1 问题消缺流程 ··· 360

24.2 问题统计方式 ··· 360

24.3 问题消缺管理 ··· 361

第 25 章 安全管理 ·· 363

25.1 人员安全 ·· 363

25.2 应急管理 ·· 364

第 26 章 轨行区管理 ·· 365

26.1 现场管理 ·· 365

26.2 调度室管理 ··· 367

26.3 轨行区安保管理 ·· 368

第 27 章 考核与信息化管理 ····································· 373

27.1 信息化软件 ··· 374

27.2 AI 探索 ··· 380

第 28 章 系统联调的评估总结与收尾内容 ······················ 382

28.1 试运行开始前的综合联调评估报告 ····················· 382

28.2 试运行结束前的综合联调总结与评估 ··················· 382

28.3 综合联调总结与评估总报告 ···························· 383

28.4 文档整理归档 ··· 383

附录：名词术语 ··· 385

参考文献 ··· 388

第一篇

引言篇

随着城市规模的不断扩大，人口数量的持续增长，城市道路交通压力日益增大。轨道交通作为一种大容量、高效率的公共交通工具，能够有效地缓解城市道路交通拥堵，提高市民出行效率，优化城市结构，实现绿色低碳发展，提高整个区域的经济效益。

近年来，我国城市轨道交通在建设、运营、技术等方面取得了世界领先的成果。无人驾驶、全自动运行等先进技术逐步应用于实际运营。

城市轨道交通技术的发展与高质量开通的要求，使得开通前设备联调工作的重要性愈发凸显。在城市轨道交通项目中，设备联调工作是确保线路顺利开通、运行的关键环节，它对于提高运营效率、保障乘客安全和舒适度具有举足轻重的作用。

首先，设备联调工作是确保各类设备系统之间协同运作的基础。城市轨道交通系统涉及众多专业领域，如电气、通信、信号、自动控制等。这些设备系统的稳定运行和高效协同，是实现轨道交通正常运营的关键。因此，在开通前进行深入、全面的设备联调，以确保各个系统之间的兼容性和协调性，至关重要。

其次，设备联调工作对于提高运营效率具有重要意义。在城市轨道交通项目中，运营效率是衡量系统性能的重要指标。通过设备联调，可以优化设备系统的性能，降低故障率，减少维修成本，从而提高运营效率。此外，设备联调还有助于实现智能化运营管理，为乘客提供个性化、便捷化的出行服务。

再次，设备联调工作有利于保障乘客安全和舒适度。在城市轨道交通系统中，乘客安全和舒适度是至关重要的方面。通过设备联调，可以确保设备系统在紧急情况下及时响应，保障乘客的生命安全。同时，设备联调还可以提高乘客的出行舒适度，提升轨道交通的吸引力。

总之，随着城市轨道交通技术的发展和高质量开通的要求，开通前设备联调工作越发受重视。只有做好设备联调，才能确保线路顺利开通、高效运营，为乘客提供安全、舒适的出行体验。因此，各相关部门和企业应高度重视设备联调工作，加强协同配合，确保城市轨道交通项目的顺利推进。

本书旨在阐述轨道交通新线建设与运营过渡阶段，设备单体调试、系统调试、自动驾驶场景验证及过程管理的相关内容。

第1章 概述

1.1 联调联试特征

城市轨道交通工程系统联调联试特征主要有：

（1）涉及单位广。建设、设计、施工、监理、供货商、运营等诸多单位都参与其中。

（2）持续时间长。通常需要花费6个月到1年的时间，才能彻底完成联调的全部工作，相对来说需要花费较长的一段时间。

（3）工作交叉多。一方面得完成接触网、轨道等方面的设定工作，另一方面要开展必要的检测，对各类设备的性能进行调整和优化，其中存在着非常多的彼此交叉的工作。

（4）安全风险高。鉴于联调过程中存在工作交叉多的现象，并且设备并未真正步入运营状态，调度、行车等方面仍需较高标准，由此可能导致突发性风险事件，使联调作业存在一定风险。

（5）质量责任大。综合联调是检验各设备系统的功能是否符合设备合同要求和国家、行业规范规定，验证各设备系统间接口功能是否符合接口文件要求，验证各系统设备的可靠性、可用性、可维护性，提高系统安全性的重要保障手段，联调质量直接影响地铁运营的运维质量与服务质量。

（6）涉及专业多。联调联试涉及专业包括车辆、供电、通信、信号、综合监控（ISCS）、自动售检票（AFC）、乘客信息（PIS）、屏蔽门（PSD）、动力照明、环控通风、给排水消防、门禁（ACS）、防淹门/人防门、自动扶梯（电梯）等，几乎囊括地铁涉及的所有专业。

1.2 联调联试目的

（1）验证各设备系统的功能是否符合设备合同要求和国家、行业规范规定。

（2）验证各设备系统间接口功能是否符合设计文件与接口文件要求。

（3）验证各系统设备的可靠性、可用性、可维护性，提高系统安全性。

（4）验证各设备系统间的联动能力与综合服务质量。

（5）为运营单位提供提前介入新建线路的平台，熟悉设备，磨合人机接口，提前释放风险。

（6）检验运营单位的维修架构与人员配置、岗位培训、运营管理和设备检修机具配置、备品备件与生产性耗材储备、管理规章制度与维修技术文本、故障处理流程与应急保障措施等是否满足开通试运营要求。

1.3 联调联试范围

根据工程特点，系统联调的测试范围见表 1-1。

表 1-1 系统联调的测试范围

序号	系统	子系统
1	轨道	轨道
2	车辆	牵引辅助系统
3		制动系统
4		车端连接系统
5		车门系统
6		车载 FAS 系统
7	供电	接触网系统
8		400 V 专业
9		35 kV/10 kV 专业
10		1500 V 专业
11		可视化接地系统
12	信号	ATO 列车自动运行系统
13		ATP 列车自动防护系统
14		ATS 列车自动监控系统
15	通信	传输系统
16		公务电话系统
17		专用电话系统
18		专用无线通信系统
19		视频监视系统
20		广播系统（PA）
21		时钟系统（CLK）
22		乘客信息系统（PIS）
23		集中告警系统
24		信息网络系统
25		综合电源系统及接地子系统

续表1-1

序号	系统	子系统
26	综合监控系统(含 BAS/FAS/气体灭火/门禁系统)	综合监控
27		大屏幕系统
28		BAS 系统
29		FAS 系统
30		气体灭火系统
31		门禁系统(ACS)
32	机电	通风空调系统
33		消防给排水系统
34		门梯系统(电扶梯、站台门)
35		动力照明系统
36		防淹门系统
37	自动售检票	AFC

1.4 联调联试流程

联调联试过程可划分为三个阶段:联调准备、实施与总结。

1.4.1 准备阶段主要工作

(1)收集系统设备设计文件、技术文件;整理各系统设备功能、性能和接口关系。
(2)结合工程技术特点,确定联调联试项目。
(3)结合工程计划节点,编制联调联试总体计划。
(4)编制审核联调方案、大纲、实施细则等技术文件。
(5)根据联调方案、大纲、实施细则的内容,组织参调单位及个人培训。

1.4.2 实施阶段主要工作

(1)组织开展单项联调实施科目培训,确认联调科目前提条件。
(2)结合联调联试总体计划及现场进度编制联调联试月度、周计划。
(3)组织联调现场实施,记录和整理联调数据、问题。
(4)针对联调联试个性问题组织业主、设计、集成、施工和监理单位制定解决方案。
(5)定期组织业主、运营、设计、集成、施工和监理单位召开联调联试阶段推进总结会议,对联调联试进度计划采取纠偏措施。
(6)如实编制联调联试日报、周报与月报等过程性文件。
(7)如实记录联调联试问题,形成问题清单,落实联调问题整改。
(8)形成各专业联调联试评估表。

1.4.3　总结阶段主要工作

(1)督促全部问题整改,编制联调科目报告和总体评估报告。

(2)完成联调档案归档。

系统联调总体工作流程如图 1-1 所示。

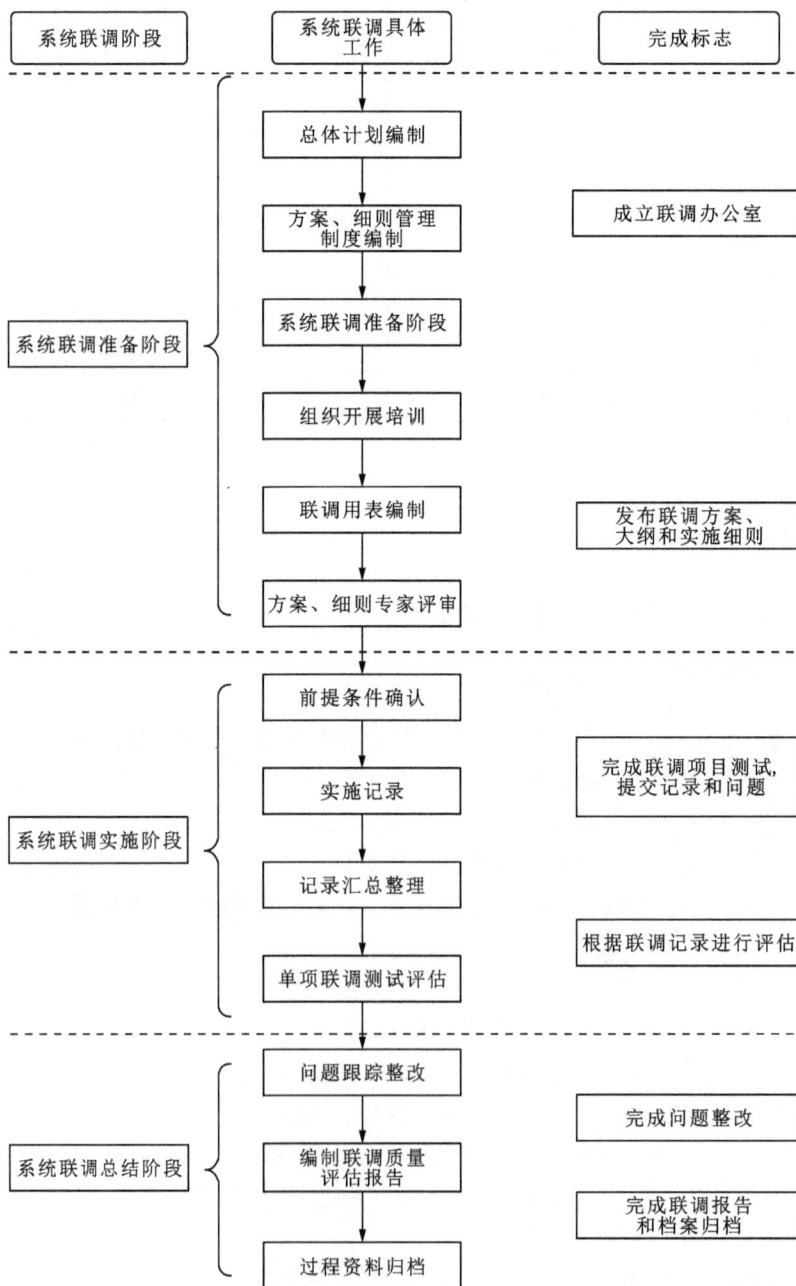

系统联调阶段	系统联调具体工作	完成标志
系统联调准备阶段	总体计划编制 → 方案、细则管理制度编制 → 系统联调准备阶段 → 组织开展培训 → 联调用表编制 → 方案、细则专家评审	成立联调办公室；发布联调方案、大纲和实施细则
系统联调实施阶段	前提条件确认 → 实施记录 → 记录汇总整理 → 单项联调测试评估	完成联调项目测试,提交记录和问题；根据联调记录进行评估
系统联调总结阶段	问题跟踪整改 → 编制联调质量评估报告 → 过程资料归档	完成问题整改；完成联调报告和档案归档

图 1-1　系统联调总体工作流程

第二篇

单系统调试篇

单系统及接口调试阶段的核心任务是检验设备安装质量；检验设备性能是否符合设计文件要求；检验设备接口是否符合接口文件要求。根据检查情况及设备状态，组织必要的抽查、复试。

单体调试是指设备在安装后未与系统连接时，为确认其是否符合产品出厂标准和满足实际使用条件而进行的单机或单体加电、调试工作。

接口调试是指在单项设备系统安装、调试完成后，在具有接口联系的设备系统间进行的验证、调整及优化工作。

第2章　轨道专业单系统调试

2.1　系统概述

轨道系统是铁路轨道的基本承重结构，用于引导机车车辆行驶，同时为车轮的滚动提供最小阻力的接触面。钢轨要求有足够的承载能力、抗弯强度、断裂韧性、稳定性及耐腐性能。钢轨下的道床上一般横向铺着轨枕，轨枕承受来自钢轨的压力并传给道床，同时利用扣件有效地保持轨道的轨距和位置。

2.2　主要设备

（1）钢轨

按钢轨的长度，可分为标准轨、缩短轨等。标准轨的长度有 12.5 m 和 25 m 两种。一般 60 kg/m（含）以上钢轨采用 25 m 标准轨；其余 50 kg（含）以下钢轨长度既有 25 m 标准轨，也有 12.5 m 标准轨。缩短轨是为了使曲线上钢轨内外股接头对接而在工厂内特制的钢轨。12.5 m 标准轨的缩短轨有 12.46 m、12.42 m 和 12.38 m 三种；25 m 标准轨的缩短轨有 24.96 m、24.92 m、24.84 m 三种。按化学成分，我国钢轨又分为 U71、U74、U71Cu、U7lMn、PD2、PD3、U75 V 等。其中 U71、U74 为普通碳素钢轨，其余为低合金钢轨。

（2）道岔

道岔是一种使机车车辆从一股道转入另一股道的线路连接设备，也是轨道的薄弱环节之一，通常在车站、编组站大量铺设。有了道岔，可以充分发挥线路的通过能力。即使是单线铁路，铺设道岔、修筑一段大于列车长度的叉线，也可以对开列车。

（3）扣件

扣件是轨道交通中用于固定钢轨的装置，是轨道结构的重要组成部分，它的作用是将钢轨和轨下基础连接成一个整体，将钢轨所受到的力传递给轨下基础，并保持钢轨的正确位置，防止钢轨产生纵横向位移，同时提供一定的轨道弹性，起到减振降噪的效果。

（4）轨枕

轨枕在轨道交通中用于支撑钢轨、保持钢轨的位置，同时将钢轨传递的巨大压力再均匀地传递给道床。它必须具备一定的柔韧性和弹性，列车经过时可以适当变形以缓冲压力，列车过后还得尽可能恢复原状。

（5）道床

道床是轨道的重要组成部分，是轨道框架的基础。道床通常指的是铁路轨枕下面、路基面上铺设的石砟（道砟）垫层。其主要作用是支撑轨枕，把轨枕上部的巨大压力均匀地传递给路基面，并固定轨枕的位置，阻止轨枕纵向或横向移动，大大减少路基变形的同时还缓和了机车车辆轮对钢轨的冲击，便于排水。

2.3　单系统调试方式方法

2.3.1　单系统调试前置条件

①轨道及道岔安装完毕。
②道床结构稳定。

2.3.2　单系统调试内容

①道岔构造尺寸调整：包括轨距及支距调整与各部间及间隙尺寸、部件匹配尺寸调整。
②轨道几何平顺性调整：包括轨向、高低、水平和扭曲调整与整体平顺性优化。
③转换锁闭设备性能调整：包括锁闭设备适应性调整、同步性调整与锁闭和探测能力校验。
④连接部件检查与紧固：包括轨枕、导轨、机械传动机构件与控制杆链接检查和调整。
⑤口道转换机构调整：包括手动启动与位置检查、性能优化。
⑥验收调试：包括机车试验与安全通过性验证。

2.3.3　单系统调试步骤

（1）机械部分调试
①检查道岔零件和机械部分，确认道岔零件完好、机械部分无异常。
②确定控制杆、机械转换器、口道转换机构、关节部位等关键位置无异常，并以这些位置为基准进行调整。
③安装计量器，测量道岔各部位的几何关系，确定道岔基准位置和各部分的相对位置。
④检查并调整导轨和机械传动机构，确保它们符合规范，并对可能影响道岔转换的机械传动机构进行调整。
⑤检查并调整控制杆链接，确保手动转换机构旋转到正确位置，使道岔的锁定杆准确对齐，其他控制机构也旋转到正确位置。
⑥口道转换机构调整：手动启动道岔机械部分，检查口道转换的位置和转换机构与道岔的各部分的距离。
（2）电气部分调试
①检查电气部件：检查限位开关、翻转器、控制电缆等是否正常。
②通电测试：对车站或网格控制室的信号，以及限位开关、电源线和控制电缆等进行通电测试。

2.4　单系统调试对联调联试的意义

道岔的单系统调试直接影响轨行区动调期间的调试效率与行车安全，因此做好轨道系统的粗调与精调、确保调校结果满足设计要求，是轨行区动调期间计划顺利实施与行车安全的重要保障。

第3章 车辆专业单系统调试

3.1 系统概述

地铁车辆系统是城市轨道交通中的重要组成部分，主要负责搭载乘客在城市中安全、快速地出行。地铁车辆是该系统的核心组成部分，是实际搭载乘客的部分。地铁车辆的性能直接影响到乘客的安全和舒适程度。为了达到这个目的，现代地铁车辆中采用了许多新技术、新材料和新设备，例如，电子计算机网络控制技术、设备运行监测技术、设备故障诊断技术等。此外，地铁车辆还采用了铝合金或不锈钢材料和轻量化的整体承载结构，以提高车辆的强度和减轻车身重量；配备了车载ATC信号系统和再生电制动系统，以确保列车运行的安全和稳定性。

基于城市轨道交通车辆的现实应用，可将城轨车辆划分为主流型与非主流型。主流型城轨车辆主要包括两类：A型车与B型车。A型车主要特征为车体宽度和编组规模较大、运量高。相较之下，B型车的造价和运量较低，我国多数城市地铁所采用的车辆即为B型车。除主流型城轨车辆外，还包括Lb型车、Lc型车、C型车以及低地板车等非主流型城轨车辆。城市地铁车辆的选择主要取决于地铁规划、线路客流、运营成本以及车辆维修等综合因素。

3.2 主要设备

城市轨道交通车辆不管是动车还是拖车，主要都是由车体、转向架、车钩缓冲装置、制动装置、受流装置、电气系统、内部设备等部分组成。

（1）车体

车体分为有司机室车体和无司机室车体两种，坐落在转向架上。除了载客之外，还是其他设备的安装基础，几乎所有的机械、电气、电子等设备都安装在车体的上部、下部及内部，驾驶室也设置在车体内。近代城轨车辆车体均采用整体承载的钢结构或轻金属结构，以期达到满足强度、刚度要求的同时最大限度地减轻自重。车体一般由底架、侧墙、车顶、前端、后端、车门等组成。

（2）转向架

转向架位于车体与轨道之间，用来支撑车体，牵引和引导车辆沿着轨道行驶，承受与传递来自车体及线路的各种载荷并缓和其冲击作用。转向架分为动力转向架和非动力转向架，动力转向架安装在动车上，非动力转向架安装在拖车上。

（3）车钩缓冲装置

车辆借助车钩编组成列车。为了改善列车的纵向平稳性，在车钩的后部装设缓冲装置，以缓和列车的冲击。另外必须连接车辆之间的电气和空气的管路。

（4）制动装置

制动装置是使车辆减速、停车，保证列车安全运行必不可少的装置。在动车和拖车上均要设置制动装置，才能使运行中的车辆按需要减速或在规定的距离内停车。

（5）空调通风系统

城市轨道交通车辆加装空调通风系统，可改善车厢内的空气质量，提高车辆的服务质量。

（6）受流装置

受流装置从接触导线或导电轨中将牵引电流引入动车。接触网受流采用受电弓，接触轨受流采用轨道受流器。

（7）车辆电气牵引系统

车辆电气牵引系统指车辆上的各种电气牵引设备及其控制电路。车辆电气牵引系统有直流电气牵引系统和交流电气牵引系统两种。随着电力电子技术和微电子技术的高速发展，目前几乎所有车辆都采用交流牵引电机和交流调频调压（VVVF）控制的交流电气牵引系统。

（8）车辆内部设备

车辆内部设备包括座椅、拉手等服务于乘客的固定附属装置和电动空气压缩机组、总风缸、电源变压器、各种电气开关、接触器箱等服务于车辆运行的设备装置。

（9）列车控制和诊断系统

列车控制和诊断系统有自我监控和诊断功能，能对列车主要设备的运行状态和故障自动进行信息采集、记录和显示。

（10）乘客信息系统

城市轨道交通车辆乘客信息系统向乘客提供列车运行信息、安全信息和其他公共信息；在列车发生故障或事故时，则向乘客提供回避危险的指挥、指导信息等。

3.3 单系统调试方式方法

3.3.1 单系统调试前置条件

①设备安装：车辆各子系统设备安装完成，包括但不限于牵引系统、制动系统、辅助系统、列车控制系统等。

②设备检测：对所有设备进行初步检测，确保设备正常工作。

③设备接线：对所有设备的线路进行检查，确保线路连接正确，无短路、断路等情况。

④设备保护措施：确保设备已经采取了必要的保护措施，以防止在调试过程中设备受到损坏。

⑤调试工器具：调试所需工具和设备准备齐全，包括测试仪器、调试软件等。

⑥调试人员培训：确保调试人员已经接受了相关培训，能够熟练掌握设备的操作规程、调试和维护技能。

⑦计划方案：调试计划和方案已经制订，并经过审核和批准。

⑧关联系统的施工安装：与车辆系统相关的其他专业施工或安装已完成，例如通信、信号、供电等。

⑨安全措施：调试前需要制定完善的安全措施，确保调试过程中的安全。

3.3.2　单系统调试内容

①车体尺寸检查：主要针对车体各参数，如地板高度等是否符合规定标准、车体的限界实验是否合格等进行一系列检查。

②PSI 检查：主要对到货列车进行检验与测试，确定质量符合标准。这个阶段会涉及连线是否存在松动、器械是否存在损坏等，尤其包含车辆的内外部情况。

③静态、动态调试：这部分工作主要包括牵引系统、制动系统、辅助系统、PIS 系统的静态及动态调试。

④车辆预验收：完成列车静态、动态调试后，调试组会对列车进行验收工作，双方签署车辆预验收文件。

3.3.3　单系统调试步骤

①调试准备：包括调试人员培训、调试工具和设备的准备、调试环境的搭建等。

②单体调试启动：按照地铁车辆系统的要求，启动并检查各子系统的状态，确保所有子系统准备就绪。

③牵引制动测试：对地铁车辆的牵引和制动系统进行测试，确保车辆在运行过程中牵引、制动等相关功能正常。

④辅助系统测试：对地铁车辆的辅助系统包括空调、照明等进行测试。

⑤安全性测试：对地铁车辆的安全性进行测试，包括车辆超速保护、紧急制动、车门安全功能等。

⑥功能验证：对地铁车辆的主要功能进行验证，包括列车联挂功能、车辆火灾报警、车辆紧急对讲等。

⑦调试总结：对整个调试过程进行总结，记录存在的问题和改进措施，形成调试报告。

3.4　单系统调试对联调联试的意义

地铁车辆系统是地铁各系统联调联试的重要组成部分。地铁车辆系统的单体调试不仅确保了车辆系统各个设备的正常运行，还提高了联调联试的效率安全性和可靠性，也为地铁车辆系统的稳定运行提供了有力保障。因此，在地铁车辆系统的建设和调试过程中，应充分重视单体调试环节，确保其顺利完成。

第4章 供电专业单系统调试

4.1 系统概述

地铁供电系统是保障地铁运营的动力能源,是地铁安全运营的重要设施。它负责提供电能,用于地铁的牵引和各种机电设备的动力,以及照明、空调、通风等设备的电力供应。该系统主要由高压输电网、主变电所、牵引供电系统和配电网络等部分组成。高压输电网将电能从发电厂输送到城市的各个主变电所,电能经主变电所降压处理后再输送到牵引变电所,经牵引变电所降压、换流(转换为直流电)后,向城市轨道快速交通线路运行的动车组输送电力。地铁供电系统的电压等级可以根据不同国家和地区的实际情况选择,一般为直流 600 V、750 V 或 1500 V。其中,直流 750 V 和 1500 V 是国际上比较常见的地铁供电电压等级,亦是我国国标规定推荐等级。

地铁供电系统作为城市交通的核心组成部分,对线路运行具有直接影响,其可靠性、稳定性和安全性必须得到充分保障。因此,地铁供电系统通常会采取多种措施来保证供电的可靠性,例如采用备用电源、双路供电、分段供电等方案。同时,为了保证系统的稳定性,供电设备会进行定期维护和检查,以及实施自动化控制和监测等手段。

4.2 主要设备

①电源设备:包括城市电网电源、主变电所等,负责向牵引变电所和降压变电所供电。

②牵引供电设备:包括牵引变电所和接触网(接触轨)等,负责将从主变电所(开闭所)获得的电能经过降压和整流变成电动列车牵引所需要的直流电,提供给地铁车辆使用。

③配电设备:包括降压变电所、配电线路等,负责将电能分配给各用电设备。

④监控设备:包括电力调度、自动化系统等,负责对整个供电系统进行实时监控和调度。

⑤维修设备:包括各种维修工具和仪器等,负责对供电系统进行维修和保养。

4.3 单系统调试方式方法

4.3.1 单系统调试前置条件

①设备安装:确保所有供电系统设备已经按照设计要求安装完毕,设备外观良好,无损坏。

②设备接地：所有设备应按照设计要求进行接地，接地电阻应符合相关规定。

③设备电源：确保调试所需电源已经接入设备，并且电压稳定、无异常波动。

④设备信号输入：确保调试所需信号已经接入设备，并且信号质量良好、无干扰。

⑤调试工器具：调试所需工具和设备准备齐全，包括测试仪器、调试软件等。

⑥调试人员培训：确保调试人员已经接受了相关培训，能够熟练掌握设备的操作规程、调试和维护技能。

⑦设备保护措施：确保设备已经采取了必要的保护措施，以防止在调试过程中设备受到损坏。

⑧安全措施：调试前需要制定完善的安全措施，确保调试过程中的安全。

4.3.2 单系统调试内容

①绝缘电阻测试：测试供电设备(如变压器、开关柜等)的绝缘性能，确保设备在正常工作电压下不会发生漏电、电击等问题。

②耐压试验：测试供电设备在高压下的性能，以验证设备是否能够在正常工作电压范围内稳定运行。

③直流电阻测试：测试供电设备的直流电阻，以检查设备的导电性能和电气连接是否良好。

④继电保护装置调试：对供电系统中的继电保护装置进行测试和调试，以确保在发生故障时能够及时切断故障线路，保护整个系统的安全。

⑤开关柜调试：对地铁供电系统中的开关柜进行测试和调试，包括对柜内的一次、二次电气元件进行校验和调试。

⑥变压器调试：对地铁供电系统中的变压器进行测试和调试，包括对变压器的电气性能、机械性能、冷却系统等进行全面检测。

⑦电缆测试：对地铁供电系统中的电缆进行测试，包括电缆的绝缘电阻、导电性能、机械强度等。

⑧模拟实验：模拟地铁供电系统在实际运行中的状态，对系统的各项功能进行测试和验证，确保系统在各种情况下都能够正常运行。

4.3.3 单系统调试步骤

①设备检查：首先对供电系统中的所有设备进行检查，确保设备安装正确且无损坏。

②设备测试：对每个设备进行测试，验证其基本功能是否正常。

③参数调整：根据设计要求和标准，对设备的参数进行调整和校准，确保设备的性能符合要求。

④故障排除：如果在调试过程中发现任何问题或故障，需要进行故障排除，确保设备的稳定性和可靠性。

⑤记录与报告：对调试过程中的所有数据和结果进行详细记录并编写调试报告，对调试结果进行总结和分析，提出改进意见和建议。

4.4 单系统调试对联调联试的意义

地铁供电系统的单体调试不仅关乎其自身系统必要工作的实施，更是线路及车站设备获得电力供应的前提，亦是其他设备开展单体调试的动力基础。其稳定性直接影响联调联试的推进效率，同时也关系到试运行及运营期间的工程服务质量。因此，确保供电系统单体调试的优质性，对联调联试与运营服务具有至关重要的意义。

第5章　信号专业单系统调试

5.1　系统概述

城市轨道交通工程信号系统是保证列车运行安全，实现行车指挥和列车运行现代化，提高运输效率的关键系统。目前城市轨道交通工程信号系统大多采用列车自动控制系统（ATC）。ATC 系统由列车自动监控子系统（ATS）、列车自动防护子系统（ATP）、列车自动运行子系统（ATO）以及计算机联锁（CI）、数据传输（DCS）等子系统组成，各个子系统之间通过信息交换网络构成闭环系统，实现对列车运行的自动控制。

5.2　主要设备

（1）轨旁设备

轨旁设备包括信号机、转辙机、计轴设备和轨旁联锁等。这些设备分布在轨道沿线，负责发送和接收列车的位置和速度信息，控制列车运行的许可。

（2）车载设备

车载设备包括 ATP 子系统、ATO 子系统和车载 DCS 网络设备等。这些设备安装在列车上，负责接收轨旁设备发送的信息，控制列车的速度和制动系统，确保列车的安全运行。

（3）通信设备

通信设备包括 DCS 有线网络和无线网络设备。DCS 无线网络设备负责列车与轨旁设备之间的数据传输和通信，确保信息的实时性和准确性。

（4）控制系统

控制系统包括 ATP 子系统、CI 子系统、ATO 子系统和 ATS 子系统等。这些系统负责控制列车运行的许可和调度，确保列车的运行安全和效率。

（5）辅助设备

辅助设备包括电源、UPS、稳压器等。这些设备为信号系统提供稳定的电源供应，确保系统的正常运行。

5.3　单系统调试方式方法

5.3.1　单系统调试前置条件

（1）设备安装

信号系统的各个设备必须已经按照设计要求正确安装就位，包括转辙机、信号机、轨道电路、计轴器等。

（2）基础设备配置

各子系统的基础设备必须配置正确，包括交换机、路由器、服务器等。

（3）数据通信系统

数据通信系统是其他系统调试的前提，需要保证通信正常，能够实现站间通信和数据传输。

（4）联锁系统

联锁系统是列车运行的安全保障基础，需要在其他设备安装条件满足的情况下进行调试，确保联锁室内外一致性测试通过。

（5）软件安装

各子系统的软件必须已经正确安装并更新到最新版本，包括控制软件、应用软件等。

（6）电源及接地

信号系统的电源必须稳定，能够为各设备提供足够的电力供应，同时接地系统必须符合相关标准和设计要求。

（7）环境要求

调试时需要确保环境条件符合设备要求，例如温度、湿度、洁净度等。

（8）调试人员培训

确保调试人员已经接受了相关培训，能够熟练掌握设备的操作规程、调试和维护技能。

（9）安全措施

调试前需要制定完善的安全措施，确保调试过程中的安全。

（10）调试工器具

调试所需工具和设备准备齐全，包括测试仪器、调试软件等。

5.3.2　单系统调试内容

（1）单项设备调试

①信号机试验。采用模拟进路的方式对信号机显示进行室内外一致性核对，并进行故障报警试验。

②发车指示器实验。采用模拟程序对其显示进行调试，测试电气性能是否满足技术指标的要求，检查时间信息、扣车信息等是否正确。

③紧急停车按钮实验。当站台按压按钮时，室内显示正确，站台附近列车应能够紧急制动。

④道岔试验。采用模拟程序对道岔的室内外一致性进行测试。

⑤轨道电路试验。采用模拟程序对轨道电路的室内外一致性进行测试。

（2）子系统调试

①CBI 子系统调试。CBI 子系统调试分模拟试验、验证阶段和室内外联调阶段。调试的内容主要包括功能性试验和联锁关系验证。

②ATS 子系统调试。ATS 子系统调试主要包括软件测试、功能性试验、系统间接口调试。施工单位主要是配合设备系统商完成此工作。

③ATP 子系统调试。ATP 子系统调试主要调试内容包括不同模式下的列车运行试验、列

车追踪运行试验、车门安全控制、临时限速防护、紧急停车防护、自动换段和自动折返等功能测试。

④ATO 子系统调试。ATO 和 ATP 子系统功能相辅相成，通过设备间的数据交换共同控制列车运行。ATO 子系统调试主要是验证列车运行速度曲线的计算结果，并能够在 ATP 的控制下按速度曲线运行，实现自动牵引和制动，同时验证其准确停车以及自动开闭车门等功能。

⑤DCS 子系统调试。DCS 子系统是实现 CBTC 系统地面设备之间和车地设备之间的双向信息交互的子系统，是 CBTC 系统的核心部件。调试主要内容包括列车首尾双套无线接收设备冗余倒替、车载设备的无线全覆盖、车载设备有无丢失数据包现象、列车在前后有车的情况下能否正常收发报文。

（3）全系统调试

全系统调试是指对正线运行列车的车载设备与轨旁设备进行的一系列联动试验，这与在试车线的静态、动态调试不同，主要目的是验证车载、轨旁设备的一致性和有效性，检验列车运行控制状态和性能是否满足要求。

5.3.3　单系统调试步骤

①前期准备阶段：在此阶段，首先要对地铁信号系统进行全面检查，核对设备清单，确保所有设备和相关部件都已到位，同时对施工过程中可能出现的问题进行预测并制定相应的应对措施。

②调试计划制订阶段：根据地铁信号系统的具体情况制订详细的调试计划，明确调试的目标、内容、方法、时间节点和责任分工。调试计划应具有可操作性和可追溯性，以便在实际调试过程中进行有效管理。

③调试环境搭建阶段：根据调试计划，搭建合适的调试环境，包括硬件设备和软件平台。调试环境应模拟实际运营条件，以确保调试结果的可靠性和准确性。

④单体设备调试阶段：对地铁信号系统的各个单体设备进行调试，包括信号机、道岔、轨道电路、车载信号设备等。调试要严格按照调试计划进行，并对调试结果进行记录和分析，影响调试的问题须闭环后方可进行下一阶段。

⑤系统集成调试阶段：在单体设备调试合格的基础上进行系统集成调试。此阶段主要针对各个设备之间的协同工作能力进行调试，确保整个信号系统的工作稳定可靠。集成调试过程中要关注各个设备之间的接口调试，确保数据传输准确无误。

⑥故障模拟及应急处理能力调试阶段：此阶段旨在检验地铁信号系统在故障情况下的应急处理能力。通过模拟各种故障场景，观察系统的反应和处理能力，从而找出潜在的问题并进行整改。

⑦调试结果验收阶段：在上述调试阶段后，对调试结果进行验收。验收过程中要对照调试计划和实际运行需求，确保地铁信号系统满足各项技术指标和安全要求。

⑧调试总结与反馈阶段：对整个调试过程进行总结，分析调试过程中的问题和经验，形成调试报告。将调试经验反馈给设计、制造和施工单位，为今后类似项目的顺利进行提供参考。

5.4 单系统调试对联调联试的意义

①确保各系统间协同工作。地铁信号系统联调联试过程中，各子系统之间的协同工作至关重要。通过单体调试，可以确保各个子系统在规定的工作范围内正常运行，为联调联试提供坚实的基础。单体调试有助于发现并解决各系统间的接口问题，确保在联调联试过程中各个子系统能够顺利地协同工作。

②提高系统安全性。单体调试是对地铁信号系统各部件的功能和性能进行严格检验的过程。通过单体调试，可以及时发现并排除安全隐患，提高系统的安全性。在联调联试阶段，安全性是至关重要的，因为任何一处安全隐患都可能导致整个系统的运行风险。单体调试为联调联试提供了安全保障，确保地铁信号系统在实际运行中具备较高的安全性。

③优化系统性能。单体调试有助于对地铁信号系统的性能进行优化。在调试过程中对各个参数进行调整和优化，可以提高系统的实时数据处理能力、故障诊断速度和应急响应能力。此外，单体调试还可以优化地铁信号系统的能耗和可靠性，为联调联试提供性能更佳的系统。

④提升系统兼容性。在地铁信号系统联调联试过程中，各子系统之间的兼容性至关重要。单体调试可以确保各个子系统之间的兼容性，避免因兼容性问题导致的运行故障。同时，单体调试还可以检验系统在不同工况下的运行稳定性，为联调联试提供更为可靠的兼容性保障。

⑤提高人员技能水平。单体调试过程也是对相关技术人员培训和提高技能水平的过程。通过参与单体调试，技术人员可以深入了解地铁信号系统的原理和运行机制，掌握调试方法和技巧。这有助于提高人员在联调联试过程中的工作效率和问题解决能力，确保联调联试工作的顺利进行。

第6章　通信专业单系统调试

6.1　系统概述

城市轨道交通工程通信系统是直接为轨道交通运营、管理服务的，是保证列车安全、快速、高效运行的一种不可缺少的综合系统。通信系统包括专用通信、警用通信、商用通信三个大系统(本书仅重点介绍专用通信系统)。

(1)专用通信系统

专用通信系统包括传输系统、公务电话系统、专用电话系统、专用无线通信系统、视频监视系统(CCTV)、广播系统(PA)、时钟系统(CLK)、乘客信息系统(PIS)、集中告警系统、信息网络系统、综合电源系统及接地共11个子系统。

(2)警用通信系统

警用通信系统包括光纤网络系统、视频监控系统、警用无线通信系统、电源系统及其他配套设施。

①光纤网络系统是为轨道交通公安分局与派出所及警务站提供数据及视频信息传送的网络平台，同时与市公安局计算机网络互联，可与之进行数据信息交流。

②公安视频监控系统与运营CCTV系统共系统。各车站在警务室设置运营CCTV系统控制终端及监视器，实现公安部门在车站警务室的视频监控功能；公安视频监控系统设置派出所监控设备及轨道交通公安分局监控设备，与运营CCTV网络通过警用通信光纤网络系统互联，实现公安部门对派出所、轨道交通公安分局视频监控的功能。

③警用无线通信系统提供日常治安管理，特别是当出现重大案情或治安事件时，实现市公安局和轨道交通公安分局等各级公安指挥人员对现场警务人员的统一指挥调度。

④在轨道交通公安分局、派出所和各车站均配置UPS电源设备，为警用无线通信各子系统提供稳定的不间断电源。

(3)商用通信系统

商用通信系统包含区间干线光缆、漏缆敷设及站内、区间设备安装、室分系统安装等。

6.2　主要设备

(1)传输系统

作为专用通信系统的基础网络，传输系统是城市轨道交通工程通信系统的重要子系统，它将为其他通信子系统和信号(ATC)、自动售检票(AFC)、综合监控系统(ISCS)等专业提供可靠的、冗余的通道。

（2）公务电话系统

该系统用于城市轨道交通内部的一般公务通信和城市轨道交通内部用户与公用电话网用户的电话联络。在城市轨道交通专用电话系统出现重大故障时，公务电话系统可以作为专用电话的应急通信手段。

（3）专用电话系统

该系统为城市轨道交通工作人员提供用于运营、管理、维修等业务的专用电话系统，主要包括调度电话、站间行车电话、站（场）内电话等。

（4）无线通信系统

该系统是为了保证城市轨道交通能够安全、高密度、高效运营而建设的一个安全、可靠、有效的通信子系统，为运营固定用户（控制中心、车辆段调度员、车站值班员等）和移动用户（列车司机、防灾人员、维修人员）之间的语音和数据信息交换提供可靠的通信手段。它为行车安全、提高运输效率和管理水平、改善服务质量提供了重要保证；同时，在城市轨道交通运营出现异常情况和有线通信出现故障时，能迅速提供防灾救援和事故处理等指挥所需要的无线通信手段。

（5）视频监视系统

该系统是城市轨道交通维护和保证运输安全的重要手段，它能够为临时控制中心、控制中心的调度员、各车站值班员、列车司机等提供有关列车运行、防灾救灾、乘客疏导及运营管理等方面的视觉信息。

（6）广播系统

该系统是控制中心调度人员和车站值班员向乘客通告城市轨道交通列车运行以及安全、向导等服务信息，向工作人员发布作业命令和通知的通信设备。在发生紧急情况时其可用于指导疏散乘客。

（7）时钟系统

该系统是为临时控制中心、控制中心调度员、车站值班员、与行车相关的各部门工作人员及乘客提供统一的标准时间信息的设备。同时它还可为本工程的其他系统设备提供统一的时间信号，使各系统定时设备与本系统同步。

（8）乘客信息系统

该系统是依托多媒体网络技术，以计算机系统为核心，以车站和车载显示终端为媒介向乘客提供信息服务的系统。

（9）信息网络系统

该系统是一个以办公自动化、企业资源管理为主的子系统。信息网络系统最主要的功能就是通过构筑的内部通信平台，实现企业业务流程智能化、经营和管理信息化，为企业管理提供准确的决策支持，提高企业的工作效率和反应能力。

（10）集中告警系统

该系统是利用计算机网络技术和计算机本身的数据处理能力，对通信系统中的各子系统进行集中管理。

（11）综合电源系统

该系统包括交流配电屏、直流供电系统、不间断电源系统（UPS）和蓄电池组、接地防雷系统、集中监控系统。它是整个城轨通信设备的重要组成部分，可以保证通信设备在主电源中断或发生波动的情况下，专网通信各子系统仍能可靠地工作。

6.3 单系统调试方式方法

6.3.1 单系统调试前置条件

①设备安装：确保通信系统的所有设备和线路都已正确安装完毕，且具备完整的设备清单和技术规格。

②线路续接：完成所有必要的线路测试，确保线路的连通性和传输质量符合标准。

③软件安装：各子系统的软件必须已经正确安装并更新到最新版本，包括控制软件、应用软件等。

④调试人员培训：确保调试人员已经接受了相关培训，能够熟练掌握设备的操作规程、调试和维护技能。

⑤调试工器具：调试所需工具和设备准备齐全，包括测试仪器、调试软件等。

⑥安全措施：调试前需要制定完善的安全措施，确保调试过程中的安全。

⑦设备保护措施：确保设备已经采取了必要的保护措施，以防止在调试过程中设备受到损坏。

⑧末端设备的安装：包括公共区域的墙面安装和至少两个出入口的装修工作。

6.3.2 单系统调试内容

①设备单体调试：这部分调试工作主要针对传输设备、数据通信设备、公务电话设备、专用电话设备、无线通信设备、广播设备、视频监控设备、乘客信息系统设备以及时钟系统设备进行单体调试。

②接口调试：这部分调试工作主要针对地铁通信系统内部及其与其他系统的接口，包括但不限于与自动售检票系统、信号系统、电力监控系统、综合监控系统等专业接口的调试。

③功能调试：按照地铁通信系统的功能进行调试，如传输功能、广播功能、视频监控功能等，验证各功能是否正常。

④性能调试：对地铁通信系统的性能进行测试，包括设备的吞吐量、处理能力、传输速率等，确保系统性能满足设计要求。

⑤安全性调试：地铁通信系统需要具备很高的安全性，因此需要对系统的安全性能进行调试，例如对防火墙的设置、入侵监测系统的测试等。

⑥稳定性调试：在地铁通信系统的实际运行过程中，需要保证设备的稳定性和可靠性。因此，需要对系统进行长时间的运行测试，验证其稳定性。

⑦故障处理调试：对地铁通信系统中可能出现的各种故障进行模拟，并验证故障处理方案的正确性和有效性。

6.3.3 单系统调试步骤

①设备安装：检查各单系统主要设备的安装数量，对安装工艺进行检查。

②设备指标测试：送电运行每个设备，进行功率、信号等各项指标的测试，以确认设备正常运行。

③系统接口调试：在存在接口关系的系统间进行逐一接口测试，确保接口功能符合接口文件需求。

④系统功能调试：模拟各接口间的信息数据传递，确保各系统功能满足设计要求。

6.4　单系统调试对联调联试的意义

通信系统在联调联试中占据至关重要的地位，其单体及单系统调试的品质直接关系到与之相关的联调联试项目的推进。传输子系统在通信系统中扮演着关键角色，作为各系统站级数据与控制中心数据交互的关键通道，它是线路级联调联试的基础。此外，专用电话系统、公务电话系统与无线通信系统的调试完成，有助于加强联调联试期间的信息交流，提高联调联试的效率。因此，通信系统的单系统调试质量与进度不仅满足自身专业需求，同时也是联调联试计划与效率的保障。

第7章　综合监控专业单系统调试

7.1　综合监控系统

7.1.1　系统概述

地铁综合监控系统是一个集成了大量智能化技术的系统，其目的是对轨道交通中的各种弱电集成系统进行全面监控。

系统通过控制中心、车站综合监控系统的交换机、服务器、工作站和前置处理器(FEP)等设备组成上位监控层，所有被集成的系统在互联的基础上实现实时反映各监控对象的工作状态，从而有效控制能源消耗、提高运营管理水平、及时处理客服事件，形成舒适且良好的车站环境，以进一步提高运营行车管理的水平。其功能主要包括对机电设备的实时集中监控功能和各系统之间协调联动功能。它可以实时集中监视和控制电力监控系统(PSCADA)、环境与设备监控系统(BAS)、火灾自动报警系统(FAS)、站台门系统(PSD)、防淹门系统(FG)、门禁系统(ACS)、信号系统(SIG)、广播系统(PA)、闭路电视系统(CCTV)、乘客信息显示系统(PIDS)等。在构成上，地铁综合监控系统主要由中央级综合监控系统(CISCS)、车站级综合监控系统(SISCS)、段场综合监控系统(DISCS)、网络管理系统(NMS)、培训管理系统(TMS)、维护管理系统(MMS)等组成。

在当前我国轨道交通系统的发展过程中，地铁综合监控系统的构成关系更加多元与具体，形成了包括 BAS 系统(环境与设备监控)、FAS 系统(火灾自动报警系统)、SCADA 系统(电力监控系统)在内的多个子系统，同时通过配置 IBP 紧急后备盘的方式，使重要设备的运行能够始终处于监控系统的监督控制下。

本章将火灾自动报警系统、环境与设备监控系统与门禁系统作为综合监控子系统进行介绍。

7.1.2　主要设备

(1)中央级的综合监控系统(也称为控制中心)

这是整个地铁综合监控系统的核心部分，负责对地铁线路的行车、供电、环境等设备的控制指挥和调度功能。中央级的综合监控中心设备由冗余的实时服务器、冗余的历史服务器、WEB 服务器、备份服务器、磁盘阵列、光纤存储交换机、磁带库、防火墙设备、带路由功能的交换机、冗余的前置处理器(FEP)、调度员工作站、打印机等组成。

(2)车站级的综合监控系统

该系统主要负责监控和管理车站内部的设备和环境，设备由带路由功能的冗余以太网交换机、冗余的服务器、磁盘阵列、值班站长工作站、前端处理器(FEP)、车站综合后备盘(IBP)等组成。

(3)车辆段内的综合监控设备

其主要负责监控和管理车辆段内的设备和环境,设备由带路由功能的以太网交换机、冗余的服务器、磁盘阵列、操作员工作站、前端处理器(FEP)等组成。

(4)其他辅助设备

其他辅助设备如服务器、存储设备、打印机等,用于支持综合监控系统的运行和管理。

7.1.3 单系统调试

7.1.3.1 单系统调试前置条件

①设备安装:在单体调试之前,相关设备必须已经按照设计要求安装完毕。

②工程数据配置:所有的设备参数和系统配置数据必须已经按照设计要求进行配置。

③供电设备单体测试:为了确保设备正常运行,所有的供电设备必须进行单体测试。

④通信信道测试:地铁综合监控系统涉及多个子系统之间的数据交互,因此,通信信道必须进行测试,以确保数据传输的稳定性和准确性。

7.1.3.2 单系统调试内容

①设备通电运行:对系统重要设备进行上电检查,确保其性能符合设计要求。

②系统通信测试:对系统内设备间及与其他存在接口的系统进行通信测试,确保系统数据信息传递的准确性。

③系统冗余测试:对系统进行冗余功能测试,确保系统冗余功能的可靠性,进而保证系统的稳定性。

④人机界面配置验证:对系统人机界面配置进行检查,包括设备界面、系统界面、控制界面等。

7.1.3.3 单系统调试步骤

(1)ISCS 机柜

①设备数量:主要检测 ISCS 机柜、服务器、磁盘阵列、工作站等设备数量是否符合要求,设备的型号是否符合最新设计变更。

②外观检测:主要检测 ISCS 机柜、服务器、磁盘阵列、工作站等设备外观是否符合要求,设备是否外观完整以及有无掉漆、损坏等。

③运行检测:主要检测 ISCS 机柜、服务器、磁盘阵列、工作站等设备通电运行后,设备的运行状态(包括设备的运行指示灯闪烁是否正常、设备 I/O 及存储功能、响应时间等)是否符合要求。

(2)网络柜

①设备数量:主要检测网络柜、交换机、工作站等设备数量是否符合要求,设备的型号是否符合最新设计变更。

②外观检测:主要检测网络柜、交换机、工作站等设备外观是否符合要求,设备是否外观完整以及有无掉漆、损坏等。

③运行检测:主要检测网络柜、交换机、工作站等设备通电运行后,设备的运行状态(包括设备的运行指示灯闪烁是否正常、计算机网络负荷、设备 I/O 及存储功能、响应时间等)是

否符合要求。

（3）配电柜

①设备数量：主要检测 UPS 配电柜、电源采集装置、串口服务器等设备数量是否符合要求，设备的型号是否符合最新设计变更。

②外观检测：主要检测 UPS 配电柜、电源采集装置、串口服务器等设备外观是否符合要求，设备是否外观完整以及有无掉漆、损坏等。

③运行检测：主要检测 UPS 配电柜、电源采集装置、串口服务器等设备通电运行后，设备的运行状态（包括设备的运行指示灯闪烁是否正常、按钮操作、线路切换等）是否符合要求。

（4）IBP 盘

①外观检测：主要检测 IBP 盘柜体、按钮、测试灯、旋钮开关、断路器、电源适配器等设备外观是否符合设计要求，设备是否外观完整以及有无掉漆、损坏等。

②运行检测：主要检测 IBP 盘柜体、按钮、测试灯、旋钮开关、断路器、电源适配器等设备通电运行后，通过试灯按钮测试设备的运行状态（包括设备的运行指示灯闪烁是否正常、按钮操作、指示灯切换等）是否符合要求。

（5）系统和数据库安装

运行检测：主要检测中心服务器、车站服务器、中心调度员工作站、车站 IBP 盘上工作站等设备内的数据库和各种软件是否安全、完整、规范并符合要求。

（6）数据库配置

运行检测：主要检测中心服务器、车站服务器、中心调度员工作站、车站 IBP 盘上工作站等设备内的数据库配置是否符合要求。

（7）画面配置

运行检测：主要检测中心调度员工作站、车站 IBP 盘上工作站、维修管理工作站、复试工作站等设备内的软件图形界面是否符合设计联络会要求、是否符合验收要求、是否符合运营使用需求。

7.1.4　单系统调试对联调联试的意义

在联调联试阶段，综合监控领域的接口调试任务繁多，工作量大，耗时较长。单系统调试的主要目标是确保设备稳定运行、数据库准确性以及传输网络的稳定性。精心完成综合监控系统的单系统调试，将有利于提升联调联试阶段接口调试的进度和系统联动的准确性，从而保障联调联试的整体效率。

7.2　火灾自动报警系统

7.2.1　系统概述

地铁火灾自动报警系统（FAS）是一个复杂的系统，主要用于实时监测火灾并及时报警。系统具有火灾探测、报警及消防联动功能，实现管辖范围内实时火灾的预期报警功能，监视管辖范围内的火情，并及时将报警信息报送控制中心和综合监控系统。FAS 系统通常由触发装置、火灾报警装置以及其他辅助功能装置组成。触发装置包括各种火灾探测器，如烟感火灾探测器、手动报警按钮、声光报警器。这些设备能够将火灾产生的烟雾、热量、火焰等物理量转化为电信号，传输到火灾报警控制器。

地铁系统中，FAS 系统按调度指挥级别划分为两级，即中央级和车站级。第一级为中央级，由综合监控系统实现，其作为 FAS 系统集中监控中心，设置于既有运营控制中心中央控制室（OCC）；第二级为车站级，由综合监控系统和 FAS 共同实现。

火灾发生时，FAS 系统会触发一系列的联动设备，如全站的非消防电源被切除，应急照明启动；检票闸机会自动打开，方便乘客快速疏散；消防广播、声光报警器启动，指引人员疏散；各个信息系统显示屏会显示火灾信息警报，并引导乘客进行疏散；通风系统启动火灾模式，打开大风机及风阀进行排烟等。

7.2.2　主要设备

（1）火灾报警主机

该设备是系统的核心控制设备，用于集中控制和监视火灾探测器、手动报警按钮等设备，具有火灾报警自动确认的功能。

（2）火灾探测器

该设备用于探测火灾产生的烟雾、热量等信号，并将其转换为电信号传输给报警主机。

（3）手动报警按钮

该设备用于手动触发报警系统，当报警按钮动作发生时能将信号传送到报警主机。

（4）声光报警器

该设备用于发出火灾警报，提醒乘客和工作人员注意疏散。

（5）消防广播系统

该系统用于通知乘客和工作人员疏散，并播放相关指令。

（6）消防电话系统

该系统用于火灾时紧急通信，通知控制中心和其他相关部门采取措施。

（7）消防水泵、灭火器等灭火设备

此类设备用于扑灭火灾或控制火势蔓延。

7.2.3　单系统调试

7.2.3.1　单系统调试前置条件

①确保系统的安全性：在调试之前，需要确保火灾自动报警系统的各项设备已经安装齐全且安装位置符合要求，避免存在潜在的安全隐患。

②对系统部件进行地址设置及地址注释：应对现场部件进行地址编码设置，一个独立的识别地址只能对应一个现场部件。与模块连接的火灾警报装置、压力开关、报警阀、排烟口、排烟阀等现场部件的地址编号应与连接模块的地址编号一致。控制器、监控器、消防电话总机及消防应急广播控制装置等控制类设备应对配接的现场部件进行地址注册，并应按现场部件的地址编号及具体设置部位录入部件的地址注释信息。

③对控制类设备进行联动编程：对控制类设备手动控制单元控制按钮或按键进行编码设置，并应符合系统联动控制逻辑设计文件的规定。

7.2.3.2 单系统调试内容

①探测器单体检测：对探测器进行通电检查，确保其正常工作。

②报警装置单体检测：对手动报警器进行测试。

③输入输出模块检查：模拟输入输出信号，对输入输出模块进行测试。

④网络测试：对系统网络状态的稳定性进行测试。

7.2.3.3 单系统调试步骤

①对探测器、火灾报警控制器、火灾警报装置和消防控制设备等进行通电检查，确认其正常工作。具体操作包括应用专用器械(如发烟器或发热器)对探测器逐个进行试验，观察探测器能否报警，确认灯是否常亮；同时，需要检查控制器所报出的位置数据是否符合图纸及《自动报警系统地址编码表》中的内容。另外，当拆除任一个探测器时，控制器应在30 s内报出代表该部位的故障信号。

②使用专用器械(如发烟器或发热器)对探测器逐个进行试验，观察探测器是否报警，确认灯是否常亮，同时核对控制器所报出的位置数据是否符合图纸及《自动报警系统地址编码表》中的内容。

③拆除任一探测器，观察控制器是否在30 s内报出代表该部位的故障信号。

④对手动报警器进行测试，可以使用专用测试钥匙或手按报警开关，确认灯是否常亮，同时核对控制器所报出的位置数据是否符合图纸及《自动报警系统地址编码表》中的内容。

⑤拆除手动报警器的引线，观察控制器是否在30 s内报出代表该部位的故障信号。

⑥利用控制器单点的操作功能，逐个测试输出模块(包括联动其他设备、警铃等)的动作情况，并检查联动功能的效果是否符合设计要求。

⑦对于防火阀等耗电较大的设备，按照可能驱动的最大数量进行联动试验，以验证系统电源负载能力及沿程压降是否影响联动的可靠性。

7.2.4 单系统调试对联调联试的意义

①确保系统功能正常：单体调试可以分别对每个设备或组件进行测试，验证其是否正常工作、是否符合设计要求。通过单体调试，可以及时发现并修复设备故障，为联调联试打下良好的基础。

②验证系统联动效果：联调联试是验证地铁火灾自动报警系统与其他消防系统、机电系统等之间的联动效果。单体调试能够确保各设备之间的接口连接正确，协议符合标准，地铁火灾自动报警系统能够正常地与其他系统进行信息交互和协同工作。

③提高调试效率：单体调试可以在设备安装之前进行，避免因设备故障导致联调联试延期的风险。同时，单体调试可以缩小故障排查范围、提高故障修复速度，从而缩短整个联调联试周期。

④优化系统性能：在单体调试过程中可以对设备进行性能测试和参数调整，以优化系统的性能表现。单体调试的优化可以为联调联试中的设备联动和协同工作提供更好的技术支持。

⑤保证系统安全性：地铁火灾自动报警系统是地铁消防安全的重要保障。单体调试可以及时发现并解决设备的安全隐患，提高系统的整体安全性。在联调联试阶段，可以进一步验证系统的安全性能，确保系统在火灾等紧急情况下能够及时响应并采取有效措施。

7.3　环境与设备监控系统

7.3.1　系统概述

地铁环境与设备监控系统(BAS系统)是为地铁全线各车站、场段、隧道区间相关机电设备监控而设的自动监控系统。该系统对车站、区间隧道内各种正常运营保障设施(包括通风空调设备、给排水设备、照明设备、导向设备、自动电/扶梯等)和事故紧急防救灾设施(水消防系统、防排烟系统、应急照明系统等)进行全面、有效地监控和管理。

BAS系统通过手动、自动或就地等方式控制设备的启停,实时监控设备运行状态、环境参数,采集、处理并记录有关信息,调控车站的环境舒适度,并通过时间表进行节能管理,确保以上系统安全可靠地运行,特别是在地下车站发生火灾事故的情况下,使有关救灾设施按照设计工况及时有效地运行,保障人身安全。

地铁环境与设备监控系统有两种主要的组建方式。一种是在各车站中形成相对独立的系统,通过维修工作站、现场触摸屏、PLC控制器等实现对环境和机电设备的监控(如上海等地的地铁系统)。另一种是与综合监控系统集成,在综合监控系统的协调下完成其功能(如广州、深圳、香港等地的地铁系统)。随着综合监控集成技术的不断发展和成熟,第二种方式被越来越多的新建线路采用。

7.3.2　主要设备

(1)隧道通风系统

用于控制隧道的通风,确保隧道内空气流通。

(2)车站通风空调大系统与通风空调小系统

用于控制车站内的温度、湿度和空气质量,确保车站的舒适度。

(3)空调水系统设备

用于控制空调系统的水系统,确保水系统的正常运行。

(4)给排水设备

用于控制地铁车站和隧道的排水和供水。

(5)自动扶梯、电梯

用于运送乘客。

(6)乘客导向系统、照明系统

用于提供照明和指引,帮助乘客更好地了解车站的结构和路线。

(7)应急电源

在电源故障时,为地铁系统提供紧急电源。

7.3.3　单系统调试

7.3.3.1　单系统调试前置条件

①设备安装:确保所有硬件设备已经按照设计要求安装就位,并且已经通过初步的检测和测试。

②线路续接：对设备以及线路进行全面检查，确保电源线路的绝缘性、连接牢固性以及焊接质量。

③系统软件：确保软件已经正确安装并且能够正常运行，包括操作系统、数据库、应用软件等。

④调试工器具的准备：调试所需工具和设备准备齐全，包括测试仪器、调试软件等。

⑤调试人员培训：确保调试人员已经接受了相关培训，能够熟练掌握设备的操作规程、调试和维护技能。

⑥设备保护措施：确保设备已经采取了必要的保护措施，以防止在调试过程中设备受到损坏。

⑦安全措施：调试前需要制定完善的安全措施，确保调试过程中的安全。

7.3.3.2　单系统调试内容

①确认中央监控主机、数据网关(包括主机至PLC之间的通信设备)正常工作，然后关闭这些设备，观察系统及受控设备的运行情况，运行正常则重新开机，抽检部分PLC设备中受控设备的运行记录和状态，同时确认系统框图及其他图形均能自动恢复。

②关闭PLC电源，确认PLC及受控设备运行正常后重新通电，观察PLC能否自动检测受控设备的运行、记录状态并恢复。

③进行PLC抗干扰测试，具体操作是将一台干扰源设备(例如手持式角磨机)接于系统同一电源，干扰源设备开机后，观察PLC设备及其他设备运行参数和状态是否正常。

④对所有监控设备进行单独控制、联锁控制和各种模式的手动、自动控制测试。

⑤对空调机组、回排风机、开断风阀、调节风阀、送风机、排风机、冷水机组、冷冻、冷却水泵、冷却塔、隧道风机、开断型电动蝶阀、二通调节水阀、温湿度传感器、压力传感器、电磁流量计、电梯、扶梯、排污泵、节电照明、普通照明、广告照明、导向系统等设备进行单体调试。这些设备的调试应确保在手动状态下完全正常，同时在自动(或遥控)状态下允许BAS系统随时启动、运行，具备系统调试条件。

7.3.3.3　单系统调试步骤

①对系统设备逐一进行通电检查。

②进行系统安装及软件程序加载。

③进行系统网络组建。

④对系统内单体设备进行调试，包括IBP控制盘、环控电控柜、就地控制箱与温湿度变送器、流量计、压力/压差变送器等。

⑤对环境模式进行模拟测试。

⑥检查接口方设备安装情况。

⑦进行线路级网络及接口通信测试。

7.3.4　单系统调试对联调联试的意义

环境与设备监控系统覆盖的设备广泛，灾害模式下，其作为关键子系统实现系统设备联动。因此，精细完成该系统的单系统调试与接口调试，对确保联调联试的顺利进行至关重要。

7.4 门禁系统

7.4.1 系统概述

地铁门禁系统(ACS)是城市轨道交通中的重要组成部分，它属于大型控制系统，具有控制点数多、数据通信量大、数据传输距离远、联动设备多、安全性能要求高等特点。该系统主要由四大部分构成：系统通信网络、中央级门禁管理系统、车站级门禁管理系统和现场级门禁设备。中央级门禁管理系统主要负责门禁系统的日常设备运行管理、设备运行统计、故障报警统计、门禁卡的授权管理、设备控制参数及安全参数管理、系统数据管理等。车站级门禁管理系统不设置专用的管理工作站运行 ACS 管理工作站软件，门禁系统车站级功能由 ISCS 综合监控应用软件实现。现场级门禁设备由门禁控制器、接口模块以及各类终端执行设备组成。此外，地铁门禁系统还可以实现人员权限、区域管理和时间控制等功能，从而提高了地铁的安全性和运营效率。同时，随着网络技术的发展和广泛应用，地铁门禁系统的发展也由传统的主从式智能门禁系统模式转换为基于网络的远程、网络控制模式。

7.4.2 主要设备

(1)中央级门禁管理系统

该系统通常设置在控制中心，主要设备有中央门禁服务器、中央授权工作站、中央管理工作站、台式读卡器、交换机等。这一级别的门禁系统集中处理下级门禁系统上传的数据信息。

(2)车站级门禁管理系统

该系统包括各车站和车辆段计算机系统，主要由车站及车辆段管理计算机、网络控制器、打印机、台式读卡器、交换机等设备组成。这一级别的门禁系统以车站为管理单位，对本站管辖区域内的门禁设备实行统一管理。

(3)就地级门禁设备

设备由就地控制器、读卡器、电控锁具、紧急开门按钮及出门按钮等设备和部件组成。

(4)传输系统

为了确保门禁终端数据远程传输的安全性和实时性，地铁门禁系统的传输通道通常由3部分构成，采用不同的传输方式：控制中心到各车站分管中心采用门禁系统自建或与其他系统共用的宽带光纤传输；各车站工作站到各区域门禁控制器采用电缆传输；门禁网络控制器到各现场终端门禁设备采用总线传输。

7.4.3 单系统调试

7.4.3.1 单系统调试前置条件

①设备安装：完成门禁系统的安装和接线工作，确保系统硬件设备连接正确、稳定。

②系统供电：确保门禁系统的电源供应正常，包括电源的电压、电流等参数符合要求。

③软件安装：对门禁系统的软件进行必要的配置，包括数据库、网络连接、设备参数等。

④通信网络：确保地铁车站内的通信网络设施正常运行，门禁系统可以与上级系统进行

数据交互。

⑤调试工器具的准备：调试所需工具和设备准备齐全，包括测试仪器、调试软件等。

⑥调试人员培训：确保调试人员已经接受了相关培训，能够熟练掌握设备的操作规程、调试和维护技能。

⑦设备保护措施：确保设备已经采取了必要的保护措施，以防止在调试过程中设备受到损坏。

⑧安全措施：调试前需要制定完善的安全措施，确保调试过程中的安全。

7.4.3.2 单系统调试内容

①调试门禁系统的各个组成部分，包括门禁控制设备、读卡器、摄像头等，确保它们能够正常工作并准确无误地识别乘客的进出信息。

②测试门禁系统的联动功能，包括其与消防系统、安检系统等的联动，确保在紧急情况下能够及时有效地进行人员疏散和安全管理。

③验证门禁系统的权限管理功能，确保只有经过授权的人员才能进入特定的区域或站点，同时也要保证乘客的隐私和数据安全。

④对门禁系统的数据传输和存储进行测试，确保数据的安全性和可靠性，同时也要保证系统的高可用性和可扩展性。

⑤对系统的故障处理和报警功能进行测试，确保在出现异常情况时能够及时发现并处理，保障系统的稳定性和安全性。

⑥对整个门禁系统进行综合测试，验证其是否符合设计要求和实际使用需求，确保其在地铁运营中能够发挥应有的作用。

7.4.3.3 单系统调试步骤

①检查接线是否正确。

②检查设备通电。

③测试读卡器、指示灯和蜂鸣器等部件的正常工作状态。

④检查网线有无短路。

⑤设备号设置：与软件有关的操作请参阅软件说明书；门禁控制器的地址码设置参见硬件手册；系统认可的卡片指在系统运行正常的情况下可在系统范围内正常使用的卡片。

⑥接通网络扩展器电源。

⑦测试：设置时钟，对设备进行初始化，软件均应显示"设置成功"；用任意一张系统认可的 IC 卡登录到控制器，若在规定时间段内应可开锁；将已登录到控制器的 IC 卡删除，应不能开锁；读卡后采集数据，检查采集到的数据是否正确。

7.4.4 单系统调试对联调联试的意义

①确保系统功能性：在单体调试中，每个独立的子系统或功能都会被单独测试，以验证其是否正常工作。这有助于确保在联调联试时所有子系统都正常、有效地协同工作。

②发现潜在问题：在单体调试过程中，可能会发现一些在子系统级别上存在的问题或故障。这些问题可以在联调联试之前解决，避免对整体系统造成更大的影响。

③优化性能：通过单体调试，可以对各个子系统的性能进行优化，例如调整参数、提高响应速度等。这有助于提高联调联试的整体性能。

④验证兼容性：单体调试可以验证各个子系统之间的兼容性。只有在单体调试中验证了兼容性，才能确保在联调联试时不同子系统之间顺利地交换信息、协同工作。

⑤降低联调风险：通过单体调试，可以识别和评估在联调联试中可能出现的风险和问题。这有助于制订更有效的联调联试计划，降低因未知问题导致的风险。

⑥提高效率：单体调试可以更快地定位和解决问题，提高解决问题的效率。在联调联试阶段如果出现问题，可以迅速地定位到具体的子系统或功能，快速进行故障排除。

⑦为联调联试提供基础：单体调试的结果可以为联调联试提供重要的参考和基础。根据单体调试的数据和结果，可以制定更为精确的联调计划和策略。

第8章 机电专业单系统调试

8.1 通风空调系统

8.1.1 系统概述

车站通风空调系统主要包括隧道通风系统、车站公共区通风空调和防排烟系统(简称大系统)、车站管理及设备用房的通风空调和防排烟系统(简称小系统)、车站空调水系统(简称水系统)、多联空调系统。

(1)隧道通风系统

①区间隧道通风系统由活塞通风与区间隧道机械通风组成,负责完成列车正常运行工况、阻塞工况、区间/车站火灾工况下的通风与防排烟要求。区间隧道通风系统在列车正常运行时,负责排除隧道内列车高速运行时产生的热量,控制隧道内温度、压力及空气品质以满足正常运行工况的设计要求;发生阻塞和火灾工况时,为列车提供一定的通风量以满足温度和风速控制标准。

②车站隧道通风系统采用机械通风,负责完成列车正常运行工况、阻塞工况、区间/车站火灾工况下的通风与防排烟要求。车站隧道通风系统在列车正常运行时,负责排除列车停留在车站隧道时车载空调器的发热量及列车制动时产生的热量,控制隧道内温度及空气品质满足正常运行工况的设计要求;阻塞和车站隧道或车站火灾工况时,提供一定的通风量,满足温度和风速控制标准。

(2)车站公共区通风空调和防排烟系统

①公共区通风空调系统:一般情况下,公共区通风空调系统采用变风量一次回风全空气系统。站厅层两端各设大系统环控机房,并对应设有土建新风道及排风道。每端车站公共区通风空调系统和设备管理用房通风空调系统共用1个新风道及新风亭,每端车站公共区通风空调系统、设备管理用房通风空调系统及车站隧道通风系统共用一个排风道及排风亭。每个环控机房内设置组合式空调器、回排风机、小新风兼人防风机,分别负担站厅及站台公共区各一半的空调通风负荷。组合式空调器、回排风机均采用变频控制,纳入风-水联动智能控制系统,其中组合式空调器内设置杀菌段,小新风兼人防风机通过阀门切换实现战时排风,小新风兼人防风机通过阀门切换实现战时送风。

②车站公共区发生火灾时,立即停止车站空调水系统和无关的车站小系统,转换到车站公共区防排烟系统火灾模式运行。当站台层发生火灾时,利用站台层排烟系统进行排烟,通过站厅层由出入口自然补风。同时开启区间隧道通风系统、车站隧道排风系统及轨顶风道侧

开风口进行辅助排烟,保证人员迎着新风方向从站台经站厅疏散到地面。当站厅层发生火灾时,启动站厅层相应的火灾模式排烟,由出入口自然补风。

(3)车站管理及设备用房的通风空调和防排烟系统

①车站管理及设备用房的通风空调:一般情况下小系统环控机房位于车站站厅层两端设备管理用房区,小系统与车站大系统共用机房及新、排风道。

②防排烟系统:车站为地下两层车站,设备区站厅到站台的楼梯间为封闭楼梯间,设置机械加压送风防烟系统;车站站厅层环控机房及非气灭房间机械排烟与机械通风系统合并设置。

(4)车站空调水系统

①车站环控系统一般采用集中冷源式空调系统。

②车站大、小系统的冷冻水由设于站厅层的冷水机房提供。冷水机房内设两台螺杆式冷水机组。对应设置冷冻水泵、冷却水泵、冷却塔各两台,两台冷却塔设于地面上。

③各供回水环路分别从分、集水器上接出,分、集水器间设电动压差旁通装置,空调设备末端设动态平衡电动调节阀,回水总管采用动态平衡电动调节阀统一控制。

④冷冻水及冷却水均采用全程式水处理仪,具有过滤、缓蚀、除垢、杀菌、灭藻等功能。

⑤冷冻水系统采用高位开式膨胀水箱定压补水,水箱位于冷却塔附近。冷却水系统中由补水管直接给冷却塔补水。

⑥空气处理机组的回水管上均设置动态平衡电动调节阀,平衡阀集温控和动态自动平衡于一体。平衡阀一方面可现场设定最大流量并显示实际流量,便于现场调试;另一方面可根据空调机组出风段设置的温湿度传感器和温控器要求的数据,对供水量进行无级调节,以满足对室内温湿度的要求。

(5)多联空调系统

在车控室、站长室、交接班室等人员房间设置冷暖型变频多联机空调系统,在信号设备室、UPS电源室、专用通信设备室、民用通信设备室、综合监控室、公安通信设备室等设备用房设置备用多联机空调系统,管理用房、设备机房的多联机系统分设系统。

8.1.2 主要设备

(1)隧道通风系统主要设备

主要设备包括隧道风机、排热风机、电动组合风阀。

(2)车站公共区通风空调和防排烟系统主要设备

主要设备包括回排风机、排烟风机、空调新风机、排风机、加压送风机、电动风量调节风阀、排烟防火阀、排烟阀、防烟防火阀、防火阀、组合式空调机组。

(3)车站管理及设备用房的通风空调和防排烟系统主要设备

主要设备包括回排风机、排烟风机、空调新风机、电动风量调节风阀、排烟防火阀、排烟阀、防烟防火阀、防火阀、柜式空调器。

(4)车站空调水系统主要设备

主要设备包括风机盘管、冷冻水泵、冷却水泵、冷水机组、冷却塔、动态流量平衡阀、电动二通阀、电动蝶阀、电动压差旁通阀、全程水处理器。

(5)多联空调系统主要设备

主要设备包括多联机室外机、多联新风处理机、多联机室内机、多联机 VRV 控制器。

8.1.3 单系统调试

8.1.3.1 单系统调试前置条件

(1)风机

①设备安装完成,安装质量符合设计规范要求,且管道的重量没有加在风机各个部位上。

②通风管道安装完毕,安装质量符合设计规范要求。

③风机和通风管道系统联接处密封良好、无漏气。

④风机叶轮与风筒的间隙以及其他转动部分与固定部分间无碰撞及摩擦现象。

⑤风机动力电源线已连接完毕,并在接口处进行密封处理。

⑥风机的电控系统电路、线路、仪器仪表安装正确、完好。带变频器或软启动器控制的风机已按变频器或软启动器操作说明书上规定进行电路线路连接并进行启动设置。

⑦风道内(包括变径管和风机本体)杂物已清理。

⑧风机配用电机的对地绝缘电阻测量,供调试技术人员确认。若电机对地绝缘电阻为零或过低,其值不应低于 0.5 MΩ。若电阻过低应对电机的定子绕组进行干燥处理,干燥处理的温度不允许超过 120 ℃。

⑨调试前,准备电力充足、通话性能良好的对讲机两部或以上。

(2)风阀

①设备安装完成,安装质量符合设计规范要求。

②检查风阀供电及控制接线是否正确。

③调试所需电力充足且稳定;

④安装设备完好无损伤。

(3)冷水机组

①机组已按设计图纸安装就位。

②水流开关已安装完成并接线,管路阀门已与机组连接并已打开。

③机组的动力配电已接好,冷冻水泵、冷却水泵、冷却水塔的电控已做好且供电到位。

④管道已清洗干净。

⑤末端系统设备已开启。

⑥机组的动力配电三相电源相序正确。

⑦机组控制系统接线已完成。

⑧调试前对冷水机组的检测内容包括但不局限于以下几点:

(4)冷却塔

①冷却塔设备安装完成且符合设计要求。

②底盘封接密实,不渗漏水。

③无明显漂水、溢水现象。

④皮带松紧适宜。

⑤冷却塔的传动部件无异常。

⑥冷却塔接线已完成。

⑦冷却塔已完成清理，确保塔内无垃圾。

（5）空调水泵

①水泵进出口管道及管道仪表安装完毕，电机接线安装完毕。

②水泵各润滑部位加入润滑油。

③水泵上的杂物及现场清理干净。

④水泵的安装记录必须齐全。

⑤水泵接线已完成。

（6）空调机组

①空调机组安装完成。

②空调机组内部无异物。

③电机绝缘检查完毕，检查结果满足开机运行条件。

④机组送风机轴承已完成加油润滑。

⑤电机、风机、固定螺丝已紧固。

⑥机组所对应风阀处于正常开启位置。

⑦机组内过滤器安装完备。

⑧机组各检修门已关闭。

⑨动力电源电压正常且稳定。

⑩空调机组接线已完成。

8.1.3.2 单系统调试内容

（1）风机

①检查叶轮与机壳有无摩擦和不正常的声响。

②风机转向。

③测量电动机的启动电流。

④测量电动机的运转电流。

（2）风阀（含组合风阀、防火阀、排烟阀等）

对风阀的开启、关闭、开到位、关到位、故障状态进行试验。

（3）冷水机组

①冷冻水泵、冷却水泵、冷却塔和冷水机组启动电流。

②冷冻水泵、冷却水泵、冷却塔和冷水机组运转电流。

（4）冷却塔

①检查风机的运转状态和冷却水循环系统的工作状态。

②测定风机的电动机启动电流和运转电流。

③测定风机轴承的温度。

④检查喷水的偏流状态。

⑤测定冷却塔出入口冷却水的温度。

（5）空调水泵

①水泵的旋转方向是否正确。

②测量电动机的启动电流与运转电流。

（6）空调机组

①管路上阀门安装。

②检查空调机内风机叶轮与机壳有无摩擦和不正常的声响。

③检查风机的出风方向与机壳上箭头所示方向是否一致。

④测量空调机组启动电流。

⑤测量空调机组运转电流。

8.1.3.3 单系统调试步骤

(1)风机

①风机点动后立即停止,检查叶轮与机壳有无摩擦和不正常的声响。

②风机的旋转方向应与机壳上箭头所示方向一致。

③风机启动时,应用钳型电流表测量电动机的启动电流,待风机正常运转后再测量电动机的运转电流。运转电流值超过电机额定电流值时,应将总风量调节阀逐渐关小,直到运转电流值回降到额定电流值。

④风机经试运转检查一切正常后,连续运转时间应不小于2 h。

⑤应当测试风机变频启动、工频启动两种运转方式。应测试其正反转是否都正常。

(2)风阀(含组合风阀、防火阀、排烟阀等)

风阀控制方式由中央控制(中控级)、车站控制(集控级)、就地控制组成,就地控制具有优先权。

就地控制:在环控电控柜或组合风阀就地手操箱处进行操作,供设备安装、调试、检修时在现场使用。

试运转调试只调试就地控制,设备由环控电控柜和现场手操箱共同组成。首先将现场手操箱按钮拨到就地位置,监控开到位、关到位、故障状态指示能否完成,与环控电控柜的监控信息反馈是否一致。部分风阀与风机联动,则该部分风阀的联锁启停由环控电控柜完成。

(3)冷水机组

冷水机组由厂家负责单机调试,施工单位配合。调试要在冷冻泵、冷却泵和冷却塔单机试运转完成后进行。

①冷水机房的电气设备及主回路已通过检查与测试。

②冷冻水系统和冷却水系统已试运行合格,冷却塔试运行合格。

③首先启动冷冻水泵、冷却水泵和冷却塔,然后启动冷水机组,测量启动电流,待启动完成后测量运转电流。

④单机试运转合格后,运转时间不少于72 h。

⑤冷水机组调试应在空调季进行,满足调试启动的最低温度要求。

⑥试运转过程中,做好面板信息的数据记录,并与厂家给出的标准一致。

(4)冷却塔

①冷却塔试运转时,检查风机的运转状态和冷却水循环系统的工作状态,并记录运转中的情况及有关数据;如无异常现象,连续运转时间应不少于2 h。

②检查喷水量和吸水量是否平衡,以及补给水和集水池的水位等运行状况。

③测定风机的电动机启动电流和运转电流。

④测试冷却塔运转噪声。

⑤测定风机轴承的温度。

⑥检查喷水的偏流状态。

⑦测定冷却塔出入口冷却水的温度。

⑧试运转工作结束后应清洗集水池。

(5)空调水泵

①点动水泵后立即停止，检查叶轮与泵壳有无摩擦声和其他不正常现象，并观察水泵的旋转方向是否正确。

②水泵启动时，用钳型电流表测量电动机的启动电流，待水泵正常运转后再测量电动机的运转电流，保证电动机的运转功率或电流不超过额定值。

③在水泵运转过程中应用金属棒或长柄螺丝刀，仔细监听轴承内有无杂音，以判断轴承的运转状态。

④水泵带负荷试运转应在电动机空载试验合格后进行；试运转持续时间应不少于2 h。

⑤进行冷却水泵单机试运转时，自动反冲洗过滤器设备供货厂家配合进行反冲洗单机试运转。

(6)空调机组

①管路上阀门按设计要求开启。

②点动空调机组后立即停止，倾听空调机内风机叶轮与机壳有无摩擦和不正常的声响；检查风机的出风方向与机壳上箭头所示方向是否一致。

③空调机组启动时测量启动电流，待空调机组正常运转后再测量运转电流。运转电流值超过电机额定电流值时，应将总风量调节阀逐渐关小，直到运转电流值回降到额定电流值。

8.1.4 单系统调试对联调联试的意义

通风空调系统的设备种类多、数量庞大，且大部分设备均涉及系统联调功能测试，因此做好通风空调系统的单体及单系统调试对联调联试功能测试有巨大的推进作用。

8.2 给排水系统

8.2.1 系统概述

给排水系统分别由给水系统、排水系统和消防水系统组成。给水系统包括生活给水系统、生产给水系统。排水系统包括污水系统、废水系统和雨水系统。消防水系统满足消火栓用水及自动灭火系统用水。

8.2.2 主要设备

(1)给水系统设备

给水系统主要包括车站内生活用水，卫生间用水，冷却循环系统补充水，站台层、站厅层及污水泵房、废水泵房、环控机房等处的冲洗用水的水泵、管线、支架、阀门、配件等设备。

(2)排水系统设备

①污水泵。用于抽排车站卫生间的生活污水、污水泵房内的污水。

②雨水泵。用于抽排车站敞开出入口及风井等处集水坑、区间出入洞口处的雨水。

③废水泵。用于抽排包括车站、区间结构的渗漏水、消防废水及冲洗废水。

（3）消防给水系统设备

系统主要包含消火栓泵、稳压泵、管道、阀门、消火栓、消火栓箱、喷头等设备。

8.2.3　单系统调试

8.2.3.1　单系统调试前置条件

①检查电源、电机是否与设备正确连接，接地线连接是否可靠；所有设备和线路的绝缘测试结果在正常范围内（需提供测试记录）。

②检查各水泵、电机的电气性能是否正常。

③检查液位传感器是否按要求安装固定，并与设定水位一一对应，同时检查液位开关的安装、电线的连接是否正确。

④检查控制线连接是否按照图纸正确接线。

⑤在调试前应检查控制柜柜内元件有无损坏或脱落，接线有无松动。

⑥确认管路符合运行条件。

⑦检查集水井无杂物，井盖、爬梯齐全。

8.2.3.2　单系统调试内容

（1）电动蝶阀调试

手动调节电动蝶阀的开关并对其密封性进行测试，确保设备质量、性能符合设计要求。

（2）潜污泵调试（单泵、双泵、三泵）

手动启停潜污泵，确保水泵的控制与反馈信号和控制箱显示保持一致。

（3）消防泵调试

手动启停消防泵，确保水泵的控制与反馈信号和控制箱显示保持一致；测试流量、压力触发的自动启泵功能。

（4）密闭提升装置单系统调试

手动启停密闭提升装置，确保水泵的控制与反馈信号和控制箱显示保持一致，检查污水系统的密封性。

8.2.3.3　单系统调试步骤

（1）电动蝶阀调试

①将手自动切换开关切换到手动（必须切换到位）。

②用手轮操作阀门的开启、关闭，阀门应灵活，手动及电动开启、关闭均能到位，阀位指示应正确。

③阀门关闭时没有跑、冒、滴、漏现象。

（2）潜污泵调试

①检查控制柜元器件是否完好，工作电源 380 VAC±5%，将断路器推到合闸位置，万能转换开关拨到手动位置，然后按下启动按钮，水泵开始运行，同时控制柜上运行指示灯显示。停止时按下停止按钮。

②万能开关拨到自动位置，液位传感器将检测到的水位信号送入 PLC，PLC 根据设定的停泵水位、开泵水位自动交替运行水泵。

③运行时检查各指示灯指示是否正确，各保护功能是否灵敏可靠，水位达到超低、超高水位时有报警输出(仅对设有超低、超高报警水位的控制箱)。

(3)消防泵调试

①水泵启动时，水泵的出口阀、压力表阀均处于关闭状态。

②水泵达到额定转速后，应立即打开出口阀，以防止水因内循环次数过多而汽化，出水正常后再打开压力表阀，其指针应稳定。

③水泵机组运行正常后观察其运转情况以及有无异常声响和振动。

④检查各密封部位，不应有泄漏现象。

⑤电动机的功率和电流在额定负荷下不应超过额定值。

⑥运行中流量的调节应用出水阀进行，而不要关闭进水阀。

⑦水泵在设计负荷下连续运转不少于 2 h，情况正常为合格。

(4)密闭提升装置单系统调试

密闭式污水提升装置用于排除地下车站卫生间污水，安装于地下车站污水泵房，由一体化集水箱、排污泵、控制箱、水箱液位计、进水管闸阀、管件等组成。水泵必须与集水箱分开设置，中间连接管上加装闸阀，采用干式、卧式安装、单极和易拆卸的水泵。配套的排污泵按照一用一备进行设置，平时轮换运行工作，故障时自动切换。密闭污水集水箱内设停泵水位、第一台水泵启动水位、第二台水泵启动水位、报警水位共 4 个水位。其控制要求如下：

①停泵水位：当水位到达停泵水位时，水泵停止工作。

②泵水位：当水位到达水泵启泵水位时，一台水泵开启运行。

③第二台泵启泵水位：当水位到达第二台泵水位时，第二台泵开启运行，控制回路将保证两台泵都处于运行状态。

④报警水位：当水位达到报警水位时，发出报警信号。

8.2.4　单系统调试对联调联试的意义

给排水系统发挥着车站、区间、出入口区域内的排水功能以及生活用水和消防水的供水功能，是地铁区域内保持环境良好的重要措施，做好给排水系统的设备单调与系统调试对动车调试及各系统联调也起着一定的推进与保障作用。

8.3　电扶梯系统

8.3.1　系统概述

在城市轨道交通中电梯与自动扶梯是站台、站厅、地面间运送客流的主要设备，它每天担负着运送大量客流的任务，对及时疏散客流起着至关重要的作用。同时电扶梯属于特种设备，应满足特种设备相关使用要求。全线网电扶梯具有运行状态显示功能。运行状态不仅在扶梯本身的显示装置上显示，还通过与车站设备监控系统(BAS)的接口上传给车站设备监控系统(BAS)。最后满足消防要求，当出现紧急情况时，可在车站控制室内实现对本车站电扶梯的紧急停止操作，并且有反馈信号传送到车站控制室，以确认电扶梯已停止。

8.3.2　主要设备

（1）电梯主要设备

电梯主要设备有轿厢、轿厢导轨、控制柜、对重、导轨、主机、抱闸、限速器、钢丝绳、缓冲区、安全钳、变频器、主板、上下换速、上下限位、上下极限、随揽。

（2）扶梯主要设备

扶梯主要设备有梯级、牵引链条及链轮、导轨系统、主传动系统（包括电动机、减速装置、制动器及中间传动环节等）驱动主轴、梯路张紧装置、扶手系统、梳板、扶梯骨架和电气系统。

8.3.3　单系统调试

8.3.3.1　单系统调试前置条件

（1）电梯单系统调试条件

①机房地坪和内粉刷完成，已加装牢固的门、窗、锁（若有）。

②井道封闭，玻璃安装完成，层门门套边缘、地坎下间隙已填充封闭或采取防护措施，安装过程中工艺孔洞已封闭或采取防护措施。

③井道内无杂物，如钢模、钢管和建筑垃圾等。

④底坑清洁，无渗水。

⑤电源为独立的三相五线制（零线和接地线应始终分开），该电源应单独设立供电梯使用，并接入电梯主控开关上的接线端。电网输入正常，电压波动在额定电压值±7%以内。

⑥各弱电线路接入电梯控制屏（五方通话、BAS、FAS、视频监控等）。

⑦电梯部件已经初步安装到位。

⑧电梯各部件已经清洁完毕。

⑨按照规定要求润滑部位已润滑。

（2）扶梯单系统调试条件

①扶梯单体调试前，动力电源线必须到位。

②扶梯单体调试前，需确定上下口标高并调整到位。

③出入口扶梯送电前必须保证顶棚施工完毕，以免交叉作业和扶梯进水。

④扶梯送电前必须保证底坑无积水。

⑤扶梯调试中不能有其他施工单位在扶梯周边及正上方、下方作业，以免发生安全事故。

8.3.3.2　单系统调试内容

（1）电梯

①整机慢车运行。

②层高数据写入。

③整机快车运行。

④轿厢处于不同载荷时上、下全程运行，当轿厢和对重运行到同一水平位置时，记录电动机的电流值、绘制电流-负荷曲线。

⑤电梯启动舒适度调整。

⑥轿厢载荷：110%进行加载试验，验证超载保护装置功能有效。

⑦轿厢处于不同载荷、特定速度时限速器及安全钳是否正常动作。

⑧轿厢分别处于空载、满载时以正常运行速度上、下运行。

⑨轿厢处于不同载荷时要求轿厢实际运行速度（匀速时）不得大于额定速度的105%，不宜小于额定速度的92%。

⑩轿厢处于125%载荷时以正常运行速度下行至行程下部，切断电动机与制动器供电时，轿厢应当完全停止。

⑪调整电梯停层时轿门地坎与层门地坎的高度落差值。

（2）扶梯

①各电路电压检测。

②各安全开关检查。

③变频检修运行。

④变频正常运行。

⑤附加制动器制动试验。

⑥扶梯急停试验。

⑦扶梯防逆转试验。

⑧扶梯满载试验。

8.3.3.3 单系统调试步骤

（1）电梯

1）慢车调试：

①电源确认、低速运行。

②楼层数据写入。

③平衡系数调整。

④制动力矩测试及调整。

⑤称量数据写入。

⑥高速运行以及数据补偿。

⑦平层试验。

⑧安全运行检查。

2）快车调试：

①准备工作需完成孔洞的封堵、曳引轮和导向轮钢丝绳防跳装置调整完毕、制动器调整完毕、井道信息及其他传感器安装接线完毕、所有安全开关调整到位并能正常工作，安全回路无任何短接线，安全钳楔块间隙调整到位，限速器、安全钳联动正常，门机系统调整完毕，轿门运行正常，门光幕工作正常，关门力限速器调整到位、功能正常，导轨接头修光正常、达到标准要求，随行电缆固定正确、长度调整完毕，轿厢做过平衡，导靴调整到位，平衡链或平衡钢丝绳安装正确，二次保护有效、曳引钢丝绳张力平衡，开口销保护正确、二次保护有效、厅门调整到位，触点工作可靠。

②快车调试：调试需达到额定速度运行正常，电梯到站/开关门运行正常、运行舒适，平衡系数达到标准要求，110%负载运行达到要求，层显、方向预选、到站钟、电梯返回基站、锁梯、消防、群控、地震仪、内指令、蜂鸣、超载、应急灯、对讲机等各辅助功能测试正常。

（2）扶梯

①调整所有梯级，使其顺利通过梳齿板。不得发生摩擦现象，并且扶梯运行平稳、无异常声音发出。

②用控制柜上的检修开关一点一点地手动试转动后，作长达10多个梯级距离的试运转，仍然没有异常时方可转入正式运行。

③调整扶手带的运行速度，使其相对于梯级的速度误差为0~2%。

④对各种安全装置和开关的作用进行逐个检查，动作应灵活可靠。

⑤调整制动器间隙，制动距离符合要求。

8.3.4 单系统调试对联调联试的意义

电扶梯产品在出厂前都经过车间调试和试运行，但扶梯在产成发运至现场的过程中以及现场的安装过程中都有可能局部变形，另外，车间调试及试运行和项目现场的运行状态也不尽相同。因此，扶梯在项目现场安装完毕后，必须进行现场调试环节。电扶梯完善的单体调试可为联调联试提供有力的安全保障、提高联调效率。

8.4 站台门系统

8.4.1 系统概述

站台门安装在站台边缘，是乘客进出列车的必经通道和站台公共区与轨行区的分隔屏障，为乘客和列车运行提供安全防护。

屏蔽门主要有两种类型，一类屏蔽门是全立面玻璃隔墙和活动门，沿车站站台边缘和站台两端头设置，把站台乘客候车区与列车进站停靠区域分隔开，属于全封闭型。这种形式的屏蔽门一般应用于地下车站。这种屏蔽门系统的主要功能是增加车站站台的安全性、节约能耗以及加强环境保护。

另一类屏蔽门系统是一道上不封顶的玻璃隔墙和滑动门或不锈钢篱笆门，属于半封闭型。其安装位置与第一种类型基本相同。这种类型的屏蔽门系统比起第一种屏蔽门相对简单，高度比第一种屏蔽门低矮，通常为1.2~1.5 m，空气可以通过屏蔽门上部流通，主要起隔离作用，保障站台候车乘客的安全，故其也称安全门。

8.4.2 主要设备

①站台门系统主要由机械部分和电气部分组成。

②机械部分主要包括门体结构和门机系统。

③电气部分主要包括监控系统、电源系统等，其中，监控系统由中央控制盘、就地控制盘、门控器、局域网和接口模块组成，并设置系统级、车站级、就地操作三级控制模式。

④重点设备有传动机构、电源系统。

8.4.3 单系统调试

8.4.3.1 单系统调试前置条件

①完成滑动门机械调整。

②机柜完成安装。

③机柜及单元门体各处的驱动电源接线检查完成。

④电源设备机柜电源接通。

⑤设备房施工垃圾清理完毕。

8.4.3.2 单系统调试内容

站台门通电前调试、单门控制调试、滑动门调试、应急门控制调试、端门控制调试、门控器总线通信功能调试、安全回路调试、PSL 控制功能调试、5000 次循环功能测试、IBP 控制功能调试。

8.4.3.3 单系统调试步骤

①测试站台门各部件的安装情况及外观、表面情况。

②检查所有紧固件是否已经拧紧、无松动现象。

③PSC、DCU、PSL、LCB、门机以及 UPS 的开机运行情况。

④测试站台门各部件是否存在对人员造成伤害的尖角或毛刺。

⑤检查所有电缆、接插件的连接情况，确定其无松动现象。

⑥检查施工时对电缆进行绝缘检测的记录。

⑦检查各组输入电压。

8.4.4 单系统调试对联调联试的意义

站台门是物理隔绝轨行区与站台区域的重要设施，因此做好站台门系统的安装与单体调试，不仅是站台门相关联调测试的必要条件，也是轨行区管理及动车调试的重要安全保障，站台门系统的调试安装与单体调试意义重大。

第9章 自动售检票专业单系统调试

9.1 系统概述

自动售检票系统(AFC)是集计算机技术、信息收集和处理技术、机械制造于一体的自动化售票、检票系统,通常由清分系统、线路中央计算机系统、车站计算机系统、车站终端设备、传输通道和车票构成,负责实现轨道交通售票、检票、计费、收费、统计、清分、管理等全过程的自动处理。

9.2 主要设备

(1)线路中央 AFC 系统

中央 AFC 系统——自动售检票系统的首脑机关,是由一组计算机组成的几个服务器和几个工作站共同完成服务器功能和系统运营管理的各项功能,主要包括中央主机(数据库服务器)、通信服务器、网管服务器、历史数据服务器、中央工作站(监控、系统设置、数据库、网管工作站等),这些计算机通过三层交换机与二层交换机相连接。中央 AFC 系统的主要功能有:

①收集及保存车站计算机上传的各类有关票务、站务、客流、车站设备运行状态等的数据。

②监视和控制所有车站设备的运行状态。

③设置系统运营参数及系统运行模式,并下达给车站计算机和车站设备。

④按照设定的周期(日、月、季、年)处理和统计收集到的各类数据,生成相应的各类报表并打印。

⑤时钟同步功能。

(2)车站 AFC 系统

车站 AFC 系统主要负责把一个车站的自动售票机、人工售票机、人工补票机、进/出口闸机等 AFC 车站终端设备联系在一起。

主要功能要求:

①对车站设备的操作控制,包括关闭、开启及设置工作模式等。

②监视车站 AFC 设备运行状态。

③采集、保存相关信息。

④提供车站一级的票务统计,能以要求的格式和内容进行车站报表打印。

⑤自动完成与中央计算机及各终端设备的时钟同步。

⑥与中央计算机实时通信，实时中央数据下载、下发和车站数据上传。

（3）闸机（AGM）

闸机也称检票机，主要有进站检票机、出站检票机、双向检票机。其主要功能是检查乘客所持车票的有效性，即检查该车票是否为本运输系统的车票、是否有值、是否在有效期内、是否有信息码等。如果检查结果符合上述条件，则闸机在该车票上记录时间、站号、设备号、编上信息码等，提示乘客是进站、出站还是去补票亭更新。

（4）自动售票机（TVM）

自动售票机是乘客自行操作的自动售票设备，主要完成单程票的发售功能。乘客根据目的地票价，在设备上选择相应的票价键，同时投入相应的钱币，设备自动将已格式化的卡进行编码发售。

（5）车票

地铁车票有单程票、储值票、特殊票。

（6）编码/分拣机

编码/分拣机通常安装在票务系统的制票中心，主要功能如下。

①对新购入的票卡按各种类型进行初始化编码，即对购入的票卡编入本运输系统所持有的密码，只有经过编码/分拣机初始化的车票，才能被认作有效票。

②根据运营需求，还可以对票卡进行赋值，以满足各种各样的运营需求。这类车票可直接出售使用。

③对从车站回收来的车票，如果各种类型的车票混杂在一起（有单程票、储值票、老人票、儿童票、多程票等），设备将自动对这样混杂在一起的车票进行分拣分类。可根据票种、票值以及车票的批号对车票进行分拣。

9.3　单系统调试

9.3.1　单系统调试前置条件

①设备安装：终端设备已完成安装与通电测试。

②网络通信：车站 AFC 系统已安装完成且与车站终端设备互联互通，中央 AFC 系统设备已安装完成且与车站 AFC 系统互联互通。

③调试工器具的准备：调试所需工具和设备准备齐全，包括测试仪器、调试软件等。

④调试人员培训：确保调试人员已经接受了相关培训，能够熟练掌握设备的操作规程、调试和维护技能。

9.3.2　单系统调试内容

单系统调试主要是对自动检票机、自动售票机（含全功能型、无现金模块型、无现金模块语音购票型）、智慧客服中心、服务器、交换机、紧急模块、配电箱和顶棚导向设备的数量、外观与运行状态进行检测、调试。

9.3.3　单系统调试步骤

（1）安装检查

检测内容：主要检测 AFC 设备安装是否符合设计对安装功能的需求，是否符合设备安装规范，是否符合监理对安装工艺的要求，是否符合合同要求。检查各设备电源端子是否正确安装，是否符合上电条件。

（2）服务器柜调试

①设备数量：主要检测 AFC 机柜内服务器、交换机、紧急模块等设备数量是否符合要求。

②设备型号：设备的型号是否符合合同文件和最新设计变更。

③外观检测：主要检测 AFC 机柜内服务器、交换机、紧急模块等设备外观是否符合合同要求，设备是否外观完整以及有无掉漆、损坏等。

④运行检测：主要检测 AFC 机柜内服务器、交换机、紧急模块等设备完成相关配置及软件安装通电运行后，设备的运行状态（包括设备的运行指示灯闪烁是否正常、设备 I/O 及存储功能、响应时间等）是否符合合同要求。

（3）终端设备调试

①设备数量与型号：主要检测 AFC 系统终端设备（自动检票机、自动售票机、智慧客服中心）等设备数量是否符合合同要求，设备的型号是否符合合同文件和最新设计变更。

②外观检测：主要检测 AFC 系统终端设备（自动检票机、自动售票机、智慧客服中心）等设备外观是否符合合同要求，设备是否外观完整以及有无掉漆、损坏等。

③运行检测：主要检测 AFC 系统终端设备（自动检票机、自动售票机、智慧客服中心）等设备完成相关配置及软件安装通电运行后，设备的运行状态（包括设备的运行指示灯闪烁是否正常、设备 I/O 及存储功能、响应时间等）是否符合合同要求。

9.4　单系统调试对联调联试的意义

AFC 单系统及单体调试的质量直接关乎后期与综合监控系统及 ACC 系统联调联试的调试效率与调试质量，因此做好 AFC 单系统及单体调试，确保设备性能及系统稳定满足设计要求是开展 AFC 系统相关联调联试的重要保障。

第三篇

联调联试篇

在单项设备系统安装、调试完成后，需要对城市轨道交通设备系统进行联调，主要是对城市轨道交通设备、设施系统进行接口测试和设备系统的联动试验。设备联调的总目的是使包含设备、人员、制度、管理的机—机、人—机、人—人形成一个有机的城市轨道交通设备运作体系，满足城市轨道交通运营的需要，保证城市轨道交通的正常、安全运营。

本书将参考 56 号文及项目经验介绍联调科目设置及实施方法。

第 10 章 车辆系统联调联试

10.1 系统概述

轨道交通车辆是城市轨道交通的乘客运载工具，也是城市轨道交通的最重要的设备，在城市轨道交通中车辆的技术含量较高。车辆的数量、品种、质量和技术水平直接影响城市轨道交通发展和运营。

列车主要包括车体系统、转向架系统、内装和美工系统、牵引系统、辅助系统、TCMS 系统、PIS 系统、车门系统、空调系统、空气制动系统和车端连接系统，各系统之间存在电气和机械接口。

地铁车辆联调联试是城市轨道交通线路投入运行前的重要环节，通过联调联试可让车辆各系统更加默契高效地协同工作。采取有效、科学的工艺方法能够快速实现车辆系统联调联试，能够提高城市轨道交通运输系统的可靠性，保证地铁在运行过程中的安全性。

10.2 测试项目

10.2.1 技术规范测试项目

技术规范测试项目如表 10-1~表 10-6 所示。

表 10-1 车辆超速保护测试

项目名称	车辆超速保护测试
测试目的	测试车辆自身超速保护功能是否符合设计要求
测试内容与方法	在具备以车辆设计最高运行速度安全行车条件的区段，切除列车自动防护（ATP），以人工驾驶模式下行车，牵引手柄保持最大牵引位，使列车持续加速至车辆设计最高运行速度，记录列车速度、超速保护的程序和措施
测试结果	列车持续加速至车辆设计最高运行速度，当超过车辆设计最高运行速度时，应自动采取符合车辆设计超速保护的报警、牵引封锁和制动保护措施

表 10-2 列车紧急制动距离测试

项目名称	列车紧急制动距离测试
测试目的	测试列车在设计最高运行速度下的紧急制动距离是否符合设计要求

续表10-2

项目名称	列车紧急制动距离测试
测试内容与方法	列车以人工驾驶模式在平直线路区段运行至设计最高运行速度时，列车驾驶员按下紧急制动按钮，至列车停止时，测量列车紧急制动距离
测试结果	列车紧急制动距离应符合设计要求

表 10-3　车门安全联锁测试

项目名称	车门安全联锁测试
测试目的	测试车门与列车牵引控制联锁功能是否符合设计要求
测试内容与方法	1)将阻挡块放在一扇车门两扇门叶之间，使车门不能完全锁闭，按列车关门按钮后，推主控制器手柄至牵引位，启动列车，观察列车状态 2)列车在区间零速以上运行，按开门按钮，观察客室车门状态
测试结果	1)列车主控制器手柄推至牵引位，列车仍无牵引力、不能启动 2)列车在零速以上运行时，按列车开门按钮，客室车门不能打开

表 10-4　车门故障隔离测试

项目名称	车门故障隔离测试
测试目的	测试车门故障隔离功能是否符合设计要求
测试内容与方法	列车停靠站台，通过隔离装置专用钥匙对测试车门进行隔离后，按司机室开门按钮，观察全部车门状态；被测车门在隔离状态，操作紧急解锁装置后，记录是否能手动打开被测车门
测试结果	按司机室开门按钮，被隔离车门不能打开，其他车门打开；被测车门处于隔离状态，操作紧急解锁装置后，仍无法手动打开被测车门

表 10-5　车门障碍物探测测试

项目名称	车门障碍物探测测试
测试目的	测试车门防夹和再关门功能是否符合设计要求
测试内容与方法	将测试块作为障碍物置于车门两扇门叶之间，列车发出关门指令后记录开门次数及车门最终状态，并用压力测试仪记录关门压力
测试结果	被测车门按照设计要求自动循环打开和关闭数次后，车门保持打开状态、关门压力应满足设计要求

表 10-6　列车联挂救援测试

项目名称	列车联挂救援测试
测试目的	测试列车联挂救援功能是否符合设计要求

续表10-6

项目名称	列车联挂救援测试
测试内容与方法	1)将模拟故障列车施加停放制动,降弓/靴停放在线路上,另一列救援列车低速靠近模拟故障列车进行列车联挂 2)完成联挂后,释放模拟故障列车停放制动,推救援列车牵引手柄牵引模拟故障列车至一定距离,记录列车联挂救援情况
测试结果	列车联挂救援功能应符合设计要求

10.2.2　推荐测试项目

推荐测试项目如表 10-7 所示。

表 10-7　推荐测试项目

序号	项目名称
1	车载火灾报警系统触发测试
2	乘客紧急对讲系统触发测试
3	车门紧急解锁测试
4	列车自动报站功能测试
5	列车车载 PIS 实时播放中心下发的信息测试
6	故障情况下列车车载 PIS 播放自动切换测试

10.3　方式方法

10.3.1　前置条件

10.3.1.1　调试设备运行条件

①车辆已调试完成,功能均具备,工作状况良好。

②与技术规格书不相符合的功能和车辆设备都已整改完成,并重新试验和检查合格。

③电客车已完成静态、动态调试工作,各子系统功能满足合同各项条款的要求。

④线路通过限界检测,接触网设备通过冷滑、热滑,影响行车安全的缺陷已完成整改。

10.3.1.2　关联系统运行条件

①信号系统所投入功能,需满足行车组织需要。

②通信 PIS 系统(包括车载 PIS、车地无线通信部分)完成安装调试并投入运行,功能已满足合同各项条款的要求,工作状况良好。

③通信无线系统、公务与专用电话满足基本通信要求。

④综合监控系统设备已经具备对车辆系统的联调功能(软件和接口测试完毕),工作状况良好。

⑤车辆段和正线的线路和设备满足行车要求;开展联调的电客车已完成单调,各项功能正常。

10.3.2　组织及职责

车辆及运营其他相关专业维修人员、调度、行值、司机等行车相关岗位人员到岗到位，能够按要求组织行车。参与本次联调联试的单位及人员均已熟悉本次联调组织及实施方案，并已做好相关各项准备工作。联调人员安排及岗位职责，如表 10-8 所示。

表 10-8　人员安排及职责表

序号	人员分配	建议人数/人	所在位置	岗位职责
1	现场操作人员	2	调试车辆	现场设备的操作、记录及检查所内设备状态，并记录问题
2	专业保障人员	4	调试车辆	安排现场操作人员开展联调工作。保障电客车正常运行，及时处理故障，记录异常情况并汇报
3	行调	2	OCC	负责联调期间的行车组织，负责突发事件/事故的指挥协调工作
4	司机	2	各电客车（每列2名）	执行调度、调试组组员或车辆测试跟车人员要求驾驶电客车，负责行车安全，发现异常情况时立即按压紧急制动按钮。负责车门、站台门开关时的防护工作
5	车场调度	1	车辆段信号楼	配合联调联试对电客车出入段线的调度与调整

10.3.3　联调步骤

10.3.3.1　车载火灾报警系统功能测试

①确认火灾报警控制器处于监控模式，用喷烟枪对探测器进烟室喷烟，被试 SHD 的红色、黄色指示灯闪烁，绿色指示灯闪烁，火灾报警触发，在两端 FCU 发出报警蜂鸣声，火警指示灯常亮，并显示报警位置和报警类型，在 DDU 上显示报警 SHD 的具体位置。

②按下 FCU 的消音按键，报警提示音消失。

③待烟雾散尽，按下 FCU 上的复位按钮，DDU 上报警提示消失，FCU 的火警指示灯熄灭，被试 SHD 的红色指示灯熄灭，绿色指示灯闪烁，黄色指示灯熄灭，重新回到检测状态。

④确认火灾报警控制器处于监控模式，用热风机对探测器的铝盖板中间加热，被试 SHD 的红色、黄色指示灯闪烁，绿色指示灯闪烁，火灾报警触发，在两端 FCU 发出报警蜂鸣声，火警指示灯常亮，并显示报警位置和报警类型，在 DDU 上显示报警 SHD 的具体位置。

⑤按下 FCU 的消音按键，报警提示音消失。

⑥待温度恢复正常，按下 FCU 上的复位按钮，DDU 报警提示消失，FCU 的火警指示灯熄灭，被试 SHD 的红色指示灯熄灭，绿色指示灯闪烁，黄色指示灯熄灭，重新回到检测状态。

10.3.3.2　乘客紧急对讲系统功能测试

①一名测试人员进入车厢按下 PECU1 的报警按钮，激活端的 DACU 报警声音提示，监控屏以全屏模式显示对应的拍摄视频。

②一名测试人员在激活端司机室按下激活端 DACU 的"报警"按键，测试乘客与司机的全双工对讲功能。

③车厢测试人员再按下另一个 PECU2 的按键，激活端的 DACU 显示有 PECU2 报警再请求。

④司机室测试人员按下激活端 DACU 的"报警"，司机结束与 PECU1 的通话，接通与 PECU2 全双工对讲，测试对讲功能正常。

10.3.3.3　车门紧急解锁功能测试

①ATCIS 设置为正常，门模式选择开关 DOMS 在手动位，DEBS 设置为 OFF 挡，紧急解锁 Tc 车 12 号车门，拉动门页，车门无法打开。

②复位紧急解锁手柄。车门保持关闭状态，DDU 界面显示所有车门状态为蓝色。

③ATCIS 置隔离位，断开两端 DZVRCB1DZVRCB2 断路器，操作 Tc 车 12 号门紧急解锁手柄，拉动门页，车门无法打开。

④保持 ATCIS 隔离位，闭合两端 DZVRCB1DZVRCB2 断路器，紧急解锁车门，车门能够正常打开，蜂鸣器将一直发出声音报警，客室内黄灯亮，激活端司机室 DDU 上显示对应车门状态为紧急解锁。

⑤复位紧急解锁装置，门自动关闭，蜂鸣器发出声音，门关好且锁好时门铃声音停止。在关门过程中指示灯闪烁，关到位且锁到位时客室内黄灯灭，车门保持关闭状态，DDU 界面显示所有车门状态为蓝色。

10.3.3.4　列车紧急制动距离测试

①司机驾驶列车到达站台停车，测试人员申请区间进路。

②进路排列完毕后测试人员通知司机切除 ATC，进入加减速度测试界面，设置制动初始速度为 80 km/h，点击开始测试。

③司机以手动驾驶模式，全牵引至速度 80 km/h，惰行 3 s，按下紧急制动按钮，列车施加紧急制动，待列车停稳后，查看测试界面，记录紧急制动距离。

④换端，重复以上操作，测试人员记录测试数据。

10.3.3.5　列车联挂救援测试

①司机驾驶被救援车停靠站台，占用联挂救援端主控，列车施加停放制动，降弓，等待救援。

②被救援车停妥后，测试人员通知救援列车司机驾驶电客车以人工驾驶模式动车，限速 25 km/h，确认被救援车位置后，救援车司机驾驶电客车限速 25 km/h 行驶至被救援车 20 m 处停车，驾驶期间司机注意瞭望。

③救援车切换至救援模式，限速 5 km/h 运行至距离被救援车 3 m 处停车。确认被救援车已施加停放制动，具备联挂条件后，救援车以限速 5 km/h 进行联挂。

④联挂后，确认车钩对中线、连挂图标正常，解钩按钮灯亮后，进行试拉。

⑤试拉成功后，测试人员切除被救援车整车 B05 阀，确认整车空气制动、停放制动均已缓解后，通知救援车司机救援列车运行至下一站。

⑥测试完成后，恢复被救援车 B05，确认被救援车施加空气制动。救援车司机操作解钩按钮，解除联挂，根据行调指令进行销点，列车依次运行回库。

10.3.3.6　车门安全联锁测试

①司机驾驶列车在站台停车，司机操作开门按钮，打开任意一侧车门，测试人员将阻挡块放在两扇门叶之间，使车门不能完全锁闭，司机按列车关门按钮后，推主控器手柄至牵引

位，列车无法启动。

②测试人员将阻挡块取出，司机重新关闭车门。司机驾驶电客车在区间零速以上运行，同时按压两侧开门按钮，车门无法打开。

③司机驾驶电客车在区间零速以上运行(速度大于 5 km/h)，操作隔离车门紧急解锁装置解锁任一车门，尝试手动打开车门，车门无法打开。

10.3.3.7 车门故障隔离测试

①司机驾驶电客车至正线站台停妥，测试人员使用方孔钥匙将任意一车门隔离。

②司机操作指定侧开门按钮，被隔离车门无法打开，其他车门打开。

③测试人员操作被隔离车门紧急解锁装置，尝试手动打开车门，车门无法打开。

④测试人员恢复被隔离车门紧急解锁装置及隔离装置，司机进行一次开关门操作，车门可以正常打开关闭。

10.3.3.8 车门障碍物探测测试(测试次数仅为推荐)

①列车在站台停妥后，司机操作开门按钮，打开任意一侧车门。测试人员将阻挡块放在两扇门叶之间。

②司机操作指定侧关门按钮，测试人员观察车门动作情况。

③车门启动防夹后，车门自动打开 200 mm 左右，停止 1 秒后再次关闭，测试人员将防夹棒分别放在车门上部、中部、下部三个位置进行 3 次测试，这个循环重复 3 次，3 次连续关门过程中防夹都被激活，门保持打开状态。

④测试人员移除阻挡块，司机再次按压关门按钮，车门可正常关闭。

⑤司机操作开门按钮，打开任意一侧车门。测试人员将车门压力测试仪置于两扇门叶之间(距离地板面 1100 mm)。

⑥司机操作指定侧关门按钮，测试人员对车门进行三次夹紧力测量并记录。

10.3.3.9 列车自动报站功能测试(以某系统为例)

①车辆人员在 DDU 屏幕进行自动报站设置。

②列车按照上行线路运行至各站，车辆人员检查各类信息包括目的站、起点站、下一站、预到站、到站信息等，在 IDU 显示、MDU 显示、LCD 电视显示是否正常，在客室扬声器、司机室扬声器监听播报是否正确。

③列车按照下行线路运行至各站，车辆人员检查各类信息包括目的站、起点站、下一站、预到站、到站信息等，在 IDU 显示、MDU 显示、LCD 电视显示是否正常，在客室扬声器、司机室扬声器监听播报是否正确。

10.3.3.10 车辆超速保护测试(数值仅为参考)

①司机驾驶列车到达站台停车，测试人员申请区间进路。

②技术保障人员通过笔记本电脑将列车限速值、牵引封锁指令强制取消。

③测试人员通知司机切除 ATC 加速至 80 km/h，保持手柄牵引位。加速至 81 km/h，保持手柄牵引位，以人工驾驶模式动车。运行期间，测试人员确认列车牵引、制动状态是否良好，列车加速减速功能是否正常。

④司机保持列车牵引位，测试人员观察司机室 HMI 显示无牵引力输出，并做好记录。

⑤持续加速至 83 km/h，保持手柄牵引位，在电客车速度从 81 km/h 至 83 km/h 期间，通过电脑检测牵引开始输出电制动力，到 83 km/h 列车超速报警。

⑥司机制动停车，推牵引动车，列车速度加速至 86 km/h，在电客车速度从 83 km/h 至 86 km/h 期间，通过电脑检测牵引开始输出电制动力，当速度达到 86 km/h 时，列车应施加最大全常用制动。

⑦司机推牵引动车，当列车速度达到 88 km/h，列车触发紧急制动(列车若未触发紧急制动，司机可视线路条件进行停车，考虑到系统误差，有±1 km/h 的范围)。

⑧测试人员做好记录，完成本项测试。

10.3.3.11　列车车载 PIS 实时播放中心下发的信息测试

①测试人员在控制中心对测试列车下发节目播表，列车上测试人员检查车载 PIS 播放内容是否为实时播放画面。

②测试人员在列车 LCD 屏前观察，通过无线手持台与控制中心测试人员确认视频是否同步。(正常情况：两处视频图像应同步)

③单端车地通信中断时(关闭 1 台车载服务器)测试人员检查车载 PIS 画面为直播画面，通过手持无线电台确认视频是否同步。(正常情况：两处视频图像应同步)

10.3.3.12　故障情况下列车车载 PIS 播放自动切换测试

①列车上测试人员同时关闭 2 台 PIS 车载服务器，模拟车地通信中断。直播画面中断，PIS 屏上播放本地存储信息。

②列车上测试人员恢复 2 台 PIS 车载服务器。车载 PIS 自动切换，播放实时信息。

③测试人员在列车 LCD 屏前观察，通过无线手持台与控制中心测试人员确认视频是否同步。(正常情况：两处视频图像应同步)

10.3.4　调试记录

调试记录如表 10-9～表 10-20 所示。

表 10-9　车辆超速保护测试

测试地点：		测试列车：	作业日期：	测试人员：	
序号	测试内容		测试标准	测试结果	备注
1	司机以人工驾驶模式动车，牵引列车持续加速至 80 km/h，利用下坡列车速度在达到 80.5 km/h 之前，保持手柄牵引位，列车应无牵引力输出		列车牵引封锁	□ 通过 □ 不通过	
2	司机手柄保持牵引位，利用下坡列车持续加速至 83 km/h，到 83 km/h 列车施加最大电制动力		列车施加最大电制动	□ 通过 □ 不通过	
3	司机手柄保持牵引位，利用下坡列车持续加速至 85 km/h，到 85 km/h 列车施加最大全常用制动		列车施加最大全常用制动	□ 通过 □ 不通过	

续表 10-9

序号	测试内容	测试标准	测试结果	备注
4	通过软件解除列车限速值、牵引封锁指令，司机以人工驾驶模式动车，牵引列车持续加速至 90 km/h，列车应紧急制动	列车紧急制动	□ 通过 □ 不通过	
参测人员	单位名称		签名	

表 10-10　列车紧急制动距离测试(数值仅为参考)

测试地点：　　　站 － 　　站(两站区间)　　测试列车：　　作业日期：　　测试人员：

序号	测试内容	测试标准	测试数据	测试结果
1	列车以人工驾驶模式加速至 80 km/h，惰行 3 s，按下紧急制动按钮，列车紧急制动停车	AW0 工况，紧急制动距离 206 m	紧急制动距离 $S1 =$ 紧急制动距离 $S2 =$	□ 通过 □ 不通过
参调人员	单位名称		签名	

表 10-11　车门安全联锁测试

测试地点：　　　测试列车：　　作业日期：　　测试人员：

序号	测试内容	测试标准	测试结果	备注
1	测试人员将阻挡块放在任意一扇门两扇门叶之间，使车门不能完全锁闭。司机按列车关门按钮后，推主控器手柄至牵引位，启动列车，观察列车状态	列车无法启动	□ 通过 □ 不通过	
2	列车在区间零速以上运行，按列车开门按钮，观察客室车门状态	车门无法打开	□ 通过 □ 不通过	

续表 10-11

序号	测试内容	测试标准	测试结果	备注
3	列车在区间零速以上运行,操作隔离车门紧急解锁装置解锁任一车门,尝试手动打开车门,观察客室车门状态	车门无法打开	□ 通过 □ 不通过	

参调人员	单位名称		签名	

表 10-12　车门故障隔离测试

测试地点:		测试列车:		作业日期:		测试人员:	
序号	测试内容		测试标准		测试结果		备注
1	列车停靠站台,通过隔离装置专用钥匙对测试车门进行隔离后,按司机室开门按钮,观察全部车门状态		被隔离车门不能打开,其他车门正常打开		□ 通过 □ 不通过		
2	被测车门在隔离状态,操作紧急解锁装置后,记录是否能手动打开被测车门		车门无法手动打开		□ 通过 □ 不通过		

参调人员	单位名称		签名	

表 10-13　车门障碍物探测测试(数值仅为参考)

测试地点		测试列车:		作业日期:		测试人员:	
序号	测试内容		测试标准		测试数据		测试结果
1	将测试块作为障碍物置于车门两扇门叶之间,列车发出关门指令后,记录开门次数及车门最终状态		被测车门上部、中部、下部三个位置分别进行一次防夹功能测试,能实现自动循环打开和关闭 3 次,并最终保持打开状态		循环次数: 车门最终状态:		□ 通过 □ 不通过

续表 10-13

序号	测试内容	测试标准	测试数据	测试结果
2	用车门压力测试仪测量车门3次防夹关门压力	第1次关门有效力小于150 N，第2次有效力小于180 N、第3次关门有效力均小于200 N，关门压力峰值均小于300 N	关门压力 N1： 关门压力 N2： 关门压力 N3：	□ 通过 □ 不通过
参调人员	单位名称	签名		

表 10-14 列车联挂救援测试

测试地点：		测试列车：	测试日期：	测试人员：
序号	测试内容	测试标准	测试结果	备注
1	1. 救援车限速 25 km/h 运行至距离故障车 20 m 处停车 2. 救援车切换至救援模式，限速 5 km/h 运行至距离故障车 3 m 处停车 3. 确认故障车已施加停放制动，具备联挂条件后，进行联挂作业 4. 联挂后，确认车钩对中线、HMI 联挂图标正常，解钩按钮灯亮 5. 试拉完成后，故障车缓解全列车制动，联挂运行至下一站北大街站停车，解钩	列车联挂可靠 列车能完成联挂并能在全线最大坡道上运行至下一个站台 列车解钩功能正常	□ 通过 □ 不通过	
参调人员	单位名称	签名		

表 10-15 车载火灾报警系统触发测试

测试地点：		测试列车：	作业日期：		测试人员：	
序号	测试内容	测试标准	测试结果			备注
1	用喷烟枪对任意一个探测器进烟室喷烟	1. 被试 SHD 的红色指示常亮 2. 火灾报警触发，在两端 FCU 发出报警蜂鸣声，火警指示灯常亮，并显示报警位置和报警类型 3. 在 DDU 上显示报警 SHD 的具体位置	烟感报警器所在车厢	是否报警（Y/N）	报警是否消失（Y/N）	
			T1			
			MP1			
2	按下 FCU 的消音按键	报警提示音消失	M1			
3	待烟雾散尽，按下 FCU 上的复位按钮	1. DDU 上报警提示消失 2. FCU 的火警指示灯熄灭 3. 被试 SHD 的红色指示灯闪烁，重新回到检测状态	M2			
			MP2			
4	在全车每个车厢选择一个探测器重复步骤 1~3，在表格中进行记录		T2			
5	用热风机对任意一个探测器的铝盖板中间加热	1. 被试 SHD 的红色指示灯常亮 2. 火灾报警触发，在两端 FCU 发出报警蜂鸣声，火警指示灯常亮，并显示报警位置和报警类型 3. 在 DDU 上显示报警 SHD 的具体位置	烟感报警器所在车厢	是否报警（Y/N）	报警是否消失（Y/N）	
			T1			
			MP1			
6	按下 FCU 的消音按键	报警提示音消失	M1			
7	待温度恢复正常，按下 FCU 上的复位按钮	1. DDU 上报警提示消失 2. FCU 的火警指示灯熄灭 3. 被试 SHD 的红色指示灯闪烁，重新回到检测状态	M2			
			MP2			
8	在全车每个车厢选择一个探测器重复步骤 5~7，在表格中进行记录		T2			

参调人员	单位名称	签名

表 10-16　乘客紧急对讲系统触发测试

测试地点：		测试列车：	作业日期：	测试人员：	
序号	测试内容	测试标准		测试结果	备注
1	按下 PECU1 的报警按钮	激活端的 DACU 出现报警声音提示，监控屏能以全屏模式显示对应的拍摄视频		□ 通过 □ 不通过	
2	按下激活端 DACU 的"报警"按键	能够实现乘客与司机的全双工对讲		□ 通过 □ 不通过	
3	再按下另一个 PECU2 的按键	在激活端的 DACU 能够显示有 PECU2 报警请求		□ 通过 □ 不通过	
4	按下激活端 DACU 的"报警"	司机结束与 PECU1 的通话，接通与 PECU2 全双工对讲，能正常切换，实现与 PECU2 装置对讲		□ 通过 □ 不通过	
参调人员	单位名称	签名			

表 10-17　车门紧急解锁测试

测试地点：		测试列车：	测试日期：	测试人员：	
序号	测试内容	测试标准		测试结果	备注
1	ATCIS 设置为正常，门模式选择开关 DOMS 在手动位，DEBS 设置为 OFF 挡，紧急解锁 TC 车 1、2 号车门	车门无法打开 DDU 显示被解锁车门状态为 ▲		□ 通过 □ 不通过	
2	复位紧急解锁手柄	车门保持关闭状态，DDU 界面显示所有车门状态为蓝色		□ 通过 □ 不通过	
3	ATCIS 置隔离，断开两端 DZVRCB1、DZVRCB2 断路器。操作 Tc 车 1、2 号门紧急解锁手柄，拉动门页	车门无法打开 DDU 显示被解锁车门状态为 ▲		□ 通过 □ 不通过	

续表 10-17

序号	测试内容	测试标准	测试结果	备注
4	保持 ATCIS 隔离位，闭合两端 DZ-VRCB1、DZVRCB2，紧急解锁车门（有外部解锁的车门也使用外部解锁操作一次，每侧 1 个）	车门能够正常打开，蜂鸣器将一直发出声音报警，客室内黄灯亮，激活端司机室 DDU 上显示对应车门状态为紧急解锁	□ 通过 □ 不通过	
5	复位紧急解锁装置	门自动关闭，蜂鸣器发出声音，门关好且锁好时门铃声音停止。在关门过程中指示灯闪烁，关到位且锁到位时客室内黄灯灭，车门保持关闭状态，DDU 界面显示所有车门状态为蓝色	□ 通过 □ 不通过	
参调人员	单位名称	签名		

表 10-18　列车自动报站功能测试

测试地点：		测试时间：	测试人员：	
序号	测试内容	测试站点	测试结果 正常√　异常×	
1		1 站	上行□	下行□
2		2 站	上行□	下行□
3		3 站	上行□	下行□
4		4 站	上行□	下行□
5	车辆人员检查各类信息包括目的站、起点站、下一站、预到站、到站信息等，在 IDU 显示、MDU 显示、LCD 电视显示是否正常，在客室扬声器、司机室扬声器监听播报是否正确	5 站	上行□	下行□
6		6 站	上行□	下行□
7		7 站	上行□	下行□
8		8 站	上行□	下行□
9		9 站	上行□	下行□
10		…站	上行□	下行□
11		…站	上行□	下行□
12		…站	上行□	下行□

续表 10-18

问题记录		
	单位名称	签名
参测 人员		

表 10-19　列车车载 PIS 实时播放中心下发的信息测试

测试地点：		测试时间：		测试人员：	
序号	测试内容	操作步骤	结果输出	测试结果	备注
1	实时媒体信息接收和播放	一人在控制中心进行节目播放，一人在列车 PIS 屏前观察，二人通过手持无线电台确认视频是否同步（播放延时在 1 分钟内）	视频播出同步		车辆、通信
	现场测试结论： 异常问题处理情况：				
2	单端车地通信中断时（关闭车载服务器模拟车地通信中断），实时媒体信息接收和播放	一人在控制中心进行节目播放，一人在列车 PIS 屏前观察，二人通过手持无线电台确认视频是否同步（播放延时在 1 分钟内）	视频播出同步		车辆、通信
	现场测试结论： 异常问题处理情况：				
3	模拟车地通信中断，非实时媒体信息播放	列车在运行时，车载 PIS 处于实时播放模式，关闭列车上的 PIS 无线接口（模拟网络通信中断）观察车载 LCD 屏播出内容	车载 LCD 屏自动切换本地播放模式，播出本地存储信息		车辆、通信
	现场测试结论： 异常问题处理情况：				
参测 人员	单位名称		签名		

表 10-20　故障情况下列车车载 PIS 播放自动切换测试

测试地点：		测试时间：		测试人员：	
序号	测试内容	操作步骤	结果输出	测试结果	备注
1	实时媒体信息接收和播放	一人在控制中心进行节目播放，一人在列车 PIS 屏前观察，二人通过手持无线电台确认视频是否同步（播放延时在 1 分钟内）	视频播出同步		车辆、通信
	现场测试结论： 异常问题处理情况：				
2	单端车地通信中断时（关闭车载服务器模拟车地通信中断），实时媒体信息接收和播放	一人在控制中心进行节目播放，一人在列车 PIS 屏前观察，二人通过手持无线电台确认视频是否同步（播放延时在 1 分钟内）	视频播出同步		车辆、通信
	现场测试结论： 异常问题处理情况：				
3	模拟车地通信中断，非实时媒体信息播放	列车在运行时，车载 PIS 处于实时播放模式，关闭列车上的 PIS 无线接口（模拟网络通信中断）观察车载 LCD 屏播出内容	车载 LCD 屏自动切换本地播放模式，播出本地存储信息		车辆、通信
	现场测试结论： 异常问题处理情况：				
参测人员	单位名称		签名		

10.4　常见问题

10.4.1　问题案例 1

①问题概述。车门障碍物探测测试中，测试车辆车门三次防夹后车门未打开到位，导致测试未通过。

②解决措施。进行现场检查和后台记录检索，原因大概率为车门参数设置错误，在 DDU 重新设置参数后进行再次测试。

③分析总结。车门障碍物探测测试中如遇到单门测试不通过的情况，多为机械故障引

起；如整侧车门测试不通过，则大概率为车门参数配置有误引起。

10.4.2　问题案例 2

①问题描述。车辆超速保护测试中，列车在时速达到 80 km/h 时，但现场实测列车牵引力数据直接为 0，导致超速保护测试未通过。

②解决措施。进行现场检查和后台记录检索，故障原因大概率为限速解除版软件逻辑错误，现场重新更新软件参数后测试超速保护功能正常。

③分析总结。车辆超速保护测试过程，列车牵引力应逐渐淡出，避免出现列车失控状况。如果根据结果通过测试，后期在司机遇到紧急情况时容易做出错误判断，影响较大。

10.5　安全注意事项

①车载火灾报警系统触发测试，需选取一列车进行全点位功能测试，建议采用已经完成火灾测试的列车进行测试，对于超温测试可以参考车辆厂的测试内容。

②车门相关功能测试可在库门完成车门解锁、车门隔离功能测试、车门障碍物探测功能测试、关门压力测试等，车门安全联锁功能需要正线正式动车后开展测试，对于库内完成的车门相关测试在正线条件允许的情况下可以进行二次验证，确保相关功能得到全面验证。

③结合车辆厂车辆联挂工作，熟悉车辆救援联挂程序和流程。结合厂家 AW3 加载试验在全线最大坡道区间完成车辆联挂救援工作，确保在全线区段最恶劣的情况下完成救援联挂工作。

④车辆运行实时信息传输功能联调，不在 56 号文的规范要求内，对于此项调试工作，建议在调试后期开展，待相关功能完善，正线运行车辆相对稳定后，可以全面开展调试工作。

⑤在正式上线测试超速保护功能之前，需制作好解除车辆本身限速和牵引系统的限速的软件，提前刷新软件进行确认，确保车辆能够通过手动推牵引最高加速至 90 km/h。防止浪费正线轨行区资源，反复测试影响联调进度。

⑥如列车按照标准超速后未触发紧急制动，动车负责人需要提醒司机视线路条件，及时紧急制动停车。

⑦列车车载 PIS 实时播放功能一般要求轨旁 PA 等设备以及 PIS 传输设备安装完成，同时全线各站均需与车辆调试通过后方可开展测试工作，建议此项调试尽量安排在后期执行，可有效节省时间，确保一次性完成测试工作。

⑧在开展列车工况联动测试之前，需要在库内对联动情况进行一次确认，确保车辆火灾相关功能正常。

⑨测试涉及机电、综合监控、车辆等多个专业，需要在正式测试之前，明确好各方责任，各方界面对于车辆火灾传感器位置定义存在差异，需要提前明确对应关系，正式测试时列车停在正线区间，需要各方配合，在正线、OCC 分别安排人员开展联动测试，确保测试工作顺利开展。

第11章　供电系统联调联试

11.1　系统概述

①城市轨道交通供电系统是轨道交通各系统的动力能源和心脏，它主要包括电源系统、牵引供电系统、动力照明供电系统、电力监控系统。满足各级供电网络在正常、事故和灾害情况下的控制、测量、监视、计量和调整的功能、安全操作联锁功能和故障保护功能。

②电源系统将来自城市电网的高压电源降压为地铁使用的中压，或者是将城市电网的中压电源引入地铁，通过中压环网供电网络分配给牵引供电系统和动力照明供电系统。牵引供电系统将来自主变电所或者地方电网的中压电源，通过牵引变电所降压整流，变成适合地铁车辆使用的直流电源，通过接触网和回流网供给地铁车辆使用。动力照明供电系统将中压电源通过降压变电所降压，变成380/220 V的低压电源，供给动力照明等设备使用。电力监控系统(SCADA)在地铁控制中心，通过调度端、通道和执行端对整个地铁供电系统的主要设备进行控制、监视和测量。

③供电系统是城市轨道交通中直接影响行车安全的核心系统之一，其运行情况直接关系到城市轨道交通开通后的运营安全和服务质量。根据轨道交通供电系统的特点，供电系统联调对主变电所系统、中压变电系统牵引直流系统、交直流屏、综合自动化系统、低压配电系统等供电设备之间控制与保护等功能配合进行一系列验证，最终验证供电设备之间控制、保护等功能配合是否满足设计和使用要求，因此供电系统联调工作是保障轨道交通供电系统安全、稳定运行的必要性工作。

④地铁运行环境存在着大量的电气干扰源，如大型的变配电设备、通风空调设备的启停机等。若弱电系统抗干扰措施不当，轻则使设备的工作可靠性降低，产生误码、错码、误动作、系统数据丢失，重则使系统处于死机、故障和瘫痪的状态。因此需要通过抗干扰联调测试检验地铁工程弱电系统设备在运营条件下的抗电磁干扰能力，如列车在车站两端启停时，在车站升降弓时，在隧道风机启停时或者是在牵引整流机组一组故障退出、另一组运行的情况下，站内各专业设备是否能正常运行；在微波设备工作时，通信信号和PIS车地无线通信设备是否受到影响；在柜门关闭和开启的状态下，距设备一定距离使用手机、对讲机、冲击钻、电焊机等电磁源工具时，磁场和电场强度是否符合规范要求，设备是否会因受到电磁场干扰而运行异常等。

11.2 测试项目

11.2.1 技术规范测试项目

技术规范测试项目如表 11-1~表 11-3 所示。

表 11-1 相邻主变电所支援供电测试

项目名称	相邻主变电所支援供电测试
测试目的	测试主变电所支援供电能力是否符合设计要求
测试内容与方法	1)两座及两座以上主变电所的线路，对拟退出主变电所相关开关设备及继电保护做预定操作，使一座主变电所退出运行且其母线系统正常 2)操作环网联络开关由相邻主变电所支援供电，并记录测试区段供电情况
测试结果	主变电所支援供电的能力和功能符合设计要求

表 11-2 牵引接触网(轨)越区供电测试

项目名称	牵引接触网(轨)越区供电测试
测试目的	测试牵引接触网(轨)越区供电能力是否符合设计要求
测试内容与方法	模拟解列正线一座牵引变电所，进行左右相邻两座牵引变电所供电的倒闸操作，实现对解列牵引变电所供电区段进行大双边供电；记录大双边供电时的牵引电压和电流、走行轨对地电压等运行数据
测试结果	大双边供电时，牵引电压和电流、走行轨对地电压等符合设计要求

表 11-3 变电所 0.4 kV 低压备自投测试

项目名称	变电所 0.4 kV 低压备自投测试
测试目的	测试变电所 0.4 kV 低压双电源自动切换功能是否符合设计要求
测试内容与方法	1)失电：任选一座车站降压变电所，在正常运行状态下，模拟 I 段动力变压器的温控跳闸继电器动作，I 段动力变压器的 35 kV(或 10 kV)断路器跳闸失电，0.4 kV 的 I 段进线断路器跳闸，0.4 kV 的 I 段母线失电，同时 0.4 kV 母线三级负荷断路器自动分闸 2)切换：经延时 2~3 s(延时依据设计要求确定)后，0.4 kV 母线联络 断路器自动合闸，0.4 kV 的 I、II 段母线均通过 II 段动力变压器供电 3)恢复：合上 I 段动力变压器的 35 kV(或 10 kV)断路器，I 段动力变压器送电，0.4 kV 母线联络断路器自动分闸，然后 0.4 kV 的 I 段进线断路器合闸，0.4 kV 的 I 段母线由 I 段动力变压器供电，同时 0.4 kV 母线三级负荷断路器手动或自动合闸，系统恢复 4)记录测试操作过程和相关电能参数
测试结果	设备自投自动切换功能、切换过程的动作次序和时间以及电能参数、三级负荷回路的切除等应符合设计要求

11.2.2 推荐测试项目

推荐测试项目如表 11-4 所示。

表 11-4 推荐测试项目

序号	项目名称
1	单边供电方式测试
2	大单边供电方式测试
3	正线向车辆段支援供电测试
4	正线、车辆段单台整流机组退出运行的供电能力测试
5	供电系统牵引供电全负荷及降压所大负荷测试
6	正常供电模式下高密度行车供电能力测试
7	35 kV 母联备自投功能验证
8	列车升弓启动、制动降弓的影响测试
9	隧道风机启动、停止的影响测试
10	退出 1 组整流机组的影响测试
11	在设备近旁使用手机、手持台/对讲机、冲击钻等电磁源的影响测试
12	遥控功能测试
13	遥信功能测试
14	遥测功能测试

11.3 方式方法

11.3.1 前置条件

11.3.1.1 调试设备运行条件

①综合监控与 PSCADA、供电系统联调联试基本完成；能够在调度端进行供电系统倒闸操作，切换供电系统运行方式，并能够有效监控供电系统运行状态。

②能够在调度端进行供电系统倒闸操作，切换供电系统运行方式，并能够有效监控供电系统运行状态。

③两座主变电所具备 2 回路 110 kV 电源，所内供电设备已投入运行，工作状况良好。

④正线及车辆段各变电所用电负荷设备已投入运行，工作状况良好。

⑤线路通过限界检测，接触网设备通过冷滑、热滑，具备电客车按设计时速动车的条件。

⑥无线系统在联调开展前具备全线通信功能，无线通信工具满足调试需要。

⑦供电 35 kV 开关柜、1500 V 开关柜、400 V 开关柜、1500 V 上网隔离开关、交直流屏、

单向导通、轨电位装置、温控仪、整流器、有源滤波装置、可视化接地、排流柜、杂散电流监测装置完成单系统测试，并提供设备单体调试报告。

⑧PSCADA 系统设备已经完成与供电局地调接口的调试，可以满足正常运行情况下的监控，以调试记录点表为依据，调试记录点表由调试各方人员签字方视为有效；PSCADA 系统完成单体调试与供电设备接口调试。各系统设备已投入运行，功能均按合同各项条款的要求已经完全具备，且工作状况良好。

⑨综合监控系统完成车站级、中央级计算机的单系统调试；已完成所有有关供电、PSCADA 系统的数据准备，车站、中央数据保持一致性，并提供设备单体调试报告。

⑩综合监控、PSCADA 系统设备已经完成与供电现场设备的接口功能调试，点对点测试、端对端测试。所有测试功能均按照合同各项条款的要求已经完全具备，且测试结果均正确，满足设计要求。测试结果以现场调试记录点表为依据，调试记录点表由调试各方人员签字确认方视为有效。

⑪无线系统在联调开展前具备全线通信功能，无线通信工具满足调试需要。

11.3.1.2 关联系统运行条件

①行车间隔不低于 10 分钟。

②信号系统具备功能，需满足行车组织需要。

③通信系统专用电话、公务电话、无线通信投入运行，功能满足行车组织需要。

④科目测试前，各站 UPS 系统具备后备供电能力。

⑤大屏幕系统(OPS)需要安装完成并可正常显示使用，在进行联调过程中，需要核对 OPS 上电力监控系统界面的各显示信息数据是否满足合同各项条款规定的要求。

⑥科目测试前，各站 UPS 系统具备后备供电能力。

11.3.2 组织及职责

参与本次联调联试的单位及人员均已熟悉本次联调组织及实施方案，并已做好相关各项准备工作。联调人员安排及岗位职责，如表 11-5 所示。

表 11-5 联调人员安排及职责

序号	人员分配	人数/人	所在位置	岗位职责
1	现场操作人员	2~4	变电所	现场设备的操作、记录及检查所内设备状态
2	站台级控制中心人员	2~3	主所控制室	信号以及报文的核对及记录
3	站级 PSCADA 人员	2~3	PSCADA 控制室	设备遥控操作、信号以及报文的核对及记录
4	中心及控制中心人员	2~3	控制中心	信号以及报文的核对及记录

11.3.3 联调步骤

11.3.3.1 退出 1 台主变压器测试

①实施倒闸操作：

a.断开 A 主变电所 1#主变压器 35 kV 侧进线开关。

b.合上 A 主变电所 35 kV 母联开关。

②行车专业组按时刻表要求,逐列投入列车上线。

③各变电所值班人员检查环网进、出线开关运行状态。

④各专业人员巡查各个车站设备运行状态。

⑤各专业组依次投入各站的电负荷至满负荷。

⑥恢复正常运行方式(主要步骤):

a.断开 A 主变电所 35 kV 母联开关。

b.合上 A 主变电所 1#主变压器 35 kV 侧进线开关。

11.3.3.2　退出 1 座主变电所的 2 台主变压器测试

①实施倒闸操作:

a.断开 A 主变电所 1#主变压器变低侧开关。

b.合上 B 站变电所Ⅰ段 35 kV 环网联络开关。

c.断开 A 主变电所 2#主变压器变低侧开关。

d.合上 B 变电所Ⅱ段 35 kV 环网联络开关。

②行车专业组参照时刻表要求,逐列投入列车上线。

③各变电所值班人员检查环网进、出线开关运行状态。

④各专业人员巡查各个车站设备运行状态。

⑤各专业组依次投入各站的电负荷至满负荷。

⑥恢复正常运行方式:

a.断开 B 站变电所Ⅱ段 35 kV 环网联络开关。

b.合上 A 主变电所 2#主变压器变低侧开关。

c.断开 B 站变电所Ⅰ段 35 kV 环网联络开关。

d.合上 A 主变电所 1#主变压器变低侧开关。

11.3.3.3　单边供电方式测试

①模拟 A 站牵引所故障退出运行,实行单边供电方式。

②对 B 站(单边供电车站)牵引所供电能力及直流参数测试。

③测试时列车按照时刻表运行。

④测量 B 站牵引所单边供电馈线开关在列车启动、制动时的最大电流、最低电压。

⑤每半小时记录一次列车启动时直流馈线开关电流与相关直流系统参数。

11.3.3.4　大双边供电方式测试(越区供电)

①模拟 A 站牵引所故障退出运行,实行大双边越区供电方式(由 B 站和 C 站牵引所供电),对 B 站和 C 站牵引所供电能力及直流参数测试。

②测试时列车按照时刻表运行。

③测量记录 B 站、C 站大双边供电馈线开关在列车启动、制动时的最大电流、最低电压,同时测量相关直流系统参数(包括轨电位)。

11.3.3.5　正线向车辆段支援供电测试

①模拟车辆段牵引所故障退出运行,实行正线向车辆段支援供电方式。

②测试时组织列车按照时刻表要求进、出段。

③试车线有一列车进行正常调试。

④测量支援供电车站牵引所对应馈线开关及相关直流系统参数(包括轨电位)。

⑤每半小时记录一次相关直流系统参数。

11.3.3.6　大单边供电方式测试

①模拟退出 A、B 站牵混所。

②对 C 站(实行大单边供电车站)牵引所供电能力及直流参数测试。

③分别在 A、B 站;左/右线分别安排 1 列车(其中 1 列为载荷车),按行调口令同时启动,运行至下一站停车、中速、高速分别运行 1 个来回。

④全线各站各类负荷逐步投入正常使用。

⑤每半小时记录一次相关直流系统参数。

⑥记录在有载荷的列车上读取的网压、电流。

11.3.3.7　正线、车辆段单台整流机组退出运行的供电能力测试

①停电,切换供电方式,退出#1 号整流机组,而且退出整流变对应 35 kV 馈线开关柜的联跳压板。

②全部试运行列车上线。

③每 15 分钟记录一次列车启动时整流变绕组温度与相关 124 断路器电压和电流参数最大值。

11.3.3.8　供电系统牵引供电全负荷及降压所大负荷测试

①将示波器接入对试验供电分区实施双边供电的 A、B 两牵混所相应直流馈线开关。

②控制中心在测试前将 4 列 AW2 载重的车分别停靠在 A、B 站上、下行出站 100 m。

③控制中心下令 4 列列车同时启动,测试全负荷下牵引供电能力。

④将 A 站 1#动力变对应 35 kV 馈线开关柜断开,实现 A 站 2#动力变动提供全所动力,所内人员手动将三类负荷合闸。

⑤机自专业将 A 站冷水机组、照明灯等设备全部启动,实现低压供电大负荷运行。

11.3.3.9　正常供电模式下高密度行车供电能力测试

①倒闸,切换供电方式。

②全部试运行列车上线后。

③正常供电模式下,列车按照最大密度行车间隔的运行图,行车 1 个小时。

④利用 PSCADA 系统工作站观察记录数据。

⑤抽取 10 列列车牵引系统自动记录的网压数据。

11.3.3.10　35 kV 母联备自投功能验证

模拟 35 kV 进线差动保护动作,验证 35 kV 母联开关备自投是否正确投入。

①实施倒闸操作:

a.确认 35 kV 进、出线柜断路器在合位,对应三工位开关在合位。

b.确认 35 kV 母联开关在分位,母联对应三工位开关在合位,母联自投功能"投入"。

②模拟差动信号:

a.模拟 Ⅰ 段进线开关线路差动保护动作,Ⅰ 段进线开关断路器保护跳闸,Ⅰ 段母线无压,Ⅱ 段母线有压,母联开关应能自投。

b.模拟 Ⅱ 段进线开关线路差动保护动作,Ⅱ 段进线开关断路器保护跳闸,Ⅱ 段母线无压,Ⅰ 段母线有压,母联开关应能自投。

c.查看确认各设备指示灯及音响信号正确。

d.检查各保护装置、控制信号盘信号正确然后复位。

③恢复设备状态:

a.恢复开关柜原始状态。

b.各变电所值班人员检查所内各设备运行状态。

c.各专业人员巡查各个车站设备运行状态。

11.3.3.11 400 V备自投功能测试

①实施倒闸操作:

a.确认35 kV开关柜对所内两台动力变压器正常供电。

b.确认400 V开关柜两路进行断路器在合位,400 V母联开关断路器在分位,母联备自投功能"投入",进线失压联调三级负荷功能"投入"。

②模拟故障信号(主要步骤):

a.断开××站1#动力变对应35 kV断路器,400 V Ⅰ段进线断路器跳闸,400 V Ⅰ段母线失电,三类负荷总开关跳闸,400 V母联自动合闸。

b.恢复1#动力变对应35 kV断路器,400 V母联络断路器自动分闸,400 V Ⅰ段进线断路器合闸,400 V母线三级负荷断路器自动合闸,系统恢复。

c.用同样的方法对400 V Ⅱ段进行了测试。

③恢复设备状态:

a.恢复所内各设备原始状态。

b.各变电所值班人员检查所内各设备运行状态。

c.各专业人员巡查各个车站设备运行状态。

11.3.3.12 交直流屏双电源互为热备切换测试

①实施倒闸操作:

确认400 V开关柜两路进行断路器在合位,400 V开关柜两段分别对交直流屏进线供电。

②模拟故障信号(主要步骤):

a.断开××站交流屏Ⅰ路进线400 V上级电源开关,经过短暂延时,交流屏Ⅱ路电源开关自动合闸,同时Ⅰ路进线电源开关自动分闸,交直流屏Ⅱ路电源对直流蓄电池充电,并向外部负荷供电。

b.用同样的方法对交直流屏Ⅱ路进线进行了测试,完成了交直流屏双电源互为热备切换测试。

③恢复设备状态:

a.恢复所内各设备原始状态。

b.各变电所值班人员检查所内各设备运行状态。

c.各专业人员巡查各个车站设备运行状态。

11.3.3.13 列车升弓启动、制动降弓的影响测试

①调度组织测试列车停靠在测试车站左/右线站台,列车停稳后,降弓。

②测试人员确认现场各专业人员已经到位,现场确认柜门全部打开。

③调度通知司机升弓,以100%牵引力启动,加速至80 km/h后停稳。

④行调通知司机换端,以100%牵引力启动,至测试车站站台制动停稳后降弓。

⑤各小组人员确认并记录专业设备运行状态、是否受干扰。

11.3.3.14 隧道风机启动(直启)、停止的影响测试

①测试人员确认测试车站隧道风机处于停止状态。

②测试人员确认现场各专业人员已经到位,现场确认柜门全部打开。

③环调依次开启(直启)测试车站4台隧道风机。

④若OCC无法控制,环调指挥现场人员站级或就地级操作。

⑤各小组人员确认并记录专业设备运行状态、是否受干扰。

⑥5分钟后,环调依次停止测试车站4台隧道风机。

11.3.3.15 退出1组整流机组的影响测试

①测试人员确认测试车站两台整流机组投入运行,状态正常。

②测试人员确认现场各专业人员已经到位,现场确认柜门全部打开。

③电调退出1台整流机组(另一组正常运行)。

④若OCC无法控制,电调通知变电所值班员站级或就地级操作。

⑤各小组人员确认并记录专业设备运行状态、是否受干扰。

⑥电调恢复整流机组运行。

11.3.3.16 在设备近旁使用手机、手持台/对讲机、冲击钻等电磁源的影响测试

①测试人员打开设备柜门。

②测试人员在距设备柜30 cm处依次使用冲击钻、手机、手持台等设备。

③各小组人员确认并记录专业设备运行状态、是否受干扰。

11.3.3.17 遥控功能测试

只适用于单控,分别在中央级和车站级进行单控测试工作。

①操作人员在中央级综合监控系统上点击测试记录表格中第一个单控选择命令。

②单控选择成功后,操作人员立即在中央级综合监控系统上点击测试记录表格中第一个单控执行命令。

③由PSCADA专业确认其单控命令是否正确执行。

④供电专业确认现场设备动作是否正确。

⑤由综合监控专业确定单控操作后中央级综合监控界面信息栏、图符、报警、事件记录显示是否正确。

⑥由综合监控专业确定单控操作后大屏幕系统界面信息显示是否正确。

⑦由综合监控专业确定单控操作后电力复示终端综合监控界面信息栏、图符、报警、事件记录显示是否正确。

⑧操作人员在车站级综合监控系统上点击测试记录表格中第一个单控选择命令。

⑨单控选择成功后,操作人员立即在车站级综合监控系统上点击测试记录表格中第一个单控执行命令。

⑩由PSCADA专业确认其单控命令是否正确执行。

⑪同时由供电专业确认现场设备动作是否正确。

⑫由各专业人员确认相关系统设备状况,均恢复正常状态后结束联调。

11.3.3.18 程控功能测试

只在中央级进行测试。

①操作人员在中央级综合监控系统上执行测试记录表格中第一个程控卡片命令。

②由 PSCADA 专业确认此程控卡片是否正确执行。

③同时由供电专业确认现场设备动作是否正确。

④由综合监控专业确定程控操作后中央级综合监控界面信息栏、图符、报警、事件记录显示是否正确。

⑤由综合监控专业确定程控操作后大屏幕系统界面信息显示是否正确。

⑥由各专业人员确认相关系统设备状况，均恢复正常状态后结束联调。

11.3.3.19　遥信功能测试

需要同时在中央级和站级进行测试。

①由供电专业做出测试记录表格中第一个遥信信息，PSCADA 专业确定接收到的遥信信息是否正确。

②PSCADA 专业确定接收到正确的遥信信息后，将情况上报给综合监控专业。

③由综合监控专业确定中央级综合监控界面信息栏、图符、报警、事件记录时间及显示是否正确。

④由综合监控专业确定车站级综合监控界面信息栏、图符、报警、事件信息时间及显示是否正确。

⑤由综合监控专业确定大屏幕系统界面信息显示是否正确。

⑥由综合监控专业确定电力复示终端综合监控界面信息栏、图符、报警、事件信息时间及显示是否正确。

⑦由各专业人员确认相关系统设备状况，均恢复正常状态后结束联调。

11.3.3.20　遥测功能测试

需要同时在中央级和站级进行测试。

①由供电专业组做出测试记录表格中第一个遥测信息，PSCADA 专业组确定接收到的遥测信息是否正确。

②PSCADA 专业组确定接收到正确的遥测信号后，将情况上报给综合监控专业。

③由综合监控专业组确定中央级综合监控界面信息栏、图符、报警、事件记录显示是否正确。

④由综合监控专业组确定车站级综合监控界面信息栏、图符、报警、事件记录显示是否正确。

⑤由综合监控专业组确定大屏幕系统界面信息显示是否正确。

⑥由综合监控专业组确定电力复示终端综合监控界面信息栏、图符、报警、事件信息显示是否正确。

⑦综合监控专业组在中央级综合监控系统上查询所有测试遥测量的趋势、统计报表、曲线图是否正确。

⑧综合监控专业组在车站级综合监控系统上查询所有测试遥测量的趋势、统计报表、曲线图是否正确。

⑨综合监控专业组在电力复示终端上查询所有测试遥测量的趋势、统计报表、曲线图是否正确。

⑩由各专业组人员确认相关系统设备状况，均恢复正常状态后结束联调。

11.3.4 调试记录

表 11-6 相邻主变电所支援供电测试记录表

相邻主变电所支援供电测试记录表(110 kV)

测试项:		测试站所:			测试时间:			测试人员:			
时间(每半小时记录1次)	110 kV 侧电流 Ia/A		110 kV 电压 Uab/kV		功率/kW		功率因数		绕组温度/℃		油温/℃	
	1#进线	2#进线	Ⅰ段	Ⅱ段	1#变	2#变	1#变	2#变	1#变	2#变	1#变	1#变

问题记录				
参调人员	单位名称	签名	单位名称	签名

相邻主变电所支援供电测试记录表(35 kV)

测试站所:	测试时间:	测试人员:
时间(每半小时记录1次)	35 kV Ⅰ段母校电压 Uab/kV	35 kV Ⅱ段母校电压 Uab/kV

问题记录		
	单位名称	签名
参调人员		

表 11-7　变电所 0.4 kV 低压备自投测试

测试地点：		测试时间：		记录人：
测试内容	测试步骤		标准	测试结果
	测试前状态确认	模拟场景		
1. 模拟 1# 动力变压器停电	（1）400 V 1#进线、2#进线电压正常	模拟 1#进线掉电	3 s 后 401 自动分 过 1 s 三级负荷自动分 再过 1 s 母联自动合	□自投正常 □自投失败
	（2）母联分位，401、402 均处于合位			
	（3）401、402 开关处于远方控制位，母联开关处于远方控制位、备自投投入、自恢复投入位置			
2. 模拟 400 V 1#进线掉电恢复	（1）400 V 1#进线掉电、2#进线电压正常	模拟 1#进线掉电恢复	1 s 母联自动分 再过 1 s 401 自动合	□自复正常 □自复失败
	（2）401 分位，母联、402 均处于合位			
	（3）401、402 开关处于远方控制位，母联开关处于远方控制位、备自投投入、自恢复投入位置			
3. 模拟 2# 动力变压器的温控器超温跳闸	（1）400 V 1#进线、2#进线电压正常	模拟 2#进线掉电	3 s 后 402 自动分 过 1 s 三级负荷自动分 再过 1 s 母联自动合	□自投正常 □自投失败
	（2）母联分位，401、402 均处于合位			
	（3）401、402 开关处于远方控制位，母联开关处于远方控制位、备自投投入、自恢复投入位置			
4. 模拟 400 V 2#进线掉电恢复	（1）400 V 2#进线掉电、1#进线电压正常	模拟 2#进线掉电恢复	1 s 母联自动分 再过 1 s 402 自动合	□自复正常 □自复失败
	（2）402 处于分位，母联、401 均处于合位			
	（3）401、402 开关处于远方控制位，母联开关处于远方控制位、备自投投入、自恢复投入位置			

问题记录		
参调人员	单位名称	签名

表 11-8　大单边供电方式测试

测试地点：		测试列车：		测试时间：		测试人员：
序号	列车状态、时速		时间	列车显示电压 /V	列车电流 Ia /A	备注
1	机车升弓未启动时					
2	启动时最低电压					
3	50 km/h					
4	80 km/h					
5	最低电压发生地位置(杆号/公里标)					
6	电压突变					
7	最高电压					
问题记录						
参调人员	单位名称		签名	单位名称		签名

表 11-9　供电系统牵引供电全负荷及降压所大负荷测试

测试站所：						测试时间：			测试人员：			
序号	时间	400 V 402 进线开关							2#配电变温度/℃			
		Ua	Ub	Uc	Ia	Ib	Ic	功率因素	三相总有功功率	A 相温度	B 相温度	C 相温度	铁芯温度
问题记录												
参调人员	单位名称			签名			单位名称			签名		

表 11-10 正常供电模式下高密度行车供电能力测试

测试站所：				测试时间：				测试人员：		
序号	时间	1500 V 母线电压 最高/ 最低值/V	1500 V 馈线电流 最大值 /A	整流变电流 Ia/A		整流变温度/℃		整流器温度/℃		轨电位 /V
				1#	2#	1#	2#	1#	2#	
1										
2										
3										
4										
5										
6										
7										
8										
问题记录										
参调人员		单位名称		签名		单位名称		签名		

表 11-11 35 kV 母联备自投功能验证

序号	测试站所	测试时间	35 kV 母联备自投是否正常启动				记录人员：
			Ⅰ段进线差动动作时		Ⅱ段进线差动动作时		
			自投正常□	自投失败□	自投正常□	自投失败□	
			自投正常□	自投失败□	自投正常□	自投失败□	
			自投正常□	自投失败□	自投正常□	自投失败□	
			自投正常□	自投失败□	自投正常□	自投失败□	
			自投正常□	自投失败□	自投正常□	自投失败□	
			自投正常□	自投失败□	自投正常□	自投失败□	
			自投正常□	自投失败□	自投正常□	自投失败□	
			自投正常□	自投失败□	自投正常□	自投失败□	
			自投正常□	自投失败□	自投正常□	自投失败□	
			自投正常□	自投失败□	自投正常□	自投失败□	
问题记录							

续表11-11

序号	测试站所	测试时间	35 kV 母联备自投是否正常启动		记录人员：
			Ⅰ段进线差动动作时	Ⅱ段进线差动动作时	
		单位名称	签名	单位名称	签名
参调人员					

表 11-12　退出 1 组整流机组的影响测试

测试时间：　　　　　　　　　　测试站所：

序号	设备	列车启动/制动		风机启动/停止		退出 1 组整流机组	记录人员：
		列车启动	列车制动	风机启动	风机停止		
1		是□ 否□	是□ 否□	是□ 否□	是□ 否□	是□ 否□	
2		是□ 否□	是□ 否□	是□ 否□	是□ 否□	是□ 否□	
3		是□ 否□	是□ 否□	是□ 否□	是□ 否□	是□ 否□	
4		是□ 否□	是□ 否□	是□ 否□	是□ 否□	是□ 否□	
5		是□ 否□	是□ 否□	是□ 否□	是□ 否□	是□ 否□	
6		是□ 否□	是□ 否□	是□ 否□	是□ 否□	是□ 否□	
7		是□ 否□	是□ 否□	是□ 否□	是□ 否□	是□ 否□	
8		是□ 否□	是□ 否□	是□ 否□	是□ 否□	是□ 否□	
9		是□ 否□	是□ 否□	是□ 否□	是□ 否□	是□ 否□	
10		是□ 否□	是□ 否□	是□ 否□	是□ 否□	是□ 否□	

问题记录

	单位名称	签名
参调人员		

表 11-13 在设备近旁使用手机、手持台/对讲机、冲击钻等电磁源的影响测试

测试时间：		测试站所：					记录人员：
序号	设备	干扰源					
		手持台	对讲机	手机	电焊机	冲击钻	
1		是□ 否□	是□ 否□	是□ 否□	是□ 否□	是□ 否□	
2		是□ 否□	是□ 否□	是□ 否□	是□ 否□	是□ 否□	
3		是□ 否□	是□ 否□	是□ 否□	是□ 否□	是□ 否□	
4		是□ 否□	是□ 否□	是□ 否□	是□ 否□	是□ 否□	
5		是□ 否□	是□ 否□	是□ 否□	是□ 否□	是□ 否□	
6		是□ 否□	是□ 否□	是□ 否□	是□ 否□	是□ 否□	
7		是□ 否□	是□ 否□	是□ 否□	是□ 否□	是□ 否□	
8		是□ 否□	是□ 否□	是□ 否□	是□ 否□	是□ 否□	
9		是□ 否□	是□ 否□	是□ 否□	是□ 否□	是□ 否□	
10		是□ 否□	是□ 否□	是□ 否□	是□ 否□	是□ 否□	

问题记录		
参调人员	单位名称	签名

表 11-14　遥控功能测试

测试时间：		测试地点：				记录人员：				
			测试软件版本号：							
序号	子系统	设备名称	属性描述	I/O类型	控制命令	界面	事件	测试不通过	测试通过	备注
1	35 kV	进线Ⅰ回 101	断路器 101 合闸	DO	☐	☐	☐	☐	☐	
2			断路器 101 分闸	DO	☐	☐	☐	☐	☐	
3			隔离开关 1011 合闸	DO	☐	☐	☐	☐	☐	
4			隔离开关 1011 分闸	DO	☐	☐	☐	☐	☐	
5			跳闸指示灯复归(需先复归保护总跳闸信号)	DO	☐	☐	☐	☐	☐	
6			总跳闸指示灯复归	DO	☐	☐	☐	☐	☐	
7			切换到定值组 1	DO	☐	☐	☐	☐	☐	
8			切换到定值组 2	DO	☐	☐	☐	☐	☐	
9			切换到定值组 3	DO	☐	☐	☐	☐	☐	
10		进线Ⅱ回 102	断路器 102 合闸	DO	☐	☐	☐	☐	☐	
11			断路器 102 分闸	DO	☐	☐	☐	☐	☐	
12			隔离开关 1021 合闸	DO	☐	☐	☐	☐	☐	
13			隔离开关 1021 分闸	DO	☐	☐	☐	☐	☐	
14			跳闸指示灯复归(需先复归保护总跳闸信号)	DO	☐	☐	☐	☐	☐	
15			总跳闸指示灯复归	DO	☐	☐	☐	☐	☐	
16			切换到定值组 1	DO	☐	☐	☐	☐	☐	
17			切换到定值组 2	DO	☐	☐	☐	☐	☐	
18			切换到定值组 3	DO	☐	☐	☐	☐	☐	
问题记录										
参调人员		单位名称				签名				

表 11-15　遥信功能测试

测试时间：	测试地点：		记录人员：							

				测试软件版本号：						

序号	子系统	设备名称	属性描述	I/O类型	界面	报警	事件	测试不通过	测试通过	备注
1			手车工作位置	DI1	☐	☐	☐	☐	☐	
2			手车试验位置	DI1	☐	☐	☐	☐	☐	
3			手车未定义位(位置异常)(需全部录入)	DI1	☐	☐	☐	☐	☐	
4			断路器合位	DI1	☐	☐	☐	☐	☐	
5			断路器分位	DI1	☐	☐	☐	☐	☐	
6			断路器位置故障	DI1	☐	☐	☐	☐	☐	
7			远方模式	DI1	☐	☐	☐	☐	☐	
8			就地模式	DI1	☐	☐	☐	☐	☐	
9	1500 V	直流进线 I 回 201	断路器合闸闭锁	DI1	☐	☐	☐	☐	☐	
10			报警总信号	DI1	☐	☐	☐	☐	☐	
11			合闸禁止信号	DI1	☐	☐	☐	☐	☐	
12			跳闸总信号	DI1	☐	☐	☐	☐	☐	
13			本地紧急分闸	DI1	☐	☐	☐	☐	☐	
14			线圈电源故障	DI1	☐	☐	☐	☐	☐	
15			外部跳闸并闭锁	DI1	☐	☐	☐	☐	☐	
16			I_{max} 动作	DI1	☐	☐	☐	☐	☐	
17			大电流脱扣动作	DI1	☐	☐	☐	☐	☐	
18			交流/整流器联跳进线	DI1	☐	☐	☐	☐	☐	
19			通信故障	DI1	☐	☐	☐	☐	☐	
20			手车工作位置	DI1	☐	☐	☐	☐	☐	
21			手车试验位置	DI1	☐	☐	☐	☐	☐	
22			手车未定义位(位置异常)(需全部录入)	DI1	☐	☐	☐	☐	☐	
23			断路器合位	DI1	☐	☐	☐	☐	☐	
24			断路器分位	DI1	☐	☐	☐	☐	☐	
25	1500 V	直流进线 II 回 202	断路器位置故障	DI1	☐	☐	☐	☐	☐	
26			远方模式	DI1	☐	☐	☐	☐	☐	
27			就地模式	DI1	☐	☐	☐	☐	☐	
28			断路器合闸闭锁	DI1	☐	☐	☐	☐	☐	
29			报警总信号	DI1	☐	☐	☐	☐	☐	
30			合闸禁止信号	DI1	☐	☐	☐	☐	☐	
31			跳闸总信号	DI1	☐	☐	☐	☐	☐	

续表 11-15

问题记录		
参调人员	单位名称	签名

表 11-16　遥测功能测试

测试时间：　　　　　　测试地点：　　　　　　记录人员：

测试软件版本号：

序号	子系统	设备名称	属性描述	I/O 类型	界面	测试不通过	测试通过	备注
1	400 V	进线柜	CA 线电压有效值	AI	□	□	□	
2			A 相负载电流有效值	AI	□	□	□	
3			B 相负载电流有效值	AI	□	□	□	
4			C 相负载电流有效值	AI	□	□	□	
5			A 相输出电流有效值	AI	□	□	□	
6			B 相输出电流有效值	AI	□	□	□	
7			C 相输出电流有效值	AI	□	□	□	
8	400 V	1#配电变温度控制器	A 相绕组温度	AI	□	□	□	
9			B 相绕组温度	AI	□	□	□	
10			C 相绕组温度	AI	□	□	□	
11			铁芯温度	AI	□	□	□	
12		2#配电变温度控制器	A 相绕组温度	AI	□	□	□	
13			B 相绕组温度	AI	□	□	□	
14			C 相绕组温度	AI	□	□	□	
15			铁芯温度	AI	□	□	□	

续表 11-16

序号	子系统	设备名称	属性描述	I/O 类型	界面	测试不通过	测试通过	备注
16			A 相绕组温度	AI	☐	☐	☐	
17		1#整流变温度控制器	B 相绕组温度	AI	☐	☐	☐	
18			C 相绕组温度	AI	☐	☐	☐	
19	1500 V		铁芯温度	AI	☐	☐	☐	
20			A 相绕组温度	AI	☐	☐	☐	
21		2#整流变温度控制器	B 相绕组温度	AI	☐	☐	☐	
22			C 相绕组温度	AI	☐	☐	☐	
23			铁芯温度	AI	☐	☐	☐	
问题记录								

参调人员	单位名称	签名

11.4　常见问题

11.4.1　问题案例 1

（1）问题描述

供电系统设备自复功能联调测试中，400 V 自投自复功能未实现。

（2）解决措施

现场检查欠压继电器、可编程控制器、开关位置信号回路以及分合闸控制回路均为正常，对软件程序进行检查，处理相应的故障。

（3）分析总结

400 V 自投自复功能测试是变电系统最为基础也是最重要的测试，自投自复失败的原因有很多种，本次案例在欠压继电器、可编程控制器、开关位置信号回路以及分合闸控制回路检查后都没有找到问题。在系统联调测试过程中往往会忽视最基本的程序和软件问题，有的时候在故障排除时要跳出问题本身从长计议，解决问题。

11.4.2 问题案例 2

（1）问题描述

综合监控与 PSCADA 的测试中，中央级遥控 104、1011 分合闸执行失败的同时 400 直流电源消失点位模式失败。

（2）解决措施

现场检查可编程控制器故障，未正常动作，更换后，直流电源故障解决，但是分合闸依然失败。通过后台找到对应的 104、1011，核对软件点位，更新程序后，分合闸故障顺利解决，PSCADA 测试功能正常。

（3）分析总结

在调试过程中遇到复合故障时，一般需各个击破，案例中在中央级 OCC 操作 104 开关分合闸失败，如果是在站点操作已经成功，那就是通信 RTU 的问题，现场是在站点也没操作起来，同时伴随直流电源故障。通过检查更换损坏的 PLC 模块，再通过控制对象的信号状态来辅助分析、查找原因并解决问题。

11.5　安全注意事项

①当 35 kV 电压降超过 5%时、牵引电压低于 1000 V 时，视情况中止调试。

②当发生设备故障，导致局部或全线全所失压时，启动大面积停电应急响应。

③当因接触网停电导致列车迫停区间时，若停电短时不能恢复，及时关闭蓄电池。

④联调过程中，如发生设备设施故障或意外情况，应及时中止联调并采取临时措施，待恢复后再进行联调。

⑤因系统等原因造成测试不能正常进行时，由相关部门责成厂家和承包商限期内完成整改。

⑥相关部门在测试时所发生的故障整改完以后进行确认，检查确实符合测试条件后，再进行测试。

第12章 信号系统联调联试

12.1 系统概述

信号系统是城市轨道交通中直接影响行车安全的核心系统之一，其运行情况直接关系到城市轨道交通开通后的运营安全和服务质量。城市轨道交通信号系统联调主要采用静态和动态的测试方式，静态测试采用人工排路和模拟相关条件的方式检验进路连锁关系的正确性和人机界面与轨旁的一致性；动态测试通过列车上线运行的方式，检验连锁进路的建立、占用、自动解锁，各种运行状态下紧停、列车运行、进路及ATS功能测试，停车精度控制、对车门开关的控制、屏蔽门开关控制屏蔽门状态对列车运行的影响及信号与PIS接口列车到站显示功能测试列车出入段能力、正线追踪能力及折返能力测试，以检验是否满足合同要求，同时检验各岗位操作是否熟练，联动是否协调。信号系统联调主要包括信号系统CBTC模式功能联调联试测试、信号系统连锁功能联调联试测试信号与车辆、屏蔽门联调联试测试、列车最大运行能力联调测试等项目的功能联调。

12.2 测试项目

12.2.1 技术规范测试项目

表12-1 列车超速安全防护测试

项目名称	列车超速安全防护测试
测试目的	测试线路最高允许限速、区段限速、道岔侧向限速、轨道尽头停车等列车运行安全防护功能是否符合设计要求
测试内容与方法	1）ATP超速安全防护测试 列车以ATP防护模式行车，持续加速至超速报警，忽略报警继续加速到紧急制动触发；记录列车限速显示、超速报警情况以及触发紧急制动时的列车运行速度 2）区段限速安全防护测试 对线路某区间设置限速后，列车以ATP防护模式在该区间持续加速至区段限速值；记录列车限速值、触发常用制动和紧急制动时的列车运行速度 3）侧向过岔安全防护测试 列车以ATP防护模式行车，持续加速至道岔侧向最高限制速度；记录触发紧急制动时的列车运行速度

续表12-1

项目名称	列车超速安全防护测试
测试内容与方法	4)轨道尽头安全防护测试 排列直通轨道尽头的进路后,列车以 ATP 防护模式行车至轨道尽头停车点;列车到达停车点前的整个过程中,记录列车在不同位置的运行速度;若列车仍未能减速,列车驾驶员应实施紧急制动 5)降级模式下闯红灯安全防护测试(仅对设置了点式 ATP 降级系统) 关闭车站前方道岔处的防护信号机或关闭出站信号机后,列车以点式 ATP 降级模式行车至防护信号机或出站信号机;记录列车触发常用制动或紧急制动情况 6)RM 模式行车安全防护测试 列车以 RM 模式加速至超速报警,忽略报警,继续加速到紧急制动触发;记录限速显示、报警情况以及触发紧急制动时的列车运行速度 7)反向 ATP 安全防护测试 列车切换驾驶端,以 ATP 防护模式反向行车,列车加速至超速报警,忽略报警继续加速到紧急制动触发;记录限速显示、报警情况以及触发紧急制动时的列车运行速度
测试结果	1)列车行驶接近 ATP 最大允许列车运行速度时,驾驶台显示单元应有报警;加速至 ATP 最大允许列车运行速度时,车载 ATP 应施加紧急制动 2)列车运行接近区段临时限速值时,驾驶台显示单元应有报警;加速超过允许速度时,列车应触发紧急制动,制动点的速度应低于区段临时限速值 3)列车运行接近侧向道岔限速值时,驾驶台显示单元应有报警;继续加速应触发紧急制动,超速防护制动点的速度应低于侧向道岔限速值 4)列车以 ATP 防护模式行驶至轨道尽头停车点过程中,最大允许列车运行速度降为系统限定值;列车越过停车点设定距离,最大允许列车运行速度降为零,强行越过时应触发紧急制动 5)列车在点式 ATP 降级模式下闯红灯,应触发常用或紧急制动 6)列车接近 RM 模式最大允许限速时,驾驶台显示单元应有报警;加速超过 RM 模式最大允许速度时,应触发紧急制动 7)列车以 ATP 防护模式反向运行时,实施列车超速、限速、正常开关门等操作正常,ATP 安全防护功能有效

表 12-2　列车追踪安全防护测试

项目名称	列车追踪安全防护测试
测试目的	列车在 ATP 防护模式下,测试追踪运行安全间隔防护是否符合设计要求
测试内容与方法	1)选取部分区间,前行列车以 ATP 防护模式或切除 ATP 防护模式运行,后续列车以列车自动驾驶(ATO)模式持续加速紧跟前行列车运行 2)前行列车分别采取几种速度运行或在区间停车,记录后续列车运行情况
测试结果	后续列车紧跟前行列车正常行车,后续列车依据前行列车距离和速度变化,自动调整追踪速度和保持追踪安全距离,安全距离符合设计要求

表12-3 列车退行安全防护测试

项目名称	列车退行安全防护测试
测试目的	测试列车以 ATP 防护模式退行安全防护是否符合设计要求
测试内容与方法	1)以 ATP 防护模式人工驾驶列车进站,并驾驶列车越过站台对位停车点停车(实际越过停车点的距离应小于设计最大允许越过距离),然后转为后退驾驶模式启动列车,以退行速度小于设计最大允许退行速度回退行车,回退过程中,记录触发列车紧急制动时的回退距离 2)继续以 ATP 防护模式人工驾驶列车进入下一站。列车驾驶员驾驶列车越过站台对位停车点停车(实际越过停车点的距离小于设计最大允许越过距离)后,转为后退驾驶模式启动列车,以退行速度超过设计最大允许退行速度回退行车,回退过程中,记录触发紧急制动时的退行速度 3)继续以 ATP 防护模式人工驾驶列车进入下一站。列车驾驶员驾驶列车越过站台对位停车点,持续行车至设计最大允许越过距离,记录车载 ATP 反应情况和有关提示信息
测试结果	当列车越过站台停车点(实际越过停车点的距离小于设计最大允许越过距离)停车后,列车在退行过程中,车载 ATP 触发紧急制动时的回退距离或回退速度应符合设计要求;当列车越过站台停车点至设计最大允许越过距离时,车载 ATP 反应情况及提示信息应符合设计要求

表12-4 车站扣车和跳停测试

项目名称	车站扣车和跳停测试
测试目的	测试列车自动监控(ATS)系统扣车和跳停功能是否符合设计要求
测试内容与方法	列车以 ATO 或 ATP 防护模式运行至车站停车并设置扣车,停站时间结束,记录出进路触发和列车启动情况;取消扣车、对下一站设置跳停,记录列车在下一站跳停和进路触发情况
测试结果	ATS 工作站扣车和跳停显示符合设计要求,列车被扣车站后,自动出站进路不能触发,列车不发车;取消扣车后,列车在跳停车站不停车通过

表12-5 列车车门安全防护测试

项目名称	列车车门安全防护测试
测试目的	测试列车以 ATP 防护模式行车过程中,客室车门的安全防护是否符合设计要求
测试内容与方法	1)列车以 ATP 防护模式行车,处于出站过程中但未完全离开站台区域时,激活客室内的"车门紧急解锁装置",车辆配合人员通过拉力测试工具手动拉开车门,记录列车运行情况和车门拉开时的拉力值 2)恢复"车门紧急解锁装置",列车已出站并进入区间运行,再次激活客室内的"车门紧急解锁装置",车辆配合人员打开车门,记录列车运行情况
测试结果	列车在车站区域、区间区域运行时,激活客室"车门紧急解锁装置",打开列车车门,列车运行情况和车门拉开的拉力值应符合设计要求

表 12-6　站台紧急关闭按钮安全防护测试

项目名称	站台紧急关闭按钮安全防护测试
测试目的	测试站台对列车运行安全防护功能是否符合设计要求
测试内容与方法	1)列车运行接近车站但未到达车站站台安全防护区域前,触发站台紧急关闭按钮,记录列车进入站台区域情况 2)列车在进站(已在车站站台安全防护区域内)过程中,触发站台紧急关闭按钮,记录列车触发紧急制动情况 3)列车停在站台区域,触发站台紧急关闭按钮后,启动列车,记录列车启动离站情况 4)列车出站(仍在车站站台安全防护区域内)时,触发站台紧急关闭按钮,记录列车触发紧急制动情况
测试结果	列车接近进站前、进站中、停靠、出站时等不同情形下触发站台紧急关闭按钮,站台紧急关闭按钮安全防护和列车运行情况符合设计要求

表 12-7　站台门安全防护测试

项目名称	站台门安全防护功能测试
测试目的	列车在 ATP 防护模式下,测试站台门对列车安全防护是否符合设计要求
测试内容与方法	1)列车以 ATP 防护模式行车 2)列车在进站或出站(在进站和出站均在车站站台门安全防护区域内)过程中,站台门打开,记录列车触发紧急制动情况 3)列车停在站台区域打开站台门,记录列车启动离站情况
测试结果	列车在进站或出站过程中,站台门打开,列车应施加常用或紧急制动;列车停在站台区域打开站台门,列车无速度码,不能启动离站

表 12-8　车门与站台门联动测试

项目名称	车门与站台门联动测试
测试目的	测试车门与站台门联动功能和开关门同步性是否符合设计要求
测试内容与方法	1)列车到站对标停车后,列车驾驶员打开车门,观察车门与站台门的动作情况,记录列车车门和站台门打开过程联动情况、两门启动打开的时间差,判断列车车门和站台门打开的动作协同情况 2)列车离站前,列车驾驶员关闭车门,观察列车车门与站台门的动作情况,记录列车车门和站台门关闭过程联动情况、两门关闭到位的时间差,判断列车车门和站台门关闭的动作协同情况
测试结果	列车车门和站台门开关过程联动功能正确,打开和关闭动作协同情况应满足有关设计和运营要求

表 12-9　列车折返能力测试

项目名称	列车折返能力测试
测试目的	测试列车折返能力是否符合设计要求
测试内容与方法	1)选取影响远期运输能力的车站折返线作为测试对象,核实测试所需要的各项条件。在测试前,具有由设计单位提供被测有关区间的供电能力核算报告,测试所必需的列车数量(一般至少 6 列列车且运行状态良好)到位,为不影响换端作业,在各列车的头尾端均安排一位列车驾驶员 2)编制好列车折返能力测试列车运行图,列车驾驶员严格按图行车,并按照站台指示间隔发车,各车站站务人员应做好站台值守,及时处置站台门等故障;有关技术人员在控制中心和设备房做技术保障 3)记录下行站台停车、下行站台出发、下行站台出站至折返点停车,换端后出发、折返出发至上行站台停车、上行站台出发等时刻,并记录列车行车出站至折返点、折返出发至上行站台停车的过程中列车过岔最高运行速度等数据;并根据实际情况进行列车运行多圈测试 4)下载控制中心和车载有关记录数据,完成折返能力分析
测试结果	列车折返能力应符合设计要求

12.2.2　推荐测试项目

表 12-10　推荐测试项目

序号	项目名称
1	CBTC 功能冗余/故障测试
2	点式功能行车测试
3	点式模式故障测试
4	列车出入段能力测试
5	列车正线追踪能力测试及列车旅行速度验证

12.3　方式方法

12.3.1　前置条件

12.3.1.1　调试系统运行条件

(1)信号系统完成各单体调试,主要包括道岔、信号机、计轴系统、电源系统、站台/IBP 紧急关闭按钮、站台门、联锁计算机等联锁关系校核工作,设备的各项参数符合技术要求并提供相关单体调试报告。

(2)信号系统完成全线联锁软件调试,确保联锁关系正确完整,信号厂家提供相关的调试报告和联锁安全认证。

(3)信号系统完成了轨旁设备的功能测试,具备点式运行控制级、CBTC 运行控制级模式。

(4)信号系统足够数量电客车的车载子系统点式运行控制级、CBTC 模式的静态和动态调试,具备上线条件,并提供相关调试报告。

(5)中央 CHMI、车站 HMI 具备监控功能,能正常操作和排列进路。

12.3.1.2　关联系统运行条件

(1)线路的限界检查完毕,并符合设计要求;线路、供电设备运作正常,设备性能良好,信号设备各项安装工艺符合标准。

(2)通信无线系统已实现全线覆盖(包含各车站、OCC、正线、存车线、折返线),无线手持台能实现 OCC、车站与列车之间的相互联系。

(3)动态测试时应保证司机有足够的无线手持台及对讲机,实现列车与车站、OCC 之间的联系。

(4)测试开始前线路的巡道检查完毕;测试开始前测试区域接触网送电完毕。

(5)车辆专业提供足够数量已完成运行试验的电客车(若无电客车完成运行试验,建议优先选择公里数较多的电客车)。

(6)完成站台门的单体调试,站台门能正常开关并给出正确的信号,并提供相关调试报告。(注:完成站台门 10000 次动作测试)

(7)完成了信号与车辆的接口调试,电客车 ATO 对标在正常范围内。

(8)完成了信号与站台门的接口调试,站台门能与电客车车门联动且能给出正确的信号。

12.3.2　组织及职责

参与本次联调联试的单位及人员均已熟悉本次联调组织及实施方案,并已做好相关各项准备工作。联调人员安排及岗位职责,如表 12-11 所示。

表 12-11　联调人员安排及职责表

序号	人员分配	人数/人	所在位置	岗位职责
1	信号调试组组员	1	OCC	控制测试进度,监控列车运行,下达调试指令,并记录问题
2	信号专业负责人	1	联锁站	服从调试组组员的命令,负责测试区域内信号人员的指挥、调度、协调和组织管理;负责测试过程中的信号人员和设备安全。在联调结束后,对本日调试进行小结;汇总调试问题,报联调办公室
3	信号专业人员	2	终点站(端部两车站)	保障测试区域联锁设备正常运行,记录异常情况并汇报
4	ATS 信号人员	2	OCC	保障测试过程中 ATS 设备正常运行,配合调试组组员进行设备操作,记录异常情况并汇报
5	信号专业组参调人员(随车)	2	电客车	服从信号专业组长的命令,指挥电客车运行。把控动车调试过程的安全,发现异常情况时立即转告司机。汇报联调过程中出现的问题。负责读取测试中列车故障时的车载 CC 日志文件并分析汇报

续表12-11

序号	人员分配	人数/人	所在位置	岗位职责
6	车辆专业配合人员	1	电客车	配合联调联试，协调安排车辆专业人员的工作，按测试要求测试手动开门拉力值。保障电客车正常运行，及时处理故障，记录异常情况并汇报
7	司机	2	电客车	执行调度、调试组组员或信号测试跟车人员要求驾驶电客车，负责行车安全，发现异常情况时立即按压紧急制动按钮。负责车门、站台门开关时的防护工作
8	站台门专业配合人员	1	电客车	负责模拟与恢复站台门故障，负责站台门故障模拟测试时的安全现场防护工作；负责对站台门做"互锁解除"等操作
9	行调	2	OCC	装载时刻表，组织车辆段进行列车出入段，互控电客车在正线的运行
10	车场调度	1	车辆段信号楼	配合综合联合联调对电客车出入段线的调度与调整

12.3.3 联调步骤

12.3.3.1 列车超速安全防护测试

（1）ATP超速安全防护测试

1）进路已建立，电客车以ATP防护模式运行，列车加速到略超最高允许限速，车载ATC应发出超速报警。

2）忽略超速报警，继续加速超过紧急制动触发速度，列车应施加紧急制动。

3）测试人员记录测试区段、最高允许限速、报警和触发紧急制动的情况。

（2）限速区段安全防护测试

1）进路已建立，对进路内区段设置临时限速，车载显示单元显示与临时限速设置一致。

2）测试列车以ATP防护模式运行，接近区段临时限速值时，驾驶室DMI应有报警，列车加速到略超最高允许限速，测试能否紧制。

3）测试人员记录临时限速、测试区段、报警和触发紧急制动的速度。

（3）侧向过岔安全防护测试

1）在车载显示单元查看侧向道岔区段最高限制速度与设计一致。

2）测试列车以ATP防护模式运行，通过侧向道岔，列车加速到略超最高允许速度，测试能否紧制。

3）测试人员记录测试道岔区段、侧向道岔最高限速、报警和触发紧急制动的速度。

（4）轨道尽头安全防护测试

1）排列直通轨道尽头的进路，列车以ATP防护模式自动运行向轨道尽头线，列车应在轨道尽头前方自动停车。

2）转换为ATP防护模式手动运行，继续前进，行驶一定距离后，在轨道尽头线前，列车应施加紧急制动。

3）测试人员记录测试区段、停车点、报警和紧急制动触发情况。

（5）RM 模式行车安全防护测试

1）列车以 RM 防护模式运行，列车加速到略超最高允许限速，车载 ATC 应发出超速报警。

2）忽略超速报警，继续加速超过紧急制动触发速度，列车应施加紧急制动。

3）测试人员记录最高允许限速、报警和触发紧急制动的情况。

（6）反向 ATP 安全防护测试

1）排列车反向列车进路，列车以 ATP 防护模式反向运行，列车加速到略超最高允许速度，车载 ATC 应发出超速报警。

2）忽略超速报警，继续加速，列车应触发紧急制动。

3）测试人员记录测试区段、最高允许限速、报警和触发紧急制动的情况。

12.3.3.2 列车追踪安全防护测试

（1）前列车以 ATP 防护模式手动运行，后列车以 ATP 防护模式自动追踪，前列车在运行中变换速度运行，后列车应能自动控制列车速度，保持安全行车间隔。前列车停车，后列车能保持安全行车间隔停车。

（2）前列车以 ATP 防护模式手动运行，后列车以 ATP 防护模式自动追踪，前列车切除 ATP，后列车紧急制动，保持安全行车间隔。

（3）前列车以点式 ATP 防护模式手动运行，后列车以 ATP 防护模式自动追踪，前列车在运行中变换速度运行，后列车能自动控制列车速度，保持安全行车间隔（至少一个轨道区段间隔）。前列车停车，后列车能保持安全行车间隔停车。

（4）前列车以 RM 模式运行，后列车以 ATP 防护模式自动追踪，前列车在运行中变换速度运行。后列车能自动控制列车速度，保持安全行车间隔（至少一个轨道区段间隔）。前列车停车，后列车能安全停车。

（5）测试人员记录后续列车运行情况。

12.3.3.3 列车退行安全防护测试

（1）以 ATP 防护模式下人工驾驶列车进站，驾驶列车越过停车点停车，实际越过停车点的距离应小于设计规定距离，列车驾驶员转换 RMR 模式回退停车，退行速度小于设计规定速度，当回退距离大于设计规定距离时，触发紧急制动。

（2）继续以 ATP 防护模式下人工驾驶列车进入下一站。驾驶列车越过停车点停车，实际越过停车点的距离应小于设计规定的距离。驾驶员转换 RMR 模式回退停车，退行速度超过设计规定速度，列车应施加紧急制动。

（3）继续以 ATP 防护模式下人工驾驶列车进入下一站。驾驶列车越过停车点，持续行车至设计最大允许越过距离，记录 ATP 反应情况及提示信息。

（4）测试人员记录测试站台、回退速度、回退距离及紧急制动触发情况。

12.3.3.4 车站扣车和跳停测试

（1）ATS 系统对测试车站设置扣车，列车以 ATO 运行至测试车站，列车能够自动进站停车，发车表示器显示扣车命令。

（2）扣车期间按发车按钮，列车不能发车。

（3）执行取消扣车指令，扣车取消成功，列车可正常发车。

（4）ATS 系统对测试车站设置跳停，列车以 ATO 运行至本站，发车表示器显示跳停命令，列车不停车越过该站。

（5）执行取消跳停指令，跳停取消成功，恢复正常停站。

12.3.3.5 列车车门安全防护测试

（1）列车以 ATP 防护模式在区间运行，客车室紧急手柄被拉下，列车不施加紧急制动。

（2）列车在区间停稳，客车室紧急手柄被拉下，列车无法发车。

（3）列车进站过程中，客车室紧急手柄被拉下，列车不施加紧急制动。

（4）列车在站台内停稳，客车室紧急手柄被拉下，列车无法发车。

（5）列车在站台正确停靠，车载 ATC 发出门使能，乘客上下车完毕后，列车出站但是仍然位于站台有效区域内，客车室紧急手柄被拉下，列车触发紧急制动。

（6）车辆配合人员通过拉力测试工具手动拉开车门，测试拉力值。

（7）列车在站台正确停靠，车载 ATC 发出门使能，乘客上下车完毕后，列车出站且已超出站台有效区域，客车室紧急手柄被拉下，列车不施加紧急制动。

（8）列车在任何状态下，失去车门关闭信号时，列车施加紧急制动或者无法发车。

（9）测试人员记录列车在区间、进站中和出站时紧急手柄被拉下时，列车紧急制动情况及车门拉开时的拉力值。

12.3.3.6 站台紧急关闭按钮安全防护测试

（1）列车进站前，按压站台紧急关闭按钮，列车自动站外停车。

（2）在 IBP 盘按下紧急关闭取消按钮，列车缓解后，重开信号，车载显示单元恢复速度码，正常进站。

（3）列车进站过程中，测试人员按压站台紧急关闭按钮，列车紧急制动。

（4）在 IBP 盘按下紧急关闭取消按钮，列车缓解后，车载显示单元恢复速度码。

（5）列车进站停稳后，测试人员按压站台紧急关闭按钮，列车在显示单元无推荐速度，无法发车。

（6）在 IBP 盘按下紧急关闭取消按钮，列车缓解后，车载显示单元恢复速度码。

（7）列车出站过程中，测试人员按压站台紧急关闭按钮，列车紧急制动。

（8）在 IBP 盘按下紧急关闭取消按钮，列车缓解后，车载显示单元恢复速度码。

12.3.3.7 站台门安全防护测试

（1）列车以 ATP 防护模式下行车，列车在进站前模拟站台门故障，列车站外停车，车载显示单元无速度码。

（2）站台门故障恢复，重开信号，车载显示单元恢复速度码，可正常进站。

（3）列车以 ATP 防护模式下行车，列车在进站过程中，模拟站台门故障，列车立即施加紧急制动。

（4）站台门故障恢复，缓解紧急制动，车载显示单元恢复速度码。

（5）列车停靠站台，在出站前，模拟站台门故障。不能发车，车载显示单元无速度码。

（6）列车以 ATP 防护模式下行车，列车在出站过程中，模拟站台门故障，列车立即施加紧急制动。

（7）站台门故障恢复，缓解紧急制动，车载显示单元恢复速度码。

（8）测试人员记录进站前、进站中和出站时站台门故障时，列车紧急制动情况和车载显示单元恢复情况。备注：站台门单门故障需站台门专业人员配合手动解锁单个站台门。

12.3.3.8 车门与站台门联动测试

(1)司机以 ATO 模式驾驶电客车在每站自动对标停车,测试车门与站台门能否自动联动打开(车门 AM 模式),测量停稳后的对标精度(驾驶端第二个车门)。

(2)互锁解除功能测试:

1)列车停靠站外,模拟站台门故障,检查列车不能正常进站。

2)保持站台门故障状态,激活互锁解除,检查列车能够以 CBTC 模式进站。

3)列车停靠站台,模拟站台门故障,检查列车不能正常出站。

4)保持站台门故障状态,再次激活互锁解除,检查列车能够正常出站。

5)检查互锁解除恢复时间满足设计时间。

(3)列车车门和站台门同步性功能测试:

1)测试按压列车开门按钮至车门开启时间。

2)测试按压列车开门按钮至站台门开启时间。

3)测试按压列车关门按钮至车门关闭时间。

4)测试按压列车关门按钮至站台门关闭时间。

将以上测试时间记录入表格。同步时间为车门减去站台门,若时间为正则车门后关,反之站台门后关。

12.3.3.9 列车折返能力测试

正线区域6列电客车按照运行图在特定折返站进行有人/无人自动折返,各车信号专业组参调人员(随车)记录电客车在折返站下行站台对标停稳和实际发车的时间,记录下行站台出站至折返点停车、换端后出发的时间,记录折返后电客车在上行站台对标停稳和实际发车的时间,并记录列车行车出站至折返点、折返出发至上行站台停车过程中列车过岔最高运行速度。

12.3.3.10 CBTC 功能冗余/故障测试

(1)进路已建立,电客车以 ATPM 模式运行中,断开电客车 TAU 单网,测试是否出现紧制。

(2)进路已建立,电客车以 ATPM 模式运行中,断开电客车 TAU 双网,测试是否出现紧制,恢复后能否升级 CBTC 模式。

(3)进路已建立,电客车以 ATPM 模式运行中,断开电客车运行前方联锁区的 RRU 电源(单网),测试列车通过时是否出现紧制。

(4)进路已建立,电客车以 ATPM 模式运行中,断开电客车运行前方联锁区的 RRU 电源(双网),测试列车通过时是否出现紧制并降级,通过故障区域后能否升级 CBTC 模式。

(5)进路已建立,电客车以 ATPM 模式运行中,模拟主用端 CC 故障,测试冗余能力。

(6)进路已建立,电客车以 ATPM 模式运行中,模拟主用端信标天线故障,测试冗余能力。

(7)进路已建立,电客车以 ATPM 模式正常运行,模拟骨干网一处光纤中断,测试在线电客车是否紧制。

(8)进路已建立,电客车以 ATPM 正常运行,模拟电客车运行区域管辖 ZC 冗余板块中一块故障,测试本区域电客车是否紧制。

12.3.3.11 点式功能行车测试

(1)驾驶模式转换测试。

(2)人工排列进路,电客车以手动驾驶(点式)运行一圈,测试有无异常紧制并在个别车站进行开关门操作。

(3)人工排列进路,电客车以 ATO(点式)运行一圈,测试有无异常紧制。

（4）设置进路自动触发模式，双车以手动驾驶（点式）运行一圈，测试有无异常紧制。

12.3.3.12　降级模式下闯红灯安全防护测试

（1）进路已建立，电客车以手动驾驶（点式）模式行驶至进路末端，尝试越过红灯信号机（注：信号机后无道岔），测试是否出现紧制。

（2）测试人员记录测试区段、停车点、冒进距离、报警和紧急制动触发情况。

12.3.3.13　RM 模式行车安全防护测试

（1）列车以 RM 模式运行，列车加速到略超最高允许限速，车载 ATC 应发出超速报警。

（2）忽略超速报警，继续加速超过紧急制动触发速度，列车应施加紧急制动。

（3）测试人员记录最高允许限速、报警和触发紧急制动的情况。

12.3.3.14　点式模式故障测试

（1）电客车以手动驾驶（点式）模式运行至站台且对准标停稳（±0.5 m），打下电客车主用端一路车地通信空开，测试车门与站台门能否联动（测试时车地通信正常）。

（2）进路已建立，电客车以手动驾驶（点式）模式运行中，模拟主用端信标天线故障，测试列车是否触发紧制。

（3）两段连续的进路已建立，电客车以手动驾驶（点式）模式驶入第一段进路后，模拟第二段进路前首个有源信标故障（第二段进路已办理并开放信号），测试列车经过故障信标时的结果。（注：进路内无道岔）

12.3.3.15　列车出入段能力测试

当车场具备发/接车条件时，组织 6 列电客车依次出/入车辆段；在此期间，各车信号专业组参调人员（随车）记录到达转换轨和车站/车站发车和到达转换轨的时间，根据 6 列电客车依次出入的时间差即可直观反映出入段能力。

12.3.3.16　列车正线追踪能力测试及列车旅行速度验证

正线区域 6 列电客车按照运行图以 ATO 模式动车，车门模式为 MM（途经车站不进行开关门操作），需根据 TDT 及车载信号人机界面显示提前发车，各车信号专业组参调人员（随车）记录电客车在站台对标停稳的时间和实际发车时间，并计算列车旅行速度。

12.3.4　调试记录

表 12-12　列车超速安全防护测试

测试时间：		测试地点：		记录人员：	
序号	调试科目	预期结果	测试结果	备注	
1	ATP 超速安全防护测试				
1.1	测试列车以 ATP 防护模式运行，列车加速到略超最高允许限速	车载 ATC 应发出超速报警	□	列车加速达到_____km/h 时，列车产生声音报警	
1.2	忽略超速报警，继续加速超过紧急制动触发速度	列车应施加 EB	□	在列车速度达到_____km/h 时，列车自动施加 EB	
2	限速区段安全防护测试				
2.1	测试列车以 ATP 防护模式运行，列车加速到略超最高允许限速	车载 ATC 应发出超速报警	□	1.设置区段限速_____km/h 2.触发声音报警时的速度_____km/h	

续表 12-12

序号	调试科目	预期结果	测试结果	备注
2.2	忽略超速报警，继续加速超过紧急制动触发速度	列车应施加 EB	☐	触发紧急制动时的速度 _____ km/h，低于区段临时限速值
3	侧向过岔安全防护测试			
3.1	在车载显示单元查看侧向道岔区段最高限制速度	与设计一致	☐	
3.2	测试列车以 ATP 防护模式运行，通过侧向道岔，列车加速到略超最高允许速度	车载 ATC 应发出超速报警	☐	
3.3	忽略超速报警，继续加速	列车应施加 EB	☐	在列车速度达到 _____ km/h 时，列车自动施加 EB
4	轨道尽头线安全防护测试			
4.1	排列直通轨道尽头的进路，列车以 ATP 防护模式自动运行向轨道尽头线	列车应在轨道尽头前方自动停车	☐	1. 列车距离轨道尽头前方 200 m 限速 _____ km/h 2. 列车距离轨道尽头前方 100 m 限速 _____ km/h 3. 列车距离轨道尽头前方 50 m 限速 _____ km/h
4.2	转换为 ATP 防护模式手动运行，继续前进，行驶一定距离后，在轨道尽头线前	列车应施加紧急制动	☐	列车不停站越过停车点设定距离接近 _____ m 时，列车紧急制动
5	反向 ATP 安全防护测试			
5.1	列车以 ATP 模式反向行车，持续加速到略超最高允许限速	车载 ATC 应发出超速报警	☐	列车加速达到 _____ km/h 时，列车产生声音报警
5.2	忽略超速报警，继续加速超过紧急制动触发速度	列车应施加 EB	☐	在列车速度达到 _____ km/h 时，列车自动施加 EB

测试软件版本：

测试存在问题：

	单位名称	签名	单位名称	签名
参与人员				

表 12-13　列车追踪安全防护测试

测试时间：	测试地点：		记录人员：	
序号	调试科目	预期结果	测试结果	备注
1	ATO 列车追踪 ATP 列车			
1.1	前车以 ATP 防护模式人工驾驶列车在测试区间运行，后车以 ATO 驾驶模式进行追踪；前车分别从 30 km/h 加速至 60 km/h，再由 60 km/h 减速至 30 km/h	后车能自动根据前车控制列车速度，保持安全行车间隔符合设计要求	☐	
1.2	前车以 ATP 防护模式人工驾驶列车在测试区间停车	前车、后车均停车后，前后两车之间的追踪距离符合设计要求	☐	
2	ATP 列车追踪点式 ATP 列车			
2.1	前车以点式 ATP 防护模式手动运行，后车以 ATP 驾驶模式自动追踪，前车分别从 30 km/h 加速至 60 km/h，再由 60 km/h 减速至 30 km/h	后车能自动根据前车控制列车速度，保持安全行车间隔符合设计要求	☐	
2.2	前车以点式 ATP 防护模式人工驾驶列车在测试区间停车	前车、后车均停车后，前后两车之间的追踪距离符合设计要求	☐	
3	ATP 列车追踪切除 ATP 列车			
3.1	前车以 ATP 防护模式手动运行，后车以 ATP 防护模式自动追踪，前车切除 ATP，后车紧急制动，保持安全行车间隔	前后两车之间的追踪距离符合设计要求	☐	
3.2	前车以 NRM 模式运行，后车以 ATP 防护模式自动追踪，前车在运行中变换速度运行。后车能自动控制列车速度，保持安全行车间隔（至少一个轨道区段间隔）。前车停车，后车能安全停车	后车能自动根据前车控制列车速度，保持安全行车间隔符合设计要求	☐	

测试软件版本：

测试存在问题：

	单位名称	签名	单位名称	签名
参与人员签字				

表 12-14 列车退行安全防护测试

测试地点：		测试时间：		记录人员：	
序号	调试科目		预期结果	测试结果	备注
1	以 ATP 防护模式下人工驾驶列车进站，驾驶列车越过停车点停车，实际越过停车点的距离应小于 5 m，列车驾驶员转换 RMR 模式回退停车，退行速度小于 5 km/h，当回退距离大于 5 m 时		触发紧急制动	☐	
2	继续以 ATP 防护模式下人工驾驶列车进入下一站。驾驶列车越过停车点停车，实际越过停车点的距离应小于 5 m。驾驶员转换 RMR 模式回退停车，退行速度超过 5 km/h		列车应施加紧急制动	☐	
3	继续以 ATP 防护模式下人工驾驶列车进入下一站。驾驶列车越过停车点，持续行车 5 m，驾驶员转换 RMR 模式回退		列车应施加紧急制动	☐	

测试软件版本：

测试存在问题：

参与人员签字	单位名称	签名	单位名称	签名

表 12-15 车站扣车和跳停测试

测试地点：		测试时间：		记录人员：	
序号	调试科目		预期结果	测试结果	备注
1	列车运行接近车站但未到达车站站台安全防护区域，触发站台紧急关闭按钮		列车推进速度下降，无法驶入站台区域	☐	
2	在 IBP 盘按下紧急关闭取消按钮		列车缓解紧制后，信号重开，DMI 上恢复显示速度码，列车可以正常进站	☐	
3	列车在进站(已在车站站台安全防护区域内)过程中，触发站台紧急关闭按钮		列车触发紧急制动	☐	
4	在 IBP 盘按下紧急关闭取消按钮		列车缓解紧制后，DMI 上恢复显示速度码，列车可以正常进站	☐	
5	列车停在站台区域，触发站台紧急关闭按钮后，手动驾驶列车		列车无法发车	☐	

续表 12-15

序号	调试科目	预期结果	测试结果	备注
6	在 IBP 盘按下紧急关闭取消按钮	列车缓解紧制后,DMI 上恢复显示速度码	☐	
7	列车出站(仍在车站站台安全防护区域内)时,触发站台紧急关闭按钮	列车触发紧急制动	☐	
8	在 IBP 盘按下紧急关闭取消按钮	列车缓解紧制后,DMI 上恢复显示速度码,列车可以正常出站	☐	

测试软件版本:

测试存在问题:

参与人员签字	单位名称	签名	单位名称	签名

表 12-16 列车车门安全防护测试

测试站点:		测试时间:		记录人员:	
序号	调试科目		预期结果	测试结果	备注
1	区间测试				
1.1	列车以 ATP 防护模式在区间人工驾驶行车,激活客室内的"车门紧急解锁装置"		列车正常运行,不紧急制动		
1.2	列车在区间停稳,激活客室内的"车门紧急解锁装置"		列车无法发车		
1.3	列车在区间停稳,手动给门使能后,车辆配合人员通过拉力测试工具手动拉开车门,测试拉力值		拉力值符合设计要求	☐	拉力值___
2	车站测试				
2.1	列车以 ATP 防护模式人工驾驶行车,进站过程中,激活客室内的"车门紧急解锁装置"		列车正常运行,不紧急制动		
2.2	列车在站台停稳,激活客室内的"车门紧急解锁装置"		列车无法发车		
2.3	列车以 ATP 防护模式人工驾驶行车,出站过程中但未完全离开站台区域时,激活客室内的"车门紧急解锁装置"		列车紧急制动	☐	

续表 12-16

序号	调试科目	预期结果	测试结果	备注
2.4	列车以 ATP 防护模式人工驾驶行车，出站并完全离开站台区域后，激活客室内的"车门紧急解锁装置"	列车正常运行，不紧急制动	☐	

测试软件版本：

测试存在问题：

参与人员签字	单位名称	签名	单位名称	签名

表 12-17　站台紧急关闭按钮安全防护测试

测试地点：		测试时间：		记录人员：	
序号	调试科目	预期结果		测试结果	备注
1	列车运行接近车站但未到达车站站台安全防护区域，触发站台紧急关闭按钮	列车推荐速度下降，无法驶入站台区域		☐	
2	在 IBP 盘按下紧急关闭取消按钮	列车缓解紧制后，信号重开，DMI 上恢复显示速度码，列车可以正常进站		☐	
3	列车在进站(已在车站站台安全防护区域内)过程中，触发站台紧急关闭按钮	列车触发紧急制动		☐	
4	在 IBP 盘按下紧急关闭取消按钮	列车缓解紧制后，DMI 上恢复显示速度码，列车可以正常进站		☐	
5	列车停在站台区域，触发站台紧急关闭按钮后，手动驾驶列车	列车无法发车		☐	
6	在 IBP 盘按下紧急关闭取消按钮	列车缓解紧制后，DMI 上恢复显示速度码		☐	
7	列车出站(仍在车站站台安全防护区域内)时，触发站台紧急关闭按钮	列车触发紧急制动		☐	
8	在 IBP 盘按下紧急关闭取消按钮	列车缓解紧制后，DMI 上恢复显示速度码，列车可以正常出站		☐	

续表 12-17

测试软件版本：

测试存在问题：

参与人员签字	单位名称	签名	单位名称	签名

表 12-18 站台门安全防护测试

测试站点		测试时间		记录人员	
序号	调试科目		预期结果	测试结果	备注
1	进站前打开 PSD				
1.1	列车以 ATP 防护模式行车，列车在进站前打开站台门，列车站外停车		车载显示单元无速度码	☐	
1.2	站台门故障恢复，重开信号		车载显示单元恢复度码可正常进站	☐	
2	进站中打开 PSD				
2.1	列车以 ATP 防护模式行车，人工驾驶列车进站，在进站过程中打开站台门		列车触发紧急制动	☐	
3	停站打开 PSD				
3.1	列车停在站台区域并打开站台门		列车无法启动	☐	
4	出站中打开 PSD				
4.1	列车以 ATP 防护模式行车，人工驾驶列车出站，在出站过程中打开站台门		列车触发紧急制动	☐	

测试软件版本：

测试存在问题：

参与人员签字	单位名称	签名	单位名称	签名

表 12-19　车门与站台门联动测试

测试站点：		测试时间：		记录人员：	
序号	调试科目	预期结果	测试结果	备注
1	车门与站台门联动测试			
1.1	列车到站对标停车后，列车驾驶员打开车门	列车门与站台门开门联动，两门同步启动打开	☐	
1.2	列车离站前，列车驾驶员关闭车门	列车门与站台门关门联动，两门同步关闭	☐	
2	互锁解除功能测试			
2.1	列车停靠在站外，模拟站台门故障	列车不能正常进站	☐	
2.2	保持站台门故障状态，激活互锁解除检查，列车以 CBTC 运营模式进站	列车能正常进站	☐	
2.3	列车停靠站台检查，模拟站台门故障	列车不能正常出站	☐	
2.4	保持站台门故障状态，再次激活互锁解除检查	列车能够正常出站	☐	
2.5	检查互锁解除恢复时间	满足设计要求	☐	
3	车门站台门同步性功能测试			
3.1	列车车门与站台门同步开启	符合设计要求	☐	
3.2	列车车门与站台门同步关闭	符合设计要求	☐	

测试软件版本：

测试存在问题：

	单位名称	签名	单位名称	签名
参与 人员 签字				

表 12-20　列车折返能力测试

测试地点：							测试时间：		记录人员：
折返站	车组号_____								
	上行到达	上行出发	折返点停车	换端后出发	下行到达	下行出发	折入时过岔最高速度 /(km·h⁻¹)	折出时过岔最高速度 /(km·h⁻¹)	

测试软件版本：

测试存在问题：

参与人员签字	单位名称	签名	单位名称	签名

表 12-21　CBTC 功能冗余/故障测试

测试地点：		测试时间：	记录人员：	
序号	测试步骤		测试结果	备注
1	进路已建立，电客车以 ATPM 模式运行中，断开电客车 TAU 单网，测试是否出现紧制		☐	正常运行
2	进路已建立，电客车以 ATPM 模式运行中，断开电客车 TAU 双网，测试是否出现紧制，恢复后能否升级 CBTC 模式(需运行一段距离)		☐	触发紧制/恢复后可升级 CBTC
3	进路已建立，电客车以 ATPM 模式运行中，断开电客车运行前方联锁区的 RRU 电源(单网)，测试列车通过时是否出现紧制		☐	正常运行

续表 12-21

序号	测试步骤	测试结果	备注
4	进路已建立,电客车以 ATPM 模式运行中,断开电客车运行前方联锁区的 RRU 电源(双网),测试列车通过时是否出现紧制并降级,通过故障区域后能否升级 CBTC 模式(需运行一段距离)	☐	触发紧制/恢复后可升级 CBTC
5	进路已建立,电客车以 ATPM 模式运行中,模拟主用端 CC 故障,测试冗余能力	☐	正常运行
6	进路已建立,电客车以 ATPM 模式运行中,模拟主用端信标天线故障,测试冗余能力	☐	正常运行
7	进路已建立,电客车以 ATPM 模式正常运行,模拟骨干网一处光纤中断,测试在线电客车是否紧制	☐	正常运行
8	进路已建立,电客车以 ATPM 正常运行,模拟电客车运行区域管辖 ZC 冗余板块中一块故障,测试本区域电客车是否紧制	☐	正常运行

测试软件版本:

测试存在问题:

	单位名称	签名	单位名称	签名
参与人员签字				

表 12-22 点式功能行车测试

测试地点:		测试时间:		记录人员:	
序号	调试科目		预期结果	测试结果	备注
1	进路建立后,检查 RMF 模式能否升级为 ATPM(BM)模式,检查 ATPM(BM)能否与 ATO(BM)模式自由转换		可自由转换	☐	
2	第一圈:人工排列进路,电客车以 ATPM(BM)运行一圈,测试有无异常紧制并在个别车站进行开关门操作		无异常紧制	☐	
3	第二圈:人工排列进路,电客车以 ATO(BM)模式运行一圈,测试有无异常紧制		无异常紧制	☐	
4	第三圈:设置进路自动触发模式,以 ATPM(BM)运行一圈,测试有无异常紧制		无异常紧制	☐	

续表 12-22

测试软件版本：

测试存在问题：

参与人员签字	单位名称	签名	单位名称	签名

表 12-23 点式模式故障测试

测试地点		测试时间		记录人员	
序号	测试步骤			测试结果	备注
1	电客车以 ATPM（BM）模式运行至站台且对准标停稳（±50 cm），打下电客车主用端一路车地通信空开，测试车门与站台门能否联动			□	测试时车地通信需正常
2	进路已建立，电客车以 ATPM（BM）模式运行中模拟主用端信标天线故障，测试列车是否触发紧制			□	触发紧制
3	两段连续的进路已建立（无道岔），电客车以 ATPM（BM）模式驶入第一段进路后，模拟第二段进路内首个有源信标故障（第二段进路已办理并开放信号），测试列车经过故障信标时的结果			□	触发紧制

测试软件版本：

测试存在问题：

参与人员签字	单位名称	签名	单位名称	签名

表 12-24　列车出入段能力测试

测试范围：		测试时间：		记录人员：	
序号	车组号	出段后到达 转换轨时间	出段后到达 第一站时间	出段 消耗时间	备注
1					
2					
3					
4					
5					
6					
7					
8					
9					
10					
11					
12					
13					

测试软件版本：

测试存在问题：

参与 人员 签字	单位名称	签名	单位名称	签名

表 12-25　列车正线追踪能力测试及列车旅行速度验证

车站	车组号___		车组号___		车组号___		车组号___	
	到达	出发	到达	出发	到达	出发	到达	出发

测试范围：□上行/□下行　　测试时间：　　　记录人员：

测试软件版本：

测试存在问题：

参与人员签字	单位名称	签名	单位名称	签名

12.4 常见问题

12.4.1 问题案例 1

（1）问题描述

开展信号系统与车辆、站台门综合联调测试中，列车行驶到站，下行屏蔽门显示下行屏蔽门为打开状态，与车站确认 IBP、PSL 关闭锁紧指示灯不亮，现场屏蔽门为关闭状态，现场需要打互锁解除接发列车。

（2）解决措施

该故障导致整侧屏蔽门的关闭锁紧信号丢失。分析、排查屏蔽门整改安全回路，用短接线接通安全回路，测试确认下行滑动门、应急门关闭锁紧回路线路状态，测量端子电压为欠压，将相关输出回路临时短接测试后屏蔽门关闭锁紧回路正常，初步确认时控制模块下行安全回路继电器故障，导致门体信号未能正确传输至 PEDC 及各指示灯以及信号系统，更换控制模块后设备恢复正常，屏蔽门正常联动，信号与车辆、站台门联调测试通过。

（3）分析总结

目前新建地铁已经将站台门列入地铁必要项目之一。信号与车辆、站台门联调测试尤为重要，关系着乘客能否安全从站台进入列车，站台门测试前期出现的故障要准确记录，以便给予运营期数据参考。在解决此类问题时一般从站台门系统切入，因为信号与车站调试在该测试之前已经完成，通过短接法能更快判断此类问题。

12.4.2 问题案例 2

（1）问题描述

开展信号系统功能综合测试中，列车在区间运行时发生紧急制动故障，信号 DMI 屏显示列车超速紧致，但列车实际运行速度未超速。

（2）解决措施

从车载 ATC 数据可以看出列车以 ATO 模式运行至某区段时，EOA 信息不可用，不授权列车运行，列车当前速度高于速度码，车载 ATC 设备触发超速紧急制动。查看 SDM 数据显示，联锁双机不同步，初步判断为采集的联锁信息不一致，给出的 EOA 信息不可用，以及列车速度高于速度码，导致车载 ATC 设备触发超速紧急制动。

（3）分析总结

现场对部分区段进行联锁机倒机，列车运行至联锁分界点测试是否存在列车紧致的故障现象。后续信号系统集成厂家对联锁 A/B 机双机不同步进行故障分析，重新配置程序并导入，在后续测试中没有再发生此类故障。

12.5 安全注意事项

①测试前，需清理完毕隧道内异物、垃圾等，避免损伤列车和设备；测试前一天，需要完成线路巡道；测试当天首列车需以最高 25 km/h 运行一圈完成压道。

②动车必须由施工负责人/调试组组员指挥行车,司机凭调度命令和地面信号的显示动车。

③联锁站负责人如发现异常情况,应立即通知相关车站扣停电客车,并向信号调试组报告。

④联调过程中电客车需闯红灯通过的,需由电客车上的信号专业组随车人员(信号专业组室内外人员确认)和司机确认后,司机才能闯红灯通过。

⑤联调过程中如果需重启信号系统,受影响区域的调试电客车必须停车,行调与施工负责人/调试组组员共同确认受影响区域内的调试电客车已停。

⑥测试过程中,如发现有危及安全的现象时,参与测试的任何人员都可在第一时间采取措施,使电客车停车,电客车上人员采取紧急制动(按压紧急制动按钮);站台人员立即呼叫司机或向车控室报告,同时按压站台紧急关闭按钮(针对站台区域);车控室人员立即通知司机停车,同时按压 IBP 盘的紧急关闭按钮(针对站台区域)。

⑦故障/事故处理好以后,须经调试组组员同意后才能动车。

⑧联调测试轨行区现场安全注意事项:由于测试过程中,道岔会进行相应的操动,行调应保障联调区域内无其他进入本请点范围的施工作业。

⑨测试前,应知会各单位隧道将有动车作业,需做好人员的管理工作,避免人车冲突;测试期间各车站应做好封锁,防止有人从站台区域进入轨行区。

⑩调试期间应注意加强瞭望,如发现有危及行车安全的情况,如冲撞车挡和接触网终点警示牌等,任何人有权中断调试。

第 13 章 通信系统联调联试

13.1 系统概述

①城市轨道交通通信系统主要是能为通信各子系统及其他系统传递和交换各种安全、准确、可靠的信息，服务于行车及客运组织。在地铁投入试运营前，对通信系统的调试至关重要，通信系统因其系统的多样性，各子系统间及各子系统与其他系统间的接口种类多、数量大，故联调联试应包括各子系统设备单体调试和各子系统与其关联系统间的调试。

②通信联调联试项目主要包括通信时钟子系统与关联子系统联调联试，综合监控与通信 PIS、PA、CCTV 系统联调联试，乘客信息系统与信号系统联调联试，通信专用无线集群与信号、车辆联调联试，通信传输子系统与关联系统联调联试，广播系统与信号系统联调联试等项目。

13.2 测试项目

13.2.1 技术规范测试项目

表 13-1 车地无线通话测试

项目名称	车地无线通话测试
测试目的	测试车地无线通话功能是否符合设计要求
测试内容与方法	①控制中心行车调度员通过单呼、组呼、紧急呼叫等方式与列车驾驶员建立通话，并记录通话情况 ②车辆基地信号楼和运转室调度员与车场内列车驾驶员建立通话；车站值班员经控制中心同意与正线列车驾驶员建立通话，并记录通话情况
测试结果	车地无线通话的接通时间和通话质量应符合设计要求

表 13-2 列车到站自动广播和到发时间显示测试

项目名称	列车到站自动广播和到发时间显示测试
测试目的	测试车站和列车广播及乘客信息系统功能是否符合设计要求
测试内容与方法	在站台区域测试并记录上、下行进站列车到站自动广播时间和内容，并记录所在区域的乘客信息系统播出的列车到站信息时间和内容
测试结果	列车即将进站前，车站自动广播列车到站信息，车站乘客信息系统显示屏上显示列车进站信息，出站后显示下次列车到站时间

表 13-3　与主时钟系统接口通信测试

项目名称	与主时钟系统接口通信测试
测试目的	测试各系统与主时钟系统接口通信功能是否符合设计要求
测试内容与方法	①检查信号系统、环境与设备监控系统或综合监控系统、自动售检票　系统的服务器，记录其显示的日期和时间是否与主时钟服务器保持一致 ②将主时钟服务器上的日期和时间设置成比当前时间晚 1 天 1 小时 10 分钟，记录被测系统时间与主时钟时间差 ③断开主时钟服务器的网络连接，记录被测系统的时间 ④重新恢复主时钟服务器的网络连接，记录被测系统更新后的时间与主时钟时间差
测试结果	①信号系统、环境与设备监控系统或综合监控系统、自动售检票系统的服务器的日期和时间与主时钟服务器保持一致 ②当主时钟服务器上的时间和日期设置成比当前时间晚 1 天 1 小时 10 分钟，被测系统工作站和服务器自动更新为与主时钟时间同步，误差范围符合设计要求 ③断开主时钟服务器的网络连接后，被测系统服务器上的日期和时间继续保持正常，符合设计要求 ④重新恢复主时钟系统的网络连接后，被测系统的服务器更新为与主时钟时间同步，误差范围符合设计要求

表 13-4　换乘站基本通信测试

项目名称	换乘站基本通信测试
测试目的	测试换乘站视频、电话、广播以及信息发布功能是否符合设计要求
测试内容与方法	①对换乘站换乘区域视频图像调看功能进行测试 ②对换乘站换乘区域广播和事故工况广播指令的互送功能进行测试 ③对换乘站换乘区域乘客信息发布功能以及事故工况下信息互送功能(对方线路显示屏上显示功能)进行测试 ④换乘车站不同线路车控室间值班员建立通话进行测试
测试结果	换乘站换乘区域的视频图像调看、广播、乘客信息发布，以及不同线路车控室间值班员的通话符合设计要求

13.2.2　推荐测试项目

表 13-5　测试项目表

序号	项目名称
1	中心一级母钟主备切换、关联子系统追时测试
2	GPS 信号分配器信号无效或中断、关联子系统追时测试
3	相关系统与主时钟系统跟踪测试
4	中心母钟失效、关联子系统追时测试
5	列车到发时间显示测试
6	列车在车辆段时，调度台与车载台上列车归属信息检查、按车组号/车次号相互呼叫、调度员对列车广播测试

续表13-5

序号	项目名称
7	列车在车辆段/正线位置变化时,无线车载台自动/手动转组测试
8	模拟光纤断裂引起的传输光纤环路中断测试
9	模拟车站传输节点故障引起的传输光纤环路中断测试
10	模拟控制中心传输节点故障引起的传输光纤环路中断测试
11	控制中心及车站单组、编组 PA 指定区域控制播放功能测试
12	PIS 信息下发功能测试(含 PIS 屏滚动消息显示字数测试)
13	综合监控与通信 PA、PIS、CCTV 通道冗余功能
14	控制中心、车站 CCTV 播放控制功能测试

13.3 方式方法

13.3.1 前置条件

13.3.1.1 调试系统运行条件

①通信时钟系统完成安装调试并投入运行,功能已满足合同各项条款的要求,工作状况良好。

②无线通信基本通话功能实现(手持台)、公务与专用电话满足基本通信要求。

③公务与专用电话满足基本通信要求。

④通信 PIS、PA 系统完成安装调试并投入运行,信号 ATS 系统调试完成并投入运行,功能已满足合同各项条款的要求,工作状况良好。

⑤PIS 系统设备已投入运行,功能均具备,工作状况良好,如未全部投入,至少每个回路具备 1 台 PIS 屏显示。

⑥CCTV 系统设备已投入运行,功能均具备,工作状况良好,如未全部投入,至少不少于车站配置数量的 10%(球机须具备、电梯视频监控必须接入 CCTV)。

⑦PA 系统设备已投入运行,功能均具备,工作状况良好,如未全部投入,至少每个回路配备扬声器。

⑧通信 PA 系统设备已投入运行,换乘区域扬声器已安装,功能均具备,工作状况良好。

⑨通信 PIS 已投入运行,换乘区域显示屏已安装(如有),功能均具备,工作状况良好。

⑩通信公务电话系统设备已投入运行,新旧线电话互联已完成,可正常呼叫。

⑪通信视频监控系统设备已投入运行,换乘区域摄像机已安装并添加至 CCTV 系统中。

⑫通信无线系统设备已投入运行,新旧线无线互联已完成,可正常呼叫。

13.1.1.2 关联系统运行条件

①通信各相关子系统完成安装调试并投入运行,与通信时钟系统进行接口测试,接口功能实现。

②信号、AFC、BAS/ISCS 等相关系统已完成各自系统调试,与通信时钟系统进行接口测试,接口功能实现。

③车辆段和正线的线路和设备满足行车要求;区间车地无线通信完成安装调试并完成网

络优化、已具备 2 列功能正常、能以 CBTC 模式上线运行的列车。

④信号 ATS、车载广播系统已完成各自系统调试，与无线通信、PIS、PA 系统进行接口测试，接口功能实现。

⑤相关系统单机单系统调试已完成，调试报告或现场调试记录表经监理及相关单位签字确认。

⑥综合监控已完成系统调试，A、B 网冗余、告警、事件记录功能正常。

⑦综合监控系统设备已经具备车站级和中央级对 PA、PIS、CCTV 系统的联调功能，工作状况良好。

⑧综合监控系统设备在换乘车站对新旧线 PIS 系统、广播系统的控制功能已实现，工作状况良好。

⑨新旧 FAS 系统互联完成，新旧线可互发报警信息。

13.3.2 组织及职责

参与本次联调联试的单位及人员均已熟悉本次联调组织及实施方案，并已做好相关各项准备工作。联调人员安排及岗位职责，如表 13-6 所示。

表 13-6 联调人员安排及职责表

序号	人员分配	人数/人	所在位置	岗位职责
1	通信各系统厂家	11	OCC 通信设备室	公务电话、专用电话、专用无线、CCTV 系统、广播系统、PIS 系统、传输系统、集中告警、集中录音、OA 系统、电源系统各 1 人，检查系统接收时钟信号情况并汇报
2	AFC 供货单位	1	AFC 设备房	检查系统接收时钟信号情况并汇报
3	ISCS 供货单位	2	OCC 综合监控设备房	检查系统接收时钟信号情况并汇报
4	信号供货单位	2	OCC 信号设备房	检查系统接收时钟信号情况并汇报
5	OCC 网管配合人员	2	通信网管室	查看终端接收时间信号情况
6	调度大厅配合人员	1	调度大厅	检查调度大厅各终端接收时间信号情况，协调调度发出跳停、越站不停车等指令，使用调度台对正线列车广播
7	现场测试人员	3~4	测试车站	记录上、下行 PIS 屏显示内容及播报准确性
8	中心配合人员	1~2	控制中心	核对中心 PIS 与 ATS 报文准确性
9	列车测试人员	4	测试列车	不同列车上检查列车广播功能，语音清晰度、配合测试车载台与固定台通话情况
10	中心测试人员	1	OCC 调度大厅	使用调度台对正线列车广播、使用调度台对正线列车进行呼叫测试
11	中心机房配合人员	1	OCC 通信设备室	检查 ATS 报文数据

续表13-6

序号	人员分配	人数/人	所在位置	岗位职责
12	基地测试人员	1	DCC调度室	使用调度台对基地停车库中的客车进行广播、呼叫测试
13	AFC供货单位	1	控制中心AFC设备房	检查测试过程中AFC系统状态
14	ISCS供货单位	1	控制中心综合监控设备房	检查测试过程中ISCS系统状态
15	BIM供货单位	1	控制中心	检查测试过程中BIM系统状态
16	SCADA供货单位	1	控制中心	检查测试过程中SCADA系统状态
17	车站测试人员	5	新建换乘站车控室	配合做换乘站PIS、PA、CCTV、电话、无线通信测试
18	综合监控厂家	5	既有换乘站车控室	配合做换乘站PIS、PA、CCTV、无线通信测试

13.3.3 联调步骤

13.3.3.1 通信时钟子系统与关联系统联调联试

(1)检查通信内部系统(广播、时钟、无线、传输、电源、公务、专用、CCTV、PIS、集中告警、集中录音、OA系统、视频会议系统)以及外专业系统(信号系统,综合监控系统及AFC)等相关系统的服务器,记录其显示时间是否与主时钟服务器保持一致。

(2)时钟服务器进行主备母钟切换,记录各系统显示时间是否与主时钟服务器保持一致。

(3)断开GPS与时钟服务器的连接,记录其他系统时间是否与主时钟服务器保持一致。

(4)将主时钟服务器上的日期与时间设置成比当前时间晚1天1小时10分钟,记录被测试系统时间与主时钟时间是否保持一致。

(5)断开主时钟服务器的网络连接,记录被测系统内部走时是否正常。

(6)重新恢复各系统与主时钟服务器的网络连接前,记录被测系统与主时钟时间是否有误差,恢复后确认各系统与主母钟通信状态是否正常。

13.3.3.2 PIS与信号系统联调联试

(1)执行组长检查测试列车到达预定位置、参加测试的人员到达各自岗位情况。

(2)通信PIS系统在OCC网管编辑好播放的板式,并下发至车站PIS系统。

(3)编制好运行图。

(4)通信、信号专业人员检查设备状态,然后向执行组长报告检查结果。

(5)若各项条件满足,执行组长发布测试开始命令。

(6)PIS系统专业人员查看中心接口服务器ATS接口软件与信号接口是否显示连接正常,查看中心接口服务器ATS软件日志是否收到车站ID、列车到站时间、终点站ID、即将到站、列车到站、跳停等信息。将相关结果通过手持台或当面汇报至组长。

(7)相关车站人员检查本站的站台PIS屏是否正确显示列车进站、到站信息(上下行均需检查)。将相关结果通过手持台或当面汇报至组长。

(8)该站检查完毕,车站检查人员乘坐电客车至下一站点。

(9)重复2~3步骤,并及时汇报相应检查结果至组长。

13.3.3.3　通信无线集群与信号、车辆联调联试

(1)列车在车辆段及停车场

1)DCC调度台与车载台通过个呼、组呼、紧急三种方式进行呼叫测试,检查通话质量。

2)调度台是否显示测试车辆信息,检查车载台显示归属信息是否正确。

3)DCC调度员通过无线调度台对列车车厢进行广播测试。

4)将列车广播分别置于人工广播和自动广播模式,DCC通过无线调度台进行广播,查看是否能打断列车广播,确认OCC广播优先级高于列车广播。

(2)列车在正线时

1)控制中心调度台与列车通过个呼、组呼、紧急呼叫方式呼叫,测试通话质量;通过列车车次号进行呼叫,测试通话质量。

2)检查控制中心无线调度台是否正确显示列车车次号、位置等信息,车载台是否正确显示归属信息、车次号、车体号等信息。

3)测试控制中心调度员通过无线调度台对列车车厢进行广播功能,测试包括单车广播及多车广播。

4)将列车广播分别置于人工广播和自动广播模式,OCC通过无线调度台进行广播,查看是否能打断列车司机人工/自动广播,确认OCC广播优先级高于列车广播。

(3)车站固定台与列车通话功能测试

车站固定台经行调同意后,测试车站固定台与列车车载台进行呼叫,测试通话质量。

(4)转组功能测试

列车由正线进入场段,检查列车归属信息是否由正线切换至场段。列车由场段进入正线,检查列车归属信息是否由场段切换至正线。手动切换列车组,进行通话测试。

13.3.3.4　通信传输子系统与关联系统联调联试

(1)光纤断裂引起的传输环网中断

1)联调人员签到、领取通信工具,分赴各岗位地点。

2)组长确认现场各专业人员已经到位,各系统网管终端处于正常状态。

3)根据组长指令,供货商传输系统技术人员在车站拔出一侧光纤。

4)根据组长指令,供货商传输系统技术人员在某站恢复全部光纤。

5)以上所有步骤各小组人员确认各系统设备运行状态,并记录。

(2)车站传输设备故障引起的传输环网中断

1)组长确认现场各专业人员已经到位,各系统网管终端处于正常状态。

2)2个环各选取1个车站进行测试。

3)根据组长指令,供货商传输系统技术人员在车站1关闭设备电源。

4)根据组长指令,供货商传输系统技术人员在车站1恢复设备电源。

5)根据组长指令,供货商传输系统技术人员在车站2关闭设备电源。

6)根据组长指令,供货商传输系统技术人员在车站2恢复设备电源。

7)以上各步骤小组人员确认专业设备运行状态,并记录。

(3)控制中心传输设备故障引起的传输环网中断

1)组长确认现场各专业人员已经到位,各系统网管终端处于正常状态。

2)根据组长指令,供货商传输系统技术人员在OCC关闭设备电源。

3)根据组长指令,供货商传输系统技术人员在OCC恢复设备电源。

4)以上各步骤小组人员确认专业设备运行状态,并记录。

13.3.3.5　PA与信号系统联调联试

(1)执行组长检查测试列车到达预定位置、参加测试的人员到达各自岗位情况。

(2)通信广播系统在OCC网管编辑好列车到站预录制语音信息,下发至车站广播。

(3)编制好运行图。

(4)通信、信号专业人员检查设备状态,然后向执行组长报告检查结果。

(5)若各项条件满足,执行组长发布测试开始命令。

(6)OCC广播系统专业人员在PA系统中央服务器上查看与ATS的接口软件接收ATS信息是否正确。将相关结果通过手持台或当面汇报至组长。

(7)在正线车站上行,列车进站停稳前60秒左右,相关车站人员在车控室的PA备用广播盒上查看广播区域是否显示占用,监听音箱是否监听到站提示广播,并同时在相应站台区域收听到站提示广播。将相关结果通过手持台或当面汇报至组长。

(8)在正线车站下行,列车进站停稳前60秒,相关车站人员在车控室的PA备用广播盒上查看广播区域是否显示占用,监听音箱是否监听到列车到站提示音频,并同时在相应站台区域收听到站提示音频。将相关结果通过手持台或当面汇报至组长。

(9)该站检查完毕,车站检查人员乘坐电客车至下一站点。

(10)重复(2)~(4)步骤测试所有车站。

13.3.3.6　综合监控系统与PA、PIS、CCTV联调联试

(1)综合监控与PA系统中央调试步骤

1)在综合监控系统HMI上打开广播监控画面,选择"编组广播"按钮,打开"编组广播"窗口。

2)点击"编组"框里选择编组号。

3)在"编组广播"打开窗口中的区域框中选择车站。

4)在"编组广播"打开窗口中的区域框中选择广播区。

5)在"编组广播"打开窗口中选择想广播的预录制广播信息。

6)重复1)~5)步骤对以下固定组合广播区域分别进行测试,确认能否进行正确的编组广播:①对所有车站;②对一组车站;③对一个车站的全部或部分播音区;④对所有车站的站台;⑤对所有车站的站厅。

7)在综合监控界面查看PA占用状态。

8)对应的广播区域能听到广播,事件是否记录。

9)在综合监控系统HMI上打开PA画面,按下话筒广播按钮,选中话筒广播窗口。

10)在综合监控系统HMI上打开PA画面,在广播区域里选择所要广播的区域(如上行站台、站厅、下行站台、办公区)。

11)在综合监控界面查看PA占用状态。

12)对应的广播区域能听到广播,事件是否记录。

13)重复9)~12)步骤,测试三次不同区域组合。

14)在综合监控系统HMI上打开PA监控画面,使用有权限用户编辑预录制广播内容和

序号。

15)测试编辑后的语音序列。

16)是否在选定区域播放一次选定语音,事件、报警是否记录。

17)在综合监控系统 HMI 上设置定时 5 分钟之后执行站厅(或者站台和设备区组合)预录制广播,点击执行,通知 PA 专业人员。

18)PA 人员检查 5 分钟之后是否执行广播。

19)PA 专业人员、综合监控专业人员将各自系统恢复正常工作状态。

20)优先级测试,测试后备盘功能。

21)双通道测试,断开广播系统与综合监控 A(B)组网络连接。

(2)综合监控与 PA 系统车站调试步骤

1)在"编组广播"打开窗口中选择想广播的预录制广播信息。

2)重复 1)~2)步骤对以下固定组合广播区域分别进行测试,确认能否进行正确编组广播:①对一个车站的全部或部分播音区;②对车站的站台;③对车站的站厅。

3)在综合监控界面查看 PA 占用状态。

4)对应的广播区域能听到广播,事件是否记录。

5)在综合监控系统 HMI 上打开 PA 监控画面,按下"话筒广播"按钮,选中话筒广播窗口。

6)在综合监控系统 HMI 上打开 PA 监控画面,在广播区域里选择所要广播的区域(如上行站台、站厅、下行站台、办公区)。

7)在综合监控界面查看 PA 占用状态。

8)对应的广播区域能听到广播,事件是否记录。

9)重复 5)~8)步骤,测试三次不同区域组合。

10)在综合监控系统 HMI 上打开 PA 监控画面,使用有权限用户编辑预录制广播内容和序号。

11)测试编辑后的语音序列。

12)是否在选定区域播放一次选定语音,事件、报警是否记录。

13)在综合监控系统 HMI 上设置定时 5 分钟之后执行站厅(或者站台和设备区组合)预录制广播,点击执行,通知 PA 专业人员。

14)PA 人员检查 5 分钟之后是否执行广播。

15)PA 专业人员、综合监控专业人员将各自系统恢复正常工作状态。

16)优先级测试,测试后备盘功能。

17)双通道测试,断开广播系统与综合监控 A(B)组网络连接。

(3)综合监控与 PIS 系统中央调试步骤

1)中央综合监控、PIS 专业人员确认接口通信正常。

2)中央综合监控人员在中央调度工作站组选全部车站或者三、四座车站。

3)中央综合监控人员在组选车站下发预存正常、应急信息和自定义正常、应急信息,要求车站确认。其中应急信息下发时,记录中央发布全线紧急信息所需时间。

4)车站综合监控人员确认信息下发,综合监控界面显示信息下发。

5)车站通信 PIS 人员检查车站 PIS 系统控制器是否收到综合监控发出的文本信息,并在

PIS 显示终端显示一致的内容。

6）中央通信人员查看 PIS 占用情况。

7）中央综合监控人员在中央调度工作站单选一座车站。

8）中央综合监控人员在单选车站下发预存正常、应急信息和自定义正常、应急信息，要求车站确认。

9）车站综合监控人员确认信息下发，综合监控界面显示信息下发。

10）车站通信 PIS 人员检查车站 PIS 系统控制器是否收到综合监控发出的文本信息，并在 PIS 显示终端显示一致的内容。

11）中央通信人员查看 PIS 占用情况。

12）车站通信人员模拟 PIS 故障，通知中央通信人员。

13）中央通信人员确认故障，在 PIS 界面查看界面颜色是否变化。

14）中央综合监控人员在选择车站下发预存正常信息，要求车站确认。

15）车站综合监控人员确认信息下发，综合监控界面显示信息下发。

16）车站通信 PIS 人员检查车站 PIS 系统控制器是否收到综合监控发出的文本信息，并在 PIS 显示终端显示一致的内容。

17）中央综合监控人员在选择车站下发预存应急信息，要求车站确认。

18）车站综合监控人员确认信息下发，综合监控界面显示信息下发。

19）车站通信 PIS 人员检查车站 PIS 系统控制器是否收到综合监控发出的应急文本信息，并在 PIS 显示终端显示一致的应急文本信息。

20）中央综合监控人员在单选和组选情况车站下发设置定时信息发布。

21）中央综合监控人员可查看已设置的定时信息区域和时间。

22）中央综合监控人员预计定时信息将启动时，提前一分钟通知车站人员确认信息发布情况。

23）车站综合监控人员确认信息下发，综合监控界面显示信息下发。

24）车站通信 PIS 人员检查车站 PIS 系统控制器是否收到综合监控发出的文本信息，并在 PIS 显示终端显示一致的内容。

25）中央综合监控清除所有文本信息的下发，要求车站综合监控、PIS 确认设备恢复正常。

（4）综合监控与 PIS 系统车站调试步骤

1）车站综合监控、PIS 专业人员确认接口通信正常。

2）车站综合监控人员在车站下发预存正常、应急信息和自定义正常、应急信息，要求通信 PIS 确认。

3）车站综合监控人员确认信息下发，综合监控界面显示信息下发。

4）通信 PIS 人员检查车站 PIS 系统控制器是否收到综合监控发出的文本信息，并在 PIS 显示终端显示一致的内容。

5）综合监控人员在选择车站下发预存正常信息，要求车站确认。

6）通信 PIS 人员检查车站 PIS 系统控制器是否收到综合监控发出的文本信息，并在 PIS 显示终端显示一致的内容。

7）综合监控人员在选择车站下发预存应急信息，要求通信 PIS 确认。

8)车站综合监控人员确认信息下发,综合监控界面显示信息下发。

9)通信 PIS 人员检查车站 PIS 系统控制器是否收到综合监控发出的应急文本信息,并在 PIS 显示终端显示一致的应急文本信息。

10)车站综合监控人员在车站下发设置定时信息发布。

11)综合监控人员可查看已设置的定时信息区域和时间。

12)综合监控人员预计定时信息将启动时,提前一分钟通知车站人员确认信息发布情况。

13)综合监控人员确认信息下发,综合监控界面显示信息下发。

14)通信 PIS 人员检查车站 PIS 系统控制器是否收到综合监控发出的文本信息,并在 PIS 显示终端显示一致的内容。

15)车站综合监控清除所有文本信息的下发,要求 PIS 确认设备正常。

16)双通道测试,断开广播系统与综合监控 A(B)组网络连接。

(5)综合监控与 CCTV 系统中央调试步骤

1)在中央级 ISCS 工作站 CCTV 界面上执行人工监视模式。

2)由 CCTV 专业确认人工监视模式执行结果是否成功。

3)在中央级 ISCS 工作站 CCTV 界面上进行画面切换,记录中央调用车站摄像机画面所需时间。

4)由 CCTV 专业确认画面切换执行结果是否成功。

5)在中央级 ISCS 工作站 CCTV 界面上对全线任一球机进行控制:水平移动/垂直移动/画面缩放/焦距光圈。

6)由 CCTV 专业确认全线任一可控摄像机的控制是否正确。

7)在大屏幕系统 CCTV 界面上执行自动循环监视模式。

8)由 CCTV 专业确认自动循环监视模式执行结果是否成功。

9)在大屏幕系统 CCTV 界面上执行人工监视模式。

10)由 CCTV 专业确认人工监视模式执行结果是否成功。

11)综合监控调用车站电梯视频,包含室内室外电梯,电梯专业确认状态。

12)电梯专业确认视频调用正常。

13)由各专业人员确认相关系统设备状况,均恢复正常状态后结束联调。

14)由组长将联调情况上报项目指挥,由组长下达联调结束命令。

15)双通道测试,断开广播系统与综合监控 A 组网络连接;断开广播系统与综合监控 B 组网络连接。

(6)综合监控与 CCTV 系统车站调试步骤

1)在 ISCS 工作站 CCTV 界面上执行人工监视模式。

2)由 CCTV 专业确认人工监视模式执行结果是否成功。

3)在 ISCS 工作站 CCTV 界面上进行画面切换。

4)由 CCTV 专业确认画面切换执行结果是否成功。

5)在 ISCS 工作站 CCTV 界面上对全线任一可控摄像机进行控制:水平移动/垂直移动/画面缩放/焦距光圈。

6)由 CCTV 专业确认全线任一可控摄像机的控制是否正确。

7)在 ISCS 工作站 CCTV 界面上执行自动循环监视模式(车站、站厅、站台)。

8) 由 CCTV 专业确认自动循环监视模式执行结果是否成功。

9) 综合监控调用车站电梯视频，包含室内室外电梯，电梯专业确认状态。

10) 由各专业人员确认相关系统设备状况，均恢复正常状态后结束联调。

11) 由组长将联调情况上报项目指挥，由组长下达联调结束命令。

12) 双通道测试，断开广播系统与综合监控 A(B) 组网络连接。

13.3.3.7　换乘站基本通信联调联试

(1) 换乘站换乘区域视频图像调看功能调试步骤

1) 新线视频监视终端调看换乘区域视频监视图像能否正常显示，画面是否清晰。

2) 既有线视频监视终端调取换乘区域视频监视图像能否正常显示，画面是否清晰。

(2) 对换乘站换乘区域广播和事故工况广播指令的护送功能测试

1) 新线综合监控终端给广播系统发起指令，换乘区域广播区能否正常广播，语音是否清晰。

2) 新线广播控制盒广播系统发起指令，换乘区域广播区能否正常广播，语音是否清晰。

(3) 对换乘站换乘区域乘客信息发布功能以及事故工况下信息互送功能测试

1) 新线综合监控工作站给 PIS 系统发送指令，PIS 屏信息显示正常。

2) 新线 PIS 工作站下发指令，PIS 屏信息显示正常。

(4) 对换乘站不同线路车控室值班员建立通话功能测试

新线公务电话与既有线公务电话能互相正常建立通话，语音清晰。

(5) 对换乘站不同线路无线手持台呼叫功能测试

在新旧线路使用手持台建立呼叫测试，通话正常，语音清晰。

13.3.4　调试记录

表 13-7　车地无线通话测试(车站固定台与列车司机通话测试)

测试地点：		测试日期：		记录人员：	
序号	检验项目	设计要求	检验方法	检验结果	检验结论
1	列车在上行区间行驶时，车站值班员经控制中心同意后，与停靠本站的列车驾驶员进行通话测试	1. 接通时间小于 500 ms 2. 通话质量：语音清晰	车控室值班员经中心行调同意后，使用车站固定台在车站小组发起组呼，按下 PTT 讲话，等待列车驾驶员应答	1. 立即接通 2. 语音清晰	□合格 □不合格
2	列车在下行区间行驶时，车站值班员经控制中心同意后，与停靠本站的列车驾驶员进行通话测试	1. 接通时间小于 500 ms 2. 通话质量：语音清晰	车控室值班员经中心行调同意后，使用车站固定台在车站小组发起组呼，按下 PTT 讲话，等待列车驾驶员应答	1. 立即接通 2. 语音清晰	□合格 □不合格

续表 13-7

问题记录		

参调人员	单位名称	签名

表 13-8 车地无线通话测试(场段 DCC 与列车司机通话测试)

测试地点: 　　测试日期: 　　记录人:

步骤	测试描述	OCC 行调无线调度台信息	列车无线车载台信息	场段调度台信息	测试标准	测试结果
1	列车在场段时,由 DCC 调度台个呼列车车载台,车载台响应呼叫,完成车地通话测试	无该列车信息	1. 车次号 2. 车组号 3. 列车位置 4. 归属	1. 车次号 2. 车组号 3. 列车位置 4. 目的地	1. 显示正确 2. 接通时间小于 500 ms 3. 通话清晰	□合格 □不合格
2	列车在场段时,由 DCC 调度台组呼列车车载台,车载台响应呼叫,完成车地通话测试	无该列车信息	1. 车次号 2. 车组号 3. 列车位置 4. 归属	1. 车次号 2. 车组号 3. 列车位置 4. 目的地	1. 显示正确 2. 接通时间小于 500 ms 3. 通话清晰	□合格 □不合格
3	列车在场段时,由 DCC 调度台紧急呼列车车载台,车载台响应呼叫,完成车地通话测试	无该列车信息	1. 车次号 2. 车组号 3. 列车位置 4. 归属	1. 车次号 2. 车组号 3. 列车位置 4. 目的地	1. 显示正确 2. 接通时间小于 500 ms 3. 通话清晰	□合格 □不合格

问题记录		

参调人员	单位名称	签名

表 13-9 车地无线通话测试（调度台对列车广播测试记录表）

测试地点		测试日期		记录人员：	
测试描述	测试方法		测试结果		备注
对单辆列车广播	1.行车调度员对测试列车发起无线广播 2.列车上人员检查列车广播是否正常		列车无线车载台上的广播状态显示 □有　□无 任意车箱内扬声器上有否调度员的声音 □有　□无		
对上行列车广播	1.行车调度员对上行列车同时发起无线广播 2.列车上人员检查列车广播是否正常		列车无线车载台上的广播状态显示 □有　□无 任意车箱内扬声器上有否调度员的声音 □有　□无		
对下行列车广播	1.行车调度员对上行列车同时发起无线广播 2.列车上人员检查列车广播是否正常		列车无线车载台上的广播状态显示 □有　□无 任意车箱内扬声器上有否调度员的声音 □有　□无		
对全线任意多辆列车广播	1.行车调度员对全线任意多辆列车广播同时发起无线广播 2.列车上人员检查列车广播是否正常		列车无线车载台上的广播状态显示 □有　□无 任意车箱内扬声器上有否调度员的声音 □有　□无		
广播优先级测试	1.列车置于人工广播模式 2.行调调度台对列车发起广播测试 3.列车测试人员确认调度台广播是否中断列车人工广播，验证广播优先级是否正确		列车无线车载台上的广播状态显示 □有　□无 无线调度台广播是否中断列车人工广播 □有　□无		
	1.列车置于自动广播模式 2.行调调度台对列车发起广播测试 3.列车测试人员确认调度台广播是否中断列车自动广播，验证广播优先级是否正确		列车无线车载台上的广播状态显示 □有　□无 无线调度台广播是否中断列车自动广播 □有　□无		

问题记录		
参调人员	单位名称	签名

表 13-10　列车到发时间显示测试

测试地点：		测试日期：		记录人员：
序号	测试车站	测试地点	测试内容	测试结果
1		上行站台	1. 列车进站显示内容：即将进站　□ 2. 列车到达站台显示内容：列车到站　□ 3. 显示下趟车到达时间倒计时　□ 4. 车站提示列车进站至列车停稳时间：＿＿秒	正常□ 不正常□
		下行站台	1. 列车进站显示内容：即将进站　□ 2. 列车到达站台显示内容：列车到站　□ 3. 显示下趟车到达时间倒计时　□	正常□ 不正常□
问题记录				
备注				
参调人员		单位名称		签名

表 13-11　与主时钟系统接口通信测试

通信时钟系统与关联系统联调联试测试记录

测试地点：	OCC		测试日期：		记录人员：		
序号	调试项目	调试方法	调试结果　正常（√）　异常（×）				备注
1	时钟系统正常工作情况	各系统人员观察记录各自系统的情况 正常情况：各系统状态正常，时钟网管无告警	公务电话	□	专用电话	□	内部系统
			专用无线	□	CCTV 系统	□	
			PA 系统	□	PIS 系统	□	
			传输系统	□	集中告警	□	
			集中录音	□	OA 系统	□	
			电源系统	□		□	
			信号系统	□	ISCS 系统	□	外部系统
			AFC 系统	□	BAS 系统	□	
			AFC 系统	□	BAS 系统	□	
			AFC 系统	□	BAS 系统	□	

续表 13-11

问题记录		
参调人员	单位名称	签名

表 13-12 换乘站基本通信测试

测试地点：			测试时间：	记录人员：	
序号	系统	测试内容		测试结果	备注
1	广播系统	换乘站换乘区域广播指令互送，换乘区域能正常广播，语音清晰		□合格 □不合格	
2	广播系统	换乘站换乘区域广播事故工况指令互送，换乘区域能正常广播，语音清晰		□合格 □不合格	
3	视频监视系统	换乘站既有线和新线调取换乘区域视频监视图像能正常显示，画面清晰		□合格 □不合格	
4	公务电话系统	新线公务电话与既有线公务电话能互相正常建立通话，语音清晰		□合格 □不合格	
参调人员		单位名称		签名	

表 13-13　中心一级母钟主备切换、关联子系统追时测试

通信时钟系统与关联系统联调联试测试记录

测试地点：	OCC		测试时间：			记录人员：	

序号	调试项目	调试方法	调试结果		正常(√)　异常(×)		备注
1	时钟系统正常工作情况	各系统人员观察记录各自系统的情况 正常情况：各系统状态正常，时钟网管无告警	公务电话	□	专用电话	□	内部系统
			专用无线	□	CCTV 系统	□	
			PA 系统	□	PIS 系统	□	
			传输系统	□	集中告警	□	
			集中录音	□	OA 系统	□	
			电源系统	□			
			信号系统	□	ISCS 系统	□	外部系统
			AFC 系统	□	BAS 系统	□	
2	断开中心母钟标准时间信号源 GPS 标准时间信号	相关各系统可以正常接收到一级母钟时间信号，并可进行校准。对时：各系统与时钟系统时间一致	公务电话	□	专用电话	□	内部系统
			专用无线	□	CCTV 系统	□	
			PA 系统	□	PIS 系统	□	
			传输系统	□	集中告警	□	
			集中录音	□	OA 系统	□	
			电源系统	□			
			信号系统	□	ISCS 系统	□	外部系统
			AFC 系统	□	BAS 系统	□	
3	切换到备用中心母钟工作状态	相关各系统可以正常接收到一级母钟时间信号，并可进行校准。对时：各系统与时钟系统时间一致	公务电话	□	专用电话	□	内部系统
			专用无线	□	CCTV 系统	□	
			PA 系统	□	PIS 系统	□	
			传输系统	□	集中告警	□	
			集中录音	□	OA 系统	□	
			电源系统	□			
			信号系统	□	ISCS 系统	□	外部系统
			AFC 系统	□	BAS 系统	□	
4	切换回主用中心母钟工作状态	相关各系统可以正常接收到一级母钟时间信号，并可进行校准。对时：各系统与时钟系统时间一致	公务电话	□	专用电话	□	内部系统
			专用无线	□	CCTV 系统	□	
			PA 系统	□	PIS 系统	□	
			传输系统	□	集中告警	□	
			集中录音	□	OA 系统	□	
			电源系统	□			
			信号系统	□	ISCS 系统	□	外部系统
			AFC 系统	□	BAS 系统	□	

续表 13-13

序号	调试项目	调试方法	调试结果 正常(√) 异常(×)				备注
5	调整主时钟时间	将主时钟服务器上的日期和时间设置成比当前时间晚1天1小时10分钟，相关各系统可以正常接收到一级母钟时间信号，并可进行校准。对时：各系统与时钟系统时间一致	公务电话	□	专用电话	□	内部系统
			专用无线	□	CCTV 系统	□	
			PA 系统	□	PIS 系统	□	
			传输系统	□	集中告警	□	
			集中录音	□	OA 系统	□	
			电源系统	□			
			信号系统	□	ISCS 系统	□	外部系统
			AFC 系统	□	BAS 系统	□	
6	中心一级母钟工作失效	相关各系统无法正常接收到一级母钟时间信号，切换到自身系统时间	公务电话	□	专用电话	□	内部系统
			专用无线	□	CCTV 系统	□	
			PA 系统	□	PIS 系统	□	
			传输系统	□	集中告警	□	
			集中录音	□	OA 系统	□	
			电源系统	□			
			信号系统	□	ISCS 系统	□	外部系统
			AFC 系统	□	BAS 系统	□	
7	恢复中心母钟正常工作	相关各系统可以正常接收到一级母钟时间信号，并可进行校准。对时：各系统与时钟系统时间一致	公务电话	□	专用电话	□	内部系统
			专用无线	□	CCTV 系统	□	
			PA 系统	□	PIS 系统	□	
			传输系统	□	集中告警	□	
			集中录音	□	OA 系统	□	
			电源系统	□			
			信号系统	□	ISCS 系统	□	外部系统
			AFC 系统	□	BAS 系统	□	
8	恢复中心母钟标准时间信号源GPS标准时间信号	一级母钟通过获得的标准时间信号校准时间。相关各系统可以正常接收到标准通信时间信号，并可进行校准。对时：各系统与时钟系统时间一致	公务电话	□	专用电话	□	内部系统
			专用无线	□	CCTV 系统	□	
			PA 系统	□	PIS 系统	□	
			传输系统	□	集中告警	□	
			集中录音	□	OA 系统	□	
			电源系统	□			
			信号系统	□	ISCS 系统	□	外部系统
			AFC 系统	□	BAS 系统	□	

表13–14　GPS信号分配器信号无效或中断、关联子系统追时测试

通信时钟系统与关联系统联调联试测试记录

测试地点：　OCC		测试日期：		记录人：	

序号	调试项目	调试方法	调试结果　正常(√)　异常(×)			备注
1	时钟系统正常工作情况	各系统人员观察记录各自系统的情况 正常情况：各系统状态正常，时钟网管无告警	公务电话 □	专用电话 □		内部系统
			专用无线 □	CCTV系统 □		
			PA系统 □	PIS系统 □		
			传输系统 □	集中告警 □		
			集中录音 □	OA系统 □		
			电源系统 □			
			信号系统 □	ISCS系统 □		外部系统
			AFC系统 □	BAS系统 □		
2	断开中心母钟标准时间信号源GPS标准时间信号	相关各系统可以正常接收到一级母钟时间信号，并可进行校准。对时：各系统与时钟系统时间一致	公务电话 □	专用电话 □		内部系统
			专用无线 □	CCTV系统 □		
			PA系统 □	PIS系统 □		
			传输系统 □	集中告警 □		
			集中录音 □	OA系统 □		
			电源系统 □			
			信号系统 □	ISCS系统 □		外部系统
			AFC系统 □	BAS系统 □		
3	切换到备用中心母钟工作状态	相关各系统可以正常接收到一级母钟时间信号，并可进行校准。对时：各系统与时钟系统时间一致	公务电话 □	专用电话 □		内部系统
			专用无线 □	CCTV系统 □		
			PA系统 □	PIS系统 □		
			传输系统 □	集中告警 □		
			集中录音 □	OA系统 □		
			电源系统 □			
			信号系统 □	ISCS系统 □		外部系统
			AFC系统 □	BAS系统 □		
4	切换回主用中心母钟工作状态	相关各系统可以正常接收到一级母钟时间信号，并可进行校准。对时：各系统与时钟系统时间一致	公务电话 □	专用电话 □		内部系统
			专用无线 □	CCTV系统 □		
			PA系统 □	PIS系统 □		
			传输系统 □	集中告警 □		
			集中录音 □	OA系统 □		
			电源系统 □			
			信号系统 □	ISCS系统 □		外部系统
			AFC系统 □	BAS系统 □		

续表 13-14

序号	调试项目	调试方法	调试结果	正常(√)	异常(×)			备注
5	调整主时钟时间	将主时钟服务器上的日期和时间设置成比当前时间晚1天1小时10分钟,相关各系统可以正常接收到一级母钟时间信号,并可进行校准。对时:各系统与时钟系统时间一致	公务电话	☐	专用电话	☐	内部系统	
			专用无线	☐	CCTV 系统	☐		
			PA 系统	☐	PIS 系统	☐		
			传输系统	☐	集中告警	☐		
			集中录音	☐	OA 系统	☐		
			电源系统	☐				
			信号系统	☐	ISCS 系统	☐	外部系统	
			AFC 系统	☐	BAS 系统	☐		
6	中心一级母钟工作失效	相关各系统无法正常接收到一级母钟时间信号,切换到自身系统时间	公务电话	☐	专用电话	☐	内部系统	
			专用无线	☐	CCTV 系统	☐		
			PA 系统	☐	PIS 系统	☐		
			传输系统	☐	集中告警	☐		
			集中录音	☐	OA 系统	☐		
			电源系统	☐				
			信号系统	☐	ISCS 系统	☐	外部系统	
			AFC 系统	☐	BAS 系统	☐		
7	恢复中心母钟正常工作	相关各系统可以正常接收到一级母钟时间信号,并可进行校准。对时:各系统与时钟系统时间一致	公务电话	☐	专用电话	☐	内部系统	
			专用无线	☐	CCTV 系统	☐		
			PA 系统	☐	PIS 系统	☐		
			传输系统	☐	集中告警	☐		
			集中录音	☐	OA 系统	☐		
			电源系统	☐		☐		
			信号系统	☐	ISCS 系统	☐	外部系统	
			AFC 系统	☐	BAS 系统	☐		
8	恢复中心母钟标准时间信号源 GPS 标准时间信号	一级母钟通过获得的标准时间信号校准时间。相关各系统可以正常接收到标准通信时间信号,并可进行校准。对时:各系统与时钟系统时间一致	公务电话	☐	专用电话	☐	内部系统	
			专用无线	☐	CCTV 系统	☐		
			PA 系统	☐	PIS 系统	☐		
			传输系统	☐	集中告警	☐		
			集中录音	☐	OA 系统	☐		
			电源系统	☐				
			信号系统	☐	ISCS 系统	☐	外部系统	
			AFC 系统	☐	BAS 系统	☐		

表 13-15　相关系统与主时钟系统跟踪测试

通信时钟系统与关联系统联调联试测试记录

测试地点：　OCC		测试日期：			记录人：	
序号	调试项目	调试方法	调试结果　正常(√)　异常(×)			备注
1	时钟系统正常工作情况	各系统人员观察记录各自系统的情况正常情况：各系统状态正常，时钟网管无告警	公务电话 □	专用电话 □		内部系统
			专用无线 □	CCTV 系统 □		
			PA 系统 □	PIS 系统 □		
			传输系统 □	集中告警 □		
			集中录音 □	OA 系统 □		
			电源系统 □			
			信号系统 □	ISCS 系统 □		外部系统
			AFC 系统 □	BAS 系统 □		
2	断开中心母钟标准时间信号源 GPS 标准时间信号	相关各系统可以正常接收到一级母钟时间信号，并可进行校准。对时：各系统与时钟系统时间一致	公务电话 □	专用电话 □		内部系统
			专用无线 □	CCTV 系统 □		
			PA 系统 □	PIS 系统 □		
			传输系统 □	集中告警 □		
			集中录音 □	OA 系统 □		
			电源系统 □			
			信号系统 □	ISCS 系统 □		外部系统
			AFC 系统 □	BAS 系统 □		
3	切换到备用中心母钟工作状态	相关各系统可以正常接收到一级母钟时间信号，并可进行校准。对时：各系统与时钟系统时间一致	公务电话 □	专用电话 □		内部系统
			专用无线 □	CCTV 系统 □		
			PA 系统 □	PIS 系统 □		
			传输系统 □	集中告警 □		
			集中录音 □	OA 系统 □		
			电源系统 □			
			信号系统 □	ISCS 系统 □		外部系统
			AFC 系统 □	BAS 系统 □		
4	切换回主用中心母钟工作状态	相关各系统可以正常接收到一级母钟时间信号，并可进行校准。对时：各系统与时钟系统时间一致	公务电话 □	专用电话 □		内部系统
			专用无线 □	CCTV 系统 □		
			PA 系统 □	PIS 系统 □		
			传输系统 □	集中告警 □		
			集中录音 □	OA 系统 □		
			电源系统 □			
			信号系统 □	ISCS 系统 □		外部系统
			AFC 系统 □	BAS 系统 □		

续表 13-15

序号	调试项目	调试方法	调试结果 正常(√)		异常(×)		备注
5	调整主时钟时间	将主时钟服务器上的日期和时间设置成比当前时间晚1天1小时10分钟，相关各系统可以正常接收到一级母钟时间信号，并可进行校准。对时：各系统与时钟系统时间一致	公务电话 □		专用电话 □		内部系统
			专用无线 □		CCTV系统 □		
			PA系统 □		PIS系统 □		
			传输系统 □		集中告警 □		
			集中录音 □		OA系统 □		
			电源系统 □				
			信号系统 □		ISCS系统 □		外部系统
			AFC系统 □		BAS系统 □		
6	中心一级母钟工作失效	相关各系统无法正常接收到一级母钟时间信号，切换到自身系统时间	公务电话 □		专用电话 □		内部系统
			专用无线 □		CCTV系统 □		
			PA系统 □		PIS系统 □		
			传输系统 □		集中告警 □		
			集中录音 □		OA系统 □		
			电源系统 □				
			信号系统 □		ISCS系统 □		外部系统
			AFC系统 □		BAS系统 □		
7	恢复中心母钟正常工作	相关各系统可以正常接收到一级母钟时间信号，并可进行校准。对时：各系统与时钟系统时间一致	公务电话 □		专用电话 □		内部系统
			专用无线 □		CCTV系统 □		
			PA系统 □		PIS系统 □		
			传输系统 □		集中告警 □		
			集中录音 □		OA系统 □		
			电源系统 □				
			信号系统 □		ISCS系统 □		外部系统
			AFC系统 □		BAS系统 □		
8	恢复中心母钟标准时间信号源GPS标准时间信号	一级母钟通过获得的标准时间信号校准时间。相关各系统可以正常接收到标准通信时间信号，并可进行校准。对时：各系统与时钟系统时间一致	公务电话 □		专用电话 □		内部系统
			专用无线 □		CCTV系统 □		
			PA系统 □		PIS系统 □		
			传输系统 □		集中告警 □		
			集中录音 □		OA系统 □		
			电源系统 □				
			信号系统 □		ISCS系统 □		外部系统
			AFC系统 □		BAS系统 □		

表13-16 中心母钟失效、关联子系统追时测试

通信时钟系统与关联系统联调联试测试记录

测试地点：	OCC		测试日期：				记录人：		

序号	调试项目	调试方法	调试结果　正常（√）　异常（×）					备注	
1	时钟系统正常工作情况	各系统人员观察记录各自系统的情况 正常情况：各系统状态正常，时钟网管无告警	公务电话	□	专用电话	□		内部系统	
			专用无线	□	CCTV系统	□			
			PA系统	□	PIS系统	□			
			传输系统	□	集中告警	□			
			集中录音	□	OA系统	□			
			电源系统	□					
			信号系统	□	ISCS系统	□		外部系统	
			AFC系统	□	BAS系统	□			
2	断开中心母钟标准时间信号源GPS标准时间信号	相关各系统可以正常接收到一级母钟时间信号，并可进行校准。对时：各系统与时钟系统时间一致	公务电话	□	专用电话	□		内部系统	
			专用无线	□	CCTV系统	□			
			PA系统	□	PIS系统	□			
			传输系统	□	集中告警	□			
			集中录音	□	OA系统	□			
			电源系统	□					
			信号系统	□	ISCS系统	□		外部系统	
			AFC系统	□	BAS系统	□			
3	切换到备用中心母钟工作状态	相关各系统可以正常接收到一级母钟时间信号，并可进行校准。对时：各系统与时钟系统时间一致	公务电话	□	专用电话	□		内部系统	
			专用无线	□	CCTV系统	□			
			PA系统	□	PIS系统	□			
			传输系统	□	集中告警	□			
			集中录音	□	OA系统	□			
			电源系统	□					
			信号系统	□	ISCS系统	□		外部系统	
			AFC系统	□	BAS系统	□			
4	切换回主用中心母钟工作状态	相关各系统可以正常接收到一级母钟时间信号，并可进行校准。对时：各系统与时钟系统时间一致	公务电话	□	专用电话	□		内部系统	
			专用无线	□	CCTV系统	□			
			PA系统	□	PIS系统	□			
			传输系统	□	集中告警	□			
			集中录音	□	OA系统	□			
			电源系统	□					
			信号系统	□	ISCS系统	□		外部系统	
			AFC系统	□	BAS系统	□			

续表 13-16

序号	调试项目	调试方法	调试结果　正常(√)　异常(×)					备注
5	调整主时钟时间	将主时钟服务器上的日期和时间设置成比当前时间晚1天1小时10分钟，相关各系统可以正常接收到一级母钟时间信号，并可进行校准。对时：各系统与时钟系统时间一致	公务电话	□	专用电话	□		内部系统
			专用无线	□	CCTV 系统	□		
			PA 系统	□	PIS 系统	□		
			传输系统	□	集中告警	□		
			集中录音	□	OA 系统	□		
			电源系统	□				
			信号系统	□	ISCS 系统	□		外部系统
			AFC 系统	□	BAS 系统	□		
6	中心一级母钟工作失效	相关各系统无法正常接收到一级母钟时间信号，切换到自身系统时间	公务电话	□	专用电话	□		内部系统
			专用无线	□	CCTV 系统	□		
			PA 系统	□	PIS 系统	□		
			传输系统	□	集中告警	□		
			集中录音	□	OA 系统	□		
			电源系统	□				
			信号系统	□	ISCS 系统	□		外部系统
			AFC 系统	□	BAS 系统	□		
7	恢复中心母钟正常工作	相关各系统可以正常接收到一级母钟时间信号，并可进行校准。对时：各系统与时钟系统时间一致	公务电话	□	专用电话	□		内部系统
			专用无线	□	CCTV 系统	□		
			PA 系统	□	PIS 系统	□		
			传输系统	□	集中告警	□		
			集中录音	□	OA 系统	□		
			电源系统	□				
			信号系统	□	ISCS 系统	□		外部系统
			AFC 系统	□	BAS 系统	□		
8	恢复中心母钟标准时间信号源 GPS 标准时间信号	一级母钟通过获得的标准时间信号校准时间。相关各系统可以正常接收到标准通信时间信号，并可进行校准。对时：各系统与时钟系统时间一致	公务电话	□	专用电话	□		内部系统
			专用无线	□	CCTV 系统	□		
			PA 系统	□	PIS 系统	□		
			传输系统	□	集中告警	□		
			集中录音	□	OA 系统	□		
			电源系统	□				
			信号系统	□	ISCS 系统	□		外部系统
			AFC 系统	□	BAS 系统	□		

表 13-17　列车到站自动广播测试

PA 与信号系统综合联调测试记录表(列车到站自动广播测试)

测试地点：		测试日期：		记录人员：

序号	测试车站	测试地点	测试内容	测试结果
1		上行站台	列车进站自动触发预到站广播　□ 语音播放内容：到站提示音频　□ 播放列车到站语音至列车停稳时间： ＿＿秒	正常□ 不正常□
		下行站台	列车进站自动触发预到站广播　□ 语音播放内容：到站提示音频　□ 播放列车到站语音至列车停稳时间： ＿＿秒	正常□ 不正常□
问题记录				
备注				

参调人员	单位名称	签名

表 13-18　模拟光纤断裂引起的传输光纤环路中断测试

测试地点：			测试日期：			记录人员：	
序号	调试项目	调试方法	调试结果　正常(√) 异常(×)				备注
1	准备	各系统人员观察记录各自系统的情况 正常结果：各系统状态正常，传输网管无告警	时钟系统	□	无线系统	□	通信内部系统
			专用电话	□	公务电话	□	
			广播系统	□	PIS 系统	□	
			CCTV 系统	□	OA 系统	□	
			集中录音	□	电源系统	□	
			电能监管	□	AFC 系统	□	外专业系统
			BIM 系统	□	ISCS 系统	□	
2	模拟车站节点主备用光纤断裂引起的传输光纤环路中断	中断一侧光纤。传输及各系统人员观察记录各自系统的情况 正常结果：各系统设备运行正常，业务无中断，传输网管有对应告警	时钟系统	□	无线系统	□	通信内部系统
			专用电话	□	公务电话	□	
			广播系统	□	PIS 系统	□	
			CCTV 系统	□	OA 系统	□	
			集中录音	□	电源系统	□	
			电能监管	□	AFC 系统	□	外专业系统
			BIM 系统	□	ISCS 系统	□	
3		恢复光纤链路。传输及各系统人员观察记录各自系统的情况 正常结果：在中断、恢复的瞬间对各系统无影响。系统稳定后，对各系统也不造成影响，传输网管告警消除	时钟系统	□	无线系统	□	通信内部系统
			专用电话	□	公务电话	□	
			广播系统	□	PIS 系统	□	
			CCTV 系统	□	OA 系统	□	
			集中录音	□	电源系统	□	
			电能监管	□	AFC 系统	□	外专业系统
			BIM 系统	□	ISCS 系统	□	
4		中断另一侧光纤。传输及各系统人员观察记录各自系统的情况 正常结果：各系统设备运行正常，业务无中断，传输网管有对应告警	时钟系统	□	无线系统	□	通信内部系统
			专用电话	□	公务电话	□	
			广播系统	□	PIS 系统	□	
			CCTV 系统	□	OA 系统	□	
			集中录音	□	电源系统	□	
			电能监管	□	AFC 系统	□	外专业系统
			BIM 系统	□	ISCS 系统	□	

续表 13-18

序号	调试项目	调试方法	调试结果　正常(√) 异常(×)				备注
5	模拟车站节点主备用光纤断裂引起的传输光纤环路中断	恢复光纤链路。传输及各系统人员观察记录各自系统的情况 正常结果：在中断、恢复的瞬间对各系统无影响。系统稳定后，对各系统也不造成影响，传输网管告警消除	时钟系统	□	无线系统	□	通信内部系统
			专用电话	□	公务电话	□	
			广播系统	□	PIS 系统	□	
			CCTV 系统	□	OA 系统	□	
			集中录音	□	电源系统	□	
			电能监管	□	AFC 系统	□	外专业系统
			BIM 系统	□	ISCS 系统	□	

问题记录	

参调人员	单位名称	签名

表 13-19　模拟车站传输节点故障引起的传输光纤环路中断测试

测试地点：		测试日期：				记录人员：	

序号	调试项目	调试方法	调试结果　正常(√) 异常(×)				备注
1	准备	各系统人员观察记录各自系统的情况 正常结果：各系统状态正常，传输网管无告警	时钟系统	□	无线系统	□	通信内部系统
			专用电话	□	公务电话	□	
			广播系统	□	PIS 系统	□	
			CCTV 系统	□	OA 系统	□	
			集中录音	□	电源系统	□	
			电能监管	□	AFC 系统	□	外专业系统
			BIM 系统	□	ISCS 系统	□	
			CCTV 系统	□	OA 系统	□	
			集中录音	□	电源系统	□	
			电能监管	□	AFC 系统	□	外专业系统
			BIM 系统	□	ISCS 系统	□	

续表 13-19

序号	调试项目	调试方法	调试结果	正常(√)	异常(×)		备注
2	模拟车站传输设备故障	关闭车站1传输设备(1号环)电源,各系统人员观察记录各自系统的情况 正常结果:根据各接入业务具体配置,影响业务通道涉及该站设备的业务,其他业务正常	时钟系统	☐	无线系统	☐	通信内部系统
			专用电话	☐	公务电话	☐	
			广播系统	☐	PIS 系统	☐	
			CCTV 系统	☐	OA 系统	☐	
			集中录音	☐	电源系统	☐	
			电能监管	☐	AFC 系统	☐	外专业系统
			BIM 系统	☐	ISCS 系统	☐	
3		恢复该站传输设备电源,各系统人员观察记录各自系统的情况 正常结果:各系统通信恢复正常	时钟系统	☐	无线系统	☐	通信内部系统
			专用电话	☐	公务电话	☐	
			广播系统	☐	PIS 系统	☐	
			CCTV 系统	☐	OA 系统	☐	
			集中录音	☐	电源系统	☐	
			电能监管	☐	AFC 系统	☐	外专业系统
			BIM 系统	☐	ISCS 系统	☐	
4		关闭车站1传输设备电源,各系统人员观察记录各自系统的情况 正常结果:根据各接入业务具体配置,影响业务通道涉及该站设备的业务,其他业务正常	时钟系统	☐	无线系统	☐	通信内部系统
			专用电话	☐	公务电话	☐	
			广播系统	☐	PIS 系统	☐	
			CCTV 系统	☐	OA 系统	☐	
			集中录音	☐	电源系统	☐	
			电能监管	☐	AFC 系统	☐	外专业系统
			BIM 系统	☐	ISCS 系统	☐	
5		恢复该站传输设备电源,各系统人员观察记录各自系统的情况 正常结果:各系统通信恢复正常	时钟系统	☐	无线系统	☐	通信内部系统
			专用电话	☐	公务电话	☐	
			广播系统	☐	PIS 系统	☐	
			CCTV 系统	☐	OA 系统	☐	
			集中录音	☐	电源系统	☐	
			电能监管	☐	AFC 系统	☐	外专业系统
			BIM 系统	☐	ISCS 系统	☐	

续表 13-19

问题记录	

	单位名称	签名
参调人员		

表 13-20　模拟控制中心传输节点故障引起的传输光纤环路中断测试

测试地点：　　　　　　　测试日期：　　　　　　　记录人员：

序号	调试项目	调试方法	调试结果	正常(√)	异常(×)		备注
1	准备	各系统人员观察记录各自系统的情况 正常结果：各系统状态正常，传输网管无告警	时钟系统	□	无线系统	□	通信内部系统
			专用电话	□	公务电话	□	
			广播系统	□	PIS 系统	□	
			CCTV 系统	□	OA 系统	□	
			集中录音	□	电源系统	□	
			电能监管	□	AFC 系统	□	外专业系统
			BIM 系统	□	ISCS 系统	□	
			BIM 系统	□	ISCS 系统	□	
2	模拟控制中心传输设备故障	关闭控制中心传输设备电源，各系统人员观察记录各自系统的情况 正常结果：站级与中央的全部通信中断	时钟系统	□	无线系统	□	通信内部系统
			专用电话	□	公务电话	□	
			广播系统	□	PIS 系统	□	
			CCTV 系统	□	OA 系统	□	
			集中录音	□	电源系统	□	
			电能监管	□	AFC 系统	□	外专业系统
			BIM 系统	□	ISCS 系统	□	
3		恢复控制中心传输设备电源，各系统人员观察记录各自系统的情况 正常结果：各系统通信应恢复正常	时钟系统	□	无线系统	□	通信内部系统
			专用电话	□	公务电话	□	
			广播系统	□	PIS 系统	□	
			CCTV 系统	□	OA 系统	□	
			集中录音	□	电源系统	□	
			电能监管	□	AFC 系统	□	外专业系统
			BIM 系统	□	ISCS 系统	□	

续表 13-20

问题记录		
参调人员	单位名称	签名

表 13-21 控制中心及车站单组、编组 PA 指定区域控制播放功能测试

综合监控与 PA 测试记录表

测试地点：　　　　测试时间：　　　　记录人员：

综合监控软件版本：

序号	测试位置	功能	测试内容	综合监控			监听正常	测试不通过	测试通过
				界面	事件	PA			
1	OCC	编组广播模式	中央可选全部车站和广播区组合播放	□	□	□	□	□	□
2		播放模式	播放预录制内容	□	□	□	□	□	□
3			话筒实况播放	□	□	□	□	□	□
4		人工编辑模式	有权限用户修改广播内容	□				□	□
5		优先级验证	将 PA 后备盘停止时，综合监控正常使用	□	□			□	□
6			将 PA 后备盘启用时，综合监控无法操作	□	□			□	□
7		双通道冗余测试	A 网在工作：断开 A 网，自动切换 B 网工作；连接 A 网，不影响工作	□	□			□	□
8			B 网在工作：断开 B 网，自动切换 A 网工作；连接 B 网，不影响工作	□	□			□	□
9			A、B 网均断开：连接 A 网或者 B 网均正常工作	□	□			□	□

续表13-21

序号	测试位置	功能	测试内容	综合监控			监听正常	测试不通过	测试通过
				界面	事件	PA			
1	车站	编组广播模式	可选广播区组合播放	□	□	□	□	□	□
2		播放模式	播放预录制内容	□	□	□	□	□	□
3			话筒实况播放	□	□	□	□	□	□
4		人工编辑模式	具有权限的用户修改广播内容	□				□	□
5		优先级验证	将PA后备盘停止时，综合监控正常使用	□	□	□		□	□
6			将PA后备盘启用时，综合监控无法操作	□	□	□		□	□
7		双通道冗余测试	A网在工作：断开A网，自动切换B网工作；连接A网，不影响工作	□	□			□	□
8			B网在工作：断开B网，自动切换A网工作；连接B网，不影响工作	□	□			□	□
9			A、B网均断开：连接A网或者B网均正常工作	□	□			□	□

表13-22　PIS信息下发功能测试(含PIS屏滚动消息显示字数测试)

测试地点：　　　　　　　　　测试时间：　　　　　　　　　记录人员：

综合监控软件版本：

序号	测试位置	测试内容	综合监控			通信PIS	测试不通过	测试通过
			界面	报警	事件			
1	OCC	在区域框中组选车站	□	□	□		□	□
2		在区域框中单选车站	□	□	□		□	□
3		选择发布车站区域(站厅、站台)	□	□	□		□	□
4		下发/取消正常预存正常信息	□	□	□	□	□	□
5		下发/取消正常预存应急信息	□	□	□	□	□	□
6		下发/取消/变更正常自定义正常信息	□	□	□	□	□	□
7		下发/取消/变更正常自定义应急信息	□	□	□	□	□	□
8		权限核查(高用户权限可操作低用户设置内容，应急信息高于正常信息)	□	□	□	□	□	□
9		预设时间，定时发布PIS信息，可查看定时发布信息车站、区域、时间	□	□	□	□	□	□

续表 13-22

序号	测试位置	测试内容	综合监控			通信PIS	测试不通过	测试通过
			界面	报警	事件			
10	OCC	定时发布 PIS 功能在车站显示	☐	☐	☐	☐	☐	☐
11		通信 PIS 屏可查看 PIS 通道占用情况				☐	☐	☐
12		通信 PIS 屏可查看全线 PIS 状态、故障信息				☐	☐	☐
13		A 网在工作：断开 A 网，自动切换 B 网工作；连接 A 网，不影响工作	☐	☐	☐		☐	☐
14		B 网在工作：断开 B 网，自动切换 A 网工作；连接 B 网，不影响工作	☐	☐	☐		☐	☐
15		A、B 网断开：连接 A/B 网均正常工作	☐	☐	☐		☐	☐
1	车站	选择发布车站区域(站厅、站台)	☐	☐	☐		☐	☐
2		下发/取消正常预存正常信息	☐	☐	☐	☐	☐	☐
3		下发/取消正常预存应急信息	☐	☐	☐	☐	☐	☐
4		下发/取消变更正常自定义正常信息	☐	☐	☐	☐	☐	☐
5		下发/取消变更正常自定义应急信息	☐	☐	☐	☐	☐	☐
6		权限核查(高用户权限可操作低用户设置内容，应急信息高于正常信息)	☐	☐	☐		☐	☐
7		预设时间，定时发布 PIS 信息，可查看定时发布信息车站、区域、时间	☐	☐	☐	☐	☐	☐
8		定时发布 PIS 功能在车站显示	☐	☐	☐	☐	☐	☐
9		A 网在工作：断开 A 网，自动切换 B 网工作；连接 A 网，不影响工作	☐	☐	☐		☐	☐
10		B 网在工作：断开 B 网，自动切换 A 网工作；连接 B 网，不影响工作	☐	☐	☐		☐	☐
11		A、B 网断开：连接 A/B 网均正常工作	☐	☐	☐		☐	☐

问题记录	

参调人员	单位名称	签名

表 13-23　接口通信通道冗余功能测试

测试地点：		测试时间：						
综合监控软件版本：								

序号	测试位置	功能	测试内容	综合监控			测试不通过	测试通过
				界面	报警	事件		
1	OCC	双通道冗余测试	A 网在工作：断开 A 网，自动切换 B 网工作；连接 A 网，不影响工作	□	□	□	□	□
2			B 网在工作：断开 B 网，自动切换 A 网工作；连接 B 网，不影响工作	□	□	□	□	□
3			A、B 网均断开：连接 A 网或者 B 网均正常工作	□	□	□	□	□
4	车站	双通道冗余测试	A 网在工作：断开 A 网，自动切换 B 网工作；连接 A 网，不影响工作	□	□	□	□	□
5			B 网在工作：断开 B 网，自动切换 A 网工作；连接 B 网，不影响工作	□	□	□	□	□
6			A、B 网均断开：连接 A 网或者 B 网均正常工作	□	□	□	□	□

问题记录	

参调人员	单位名称	签名

表 13-24 控制中心、车站 CCTV 播放控制功能测试

测试地点：		测试时间：		记录人员；			

综合监控软件版本：

序号	测试位置	功能	测试内容	综合监控			测试不通过	测试通过
				界面	报警	事件		
1	OCC	人工单选监视	选择并显示全线任意车站任意 CCTV 摄像机的现场画面	□		□	□	□
2		球机控制	可对任意车站的一体化球机进行遥控(水平移动/垂直移动/画面缩放)	□		□	□	□
3		自动循环监视模式	三种方式：全部车站、全部车站站台、全部车站站厅图像轮询	□		□	□	□
1	车站	人工单选监视	选择并显示车站任意 CCTV 摄像机的现场画面	□		□	□	□
2		球机控制	可对任意车站的一体化球机进行遥控(水平移动/垂直移动/画面缩放)	□		□	□	□
3		自动循环监视模式	三种方式：车站、站台、站厅图像轮询	□		□	□	□

问题记录	

参调人员	单位名称	签名

13.4　常见问题

13.4.1　问题案例 1

(1)问题描述

开展通信专用无线集群与信号、车辆联调测试中,测试列车车载台运行信息显示错误且无法自动转组。

(2)解决措施

首先检查控制中心开发服务器数据库配置、ATS 接口以及 ATS 信息出错告警,其次检查二次开发服务器上接口状态以及查看车载台的消息发送错误报告。以上为整个判断流程,现场实际为软件数据逻辑有问题,列车无法自动转组后导致车载台运行信息显示错误,重新配置软件数据后测试成功。

(3)分析总结

通信故障在逻辑上判断并不复杂,在调试过程中根据故障现象并不能直接判断故障点位,最好的方式是从中央往下级梳理故障点位,通信专业联调联试要在中央配置专业人手,及时配合正线调试。

13.4.2　问题案例 2

(1)问题描述

在大屏系统与关联系统综合联调时,控制中心调度大厅 CCTV 监控大屏监控画面卡滞,监控大屏无法正常显示监控画面,而通信网管室 CCTV 网管平台监控画面显示正常,调度大厅 CCTV 显示终端监控画面显示正常。

(2)解决措施

故障现象比较明显,但影响较大。首先排除故障,通信系统专业厂家对故障分析,通信值班室连接到调度大厅显示终端显示正常,显示终端通过软解码器输出到调度大厅监控大屏出现显示异常,确认解码器软件异常,更换解码器软件并重启后故障恢复正常。

(3)分析总结

针对在调度大厅的故障处理,一定要从根源入手,先查看通信值班室,如果通信值班室的 CCTV 显示也异常,则往上排查;如果通信值班室的 CCTV 显示正常,则往下排查;再到调度大厅的显示终端,最后摸排到解码器。因为调度大厅的监控系统更多是帮助调度判断处理现场紧急故障,遇到设备异常,尽量做更换处理,避免重复故障影响后期运营。

13.5　安全注意事项

1)PIS 与信号系统联调联试建议安排在试运行期间进行;测试范围应包含全线所有车站站台上下行 PIS 屏显示内容,包含列车进站、列车到站、下一趟列车到站、终点站板式等内容的检查并记录显示内容。

2)通信无线集群与信号、车辆联调联试建议在场段具备行车条件后实施;控制中心测试应在正线具备行车条件，且不少于6列车在线的情况下实施；车站测试应在运营接管车控室，且正线具备行车条件后实施。联调测试测试范围：场段测试中的车地呼叫测试、列车广播测试采用抽测原则，建议测试车辆不少于初期配置列车数量的20%；控制中心测试中的车地呼叫测试是对无线系统的核心功能的验证，运用场景最多，要求最高，建议应尽可能覆盖所有具备上线条件的列车(可结合系统调试)，测试区间尽量覆盖正线所有行车区域。控制中心对列车广播测试，根据线路情况，如果是无人驾驶线路，对中央与乘客对讲功能应覆盖所有列车对讲设备。如非无人驾驶则建议抽测，数量不少于初期配置列车数量的20%。车站测试中无线固定台与列车呼叫测试，应覆盖所有车站的固定台，上下行均需有列车配合测试。

3)通信传输子系统与关联系统联调联试建议夜间实施并避开其他联调项目。联调测试测试范围：应覆盖通信本专业所有设备，外专业可结合接口调试进行。

4)PA 与信号系统联调联试建议安排在试运行期间进行。联调测试范围：应包含全线所有车站站台上下行广播内容，包括记录列车进站、列车到站广播语音段的内容检查并记录语音段的播报内容。

5)此次联调针对通信时钟系统与其他系统的接口测试，为保证安全评估顺利通过，牵头单位应在各系统终端安装完成后对终端进行检查，包括以下终端：AFC 网管客户端、信号 ATS 网管客户端、ISCS 网管客户端、通信内部网管客户端、调度大厅调度台、CCTV 画面时间、PIS 显示屏、子钟等。

第14章 综合监控系统联调联试

14.1 系统概述

1)综合监控系统(ISCS),即一个高度集成的以现代计算机技术、网络技术、自动化技术和信息技术为基础的大型计算机集成系统。该系统集成了多个地铁自动化专业分子系统,并在集成平台下支持对地铁各专业进行统一监控,实现各专业系统的信息共享及系统之间的联动控制功能,为实现地铁现代化经营管理提供信息化基础。

2)城市轨道交通的综合监控系统主要功能有两大部分,一是对机电设备的实施集中监控功能;二是各系统之间协调联动功能。实施监控能获得车站运行状态与运行情况。综合监控系统是一个地理上分散的 PSCADA 系统,分为中央级监控系统层、车站级监控系统层和就地设备自动化系统层。

3)城市轨道交通综合监控系统的监控对象主要包括集成系统和互联系统两部分,集成系统包括 BAS、FAS、ACS 等,互联系统包括 AFC、SIC、PSD、CCTV、PIS、PSD、PSCADA 等。在地铁投入试运行前,对综合监控的调试至关重要。综合监控系统因其系统庞大且复杂接口种类多、数量大,故联调联试应包括设备单体调试和联结各分散子系统作为整体进行集中控制、集中监视的调试。

14.2 测试项目

14.2.1 技术规范测试项目

表 14-1 车站综合后备控制盘功能测试

项目名称	车站综合后备控制盘功能测试
测试目的	测试车站综合后备控制盘(IBP)功能是否符合设计要求
测试内容与方法	1)隧道火灾模式功能测试。在车站 IBP 盘人工执行隧道火灾模式指令,记录隧道防排烟设备动作情况 2)专用防排烟风机测试。在车站 IBP 盘上人工进行排烟或加压送风机的启/停操作,记录相关设备动作情况 3)车站站台门应急操作测试。在车站 IBP 盘上人工执行上行或下行站台门开关门操作,记录站台门动作情况 4)车站紧急停车操作测试。在车站 IBP 盘上进行紧急停车操作,记录车站紧急停车功能控制范围内的列车运行状态变化情况

续表 14-1

测试内容与方法	5)车站闸机紧急模式测试。在车站 IBP 盘上进行闸机紧急释放操作,记录车站闸机通道阻挡装置动作情况 6)车站门禁紧急释放测试。在车站 IBP 盘上进行门禁系统紧急释放功能操作,记录门禁系统动作情况 7)车站消防水泵启/停测试。在车站 IBP 盘上进行 A 泵启/停操作,记录 A 泵启动/停、指示灯点亮和关闭情况
测试结果	各相关设备系统运行模式和动作情况应符合设计要求

表 14-2 车站公共区火灾工况联动测试

项目名称	车站公共区火灾工况联动测试
测试目的	测试车站公共区火灾工况下设备接口功能和联动情况是否符合设计要求
测试内容与方法	1)以地下车站站台或站厅为测试对象,并在测试前,核实车站环控、火灾自动报警、自动售检票、自动扶梯、垂直电梯、动力照明、广播、门禁、站台门、乘客信息、视频监视等系统设备应处于正常运行模式,有关风机风阀等设备应处于自动控制状态 2)在车站站台或站厅指定位置点燃烟饼,连续释放烟气(一般持续释烟时间不小于 10 min),或对火灾探测装置模拟站台或站厅火灾工况,现场监视有关监控工作站,记录火灾自动报警系统是否收到火灾报警信息情况 3)现场测试和检查记录站厅和站台风口风向、梯口风速、非消防电源切除、自动售检票、门禁、广播、乘客信息、垂直电梯、视频监视等系统设备运行和动作情况
测试结果	1)火灾自动报警系统主机和环控系统工作站显示火灾报警,报警显示信息与现场设备实际位置和状态保持一致 2)触发火灾模式指令后,环控系统执行火灾模式并显示执行火灾模式状态 3)站厅和站台风口风向、梯口风速应符合设计要求;消防、排烟系统正确启动,排烟模式的稳定性和排烟效果良好;车站应急照明启动,非消防电源切除正确;与火灾模式联动有关的车站自动检票机、相关区域门禁、广播、乘客信息系统、车站疏散指示、垂直电梯等切换和动作,以及视频监视系统、防火卷帘等动作均应符合设计要求

表 14-3 列车区间事故工况联动测试

项目名称	列车区间事故工况联动测试
测试目的	在列车区间阻塞/火灾联动等事故工况下,测试各有关专业设备接口关系和联动运转情况是否符合设计要求
测试内容与方法	1)选取地下区间作为测试对象,测试前,应核实信号系统、中央综合监控系统、被测区间两端车站有关环控、动力照明、广播、站台门、乘客信息等系统设备处于正常运行模式 2)列车行驶至被测区间指定位置停车 240 s(停车时间应根据系统设计而定)模拟阻塞模式,停车时间超过信号系统阻塞报警设定时间后,在控制中心记录阻塞报警信息上报情况和区间阻塞模式执行等处理过程;执行列车区间阻塞模式后,记录列车所停区间的风速和风向 3)检验列车着火停在区间工况(模拟)时,在控制中心观察火灾信息上报及处理过程,执行列车区间火灾联动模式后,记录区间两端车站通风设备动作情况、现场检测并记录事故列车所在地的区间风速、风向,并检查疏散指示标识内容和指向显示情况 4)检验列车着火进站疏散工况(模拟)时,现场模拟列车着火、开动列车继续前行至前方车站,检验车站相关设备联动情况
测试结果	在区间阻塞/火灾联动工况下,区间两端车站环控设备、区间风速、风向、区间疏散指示标识等动作情况满足设计要求

表14-4 区间水泵安全运行测试

项目名称	区间水泵安全运行测试
测试目的	测试区间水泵远程监控、启(停)泵水位报警功能是否符合设计要求
测试内容与方法	模拟低水位报警、中水位启泵、高水位报警,记录现场水泵运行状况和中央、车站BAS系统显示状态是否一致
测试结果	区间水泵低水位报警、中水位启泵、高水位报警功能正常,中央和车站BAS系统显示的水泵状态和现场水泵启/停状况一致

表14-5 站台门乘客保护测试

项目名称	站台门乘客保护测试
测试目的	测试站台门安全防护对乘客的保护是否符合设计要求
测试内容与方法	1)障碍物探测测试。选择车站一侧站台门,操作站台门端头控制盘,打开和关闭整侧滑动门3次,确认滑动门能正常打开和关闭;选择其中一挡滑动门,操作门头就地控制盒打开滑动门后,将40 mm×40 mm×5 mm的标准试块分别放在上、中、下等离地高度来阻挡滑动门,操作门头上的就地控制盒关闭该滑动门,记录滑动门报警和动作情况 2)防夹保护测试。选择车站一侧站台门的一挡滑动门,操作门头上的就地控制盒将其打开后,将测力计置于被测滑动门之间,测力点位于其行程的约1/3位置处(即滑动门的匀速运动区段),然后关闭滑动门,在滑动门遇到测力计打开后,及时记录测力计最大读数(即为滑动门对乘客的最大作用力),测试至少重复3次 3)测量并记录车站站台门与列车停靠站台时的车体最宽处的间隙 4)防踏空保护测试。选择车站一侧站台门,并将列车在车站对标停车;打开站台门和列车车门,测量并记录站台边缘(或防踏空胶条边缘)与车厢地板面高度处车辆轮廓线的水平间隙
结果要求	1)滑动门探测到障碍物后应释放关门力,滑动门自动弹开,等待障碍物移除后(等待时间预先设定且可调)重新关门,在达到设定次数(一般为3次)后如仍不能关闭和锁紧,则滑动门全开并报警 2)滑动门对乘客的最大作用力不大于150 N 3)直线站台的站台门,其滑动门门体与车体最宽处的间隙,当车辆采用塞拉门时不大于130 mm,当采用内藏门或外挂门时不大于100 mm 4)直线车站站台边缘(或防踏空胶条边缘)与车厢地板面高度处车辆轮廓线的水平间隙不应大于100 mm;曲线车站站台边缘(或防踏空胶条边缘)与车厢地板面高度处车辆轮廓线的水平间隙不应大于180 mm

14.2.2 推荐测试项目

表14-6 测试项目表

序号	项目名称
1	站台门状态监视及报警功能测试
2	站台门双通道冗余及记录查询功能测试
3	门禁状态信息监视功能测试
4	门禁实时报警功能测试

续表14-6

序号	项目名称
5	门禁自定义门组控制功能测试
6	门禁记录查询功能测试
7	门禁通道冗余测试
8	综合监控与电扶梯系统的功能测试
9	综合监控与给排水系统的功能测试
10	综合监控与通风空调系统的功能测试
11	综合监控与动力照明系统的功能测试
12	综合监控与人防门系统的功能测试
13	BAS 记录查询功能测试
14	BAS 通道冗余功能测试
15	控制中心、车站 CCTV 播放控制功能测试
16	CCTV 显示功能测试
17	信号显示功能测试
18	ISCS 显示功能测试
19	大屏控制功能(含双路切换)测试
20	大屏接口通信通道冗余测试
21	控制盘状态监视功能测试
22	车站火灾监视功能测试
23	区间火灾(感温光纤)监视功能测试
24	消防风机、风阀、防火阀等功能测试
25	消防泵功能测试
26	防火卷帘、挡烟垂壁功能测试
27	气灭设备间状态监视功能测试
28	非消防电源切除功能测试
29	AFC、ACS、垂梯功能测试
30	应急照明和疏散指示功能测试
31	大系统模式测试
32	小系统模式测试
33	隧道模式测试
34	冷水群控功能测试
35	照明模式测试
36	时间表功能测试
37	ISCS 与 VRV 等系统测试
38	站厅、站台火灾联动功能测试
39	车站冷烟测试(车站火灾工况排烟能力测试)
40	设备区域火灾联动功能测试

续表14-6

序号	项目名称
41	场段火灾联动功能测试
42	换乘站消防联动测试
43	AFC 设备状态信息监视功能测试
44	客流信息监视功能测试
45	通信冗余功能测试
46	TVM 购票测试
47	进出闸测试
48	BOM 异常处理(更新)测试
49	票务清分准确性测试
50	AFC 设备状态信息监视功能测试
51	防淹门与信号系统联动功能测试
52	防淹门与综合监控系统功能测试

14.3　方式方法

14.3.1　综合监控系统与屏蔽门联调联试

14.3.1.1　前置条件

(1)调试系统运行条件

1)站台门设备运作正常,设备性能良好,站台门设备各项安装工艺符合标准。

2)站台门系统完成各单门和整侧门调试,主要包括门体安装、设备通电、设备单门动作和整侧门 PSL(IBP)动作,设备的各项参数符合技术要求并提供相关单体调试报告。

3)完成站台门的单体调试,站台门能正常开关并给出正确的信号,并提供相关调试报告。(注:完成站台门 1000 次动作测试)

4)综合监控系统完成车站级、中央级计算机的单系统调试;已完成所有有关 PSD 系统的数据准备,车站、中央数据保持一致性,并提供设备单体调试报告。

5)站台门完成与综合监控、信号接口硬件、软件测试,通信通道满足其数据的传输要求。

(2)关联系统运行条件

1)一列车可驶入站台有效区域,列车门与站台门滑动门一一对应。

2)站台门与综合监控联调前置条件。

3)线路的限界检查完毕,并符合设计要求;线路、供电设备运作正常,设备性能良好,信号设备各项安装工艺符合标准。

4)车辆部门提供 1 列停放到测试车站站台区域。

5)无线系统在联调开展前具备全线通信功能,无线通信工具满足调试需要。

6)信号系统具备基本向站台门输出开门/关门信号功能。

7)通信无线系统已实现全线覆盖(包含各车站、OCC、正线、存车线、折返线),无线手持台能实现 OCC、车站与列车之间的相互联系；各车站车控室、OCC 公务、专用电话可用且能互相正常通话。

8）动态测试时应保证司机有足够的无线手持台及对讲机，实现列车与车站、OCC 之间的联系。

9）测试开始前线路的巡道检查完毕；测试开始前测试区域接触网送电完毕。

10）车辆部门提供 2 列已签发 PAC 的电客车（建议选择已完成运行试验的电客车；若无电客车完成运行试验，建议优先选择公里数较多的电客车）。

11）信号系统完成各单体调试，主要包括道岔、信号机、计轴系统、电源系统、站台/IBP 紧急关闭按钮、站台门、联锁计算机等联锁关系校核工作，设备的各项参数符合技术要求并提供单体调试报告。

12）信号系统完成全线联锁软件调试，确保联锁关系正确完整，信号厂家提供相关的调试报告和联锁安全认证。

13）信号系统完成了轨旁设备的功能测试，具备 BM（点式）、CBTC 通信模式。

14）信号系统至少完成了 2 列电客车的车载子系统 BM（点式）、CBTC 模式的静态和动态调试，具备上线条件，并提供相关调试报告。

15）信号系统完成信号与站台门的接口调试，并提供相关调试报告。

16）中央 CHMI、车站 HMI 具备监控功能，能正常操作和排列进路。

17）完成了信号与车辆的接口调试，电客车 ATO 对标在正常范围内。

14.3.1.2　组织及职责

参与本次联调联试的单位及人员均已熟悉本次联调组织及实施方案，并已做好相关各项准备工作。联调人员安排及岗位职责，如表 14-7 所示。

表 14-7　联调人员安排及职责表

序号	人员分配	人数/人	位置	岗位职责
1	现场操作人员（站台门安装人员）	2~7	站台	负责现场配合操作，按指令对站台门进行操作和测量
2	站台门供应商人员	1~2	站台	负责现场技术配合，在测试项结束后，确认站台门状态
3	相关配合单位	1~6	站台	负责协调站台相关人员，并负责将测试结果记录在相关表格中

14.3.1.3　联调步骤

（1）障碍物探测测试

1）选择车站一侧站台门，操作站台门端头控制盒（PSL），打开和关闭整侧滑动门 3 次，确认滑动门能正常打开和关闭，选择其中一档滑动门，操作门头就地控制盒打开滑动门后，将 40 mm×40 mm×5 mm 的标准试块分别放在上、中、下三处等离地高度来阻挡滑动门，操作门头上的就地控制盒关闭该滑动门，记录滑动门报警和动作情况。

2）滑动门探测到障碍物后应释放关门力，滑动门自动弹开，等到障碍物移除后（等待时间预先设定且可调）重新关门，在达到设定次数（3 次）后仍不能关闭和锁紧，则滑动门全开并报警。

（2）防夹保护测试

1）选择车站一侧站台门的一档滑动门，操作门头上就地控制盒将其打开后，将测力计置于被测滑动门之间，测力点位于其行程约1/3位置处（即滑动门的匀速运动区段），然后关闭滑动门，在滑动门遇到测力计打开后，及时记录测力计最大读数（即为滑动门对乘客的最大作用力），测试至少重复3次。

2）滑动门对乘客的最大作用力不大于150 N。

（3）站台与列车间隙测量

1）测量并记录站台门与列车停靠站台时的车体最宽处的间隙。

2）直线站台的站台门，其滑动门门体与车体最宽处的间隙在塞拉门时不大于130 mm。

（4）防踏空保护测试

1）选择车站一侧站台门，将列车在车站对标停车，打开站台门和列车车门，测量并记录防踏空胶条边缘与车厢地板面高度处车辆轮廓线的水平间隙。

2）直线车站防踏空胶条边缘与车厢地板面高度处于车辆轮廓的水平间隙不大于100 mm，曲线车站防踏空胶条边缘与车厢地板面高度处于车辆轮廓线的水平间隙不大于180 mm。

（5）综合监控与站台门的联调

1）综合监控系统及站台门系统人员检查各自系统设备及接口状态，完成后站台门人员向站级人员报告，站级综合监控人员向中央级综合监控人员报告，中央级综合监控人员通知站级综合监控、站台门人员进行下一步测试。

2）模拟车站站台门主电源故障报警，完成后站台门人员向站级综合监控人员及站台门控制室人员报告，站级综合监控人员向中央级综合监控人员报告。确认综合监控界面是否收到站台门主电源故障报警信息，完成后站台门设备房人员向站级综合监控人员报告，确认中央级及车站级综合监控系统是否收到站台门主电源故障报警信息，中央级综合监控人员检查完毕后向站级综合监控人员报告，站级综合监控人员检查完毕并接中央级人员报告后通知站台门人员模拟下一个故障或状态。

3）恢复车站站台门主电源故障，完成后站台门人员向站级综合监控人员及站台门设备房人员报告，站级综合监控人员向中央级综合监控人员报告，确认综合监控界面是否收到站台门主电源故障报警消除信息，完成后站台门设备房人员向站级综合监控人员报告，确认中央级及车站级综合监控系统是否收到站台门主电源故障报警消除信息，中央级综合监控人员检查完毕后向站级综合监控人员报告，站级综合监控人员检查完毕并接中央级综合监控人员报告后通知站台门人员模拟下一个故障或状态。

4）以上为综合监控与站台门联调的一项测试内容，后续测试内容按上述2.2和2.3流程进行模拟，具体的每项测试内容中模拟故障的操作方式有区分；按站台门系统功能测试记录表中的描述进行操作，之后与表中结果进行对比，将结果如实地填写到记录表中。

5）测试项共有7大项33小项：电源测试（断开主电源、断开驱动电源、断开控制电源、断开蓄电池）；冗余、记录查询功能测试（断开与综合监控的通信网线A、断开与综合监控的通信网线B、记录查询测试）；PEDC信息功能测试（断开CAN接头、模拟PEDC故障、模拟滑动门全开门报警、模拟滑动门全关门报警、模拟信号关门指令、模拟信号开门指令、模拟信号错误指令）；PSL就地控制盘功能测试（操作PSL互锁解除、操作PSL使能、操作PSL开门、操作 PSL 关门）；滑动门功能测试（紧急解锁、关门障碍物检测、关闭且锁紧、电机故障、门控单元故障、开门障碍物检测、在线/离线状态、LCB 盒手动、LCB 盒隔离、LCB 盒自动）；应急门功能测试（测试人员将应急门打开、测试人员将应急门旁路）；端门功能测试（测试人员将端门开启、测试人员将端门长时间开启、测试人员将端门关闭）。

6）以上测试针对上下行所有相关设备，需要不断重复模拟，直至所有设备完成测试，得到测试结果，形成记录表。

（6）车门与站台门联动测试

1）第一圈：司机以 ATPM（CBTC/增强型 BM）模式驾驶电客车在每站对标停车，电客车停稳后按压开门/关门按钮（车门 MM 模式），测试车门与站台门能否联动打开/关闭。

2）第二圈：司机以 ATO（CBTC/增强型 BM）模式驾驶电客车在每站自动对标停车，测试车门与站台门能否自动联动打开（车门 AM 模式），测量并记录停稳后的对标精度（驾驶端第二个车门）。

3）列车车门和站台门同步性功能测试：测试按压列车开门按钮至车门开启时间、测试按压列车开门按钮至站台门开启时间、测试按压列车关门按钮至车门关闭时间、测试按压列车关门按钮至站台门关闭时间。测试时间记录入表格。同步时间为车门减去站台门，若时间为正则车门后关，反之站台门后关。

4）互锁解除功能测试（穿插测试）：

列车停靠在站外，模拟站台门故障，列车不能正常进站，保持站台门故障状态，激活互锁解除检查，列车以 CBTC 运营模式进站，列车能正常进站。列车停靠站台检查，模拟站台门故障，列车不能正常出站，保持站台门故障状态，再次激活互锁解除检查，列车能够正常出站。检查互锁解除恢复时间满足设计要求。

（7）站台门安全防护测试

1）列车以 ATP 防护模式下行车，列车在进站前模拟站台门故障，列车站外停车，车载显示单元无速度码。

2）站台门故障恢复，重开信号，车载显示单元恢复速度码，可正常进站。

3）列车以 ATP 防护模式下行车，列车在进站过程中，模拟站台门故障，列车立即施加紧急制动。

4）站台门故障恢复，缓解紧急制动，车载显示单元恢复速度码。

5）列车停靠站台，在出站前，模拟站台门故障。不能发车，车载显示单元无速度码。

6）列车以 ATP 防护模式下行车，列车在出站过程中，模拟站台门故障，列车立即施加紧急制动。

7）站台门故障恢复，缓解紧急制动，车载显示单元恢复速度码。

8）测试人员记录进站前、进站中和出站时站台门故障时，列车紧急制动情况和车载显示单元恢复情况。

（8）列车车门安全防护测试

1）列车以 ATP 防护模式在区间运行，客车室紧急手柄被拉下，列车不施加紧急制动。

2）列车在区间停稳，客车室紧急手柄被拉下，列车无法发车。

3）列车在区间停稳，客车室紧急手柄被拉下，列车无法发车。

4）列车在站台内停稳，客车室紧急手柄被拉下，列车无法发车。

5）列车在站台正确停靠，车载 ATC 发出门使能，乘客上下车完毕后，列车出站但是仍然位于站台有效区域内，客车室紧急手柄被拉下，列车触发紧急制动。

6）车辆配合人员通过拉力测试工具手动拉开车门，测试拉力值。

7）列车在站台正确停靠，车载 ATC 发出门使能，乘客上下车完毕后，列车出站且已超出站台有效区域，客车室紧急手柄被拉下，列车不施加紧急制动。

8）列车在任何状态下，失去车门关闭信号时，列车施加紧急制动或者无法发车。

9）测试人员记录列车在区间、进站中和出站时紧急手柄被拉下时，列车紧急制动情况及车门拉开时的拉力值。

14.3.1.4 调试记录

表 14-8 站台门乘客保护测试记录表

测试站点：		测试时间：	记录人员：	
序号	调试科目	预期结果	测试结果	备注
1	障碍物探测测试	5 mm 防夹功能合格	□通过 □不通过	
2	列防夹保护测试	对乘客作用力不大于 150 N	□通过 □不通过	
3	站台与列车间隙测量	车体最宽处间隙不大于 130 mm	□通过 □不通过	
4	防踏空保护测试	门槛防踏空胶条处水平间隙： 直线段不大于 100 mm 曲线段不大于 180 mm	□通过 □不通过	

测试工具：

问题记录	

参调人员	单位名称	签名

表14-9 站台门乘客保护测试实施记录表

测试地点：□上行/□下行				测试时间：				记录人员：			
滑动门编号 测试内容	1	2	3	4	5	6	7	8	9	10	11	12
障碍物探测测试	□	□	□	□	□	☑	□	□	□	□	□	□
列防夹保护测试	__N	__N	__N	__N	__N	__N	__N	__N	__N	__N	__N	__N
站台与列车间隙测量	__mm	__mm	__mm	__mm	__mm	__mm	__mm	__mm	__mm	__mm	__mm	__mm
防踏空保护测试	__mm	__mm	__mm	__mm	__mm	__mm	__mm	__mm	__mm	__mm	__mm	__mm
滑动门编号 测试内容	13	14	15	16	17	18	19	20	21	22	23	24
障碍物探测测试	□	□	□	□	□	□	□	□	□	□	□	□
列防夹保护测试	__N	__N	__N	__N	__N	__N	__N	__N	__N	__N	__N	__N
站台与列车间隙测量	__mm	__mm	__mm	__mm	__mm	__mm	__mm	__mm	__mm	__mm	__mm	__mm
防踏空保护测试	__mm	__mm	__mm	__mm	__mm	__mm	__mm	__mm	__mm	__mm	__mm	__mm

测试工具：

问题记录		
参调人员	单位名称	签名

表 14-10 站台门系统功能测试记录表(1)

测试地点:			测试时间:		记录人员:
序号	测试内容	操作步骤	结果输出	测试结果	备注
1	电源测试	断开主电源	综合监控系统报主电源故障报警		
2		断开驱动电源	综合监控系统报驱动电源故障报警		
3		断开控制电源	综合监控系统报控制电源故障报警		
4		断开蓄电池	综合监控系统报蓄电池状态报警		
5	冗余、记录查询功能测试	断开与综合监控通信的网线 A	综合监控对站台门设备状态监视正常		
6		接上网线 A，拔掉网线 B	综合监控对站台门设备状态监视正常		
7		记录查询测试	站台门动作报警记录完整		

问题记录	

参调人员	单位名称	签名

表 14-11   站台门系统功能测试记录表(2)

站台门系统功能测试记录表(PEDC 信息测试)

测试地点:			测试时间:			记录人员:	
序号	测试内容	操作步骤	结果输出	上行	下行	备注	
1		断开 CAN 接头	综合监控系统报上/下行总线故障事件				
2		模拟 PEDC 故障	综合监控系统报上/下行 PEDC 故障				
3		模拟滑动门全关门报警	综合监控系统报上/下行滑动门全关门报警				
4	PEDC 信息测试	模拟滑动门全开门报警	综合监控系统报上/下行滑动门全开门报警				
5		模拟信号系统关闭命令	综合监控系统报上/下行信号系统关闭命令				
6		模拟信号系统开启命令	综合监控系统报上/下行信号系统开启命令				
7		模拟信号系统错误命令	综合监控系统报信号命令故障报警				

问题记录	

参调人员	单位名称	签名

表 14-12 站台门系统功能测试记录表(3)

站台门系统功能测试记录表(PSL 就地控制盘测试)

测试地点:			测试时间:			记录人员:		
序号	测试内容	操作步骤	结果输出	上行车头	上行车尾	下行车头	下行车尾	备注
1	PSL 就地控制盘测试	操作 PSL 互锁解除	综合监控系统报 PSL 互锁解除状态事件					
2		操作 PSL 使能	综合监控系统报 PSL 处于使能状态					
3		操作 PSL 开门	综合监控系统报 PSL 操作开门状态					
4		操作 PSL 关门	综合监控系统报 PSL 操作关门状态					

问题记录	

参调人员	单位名称	签名

表 14-13　滑动门测试记录表

测试地点：						测试时间：				记录人员：			
序号 门编号 / 测试项目		紧急解锁	关门障碍物检测	关闭且锁紧	电机故障	门控单元故障	开门障碍物检测	在线/离线状态	LCB盒手动	LCB盒隔离	LCB盒自动	备注
1												
2												
3												
4												
5												
6												
7												
8												
9												
10												
11												
12												

问题记录	
参调人员	单位名称	签名

表 14-14　应急门功能测试记录表

测试地点：		测试时间：		记录人员：
门编号 ＼ 操作步骤		测试人员将应急门打开	测试人员将应急门关闭	备注
上行				
下行				
问题记录				
参调人员		单位名称		签名

表 14-15　端门功能测试记录表

测试地点：		测试时间：		记录人员：	
操作步骤 门编号	测试人员 将端门开启	测试人员 将端门长时间开启	测试人员 将端门关闭	备注	
上行车头					
上行车尾					
下行车头					
下行车尾					
问题记录					
参调人员		单位名称		签名	

14.3.1.5　联调常见问题

（1）问题案例1

1）问题描述

在站台门乘客保护测试中，部分滑动门关门力超标，经过现场测试关门力最大值达到192 N，关门力平均值为168 N，超过关门力标准值。

2）解决措施

关门力异常分为单个和多个，单个关门力故障可能是门体调整问题，但是多个站台门关门力故障应该是系统输出问题。经过现场检查，原因为门体机械部分存在问题，导致门控器输出关门力过大，从而使整站关门力过大问题发生，重新调整机械部门和门控器控制输出力，后续测试站台门关门力测试达标。

3）分析总结

因为关门力测试是全体测试，不是单个测试或者抽测，在发现故障问题时，先不做问题处理，而是等所有站台门测试完成后进行整体判断。我们不仅要把本站的故障排除，更要提前排查其他车站，提前完成整改以便于其他站的测试顺利通过。

（2）问题案例2

1）问题描述

综合监控系统与站台门联调测试中，站台门整侧联动正常，但是站台门综合监控画面整侧开关门无法显示。

2)解决措施

根据故障原因排查,因为站台门整侧联动正常,排除信号与站台门接口问题。综合监控画面由站台门 PSA 输入,排查 PSA 进线反馈,现场检查接口冗余功能配置错误,重新调试冗余功能后,综合监控画面显示正常。

(3)分析总结

综合监控画面显示异常一般为点位未匹配或者点表不一致,但是案例中出现的是整侧站台门开关无法显示,可以排除综合监控问题,检查站台门 PSA 后找到问题,排除故障。涉及到站台门整侧故障的问题一般从系统入手解决,不涉及单个门问题,这样排查问题能先排除错误答案,提高现场测试效率。

14.3.1.6　安全注意事项

①测试过程中,障碍物应用标准试块测试,严禁用其他类似物品代替。

②测试过程中,要注意人身安全,严禁用身体代替试块进行测试,注意跌落风险。

③在使用测力计时,应规范使用,防止其测量结果不准确。

④若出现某个数值与理论值偏差过大,需多次测量。

⑤站台门乘客保护测试每完成一项,应恢复设备并确认工作正常后再进行下一项测试,测试过程中需有设备厂家和施工单位的指导。

⑥站台门、列车车门安全防护测试每完成一项,应恢复设备并确认工作正常后再进行下一项测试,测试过程中需有设备厂家和施工单位的指导;站台门单门故障需站台门维修人员配合手动解锁单个站台门。

⑦各系统负责人需保证在联调过程中人身和设备安全,进入车站需穿戴好劳保用品。根据测试"内容和步骤"对各系统的影响做好相应的防范措施。

⑧进入车站设备区,需注意地板及临时悬空踏板,避免踏入孔洞。

⑨联调过程中,如发现有危及人身和设备安全的现象,参与测试的任何人员都可在第一时间采取措施立即上报执行组长,由执行组长中止联调。

⑩故障(事故)处理好以后,须经执行组长同意后才能重新开始联调。

⑪因系统等原因造成联调不能正常进行时,由建设分公司确认并责成系统承包商限期完成整改。

⑫联调结束后,测试人员、设备供货单位必须将所有设备恢复正常运行状态,发现设备坏损的,应由设备供货单位立即更换,保证系统的正常运行。

14.3.2　综合监控系统与 AFC 联调联试

14.3.2.1　前置条件

(1)调试系统运行条件

1)TVM 完成单体调试,具备接受硬币、纸币、各类储值卡(含一卡通卡)、银联卡(预留)及扫码支付等付费方式,发售单程票,具有硬币、纸币组合找零以及原币原退功能;具有一次性出售同一票价多张车票的功能,具备对储值票进行充值和查验并打印充值凭据功能。

2)AGM 完成单体调试,具备接受地铁专用车票、城市一卡通卡、以及手机 APP 二维码、银联闪付卡、NFC 手机 PAY 等,对乘客进、出站进行检票,出站检票机应可通过参数设置自动回收部分指定类型的车票如单程票功能。

3）BOM 完成单体调试，具备对车票进行发售、分析、无效更新、补票、充值、替换、退款、交易查询等处理功能。

4）SC 具备设备监视、设备控制、客流监控、系统监控、运行模式控制、票务管理、时钟同步功能。

（2）关联系统运行条件

1）线路、供电设备运作正常，设备性能良好，AFC 设备各项安装工艺符合标准。

2）MLC 系统具备接受 ACC 系统下发的参数和指令，实现各线路 AFC 系统的运营管理、票务管理和设备监控，上传原始交易数据至 ACC，实现与 ACC 的清分对账功能。

14.3.2.2 组织及职责

参与本次联调联试的单位及人员均已熟悉本次联调组织及实施方案，并已做好相关各项准备工作。联调人员安排及岗位职责，如表 14-16 所示。

表 14-16 联调人员安排及职责表

序号	人员分配	人数/人	位置	岗位职责
1	现场操作人员	4~6	车站	现场设备的操作、记录及检查所内设备状态
2	站厅级控制中心人员	2~3	车控室、机房	数据核对及记录
3	中心及控制中心人员	2~3	控制中心	数据核对及记录
4	中央数据操作人员	2~3	控制中心	根据不同的测试项，记录下相关测试结果并分析判断出数据的准确性

14.3.2.3 联调步骤

（1）TVM 测试方案

①TVM 测试组在测试前领用 450 枚单程票，400 枚一元硬币，60 张 5 元纸币，35 张 10 元纸币。

②钱票箱操作：票箱补充 450 张单程票，硬币备用钱箱补充 150 枚硬币。

③进入维护界面，点击"初始化"按钮，清空钱票箱数据。查看票箱及废票箱，确保没有票，票箱补充 450 张单程票，硬币备用钱箱补充 150 枚 1 元硬币。

④每台 TVM 按照方案发售 400 枚单程票。

⑤每个 TVM 测试组安排 1 名记录人员。记录人员要详细记录每一种购票方案的开始、结束时间，所有时间以机器显示时间为准。此外，购票暂停时间也应记录在表格中，方便后期数据处理时计算设备性能指标。

⑥成功售卖 400 张单程票后，该台 TVM 压力测试结束。

（2）GATE 测试方案

①进入维护界面，清空票箱单程票计数及审计数据。

②使用售卖的单程票共 3200 张，分为 2 组，每组 4 次共 8 次，8 个进出通道，每个进出通道使用 400 张赋值票，从进站通道进站后，再从下表对应的出站通道出站。同时，由票务中心负责每个测试小组安排 1 名监督人员和 2 名记录人员。记录人员要详细记录每组跑票的

开始、结束时间，以及跑票过程中发生故障的时间等数据，所有时间以机器显示时间为准。

③闸机跑票人员使用预赋值单程票 1000 张，进行重复进出站。

④使用整套四卡通储值卡 20 张，从进站通道进站后，再从下表对应的出站通道出站。

⑤对于不能正常刷卡进站的车票交由每组监督人员集中收集到指定地点存放，由 POST 负责人进行分析并详细记录。

（3）POST 测试方案

①进入维护界面，记录票箱单程票数值，做好购票准备工作。

②选择两台 POST，每台 POST 售卖 200 枚单程票，其中 2 元 100 枚，3 元 50 枚，4 元 50 枚。每组人员进行记录。记录人员要详细记录每组购票开始、结束时间，以及购票过程中发生故障的时间等数据，所有时间以机器显示时间为准。

③POST 售票速度性能测试。在 POST 上进行单程票发售，用秒表记录从开始发售到发售完成所花费的时间，每笔售票多枚取平均值，或售票多次取平均值。

④每组售票成功 300 枚后，测试结束。

（4）性能测试

①GATE 单程票进站通行能力。

②GATE 单程票出站通行能力。

③GATE 一卡通进站通行能力。

④GATE 一卡通出站通行能力。

14.3.2.4 调试记录

表 14-17 客流信息监视功能测试

模拟客流测试记录表

测试地点：			测试时间：			记录人员：		
序号	测试内容	操作步骤	结果输出（综合监控）		结果	异常现象描述	异常原因分析	备注
1	模拟客流	AFC 人员模拟客流统计信息	ISCS 人员观察客流统计信息是否与 AFC 一致					
问题记录								
参调人员		单位名称				签名		

表 14-18　TVM 购票测试

测试时间:			测试时间:		记录人员:	
序号	测试内容	操作步骤	结果输出(综合监控)		结果	备注
1		AFC 人员将 TVM 设置为"正常服务模式"	ISCS 人员观察监控显示信息是否与 AFC 一致			
2		AFC 人员将 TVM 设置为"暂停服务模式"	ISCS 人员观察监控显示信息是否与 AFC 一致			
3		AFC 人员将 TVM 设置为"无找零模式"	ISCS 人员观察监控显示信息是否与 AFC 一致			
4		AFC 人员将 TVM 设置为"不接收硬币模式"	ISCS 人员观察监控显示信息是否与 AFC 一致			
5		AFC 人员将 TVM 设置为"不接收纸币模式"	ISCS 人员观察监控显示信息是否与 AFC 一致			
6	TVM 状态上报	AFC 人员将 TVM 设置为"仅支持二维码支付模式"	ISCS 人员观察监控显示信息是否与 AFC 一致			
7		AFC 人员将 TVM 设置为"仅支持二维码购票模式"	ISCS 人员观察监控显示信息是否与 AFC 一致			
8		AFC 人员将 TVM 设置为"仅支持现金支付模式"	ISCS 人员观察监控显示信息是否与 AFC 一致			
9		AFC 人员将 TVM 设置为"仅支持现金购票模式"	ISCS 人员观察监控显示信息是否与 AFC 一致			
10		AFC 人员将 TVM 设置为"只售票模式"	ISCS 人员观察监控显示信息是否与 AFC 一致			
11		AFC 人员将 TVM 设置为"仅支持现金充值模式"	ISCS 人员观察监控显示信息是否与 AFC 一致			
12		AFC 人员将 TVM 设置为"仅支持二维码充值模式"	ISCS 人员观察监控显示信息是否与 AFC 一致			
13		AFC 人员将 TVM 设置为"只充值模式"	ISCS 人员观察监控显示信息是否与 AFC 一致			

问题记录	

参调人员	单位名称	签名

表 14-19　进出闸测试

测试地点：		测试时间：			记录人员：				
进站设备号	出站设备号	卡号	卡种	进站次数	出站次数	测试前金额	测试后金额	扣费	备注

测试软件版本

问题记录		
参调人员	单位名称	签名

表 14-20　BOM 压力测试记录表

测试地点：			测试时间：		记录人员：	
设备号	金额	张数	购买次数	开始时间	结束时间	备注

测试软件版本：

问题记录	
参调人员	单位名称	签名

14.3.2.5　联调常见问题

（1）问题案例 1

1）问题描述

在 AFC 系统与 ACC 系统联调测试中，TVM 购票测试时发生，具体为 01 纸币接收模块卡币。

2）解决措施

首先取出被卡纸币，复位测试现场，重新进行购票测试，未发生卡片情况，在连续多次后又发生卡片现象，经过检查为 TVM 传感器误动作导致卡片，现场清洁传感器后收发币正常。

3）分析总结

AFC 系统联调调试过程中精度要求高，各类纸币、票卡测试前后需保持统一，数值不得出错，客流统计需多点位记录，保证线上线下数据准确，在发生卡片类故障时，一般为机器的误动作导致，清理后继续测试即可。

（2）问题案例2

1）问题描述

综合监控系统与AFC联调测试中，AFC站设备全部显灰，票务管理界面无法正常登录，车站TVM可正常售票，闸机可正常进出站，BOM可正常进行操作。

2）解决措施

经过现场检查，车站SC服务器异常重启后，SC服务器应用进程未启动导致无法登录及综合监控灰显，手动启动SC服务器应用进程后，AFC各项服务均可正常使用，但综合监控依旧灰显，重启综合监控系统，厂家人员对SC服务器进行通信配置，连接建立后，车控室综合监控系统恢复正常。

3）分析总结

综合监控长时间灰显的根本原因为综合监控与SC服务器链接未建立，SC与综合监控系统无数据交互导致综合监控界面显示AFC设备灰显。

14.3.2.6　安全注意事项

①压力测试人员不够，可通过闸机反复刷卡，达到交易笔数后满足条件也可满足测试需求。

②系统功能测试期间需各方人员协同配合。联调过程中，要做到"呼叫应答"，对设备状态清楚后才能操作设备，如设备存在缺陷或不安全因素，必须整改完成后才能进行调试。

③各系统负责人需保证在联调过程中人身和设备安全，进入车站需穿戴好劳保用品。根据测试"内容和步骤"对各系统的影响做好相应的防范措施。

④进入车站设备区，需注意地板及临时悬空踏板，避免踏入孔洞。

⑤联调过程中，如发现有危及人身和设备安全的现象，参与测试的任何人员都可在第一时间采取措施，立即上报执行组长，由执行组长中止联调。

⑥故障（事故）处理好以后，须经执行组长同意后才能重新开始联调。

⑦因系统等原因造成联调不能正常进行时，由建设分公司确认并责成系统承包商限期完成整改。

⑧联调结束后，测试人员、设备供货单位必须将所有设备恢复正常运行状态，发现设备坏损的，应由设备供货单位立即更换，保证系统的正常运行。

14.3.3　综合监控系统与门禁联调联试

14.3.3.1　前置条件

（1）调试系统运行条件

①ISCS工作站通电并正常运行，门禁画面已布，和门禁相关的软件内容均已完成。

②门禁施工单位已经完成待调试内容设备接线。

③门禁厂家已基本完成门禁系统单调。

④门禁系统和ISCS系统双方已确认两个系统之间通信正常。

（2）关联系统运行条件

无线系统在联调开展前具备全线通信功能，无线通信工具满足调试要求。

14.3.3.2　组织及职责

参与本次联调联试的单位及人员均已熟悉本次联调组织及实施方案，并已做好相关各项准备工作。联调人员安排及岗位职责，如表 14-21 所示。

表 14-21 联调人员安排及职责表

序号	人员分配	人数/人	岗位职责
1	ISCS 人员	2~3	其中 1 人为集成商人员，负责现场软件及技术配合；1~2 人为 ISCS 安装施工人员，负责现场操作配合
2	BAS 人员	2~3	其中 1 人为集成商人员，负责现场软件及技术配合；1~2 人为 BAS 安装施工人员，负责现场操作配合
3	机电施工单位	至少 2	其中 1 人为机电安装施工人员，1 人为设备厂家
4	门禁人员	1~2	其中 1 人为门禁厂家人员，负责现场软件及技术配合；1 人为 BAS 安装施工人员，负责现场操作配合

14.3.3.3 联调步骤

（1）主控制器联调

①ACS 人员现场操作：与门禁服务器通信断开。

②ISCS 人员查看车站级及中央级画面，应显示中断。

③车站级 ISCS 人员操作一键释放。

④ACS 现场：本主控制器下门禁全部释放。

⑤车站级及中央级 ISCS 画面显示：本主控制器下门禁全部打开。

⑥中央级 ISCS 人员操作一键释放。

⑦ACS 现场：本主控制器下门禁全部释放。

⑧车站级及中央级 ISCS 画面显示：本主控制器下门禁全部打开。

（2）就地控制器联调

①ACS 人员现场操作：模拟拆除报警。

②ISCS 人员查看车站级及中央级画面，应显示报警。

③ACS 人员现场操作：与主控制器通信断开。

④ISCS 人员查看车站级及中央级画面，应显示中断。

⑤重复①~④，完成所有就地控制器测试。

（3）纯门磁门联调

①ACS 人员现场操作：打开门。

②车控室 ISCS 人员查看车站级及中央级画面，应显示门打开。

③ACS 人员现场操作：关闭门。

④车控室 ISCS 人员查看车站级及中央级画面，应显示门关闭。

⑤重复①~④，完成所有纯门磁门联调测试。

（4）磁力锁、机电一体化锁、电插锁联调

①车控室 ISCS 人员在中央级 ISCS 工作站上远程开门。

②ACS 人员现场查看：门打开。

③车控室 ISCS 人员查看车站级及中央级画面，应显示门打开。

④ACS 人员现场：长时间门处于打开状态。

⑤车控室 ISCS 人员查看车站级及中央级画面，应显示门常开。

⑥ACS 人员现场操作：关闭门。

⑦车控室 ISCS 人员查看车站级及中央级画面，应显示门关闭。

⑧ACS 人员现场操作：模拟紧急玻破动作。

⑨车控室 ISCS 人员查看车站级及中央级画面，显示玻破触发和门强开。

⑩车控室 ISCS 人员在车站级 ISCS 工作站上远程开门。

⑪ACS 人员现场：门打开。

⑫重复①～⑪，完成所有门锁测试。

（5）记录查询功能

ISCS 人员通过综合监控系统人机界面查看以上各类操作历史记录是否齐全。

（6）冗余功能

①拔掉门禁交换机与综合监控交换机通信网线 1，检查控制器 1 网口灯是否熄灭。

②综合监控专业组检查综合监控与门禁系统通信通道断开后是否马上恢复并且门禁页面设备状态正常更新。

③插回门禁交换机与综合监控交换机通信网线 1，检查控制器 1 网口灯亮起，拔掉门禁交换机与综合监控交换机通信网线 2，检查控制器 2 网口灯是否熄灭。

④综合监控专业组检查综合监控与门禁系统通信通道断开后是否马上恢复并且门禁页面设备状态正常更新。

14.3.3.4　调试记录

表 14-22　主控制器、就地控制器功能测试

测试地点：			测试时间：				记录人员：			
主控制器功能测试										
设备名称	主控制器与服务器通信通断显示					ISCS 工作站一键释放控制				
主控制器 1										
主控制器 2										
就地控制器功能测试										
序号	测试设备	拆除报警	通信中断	备注		序号	测试设备	拆除报警	通信中断	备注

续表 14-22

问题记录		
参调人员	单位名称	签名

表 14-23 磁力锁、机电一体锁、电插锁、门磁锁功能测试

测试地点：			测试时间：				记录人员：		
序号	编号	房间名称	开门控制	门开反馈	门关反馈	门强开反馈	门常开反馈	玻破动作	备注
问题记录									

续表14-23

参调人员	单位名称	签名

表14-24 记录查询及冗余功能测试

测试地点：		测试时间：		记录人员：	
序号	测试内容	测试结果			备注
1	记录查询	ISCS工作站可以查看各类记录			
2	冗余功能	拔掉门禁系统到综合监控交换机通信网线1	门禁主控制器1网口灯熄灭		
			ISCS工作站报与门禁系统通信通道断开后马上恢复，门禁页面设备状态正常更新		
		拔掉门禁系统到综合监控交换机通信网线2	门禁主控制器2网口灯熄灭		
			ISCS工作站报与门禁系统通信通道断开后马上恢复，门禁页面设备状态正常更新		

问题记录		

参调人员	单位名称	签名

14.3.3.5 联调常见问题

(1)问题案例1

1)问题描述

在综合监控系统与门禁系统测试中，某房间门禁测试失败，现场为一侧衔铁无法吸合。

2）解决措施

现场联系施工单位，调整衔铁位置，吸合正常，现场测试通过。

3）分析总结

门禁联调联试过程中会需要大量各种各样的故障，大多数与工程进度和施工工艺有关系，所以门禁调试需要在条件相对较好的车站进行，也可分两次进场，针对量大位置不集中的情况，一定要先有单调再有联调，循序渐进完成门禁的调试工作。

（2）问题案例2

1）问题描述

综合监控系统与门禁系统测试中，某室现场为纯门磁门，综合监控图纸为磁力锁，现场无法继续测试该门禁。

2）解决措施

针对此条问题，在不影响联调进度的情况下，先将此类问题收集并提报给设计，设计确认并重新提供图纸，现场以设计意见为准进行整改，整改完成后再进场测试。

3）分析总结

设计漏图和图纸不一致在地铁建设期内比较常见，如果有规范要求或是明确规定，再遇到不一致的情况下，以规范为准；如果现场设计问题不影响联调进度，为满足后期运营需求，一定要再次征求设计意见，避免发生重复施工。

14.3.3.6　安全注意事项

①综合监控系统与门禁系统点表不一致，导致现场设备状态信息无法监视，同时控制信息无法下发；综合监控画面上漏了画面、设备点位、设备点位放置位置错误、着色错误等情况。

②同一个就地控制器下挂的两个门接反；网线松动导致冗余功能无法实现；玻破等设备有损坏。

③综合监控系统画面与现场设备不一致、画面设备和权限缺失、着色不满足要求。

④综合监控系统画面点位链接错误导致设备无法进行监控，综合监控重新连点后正常。

⑤综合监控系统与 BAS 系统点位不一致导致设备无法进行监控，综合监控和 BAS 的点位重新核对后更新后正常。

⑥联调实施时需综合监控供货商提供综合监控调试软件版本，调试结果以测试现场软件版本为准，并在测试表格注明综合监控、门禁软件版本，后续更新软件版本出现问题与调试结果无关。

⑦各系统负责人需保证在联调过程中人身和设备安全，进入车站需穿戴好劳保用品。根据测试"内容和步骤"对各系统的影响做好相应的防范措施。

⑧进入车站设备区，需注意地板及临时悬空踏板，避免踏入孔洞。

⑨联调过程中，如发现有危及人身和设备安全的现象，参与测试的任何人员都可在第一时间采取措施，立即上报执行组长，由执行组长中止联调。

⑩故障（事故）处理好以后，须经执行组长同意才能重新开始联调。

⑪因系统等原因造成联调不能正常进行时，由建设分公司确认并责成系统承包商限期完成整改。

⑫联调结束后，测试人员、设备供货单位必须将所有设备恢复正常运行状态，发现设备

坏损的,应由设备供货单位立即更换,保证系统的正常运行。

14.3.4　综合监控系统与 BAS 联调联试

14.3.4.1　前置条件

(1)调试设备运行条件

1)ISCS 工作站通电并正常运行,待调试设备画面已布,相关接口设备的软件内容已完成。

2)BAS 设备通电并正常运行。

3)ISCS 和 BAS 通信正常,连点正确。

4)综合监控施工单位已经完成 BAS 到待调试内容设备接线。

5)机电单位待调试设备单体设备正常运行,接口软件已调试。

6)待调试设备接口特别是通信接口机电单位和系统单位双方已确认通信正常。

(2)关联系统运行条件

无线系统在联调开展前具备全线通信功能,无线通信工具满足调试需要。

14.3.4.2　组织及职责

参与本次联调联试的单位及人员均应熟悉本次联调组织及实施方案,并已做好相关各项准备工作。联调人员安排及岗位职责,如表 14-25 所示。

表 14-25　联调人员安排及职责表

序号	人员分配	人数/人	岗位职责
1	ISCS 人员	2~3	其中 1 人为集成商人员,负责现场软件及技术配合;1~2 人为 ISCS 安装施工人员,负责现场操作配合
2	BAS 人员	2~3	其中 1 人为集成商人员,负责现场软件及技术配合;1~2 人为 BAS 安装施工人员,负责现场操作配合
3	通风空调	2	其中 1 人为厂家人员,负责现场软件及技术配合;1 人为安装施工人员,负责现场操作配合
4	给排水	2	其中 1 人为厂家人员,负责现场软件及技术配合;1 人为安装施工人员,负责现场操作配合
5	动力照明	2	其中 1 人为厂家人员,负责现场软件及技术配合;1 人为安装施工人员,负责现场操作配合
6	垂直电梯	2	其中 1 人为厂家人员,负责现场软件及技术配合;1 人为安装施工人员,负责现场操作配合
7	扶梯	2	其中 1 人为厂家人员,负责现场软件及技术配合;1 人为安装施工人员,负责现场操作配合
8	人防门	2	其中 1 人为厂家人员,负责现场软件及技术配合;1 人为安装施工人员,负责现场操作配合
9	机电专业	2	其中 1 人为厂家人员,负责现场软件及技术配合;1 人为安装施工人员,负责现场操作配合

14.3.4.3 联调步骤

表 14-26 联调步骤

步骤	测试内容
一、垂直电梯、电扶梯系统	
1.1	电梯人员操作电梯：门打开、电梯上行、电梯下行
1.2	由 ISCS 人员检查车站级及中央级 ISCS 工作站显示是否正确
1.3	电梯人员设置各类状态及报警：检修状态、综合故障、锁梯、安全回路闭合、通信断开
1.4	由 ISCS 人员检查车站级及中央级 ISCS 工作站显示是否正确
1.5	重复 1.1~1.4 步骤，直到将所有电梯测试完毕
1.6	扶梯人员操作扶梯：上行、下行、正常停止、紧急停梯
1.7	由 ISCS 人员检查车站级及中央级 ISCS 工作站显示是否正确
1.8	扶梯人员设置各类状态及报警：扶梯在检修位、综合故障、踏板防盗(仅出入口扶梯)防盗报警、通信断开
1.9	由 ISCS 人员检查车站级及中央级 ISCS 工作站显示是否正确
2.0	重复 1.6~1.9 步骤，直到将所有扶梯测试完毕
二、给排水系统	
2.1	由给排水人员在现场对潜污泵进行就地/远程位置切换
2.2	由 ISCS 人员检查车站级及中央级 ISCS 工作站显示是否正确
2.3	由给排水人员将水泵切换到远程
2.4	由给排水人员在现场设置 1 号泵故障信号
2.5	由 ISCS 人员检查车站级及中央级 ISCS 工作站显示是否正确
2.6	由给排水人员在现场设置 2 号泵故障信号
2.7	由 ISCS 人员检查车站级及中央级 ISCS 工作站显示是否正确
2.8	由给排水人员在现场设置超高水位报警信号
2.9	由 ISCS 人员检查车站级及中央级 ISCS 工作站显示是否正确
2.10	由给排水人员在现场设置超低水位报警信号
2.11	由车站级及中央级 ISCS 人员检查工作站显示是否正确
2.12	由给排水人员在现场查看水位
2.13	由 ISCS 人员检查车站级及中央级 ISCS 工作站显示是否正确
2.14	由 ISCS 人员检查车站级及中央级 ISCS 工作站上 1 泵累计运行时间数据
2.15	由 ISCS 人员检查车站级及中央级 ISCS 工作站上 2 泵累计运行时间数据
2.16	由车站级 ISCS 人员在工作站上远程打开 1 泵
2.17	由给排水人员检查 1 泵动作是否正确
2.18	由 ISCS 人员检查车站级及中央级 ISCS 工作站显示是否正确

续表14-26

步骤	测试内容
2.19	由车站级 ISCS 人员在工作站上远程打开 2 泵
2.20	由给排水人员检查 2 泵动作是否正确
2.21	由 ISCS 人员检查车站级及中央级 ISCS 工作站显示是否正确
2.22	重复 2.1~2.21 步骤，直到将所有潜污泵系统测试完毕
2.23	由给排水人员在现场设置污水密闭提升装置 1 号泵故障信号
2.24	由给排水人员在现场对污水密闭装置水泵状态进行就地/远程位置切换
2.25	由 ISCS 人员检查车站级及中央级 ISCS 工作站显示是否正确
2.26	由给排水人员将水泵状态切换到远程
2.27	由 ISCS 人员检查车站级及中央级 ISCS 工作站显示是否正确
2.28	由给排水人员在现场设置污水密闭提升装置 1 号泵过载信号
2.29	由 ISCS 人员检查车站级及中央级 ISCS 工作站显示是否正确
2.30	由给排水人员在现场设置污水密闭提升装置 1 号泵运行
2.31	由 ISCS 人员检查车站级及中央级 ISCS 工作站显示是否正确
2.32	由给排水人员在现场设置污水密闭提升装置 1 号泵停止
2.33	由 ISCS 人员检查车站级及中央级 ISCS 工作站显示是否正确
2.34	由给排水人员在现场设置污水密闭提升装置 2 号泵故障信号
2.35	由 ISCS 人员检查车站级及中央级 ISCS 工作站显示是否正确
2.36	由给排水人员在现场设置污水密闭提升装置 2 号泵过载信号
2.37	由 ISCS 人员检查车站级及中央级 ISCS 工作站显示是否正确
2.38	由给排水人员在现场设置污水密闭提升装置 2 号泵运行
2.39	由 ISCS 人员检查车站级及中央级 ISCS 工作站显示是否正确
2.40	由给排水人员在现场设置污水密闭提升装置 2 号泵停止
2.41	由 ISCS 人员检查车站级及中央级 ISCS 工作站显示是否正确
2.42	由给排水人员在现场设置超高水位
2.43	由 ISCS 人员检查车站级及中央级 ISCS 工作站显示是否正确，在污水装置未启动的情况下，ISCS 是否发出紧急启动命令
2.44	由给排水人员在现场设置启第 1 台泵液位信号
2.45	由 ISCS 人员检查车站级及中央级 ISCS 工作站显示是否正确
2.46	由给排水人员在现场设置启第 2 台泵液位信号
2.47	由 ISCS 人员检查车站级及中央级 ISCS 工作站显示是否正确
2.48	由给排水人员在现场设置超低水位报警信号

续表14-26

步骤	测试内容
2.49	由 ISCS 人员检查车站级及中央级 ISCS 工作站显示是否正确,在污水装置未停止的情况下,是否发出紧急停止命令
2.50	由车站级 ISCS 人员在工作站上远程打开 1 泵
2.51	由给排水人员检查 1 泵动作是否正确
2.52	由 ISCS 人员检查车站级及中央级 ISCS 工作站显示是否正确
2.53	由车站级 ISCS 人员在工作站上远程打开 2 泵
2.54	由给排水人员检查 2 泵动作是否正确
2.55	由 ISCS 人员检查车站级及中央级 ISCS 工作站显示是否正确
2.56	重复 2.24~2.55 步骤,直到将所有污水密闭提升装置测试完毕
2.57	由车站级 ISCS 人员在工作站上远程打开、停止电动蝶阀
2.58	机电人员检查电动蝶阀动作是否正确
2.59	由 ISCS 人员检查车站级及中央级 ISCS 工作站显示是否正确
2.60	机电人员模拟电动蝶阀故障
2.61	由 ISCS 人员检查车站级及中央级 ISCS 工作站显示是否正确
2.62	重复 2.57~2.61 步骤,直到将所有电动蝶阀测试完毕
2.63	由车站级 ISCS 人员在工作站上远程控制电动二通阀开度
2.64	机电人员检查电动二通阀开度是否正确
2.65	由 ISCS 人员检查车站级及中央级 ISCS 工作站显示是否正确
2.66	重复 2.57~2.65 步骤,直到将所有电动蝶阀测试完毕
2.67	各专业人员负责各自系统的设备及现场的恢复
	三、通风空调系统
3.1	机电人员将隧道风机状态进行就地/远程位置切换,由车站级及中央级 ISCS 人员检查工作站显示是否正确
3.2	机电人员在电控柜上模拟短路电机加热端子、过载故障端子、过载报警、过载跳闸端子
3.3	由 ISCS 人员检查车站级及中央级 ISCS 工作站显示是否正确
3.4	由车站级 ISCS 人员在工作站上远程正转、反转、停止风机
3.5	机电人员检查风机动作是否正确
3.6	由 ISCS 人员检查车站级及中央级 ISCS 工作站显示是否正确
3.7	重复 3.1~3.6 步骤,直到将所有隧道风机测试完毕
3.8	机电人员将射流风机状态进行就地/远程位置切换,由车站级及中央级 ISCS 人员检查工作站显示是否正确
3.9	机电人员在电控柜上模拟短路过载故障端子、过载报警、过载跳闸相关信息
3.10	由 ISCS 人员检查车站级及中央级 ISCS 工作站显示是否正确

续表14-26

步骤	测试内容
3.11	由车站级 ISCS 人员在工作站上远程正转、反转、停止风机
3.12	机电人员检查风机动作是否正确
3.13	由 ISCS 人员检查车站级及中央级 ISCS 工作站显示是否正确
3.14	重复 3.8~3.13 步骤,直到将所有射流风机测试完毕
3.15	机电人员将排热风机状态进行就地/远程位置切换,由车站级及中央级 ISCS 人员检查工作站显示是否正确
3.16	机电人员在电控柜上模拟短路电机加热、过载故障端子、过载报警、过载跳闸相关信息
3.17	由 ISCS 人员检查车站级及中央级 ISCS 工作站显示是否正确
3.18	由车站级 ISCS 人员在工作站上远程运行、停止风机
3.19	机电人员检查风机动作是否正确
3.20	由 ISCS 人员检查车站级及中央级 ISCS 工作站显示是否正确
3.21	由车站级 ISCS 人员在工作站上设定变频器频率
3.22	机电人员检查风机频率是否正确
3.23	由 ISCS 人员检查车站级及中央级 ISCS 工作站显示是否正确
3.24	重复 3.15~3.23 步骤,直到将所有排热风机测试完毕
3.25	机电人员将电动组合风阀(DZ)状态进行就地/远程位置切换,由车站级及中央级 ISCS 人员检查工作站显示是否正确
3.26	机电人员在电控柜上模拟故障状态信息
3.27	由 ISCS 人员检查车站级及中央级 ISCS 工作站显示是否正确
3.28	由车站级 ISCS 人员在工作站上远程打开、停止风阀
3.29	机电人员检查风阀动作是否正确
3.30	由 ISCS 人员检查车站级及中央级 ISCS 工作站显示是否正确
3.31	重复 3.25~3.30 步骤,直到将所有电动组合风阀测试完毕
3.32	由车站级 ISCS 人员在工作站上远程打开、停止防火阀
3.33	机电人员检查风阀动作是否正确
3.34	由 ISCS 人员检查车站级及中央级 ISCS 工作站显示是否正确
3.35	重复 3.32~3.34 步骤,直到将所有防火阀测试完毕
3.36	机电人员将组合式空调柜电控柜状态进行就地/远程位置切换,由车站级及中央级 ISCS 人员检查工作站显示是否正确
3.37	机电人员在电控柜上模拟短路过载故障信息
3.38	由 ISCS 人员检查车站级及中央级 ISCS 工作站显示是否正确
3.39	由车站级 ISCS 人员在工作站上远程运行、停止风机
3.40	机电人员检查风机动作是否正确

续表14-26

步骤	测试内容
3.41	由 ISCS 人员检查车站级及中央级 ISCS 工作站显示是否正确
3.42	由车站级 ISCS 人员在工作站上设定变频器频率
3.43	机电人员检查风机频率是否正确
3.44	由 ISCS 人员检查车站级及中央级 ISCS 工作站显示是否正确
3.45	重复 3.36~3.44 步骤，直到将所有组合式空调柜测试完毕
3.46	由车站级 ISCS 人员在工作站上远程打开、停止静电除尘装置
3.47	机电人员检查灭菌装置动作是否正确
3.48	由 ISCS 人员检查车站级及中央级 ISCS 工作站显示是否正确
3.49	重复 3.46~3.48 步骤，直到将所有静电除尘装置测试完毕
3.50	由车站级 ISCS 人员在工作站上调节二通调节阀开度
3.51	机电人员检查二通调节阀动作是否正确
3.52	由 ISCS 人员检查车站级及中央级 ISCS 工作站显示是否正确
3.53	重复 3.50~3.53 步骤，直到将所有二通调节阀测试完毕
3.54	机电人员将回排风机状态进行就地/远程位置切换，由车站级及中央级 ISCS 人员检查工作站显示是否正确
3.55	机电人员在电控柜上模拟短路过载故障信息
3.56	由 ISCS 人员检查车站级及中央级 ISCS 工作站显示是否正确
3.57	由车站级 ISCS 人员在工作站上远程运行、停止风机
3.58	机电人员检查风机动作是否正确
3.59	由 ISCS 人员检查车站级及中央级 ISCS 工作站显示是否正确
3.60	由车站级 ISCS 人员在工作站上设定变频器频率
3.61	机电人员检查风机频率是否正确
3.62	由 ISCS 人员检查车站级及中央级 ISCS 工作站显示是否正确
3.63	重复 3.54~3.62 步骤，直到将所有回排风机测试完毕
3.64	由车站级及中央级 ISCS 人员在工作站上启动 VRV 内机
3.65	机电人员检查现场 VRV 状态，ISCS 人员查看工作站应有内机运行状态
3.66	由车站级及中央级 ISCS 人员在工作站上停止内机
3.67	机电人员检查现场 VRV 状态，ISCS 人员查看工作站应有外机运行状态
3.68	由车站级及中央级 ISCS 人员在工作站上启动外机
3.69	机电人员检查现场 VRV 状态，ISCS 人员查看工作站应有外机运行状态
3.70	由车站级及中央级 ISCS 人员在工作站上停止外机
3.71	机电人员检查现场 VRV 状态

续表14-26

步骤	测试内容
3.72	机电人员模拟内机、外机故障，在 ISCS 工作站上能看到显示
3.73	各专业人员负责各自系统的设备及现场的恢复
四、动力照明系统	
4.1	机电人员将未纳入智能照明的(导向、广告、区间工作)照明配电箱状态进行就地/远程位置切换
4.2	由 ISCS 人员检查车站级及中央级 ISCS 工作站显示是否正确
4.3	机电人员将照明配电箱状态置于远程位置
4.4	由 ISCS 人员对照明配电箱发出打开指令
4.5	由机电人员检查配电箱动作是否正确
4.6	由 ISCS 人员检查车站级及中央级 ISCS 工作站显示是否正确
4.7	由 ISCS 人员对照明配电箱发出关闭指令
4.8	由机电人员检查配电箱动作是否正确
4.9	由 ISCS 人员检查车站级及中央级 ISCS 工作站显示是否正确
4.10	重复4.1~4.9步骤，直到将所有照明测试完毕
4.11	由机电人员模拟 EPS 各类信息
4.12	由 ISCS 人员在 ISCS 工作站查看的 EPS 信息应和 EPS 控制器上信息一致(根据实际产品及设计要求确定，如故障、旁路状态，进线电源状态，电池电压状态，逆变状态，输入电压 A/B/C 相，输出电压 A/B/C 相，负载电流 A/B/C 相，电池温度，频率，电池组电压，充电时间，放电时间等)
4.13	重复4.11~4.12步骤，直到将所有 EPS 测试完毕
4.14	由 ISCS 人员对应急照明和疏散指示系统发出火灾模式1指令
4.15	由机电人员检查设备动作是否符合设计要求
4.16	由 ISCS 人员检查车站级及中央级 ISCS 工作站显示是否正确
4.17	由 ISCS 人员对照明配电箱发出火灾模式2指令
4.18	由机电人员检查设备动作是否符合设计要求
4.19	由 ISCS 人员检查车站级及中央级 ISCS 工作站显示是否正确
4.20	由 ISCS 人员对照明配电箱发出火灾模式2指令
4.21	由机电人员检查设备动作是否符合设计要求
4.22	由 ISCS 人员检查车站级及中央级 ISCS 工作站显示是否正确
4.23	机电人员在现场模拟应急照明和疏散指示系统故障序号
4.24	由 ISCS 人员检查车站级及中央级 ISCS 工作站显示是否正确
4.25	各专业将现场设备恢复正常
五、人防门系统	
5.1	人防门人员将人防门小门打开
5.2	由 ISCS 人员检查车站级及中央级 ISCS 工作站显示是否正确
5.3	人防门人员将人防门大门打开

续表14-26

步骤	测试内容
5.4	由 ISCS 人员检查车站级及中央级 ISCS 工作站显示是否正确
5.5	重复 5.1~5.4 步骤,直到将所有人防门测试完毕
六、记录查询功能测试表	
1	由 ISCS 人员检查车站级及中央级 ISCS 工作站以上操作历史记录各类信息是否齐全
七、通道冗余功能测试步骤	
1	拔掉 BAS 与综合监控交换机通信网线 1,检查控制器 1 网口灯是否熄灭
2	综合监控专业组检查综合监控报与 BAS 系统通信通道断开后是否马上恢复并且 BAS 页面设备状态正常更新
3	插回 BAS 与综合监控交换机通信网线 1,检查控制器 1 网口灯亮起,拔掉 BAS 与综合监控交换机通信网线 2,检查控制器 2 网口灯是否熄灭
4	综合监控专业组检查综合监控报与 BAS 系统通信通道断开后是否马上恢复并且 BAS 页面设备状态正常更新

14.3.4.4 调试记录

表 14-27 综合监控与电扶梯系统的功能测试

测试地点:				测试时间:				记录人员:	
序号	编号	上行状态	下行状态	正常停梯	紧急停梯	检修状态	综合故障	踏板防盗	备注

问题记录	

参调人员	单位名称	签名

表 14-28 综合监控与给排水系统的功能测试

测试地点:		测试时间:											记录人员:			
序号	设备编号	ISCS 工作站显示														备注
		自动/手动	1#泵运行/停止	1号泵故障	2#泵运行/停止	2号泵故障	3#泵运行/停止	3号泵故障	液位计状态	高水位报警	超低水位报警	1#泵累计运行时间	2#泵累计运行时间	3#泵累计运行时间	双电源1路电源状态	双电源2路电源状态	

序号	设备编号	ISCS 工作站控制								备注
		1#泵紧急启动	1#泵紧急停止	2#泵紧急启动	2#泵紧急停止	3#泵紧急启动	3#泵紧急停止	高水位报警,泵未开启情况下,ISCS 发出紧急启动命令	低水位报警,泵未停止情况下,ISCS 发出紧急停止命令	

问题记录	

参调人员	单位名称	签名

表14-29　综合监控与通风空调系统的功能测试

测试项目：	测试地点：								测试时间：				记录人员：				
设备编号	显示													控制					备注

设备编号	环控/BAS/就地	工频运行	停止状态	工频故障	变频运行状态	变频停止状态	变频器综合故障	变频器直流母线过电压	变频器接地	变频器过载	频率反馈	平均工作电流值	平均工作电压	故障代码	工频启动控制	工频停止控制	变频启动控制	变频停止控制	频率设定	备注

问题记录	

参调人员	单位名称	签名

表 14-30　综合监控与动力照明系统的功能测试

测试地点：				测试时间：			记录人员：
序号	设备编号	控制		显示			备注
		打开	关闭	远程/就地	打开状态	关闭状态	

问题记录		
参调人员	单位名称	签名

表 14-31　综合监控与人防门系统的功能测试

测试地点：		测试时间：		记录人员：	
序号	设备编号	大门开到位状态	小门开到位状态		备注
问题记录					
参调人员	单位名称			签名	

表 14-32　BAS 记录查询功能测试

测试地点：		测试时间：		记录人员：	
记录查询功能测试					
序号	操作步骤		结果输出		测试结果
1	ISCS 工作站上查询上述操作记录		ISCS 工作站可以查到各类信息		
问题记录					
参调人员	单位名称			签名	

表 14-33 BAS 通道冗余功能测试

测试地点：		测试时间：	记录人员：	
1	拔掉 BAS 到综合监控交换机通信网线 1	车站级综合监控：综合监控报与 BAS 系统通信通道断开后马上恢复，页面设备状态正常更新		
2	拔掉 BAS 到综合监控交换机通信网线 2	车站级综合监控：综合监控报与 BAS 系统通信通道断开后马上恢复，页面设备状态正常更新		
问题记录				
参调人员	单位名称		签名	

14.3.4.5 联调常见问题

（1）问题案例 1

1）问题描述

在综合监控系统与 BAS 系统测试：综合监控与通风空调系统的功能测试中，车站部分风阀点表有，综合监控图纸无，现场无法开展调试。

2）解决措施

现场检查设备正常安装，厂家也有风阀点表，但是没有综合监控图纸，界面没有这些风阀。现场沟通总体设计和机电设计，确认为综合监控图纸漏了风阀，现场先加风阀后补齐设计确认单。

3）分析总结

综合监控与 BAS 联调，最主要的三类设备就是风水电，设备量大、安装地点繁杂，而且设计图纸经常会有版本更新，在上述案例中，就是综合监控的图纸未及时更新，导致发生此类问题，因为该问题影响现场联调进度，在条件允许的情况下，可以现场画图，先调试后补图纸。

（2）问题案例 2

1）问题描述

在某站开展的综合监控系统与 BAS 系统测试：综合监控与通风空调系统的功能测试中，

射流风机无法远程控制启动。

2) 解决措施

现场问题记录为射流风机控制箱至环控柜控制线路未敷设。后经现场检查实际为机电线缆已敷设，真正的原因为环控柜光纤盒未提供，导致通信未通。需找到环控柜责任厂家，督促厂家尽快提供光纤盒并完成熔纤。

3) 分析总结

本次案例在调试过程中也非常常见，现场人员测试完成后发现问题记录问题，记录的内容表面看上去没有问题，但实际上并不一定是真正的原因，容易给处理厂家造成误会。这就要求现场调试负责人要负责对待每一次调试和问题记录，避免发生重复问题和测试，耗时耗力。

14.3.4.6　安全注意事项

①综合监控系统画面与现场设备不一致、画面设备和权限缺失、着色不满足要求。

②综合监控系统画面点位链接错误导致设备无法进行监控，综合监控重新连点后正常。

③综合监控系统与 BAS 系统点位不一致导致设备无法进行监控，综合监控和 BAS 的点位重新核对、更新后正常。

④电动防火阀、电动二通阀、电动蝶阀，阀开不到位、关不到位、阀体故障无法开关、反馈信号错误、二通阀动作停不下来等，阀厂家根据故障现象进行整改；阀到 BAS 端接线错误导致综合监控对阀无法监控，需要施工单位重新核查接线情况；BAS 模块损坏导致综合监控对阀无法监控，需要更换损坏的模块。空间问题无法接线，需要设计单位根据现场情况提供新的接线方式。设计未在图纸上有相关接线，设计提供新的路由，施工单位进行接线满足监控要求。

⑤潜水泵、污水提升装置：水泵控制柜内软件有问题导致与 BAS 通信不上，控制柜厂家修改程序。BAS 软件有问题导致无法监控，BAS 厂家修改软件。接线错误导致通信不上，施工单位重新核查接线情况。控制柜未正确设置地址导致通信不上，控制柜按照 BAS 提供的地址正确设置。BAS 模块下挂水泵控制柜过多导致控制延迟，BAS 优化控制方案，保证控制延时满足设计要求。

⑥环控柜上普通风机：定值设置偏小，导致运行报故障，环控柜厂家按照设计提供的数值设置。环控柜上旋钮故障，导致各类操作不能执行，环控柜厂家进行更换。环控柜到就地箱接线错误导致风机无法正常运行，施工单位核查接线情况。

⑦环控柜上风阀：环控柜上旋钮故障，导致各类操作不能执行，环控柜厂家进行更换。环控柜到就地箱接线错误导致风阀无法正常运行，施工单位核查接线情况。阀体故障无法开关、反馈信号错误等，阀厂家根据故障现场进行整改。

⑧兼用风机：因早期设计时部分风机是按照消防专用风机进行设计的，因此 BAS 和兼用风机无接口，设计出变更提供接线路由，风机控制柜厂家更换控制柜内接口。在控制柜处 BAS 监控信号都能正常进行模拟，但实际上综合监控无法监控兼用风机，控制柜厂家检查控制柜内设备及接线。BAS 监控信号无法正确到达控制柜导致无法监控兼用风机，施工单位核对接线。

⑨应急疏散：因设计和现场实际情况端子有源和无源要求不一致导致设备无法正常切换到应急状态，机电施工单位按照新的设计要求修改接线方式。灯具损坏导致无法切换，应急

疏散厂家更换了灯具。

⑩EPS：因施工单位接线不对导致通信不上，施工单位核查接线。

⑪TVF 风机、大空调机组、排热风机、回排风机：风向不对，机电施工单位更换接线。软起装置损坏导致设备无法运行，环控柜厂家更换损坏的设备。环控柜内继电器等元器件问题导致无反馈无法控制等问题，环控柜厂家更换有问题的元器件。感应电过高导致 BAS 无法接线问题，机电施工单位检查就地箱的接地。

⑫PLC 控制柜内冗余模块丢失导致 BAS 冗余功能未能实现，厂家补全备件后功能实现。

⑬综合监控上人防门应该为开信号，如果为关信号，有几种情况，人防门给的微动开关触点不对，通号接线松动，BAS 软件内定义错误，根据情况进行了排查并整改。

⑭各系统负责人需保证在联调过程中人身和设备安全，进入车站需穿戴好劳保用品。根据测试"内容和步骤"对各系统的影响做好相应的防范措施。

⑮进入车站设备区，需注意地板及临时悬空踏板，避免踏入孔洞。

⑯测试过程必须保证所有环控设备均能正常运行，所有环控设备处于停止状态，所有设备达到测试要求的测试位置。

⑰风机、空调机启动前，需先确认没有人进入风机房或空调机组内。

⑱出现设备故障需要临时检修时，需切断配电箱电源并挂警示牌。

⑲通风系统测试期间，所有风室、风道门关闭，避免人员误入发生意外。

⑳进行通风系统测试前，需检查确认设备内部及管路系统（风管、风室、风井）内无杂物，避免损坏设备或吹入隧道；另外，在点测风机、水泵时，注意开启管路上的阀门，保持整个管路系统的畅通。

14.3.5　综合监控系统与区间水泵联调联试

14.3.5.1　前置条件

（1）调试设备运行条件

1）区间水泵设备单体调试结束，功能具备，工作状况良好。

2）区间水泵到综合监控系统端接线和校对均完成。

3）综合监控与区间水泵的接口已经连接，工作状况良好。

（2）关联系统运行条件

1）区间水泵及配套控制柜须完成安装及单体调试，联调过程中，控制柜厂家须安排经验丰富的作业人员进行配合，避免返工。

2）除核对接线外，须注意区间水泵的信号线所接的具体车站。

3）须核对信号通断是否正常。

14.3.5.2　组织及职责

表 14-34　联调人员安排及职责表

序号	人员分配	人数/人	岗位职责
1	ISCS 人员	2~3	其中 1 人为集成商人员，负责现场软件及技术配合；1~2 人为 ISCS 安装施工人员，负责现场操作配合

续表14-34

序号	人员分配	人数/人	岗位职责
2	BAS人员	2~3	其中1人为集成商人员，负责现场软件及技术配合；1~2人为BAS安装施工人员，负责现场操作配合
3	机电施工单位	至少2	其中1人为机电安装施工人员，1人为设备厂家
4	水泵人员	2	其中1人为水泵厂家人员，负责现场软件及技术配合；1人为BAS安装施工人员，负责现场操作配合

14.3.5.3 联调步骤

（1）区间水泵远程监控测试

1）核对区间水泵就地实时状态与中央、车站BAS系统显示状态是否一致。

2）就地进行手/自动切换、断电、手动启停水泵、短接故障信号线操作，核对相应就地状态与中央、车站BAS系统显示状态是否一致。

3）中央、车站BAS系统端测试人员，区间水泵测试人员均已就位；区间水泵测试人员将区间水泵就地实时状态显示报告至中央、车站BAS系统端并记录；中央、车站BAS系统端测试人员接到报告后，立即核对并记录系统端显示的区间水泵状态信息和液位信息；双方人员按实际结果填写测试表。

4）区间水泵测试人员在区间水泵就地控制箱上进行手/自动切换操作；就地控制箱打至手动状态下，中央、车站BAS系统端测试人员确认系统端是否显示区间水泵处于手动状态；就地控制箱打至自动状态下，中央、车站BAS系统端测试人员确认系统端是否显示区间水泵处于自动状态；双方人员按实际结果填写测试表。

5）区间水泵测试人员在区间水泵就地控制箱上进行断电操作；就地控制箱内断电后，中央、车站BAS系统端测试人员确认系统端是否显示区间水泵处于失电状态；双方人员按实际结果填写测试表。

6）区间水泵测试人员在区间水泵就地控制箱上进行手动启停水泵操作；就地控制箱打至手动状态下，区间水泵测试人员按下A泵启动按钮，中央、车站BAS系统端测试人员确认系统端是否显示区间水泵A泵处于启动状态；就地控制箱打至手动状态下，区间水泵测试人员按下A泵停止按钮，中央、车站BAS系统端测试人员确认系统端是否显示区间水泵A泵处于停止状态；就地控制箱打至手动状态下，区间水泵测试人员按下B泵启动按钮，中央、车站BAS系统端测试人员确认系统端是否显示区间水泵A泵处于启动状态；就地控制箱打至手动状态下，区间水泵测试人员按下B泵停止按钮，中央、车站BAS系统端测试人员确认系统端是否显示区间水泵A泵处于停止状态；双方人员按实际结果填写测试表。

7）区间水泵测试人员在区间水泵就地控制箱上进行短接故障信号线操作；就地控制箱打至自动状态下，区间水泵测试人员将控制箱内A泵故障信号线进行短接；区间水泵测试人员观察控制箱A泵故障灯是否亮起，中央、车站BAS系统端测试人员确认系统端是否显示区间水泵A泵故障信息；就地控制箱打至自动状态下，区间水泵测试人员将控制箱内B泵故障信号线进行短接；区间水泵测试人员观察控制箱B泵故障灯是否亮起，中央、车站BAS系统端测试人员确认系统端是否显示区间水泵B泵故障信息；双方人员按实际结果填写测试表。

（2）区间水泵低水位、高水位报警功能测试

1)根据控制回路模拟区间水泵低水位信号,核对中央、车站 BAS 系统是否显示低水位报警。

2)根据控制回路模拟区间水泵高水位信号,核对中央、车站 BAS 系统是否显示高水位报警。

3)中央、车站 BAS 系统端测试人员,区间水泵测试人员均已就位;就地控制箱打至自动状态;区间水泵测试人员在区间水泵就地控制箱上模拟低水位信号;区间水泵测试人员观察控制箱低水位灯是否亮起,中央、车站 BAS 系统端测试人员确认系统端是否显示区间水泵低水位报警信息;双方人员按实际结果填写测试表。

4)就地控制箱打至自动状态;区间水泵测试人员在区间水泵就地控制箱上模拟高水位信号;区间水泵测试人员观察控制箱高水位灯是否亮起,中央、车站 BAS 系统端测试人员确认系统端是否显示区间水泵高水位报警信息;双方人员按实际结果填写测试表。

(3)区间水泵启(停)泵功能测试

1)根据控制回路模拟区间水位达到一泵启动水位,区间水泵一台水泵启动,核对中央、车站 BAS 系统与就地状态是否显示一致。

2)根据控制回路模拟区间水位达到双泵启动水位,区间水泵两台水泵启动,核对中央、车站 BAS 系统与就地状态是否显示一致。

3)根据控制回路模拟区间水位达到停泵水位,区间水泵处于停止状态,核对中央、车站 BAS 系统与就地状态是否显示一致。

4)在中央、车站 BAS 系统端,按下区间水泵启动按钮,区间水泵应立即启动,并在中央、车站 BAS 系统中显示。

5)在中央、车站 BAS 系统端,按下区间水泵停止按钮,区间水泵应立即停止,并在中央、车站 BAS 系统中显示。

6)中央、车站 BAS 系统端测试人员,区间水泵测试人员均已就位;就地控制箱打至自动状态;区间水泵测试人员在区间水泵就地控制箱上模拟区间水位达到一泵启动水位;区间水泵测试人员观察是否有一台水泵启动,中央、车站 BAS 系统端测试人员确认系统端是否显示一台水泵启动信息;双方人员按实际结果填写测试表。(★该操作可进行两次,A 泵与 B 泵轮流单点启动)

7)就地控制箱打至自动状态;区间水泵测试人员在区间水泵就地控制箱上模拟区间水位达到双泵启动水位;区间水泵测试人员观察是否有两台水泵启动,中央、车站 BAS 系统端测试人员确认系统端是否显示两台水泵启动信息;双方人员按实际结果填写测试表。

8)就地控制箱打至自动状态;区间水泵测试人员在区间水泵就地控制箱上模拟区间水位达到停泵水位;区间水泵测试人员观察水泵是否停止,中央、车站 BAS 系统端测试人员确认系统端是否显示水泵停止信息;双方人员按实际结果填写测试表。

9)就地控制箱打至自动状态;在中央、车站 BAS 系统端,按下区间水泵启动按钮;区间水泵测试人员观察水泵是否启动,中央、车站 BAS 系统端测试人员观察系统端是否显示水泵启动信息;双方人员按实际结果填写测试表。

10)就地控制箱打至自动状态;在中央、车站 BAS 系统端,按下区间水泵停止按钮;区间水泵测试人员观察水泵是否停止,中央、车站 BAS 系统端测试人员观察系统端是否显示水泵停止信息;双方人员按实际结果填写测试表。

14.3.5.4 调试记录

表 14-35 综合监控与区间水泵联调测试记录表

测试地点：		测试时间：		记录人员：	
序号	测试项目	测试内容	判断标准	测试结果	备注
1		就地实时状态	设备状态与 ISCS 画面显示一致		
2		液位信息	设备状态与 ISCS 画面显示一致		
3		手动/自动状态	设备状态与 ISCS 画面显示一致		
4		控制箱失电报警	设备状态与 ISCS 画面显示一致		
5		A 泵运行/停止状态	设备状态与 ISCS 画面显示一致		
6		B 泵运行/停止状态	设备状态与 ISCS 画面显示一致		
7		C 泵运行/停止状态	设备状态与 ISCS 画面显示一致		
8	区间水泵与	A 泵故障状态	设备状态与 ISCS 画面显示一致		
9	综合监控	B 泵故障状态	设备状态与 ISCS 画面显示一致		
10	联调测试	C 泵故障状态	设备状态与 ISCS 画面显示一致		
11		低水位报警	设备状态与 ISCS 画面显示一致		
12		高水位报警	设备状态与 ISCS 画面显示一致		
13		一泵启动水位启泵	设备状态与 ISCS 画面显示一致		
14		双泵启动水位启泵	设备状态与 ISCS 画面显示一致		
15		停泵水位停泵	设备状态与 ISCS 画面显示一致		
16		远程启动	设备动作与下发命令一致		
17		远程停止	设备动作与下发命令一致		

问题记录	

参调人员	单位名称	签名

14.3.5.5 联调常见问题

(1) 问题描述

在综合监控系统与区间水泵测试中，现场综合监控画面反馈区间水泵 BAS 通信故障。

（2）解决措施

现场组织系统单位排查故障，发现线路虚接，重新紧固线路后，显示通信正常。

（3）分析总结

区间水泵单独从给排水系统中拿出单列一项，重要的原因不言而喻，在测试过程中不仅要通信正常也要动作工作正常，在建设前期，区间水泵没有投入运行，一般使用临时水泵进行排水，泵坑和暗埋管的垃圾会累计过多，造成堵塞，在调试前需进行清理。

14.3.5.6 安全注意事项

①潜水泵控制柜内软件有问题导致与 BAS 通信不上，需控制柜厂家修改程序。BAS 软件有问题导致无法监控，需 BAS 厂家修改软件。接线错误导致通信不上，需施工单位重新核查接线情况。控制柜未正确设置地址导致通信不上，控制柜需按照 BAS 提供的地址正确设置。BAS 模块下挂水泵控制柜过多导致控制延迟，需 BAS 优化控制方案，保证控制延时满足设计要求。

②系统联调过程中，如发生设备设施故障或意外情况，应及时中止联调并采取临时措施，待恢复后再进行联调。

③联调结束后，测试人员、设备供货单位必须将所有设备恢复正常运行状态，发现设备坏损的，应由设备供货单位立即更换，保证系统的正常运行。

14.3.6 综合监控系统与 FAS 联调联试

14.3.6.1 前置条件

（1）调试设备技术条件

1）FAS 主机通电并正常运行，已经完成 FAS 到待调试设备的接线。

2）机电单位待调试设备单体设备正常运行。

3）ISCS 工作站通电并正常运行，FAS 画面已布。

4）ISCS 和 FAS 系统双方已确认两个系统之间通信正常，点表一致。

5）感温光纤与 ISCS 接口调试前置条件：感温光纤完成单调，ISCS 工作站相关画面和软件已完成，两个系统之间通信正常，两个系统所用点表一致。

（2）关联系统运行条件

无线系统在联调开展前具备全线通信功能，无线通信工具满足调试需要。

14.3.6.2 组织及职责

参与本次联调联试的单位及人员均已熟悉本次联调组织及实施方案，并已做好相关各项准备工作。联调人员安排及岗位职责，如表 14-36 所示。

表 14-36 联调人员安排及职责表

序号	人员分配	人数/人	岗位职责
1	ISCS 人员	2~3	其中 1 人为集成商人员，负责现场软件及技术配合；1~2 人为 ISCS 安装施工人员，负责现场操作配合
2	BAS 人员	2~3	其中 1 人为集成商人员，负责现场软件及技术配合；1~2 人为 BAS 安装施工人员，负责现场操作配合

续表14-35

序号	人员分配	人数/人	岗位职责
3	FAS 人员	2~3	其中有 1 人负责现场软件及技术配合,1~2 人为现场操作配合
4	气灭人员	1	负责气灭现场配合
5	机电施工单位	至少 2	其中 1 人为机电安装施工人员,1 人为设备厂家
6	FAS 联动设备各单位	各专业 1 人	1 人为设备厂家

14.3.6.3 联调步骤

根据现场设备结构和调试方便,本调试步骤适用于现场调试指导,执行组长可根据现场实际情况进行调试步骤优化,达到高效调试目的,以下为综合监控与 FAS 联调参考步骤。

(1)控制盘状态监视功能测试

1)FAS 人员将 FAS 主机进行手自动联动状态切换。

2)由 ISCS 人员检查车站级及中央级 ISCS 工作站显示是否正确。

3)FAS 人员设置 FAS 主机故障。

4)由 ISCS 人员检查车站级及中央级 ISCS 工作站显示是否正确。

5)FAS 人员设置 FAS 主机与 BAS 通信故障。

6)由 ISCS 人员检查车站级及中央级 ISCS 工作站显示是否正确。

7)FAS 人员设置 FAS 主机复位信号。

8)由 ISCS 人员检查车站级及中央级 ISCS 工作站显示是否正确。

9)FAS 人员将气灭主机进行手自动联动状态切换。

10)由 ISCS 人员检查车站级及中央级 ISCS 工作站显示是否正确。

11)FAS 人员设置气灭主机故障。

12)由 ISCS 人员检查车站级及中央级 ISCS 工作站显示是否正确。

(2)车站火灾监视功能测试

1)由 FAS 人员模拟火警信息。

2)ISCS 人员检查车站级及中央级 ISCS 工作站车站事件报警栏接收的信息是否正确;其跳图功能是否正常。

3)重复 1)~2)步骤,完成探测器、手动报警按钮、感温电缆、吸气式感烟探测器、消火栓按钮的测试。

(3)区间火灾(感温光纤)监视功能测试

1)FAS 人员模拟感温光纤火警信息。

2)由 ISCS 人员检查车站级及中央级 ISCS 工作站车站事件报警栏接收的信息是否正确(预警、火警、升温报警、预报警阈值、火警阈值、温升报警阈值、实时最高温度、实时最大温升速率、最高温度值/报警值距离);其跳图功能是否正常。

3)重复 1)~2)步骤,完成左侧区间下行、左侧区间上行、右侧区间下行、右侧区间上行火警点测试。

(4)消防风机、风阀、防火阀等功能测试

1)由机电人员排烟风机上远程就地切换。

2)FAS人员查看FAS主机上排烟风机远程就地反馈信号是否正确。

3)由ISCS人员检查车站级及中央级ISCS工作站显示是否正确。

4)由FAS人员在FAS主机上启动、停止风机。

5)机电人员检查风机动作是否正确。

6)FAS人员查看风机运行和停止的反馈信号是否正确。

7)由ISCS人员检查车站级及中央级ISCS工作站显示是否正确。

8)机电人员设置风机故障。

9)FAS人员查看FAS主机上风机故障反馈信号是否正确。

10)由ISCS人员检查车站级及中央级ISCS工作站显示是否正确。

11)重复1)~10)步骤，直到将所有风机测试完毕。

12)由FAS人员在工作站上关闭防火阀。

14)FAS人员在FAS主机上查看防火阀的联动信号及反馈信号是否正确。

15)由ISCS人员检查车站级及中央级ISCS工作站显示防火阀的联动信号及反馈信号是否正确。

16)重复12)~15)步骤，直到将所有防火阀测试完毕。

(5)消防泵功能测试

1)由机电人员消防泵控制柜上手自动切换。

2)FAS人员查看消防泵手自动反馈信号是否正确。

3)由ISCS人员检查车站级及中央级ISCS工作站显示是否正确。

4)由FAS人员在FAS主机上启动、停止消防泵。

5)机电人员检查消防泵动作是否正确。

6)FAS人员查看消防泵运行和停止的反馈信号是否正确。

7)由ISCS人员检查车站级及中央级ISCS工作站显示是否正确。

8)机电人员设置消防泵故障。

9)FAS人员查看消防泵故障反馈信号是否正确。

10)由ISCS人员检查车站级及中央级ISCS工作站显示是否正确。

11)机电人员设置消防泵巡检状态。

12)FAS人员查看消防泵巡检状态反馈信号是否正确。

13)由ISCS人员检查车站级及中央级ISCS工作站显示是否正确。

14)重复1)~13)步骤，直到将所有消防泵测试完毕。

(6)防火卷帘、挡烟垂壁功能测试

1)由FAS人员在FAS主机上半降、全降防火卷帘门操作。

2)机电人员检查防火卷帘门动作是否正确。

3)FAS人员查看反馈信号是否正确。

4)由ISCS人员检查车站级及中央级ISCS工作站显示是否正确。

5)机电人员设置防火卷帘故障。

6)FAS人员查看防火卷帘故障反馈信号是否正确。

7)由ISCS人员检查车站级及中央级ISCS工作站显示是否正确。

8）重复1）~7）步骤，直到将所有防火卷帘测试完毕。

9）由 FAS 人员在 FAS 主机上关闭挡烟垂壁。

10）机电人员检查挡烟垂壁动作是否正确。

11）FAS 人员查看挡烟垂壁的关闭信号是否正确。

12）由 ISCS 人员检查车站级及中央级 ISCS 工作站显示是否正确。

13）重复9）~12）步骤，直到将所有挡烟垂壁测试完毕。

（7）气灭设备间状态监视功能测试

1）气灭人员再次确认气瓶间电磁阀已经拆除。

2）由气灭人员在气瓶间模拟压力开关、选择阀动作信号。

3）FAS 人员查看压力开关、选择阀反馈信号是否正确。

4）由 ISCS 人员检查车站级及中央级 ISCS 工作站显示是否正确。

5）重复2）~4）步骤，直到将所有压力开关、选择阀测试完毕。

6）气灭人员在灭控盘上进行手动释放操作，并在延时时间内进行紧急停止操作，在主机和气灭控制盘复位。

7）由 ISCS 人员检查车站级及中央级 ISCS 工作站是否显示2个操作指令。

8）FAS 人员在 FAS 主机上模拟一次火警、二次火警，经过延时时间，发出电磁阀打阀指令。

9）FAS 人员查看 FAS 主机收到的一次火警、二次火警、声光报警器、电磁阀启动等信号是否正确。

10）由 ISCS 人员检查车站级及中央级 ISCS 工作站是否有正确显示。

11）气灭人员在灭控盘上进行手动、自动切换操作。

12）FAS 人员查看 FAS 主机显示是否正确。

13）由 ISCS 人员检查车站级及中央级 ISCS 工作站显示是否正确。

14）重复6）~13）步骤，直到将所有灭控盘测试完毕。

（8）非消防电源切除功能测试

1）由 FAS 人员在 FAS 主机上动作非消防电源控制模块。

2）供电人员检查切电是否正确。

3）FAS 人员查看反馈信号是否正确。

4）由 ISCS 人员检查车站级及中央级 ISCS 工作站显示是否正确。

5）重复1）~4）步骤，直到将所有非消防电源测试完毕。

（9）AFC、ACS、垂梯火灾联动功能测试

1）由 FAS 人员在 FAS 主机上动作 AFC 控制模块。

2）AFC 人员检查联动是否正确。

3）FAS 人员查看反馈信号是否正确。

4）由 ISCS 人员检查车站级及中央级 ISCS 工作站显示是否正确。

5）由 FAS 人员在 FAS 主机上动作 ACS 控制模块。

6）ACS 人员检查联动是否正确。

7）FAS 人员查看反馈信号是否正确。

8）由 ISCS 人员检查车站级及中央级 ISCS 工作站显示是否正确。

9）由 FAS 人员在 FAS 主机上动作垂梯控制模块。

10）垂梯人员检查联动是否正确。

11）FAS 人员查看反馈信号是否正确。

12）由 ISCS 人员检查车站级及中央级 ISCS 工作站显示是否正确。

13）重复 9）~12）步骤，直到将所有垂梯测试完毕。

（10）应急疏散联动功能测试

1）由 FAS 人员在 FAS 主机上动作应急照明和疏散指示控制模块。

2）机电人员检查应急照明和疏散指示动作是否正确。

3）FAS 人员在 FAS 主机上查看应急照明和疏散指示的联动指令及反馈信号是否正确。

4）由 ISCS 人员检查车站级及中央级 ISCS 工作站显示是否正确。

（11）EPS 联动功能测试

1）由 FAS 人员在 FAS 主机上动作 EPS 控制模块。

2）机电人员检查 EPS 动作是否正确。

3）FAS 人员在 FAS 主机上查看 EPS 联动指令及反馈信号是否正确。

4）由 ISCS 人员检查车站级及中央级 ISCS 工作站显示是否正确。

14.3.6.4　调试记录

表 14-37　控制盘状态监视功能测试

测试地点：		测试时间：		记录人员：	
序号	测试项		ISCS 工作站是否正常显示，是打√，否打×		备注
1	FAS 主机手动/自动状态				
2	FAS 主机故障状态				
3	FAS 主机与 BAS 通信故障				
4	气灭主机手动/自动状态				
5	气灭主机故障状态				
问题记录					
参调人员	单位名称			签名	

表 14-38　车站火灾监视功能测试

序号	编号	火警显示	跳图	故障显示	备注	序号	编号	火警显示	跳图	故障显示	备注
测试地点：				测试时间：				记录人员：			

问题记录	

参调人员	单位名称	签名

表 14-39　区间火灾(感温光纤)监视功能测试

测试地点：	测试时间：	记录人员：

操作步骤：

测试人员模拟感温光纤火警信息：查看 ISCS 工作站车站事件报警栏接收的信息是否正确(预警、火警、升温报警、预报警阈值、火警阈值、温升报警阈值、实时最高温度、实时最大温升速率、最高温度值/报警值距离)；其跳图功能是否正常

测试人员模拟感温光纤断纤故障：查看 ISCS 工作站信息是否正确

序号	感温光纤位置	显示火警信息	跳图	故障信息	备注
1	左侧区间下行				
2	左侧区间上行				
3	右侧区间下行				
4	右侧区间上行				

问题记录	

参调人员	单位名称	签名

表 14-40 消防风机、风阀、防火阀等功能测试

测试地点：				测试时间：				记录人员：		
序号	设备名称	总线启动控制	总线停止控制	多线启动控制	多线停止控制	多线运行信息	故障信息	总线运行信息	手动状态信息	备注

问题记录	
参调人员	单位名称	签名

表 14-41 消防泵功能测试

测试地点：				测试时间：					记录人员：			
消防泵、喷淋泵												
序号	测试设备	远程就地	总线启泵控制	总线停泵控制	总线运行反馈	多线启泵控制	多线停泵控制	多线运行反馈	故障	巡检状态	备注	
问题记录												
参调人员		单位名称				签名						

表 14-42 防火卷帘、挡烟垂壁功能测试

测试地点：			测试时间：			记录人员：	
防火卷帘门							
序号	测试设备	半降控制	全降控制	半降状态	全降状态	故障信号	备注

续表 14-42

问题记录		
参调人员	单位名称	签名

表 14-43 气灭设备间状态监视功能测试

测试地点:					测试时间:				记录人员:		
序号	保护区	一点报警信号	两点报警信号	气体喷放信号	手自动状态	声光报警（内）	声光报警（外）	紧急启动	紧急停止	选择阀状态	备注

问题记录		
参调人员	单位名称	签名

表 14-44 非消防电源切除功能测试

测试地点：		测试时间：		记录人员：
序号	测试设备	控制指令	设备动作信号	备注

问题记录		
参调人员	单位名称	签名

表 14-45 AFC、ACS、垂梯功能测试

测试地点：		测试时间：		记录人员：
序号	测试设备	控制指令	设备动作信号	备注

问题记录	

参调人员	单位名称	签名

表14-46　车站公共区火灾工况联动测试

测试地点：					测试时间：				记录人员：		
火灾联动功能测试											
运行工况	模式编号	火警触发条件	广播与声光交替动作	防排烟模式	切非	EPS	垂梯	AFC	ACS	PIS	VRV	防火卷帘门	应急照明和疏散指示	IBP盘显示正确否

运行工况	模式编号	火警触发条件	广播与声光交替动作	防排烟模式	切非	EPS	垂梯	AFC	ACS	PIS	VRV	防火卷帘门	应急照明和疏散指示	IBP盘显示正确否

冷烟风速测试项		
工况	楼梯口1	楼梯口2
站台火灾		
站厅火灾		

首火警联动功能测试	串烟情况

问题记录	

参调人员	单位名称	签名

14.3.6.5　常见问题

（1）问题描述

综合监控系统与FAS系统测试中，送风机、排烟风机无法连锁启动。联合车库排烟阀，FAS无法控制。

（2）解决措施

针对送风机、排烟风机无法连锁启动的问题，现场检查为线路通信通畅，但未收到执行信号，重新对软件点表进行配置，后续测试正常启动。针对联合车库排烟阀FAS无法控制的问题，FAS厂家进行现场问题排查，发现机电阀体上的两个机构未串联导致阀体只能开一半，还有一半无法打开，配合机电厂家重新调整后恢复正常。

（3）分析总结

综合监控与 FAS 的联调联试相当于火灾联调联试的接口调试，为了保证火灾联动各模式触发正常和各设备动作正确，在进行综合监控与 FAS 的联调中，遇到问题尽量一次性解决到位，系统厂家和机电单位做好配合完成调试，发现问题也需要一起排查，共同处理。

14.3.6.6　安全注意事项

①电动防火阀、电动二通阀、电动蝶阀，阀开不到位、关不到位、阀体故障无法开关、反馈信号错误、二通阀动作停不下来等，阀厂家根据故障现象进行整改；阀到 BAS 端接线错误导致综合监控对阀无法监控，需要施工单位重新核查接线情况；BAS 模块损坏导致综合监控对阀无法监控，需要更换损坏的模块。空间问题无法接线，需要设计单位根据现场情况提供新的接线方式。未在图纸上设计相关接线，设计提供新的路由，施工单位进行接线，满足监控要求。

②应急疏散：因设计和现场实际情况端子有源和无源要求不一致导致设备无法正常切换到应急状态，机电施工单位按照新的设计要求修改接线方式。灯具损坏导致无法切换，应急疏散厂家更换了灯具。

③电动防火阀开关不到位、阀体故障，阀体厂家进行了维修。因 FAS 模块故障导致 FAS 无法监控电动防火阀、EPS、PA、ACS、应急疏散、垂梯、电动挡烟垂壁、防火卷帘等，FAS 厂家更换了模块。感温光纤主板损坏，更换主板。综合监控无法收到感温光纤的信息，检查通道接线并紧固后正常。

④因接线导致 FAS 无法监控各类外控设备的，施工单位核查线路。FAS 无法对外控设备进行监控，检查发现在外控设备端子处能收到 FAS 的控制信息，FAS 也可以收到模拟的反馈信息，外控设备厂家检查控制柜内线路并进行了整改。电动防火阀安装成手动防火阀导致 FAS 无法控制阀门，机电施工单位重新安装电动防火阀。

⑤软件：综合监控无法收到感温光纤的信息，通道正常的情况下重新软件配置后正常。点位错误，综合监控和 FAS 两个专业重新核对点位。FAS 和综合监控工作站上显示的信息不一致，是 FAS 和综合监控的点表不一致导致，综合监控专业按照 FAS 提供的最新的点表更新。FAS 主机上设备编号和现场不一致，FAS 厂家修改不一致的内容。

⑥防火阀无接线空间，设计单位根据现场实际情况重新给出接线方案。400 V 抽屉柜处未能提供端子给 FAS 接线，供电设计核对现场情况给出图纸，400 V 柜厂家和 FAS 厂家按照最新要求进行了整改。FAS 图纸上电动防火阀编号和实际现场电动防火阀编号不一致、编号重复的或者 FAS 图纸上没有的，设计进行了修改。部分风机 BAS 和 FAS 归宿不明的，设计给出最新方案，施工单位按照新的方案进行整改和施工。

⑦人员进入车站需配齐劳保用品，包括劳保鞋、安全帽；进入区间隧道前，需明确作业区间已经封闭，并穿戴荧光衣。

⑧进入车站设备区，需注意地板及临时悬空踏板，避免踏入孔洞。

⑨出现设备故障需要临时检修时，需切断配电箱电源并挂警示牌。

⑩在进行气体灭火系统测试时应保证断开气体灭火系统的气瓶启动电磁阀，以防止气体灭火系统误喷气。

⑪联调结束后,测试人员、设备供货单位必须将所有设备恢复正常运行状态,发现设备坏损的,应由设备供货单位立即更换,保证系统的正常运行。

14.3.7　综合监控系统与 BAS 各种工况模式联调联试

14.3.7.1　前置条件

(1)调试设备运行条件

1)车站(环控"大系统、小系统、隧道通风系统、空调水系统"、给排水、照明配电系统、EPS、电梯、扶梯、VRV 等)机电设备已投入运行,工作状况良好,车站设备已完成单体设备调试(包括管道吹扫、试压),并提供完整的单体调试报告。

2)综合监控系统完成车站级、中央级计算机的单系统调试;已完成所有有关 BAS 系统的数据配置准备,车站、中央数据保持一致性,IBP 盘完成调试,并提供设备单体调试报告。

3)BAS 系统已完成所有点动调试;编制设备的模式控制动作与环控工艺要求一致;系统设备投入运行并工作正常。测试结果以现场调试记录点表为依据,调试记录点表由调试各方人员签字确认方视为有效。

4)综合监控与 BAS,BAS 与车站监视/监控设备完成接口测试,测试结果以现场调试记录点表为依据,调试记录点表由调试各方人员签字确认方视为有效。

5)车站风室、风道清理完毕,风室门锁好可正常使用。

6)提供火灾联动工况及防排烟模式表。

(2)关联系统运行条件

无线系统在联调开展前具备全线通信功能,无线通信工具满足调试需要。

14.3.7.2　组织及职责

参与本次联调联试的单位及人员均已熟悉本次联调组织及实施方案,并已做好相关各项准备工作。联调人员安排及岗位职责,如表 14-47 所示。

表 14-47　联调人员安排及职责表

序号	人员分配	人数/人	岗位职责
1	ISCS 人员	2~3	其中 1 人为集成商人员,负责现场软件及技术配合;1~2 人为 ISCS 安装施工人员,负责现场操作配合
2	BAS 人员	2~3	其中 1 人为集成商人员,负责现场软件及技术配合;1~2 人为 BAS 安装施工人员,负责现场操作配合
3	机电施工单位	至少 2	其中 1 人为机电安装施工人员,1 人为设备厂家
4	BAS 联动设备各单位	各专业 1	1 人为设备厂家

14.3.7.3　联调步骤

(1)环控模式联调步骤

控制中心	1.控制中心联系车站人员和工器具准备情况。 2.告知今天调试内容。 3.停止车站人员检查状态、确认前提条件。	1.控制中心获得综合监控控制权限。 2.执行环控模式,记录模式执行情况。 3.通知车站人员检查通风空调风机、风阀设备状态。	1.检查中央级综合监控界面与现场一致,检查报警、事件是否正常。 2.汇总所有问题。 3.恢复模式,执行下一个模式。
车控室	1.回复控制中心就地情况。 2.接收调试内容。 3.检查设备。回复控制中心,设备准备情况。	1.检查综合监控人机界面通风模式执行情况。 2.记录模式执行情况。	1.检查车站级综合监控界面与现场一致。检查报警、事件是否正常。 2.反馈车站级综合监控问题
环控电控室	1.回复控制中心就地情况。 2.接收调试内容。 3.检查设备。回复控制中心,设备准备情况。	1.检查环控柜风机、风阀指示位置与模式执行要求是否一致。 2.记录问题设备。	1.检查环控电控室显示与现场一致。 2.反馈环控电控室问题
现场	1.回复控制中心就地情况。 2.接收调试内容。 3.检查设备。回复控制中心,设备准备情况。	1.现场确认风机、风阀动作情况,通风风向、风阀动作是否与设计一致。 2.记录设备动作情况,记录问题。	1.反馈机电现场设备动作情况。 2.反馈调试问题。

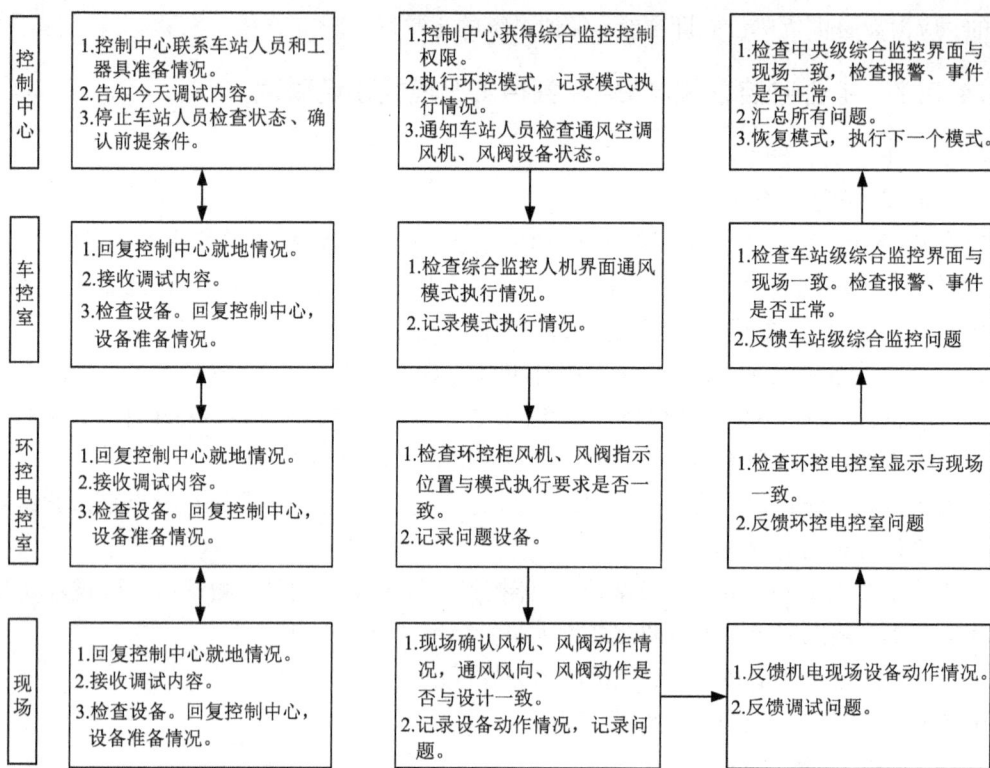

图 14-1 环控模式联调步骤

(2)综合监控/BAS 与照明模式测试

1)ISCS 人员在 ISCS 工作站上操作,将照明模式切换为全亮模式。

2)机电人员现场查看设备动作情况,是否符合模式表设备要求动作状态。

3)由车站级及中央级 ISCS 人员检查工作站显示是否符合模式表设备要求动作状态。

4)ISCS 人员在 ISCS 工作站上操作,将照明模式切换为运营期间节能降耗模式。

5)机电人员现场查看设备动作情况,是否符合模式表设备要求动作状态。

6)由车站级及中央级 ISCS 人员检查工作站显示是否符合设计设备要求动作状态。

7)ISCS 人员在 ISCS 工作站上操作,将照明模式切换为运营期间自然照度低模式。

8)机电人员现场查看设备动作情况,是否符合设计设备要求动作状态。

9)由车站级及中央级 ISCS 人员检查工作站显示是否符合设计设备要求动作状态。

10)ISCS 人员在 ISCS 工作站上操作,将照明模式切换为运营结束模式。

11)机电人员现场查看设备动作情况,是否符合设计设备要求动作状态。

12)由车站级及中央级 ISCS 人员检查工作站显示是否符合设计设备要求动作状态。

(3)ISCS/BAS 系统时间表测试

1)由中央级 ISCS 人员编写一份临时时间表(风、水、照明系统所有模式都必须包含)。

2)由中央级 ISCS 人员将编写好的时间表下传。

3)由车站级 ISCS 人员及 BAS 人员检查车站级 ISCS 及 BAS 系统是否正确接收到中央级

下传的时间表。

4）由 BAS 人员检查 BAS 系统是否按照时间表正确运行各种模式。

5）由中央级 ISCS 人员将正常时间表重新输入并下传。

6）由车站级 ISCS 人员及 BAS 人员检查车站级 ISCS 及 BAS 系统是否正确接收到中央级下传的时间表。

7）各专业人员负责各自系统的设备及现场的恢复。

14.3.7.4　调试记录

表 14-48　大系统模式测试

测试地点：	测试时间：		记录人员：
模式编号	设备动作是否与模式表一致		备注
问题记录			
	单位名称		签名
参调人员			

表 14-49　小系统模式测试

测试地点：		测试时间：		记录人员：
序号	模式编号	设备动作是否与模式表一致		备注
问题记录				
参调人员	单位名称		签名	

表 14-50　隧道模式测试

测试地点：		测试时间：		记录人员：	
隧道系统	位置	正常运行模式设备动作是否和模式表一致	区间阻塞通风模式设备动作是否和模式表一致	区间火灾排烟模式设备动作是否和模式表一致	早晚通风模式设备动作是否和模式表一致
	左侧上行				
	左侧下行				
	右侧上行				
	右侧下行				
问题记录					
参调人员	单位名称		签名		

表 14-51　冷水群控功能测试

测试地点：		测试时间：		记录人员：	

ISCS 对冷水群控系统的控制

群控系统启动控制	群控系统停止控制

ISCS 传递给冷水群控系统的信息

传递的信息	A 端新风井	B 端新风井	站厅 1	站厅 2	站厅 3	站厅 4	站台 1	站台 2	站台 3	站台 4
温度										
湿度										

续表 14—51

以下为冷水群控传递给 BAS 的信息							
设备名称	就地/BAS 状态		运行状态		总故障状态	启动状态	停止状态
群控系统							
设备名称	远程/就地状态	运行状态	故障状态	1#压缩机运行状态	1#压缩机故障状态	2#压缩机运行状态	2#压缩机故障状态
1#冷水机组							
2#冷水机组							
3#冷水机组							
设备名称	蒸发器出水温度	蒸发器进水温度	冷凝器出水温度	冷凝器进水温度	吸气压力	排气压力	目标容量
1#冷水机组							
2#冷水机组							
3#冷水机组							
设备名称	1#压缩机当前容量	2#压缩机当前容量	1#压缩机运行电流	2#压缩机运行电流	累计运行时间	冷却水流量	冷却水总管出水温度	冷却水总管进水温度
1#冷水机组								
2#冷水机组								
3#冷水机组								

设备名称	环控/群控	环控/就地	运行状态	设备名称	环控/群控	环控/就地	运行状态	设备名称	环控/群控	环控/就地	运行状态
1#冷水泵				1#冷却泵				1#冷却塔风机			
2#冷水泵				2#冷却泵				2#冷却塔风机			
3#冷水泵				3#冷却泵				3#冷却塔风机			
设备名称	远程/就地	开到位	关到位	设备名称	远程/就地	开到位	关到位	设备名称	远程/就地	开到位	关到位
1#机组冷冻出水蝶阀				1#冷却塔进水蝶阀				2#冷却塔出水蝶阀			
2#机组冷冻出水蝶阀				1#冷却塔出水蝶阀				3#冷却塔进水蝶阀			
3#机组冷冻出水蝶阀				2#冷却塔进水蝶阀				3#冷却塔出水蝶阀			

设备名称	运行状态	故障状态	设备名称	运行状态	故障状态
1#冷冻全程水处理仪			1#AOP 水处理仪		
2#冷冻全程水处理仪			2#AOP 水处理仪		
3#冷冻全程水处理仪			3#AOP 水处理仪		

续表 14-51

设备名称	高液位	低液位	设备名称	高液位	低液位
膨胀水箱			2#冷却塔集水盘		
1#冷却塔集水盘			3#冷却塔集水盘		

设备名称	供水温度	回水温度	供水压力	回水压力	流量	设备名称	手自动状态	开度反馈
冷冻水总管						压差旁通阀		

问题记录	

参调人员	单位名称	签名

表 14-52 照明模式测试

测试地点：		测试时间：		记录人员：	
照明模式名称					
ISCS 显示					
照明模式名称					
ISCS 显示					
照明模式名称					
ISCS 显示					
照明模式名称					
ISCS 显示					
照明模式名称					
ISCS 显示					
照明模式名称					
ISCS 显示					

续表 14-52

问题记录		
参调人员	单位名称	签名

表 14-53　时间表功能测试

测试地点：	测试时间：	记录人员：

由 ISCS 人员编写一份临时时间表(风、水、照明系统所有模式都必须包含)，由 ISCS 人员将编写好的时间表下传，由车站级 ISCS 人员及 BAS 人员检查车站级 ISCS 及 BAS 系统是否正确接收到中央级下传的时间表，ISCS 人员、BAS 人员检查 BAS 系统是否按照时间表正确运行模式

系统	能否接收到下传时间表	通风空调	照明	水系统
车站级				
控制中心				

由中央级 ISCS 人员将正常时间表重新输入并下传，由车站级 ISCS 人员及 BAS 人员检查车站级 ISCS 及 BAS 系统是否正确接收到中央级下传的时间表

车站级	
控制中心	

问题记录		
参调人员	单位名称	签名

表 14-54 ISCS 与 VRV 等系统测试

测试地点：				测试时间：				记录人员：	
序号	编号	显示				控制				备注
		内机运行	外机运行	内机故障	外机故障	内机启动	内机停止	外机启动	外机停止	
问题记录										
参调人员		单位名称				签名				

14.3.7.5 常见问题

（1）问题描述

综合监控系统与 BAS 各种工况模式测试中，某风机与其连锁阀在模式表中状态不一致，导致无法调试。隧道风机进线电源切至备电，模式启动风机，风机环控柜跳电。

（2）解决措施

针对风机与其连锁阀在模式表中状态不一致的问题，现场检查为逻辑设置错误，软件重新配置后状态恢复一致。针对风机环控柜跳电的问题，机电单位牵头厂家排查故障，原因为环控柜设定值较低，风机启动顺势电流过大，导致跳闸，重新设定电流额定值，启动正常。

（3）分析总结

综合监控与 BAS 各种工况的联调会出现的故障和问题较为复杂，有的时候在进行功能验证的时候是好的，但是在执行模式时会发生故障。案例中环控柜跳电的问题，在测试中只要启动就算通过，但是在模式执行时，运行时间一长就容易暴露问题。所以在 BAS 工况的联调前应提前检查现场，避免出现末端设备故障导致模式执行出现问题。

14.3.7.6　安全注意事项

①环控柜上普通风机：定值设置偏小，导致运行报故障，环控柜厂家按照设计提供的数值设置。环控柜上旋钮故障，导致各类操作不能执行，环控柜厂家进行更换。环控柜到就地箱接线错误导致风机无法正常运行，施工单位核查接线情况。

②环控柜上风阀：环控柜上旋钮故障，导致各类操作不能执行，环控柜厂家进行更换。环控柜到就地箱接线错误导致风阀无法正常运行，施工单位核查接线情况。阀体故障无法开关、反馈信号错误等，阀厂家根据故障现场进行整改。

③兼用风机：因早期设计时部分风机是按照消防专用风机进行设计的，因此 BAS 和兼用风机无接口，设计出变更提供接线路由，风机控制柜厂家更换控制柜内接口。在控制柜处 BAS 监控信号都能正常进行模拟，但实际上综合监控无法监控兼用风机，控制柜厂家检查控制柜内设备及接线。BAS 监控信号无法正确到达控制柜导致无法监控兼用风机，施工单位核对接线。

④应急疏散：因设计和现场实际情况端子有源和无源要求不一致导致设备无法正常切换到应急状态，机电施工单位按照新的设计要求修改接线方式。灯具损坏导致无法切换，应急疏散厂家更换了灯具。

⑤EPS：因施工单位接线不对导致通信不上，施工单位核查接线。

⑥TVF 风机、大空调机组、排热风机、回排风机：风向不对，机电施工单位更换接线。软起损坏导致设备无法运行，环控柜厂家更换损坏的设备。环控柜内继电器等元器件问题导致无反馈无法控制等问题，环控柜厂家更换有问题的元器件。感应电过高导致 BAS 无法接线问题，机电施工单位检查就地箱的接地。

⑦PLC 控制柜内冗余模块丢失导致 BAS 冗余功能未能实现，厂家补全备件后功能实现。

⑧综合监控上人防门应该为开信号，如果为关信号，有几种情况，人防门给的微动开关触点不对，通号接线松动，BAS 软件内定义错误，根据情况进行了排查并整改。

⑨各系统负责人需保证在联调过程中人身和设备安全，进入车站需穿戴好劳保用品。根据测试"内容和步骤"对各系统的影响做好相应的防范措施。

⑩进入车站设备区，需注意地板及临时悬空踏板，避免踏入孔洞。

⑪测试过程必须保证所有环控设备均能正常运行，所有环控设备处于停止状态，所有设备达到测试要求的测试位置。

⑫风机、空调机启动前，需先确认没有人进入风机房或空调机组内。

⑬出现设备故障需要临时检修时，需切断配电箱电源并挂警示牌。

⑭通风系统测试期间，所有风室、风道门关闭，避免人员误入发生意外。

⑮进行通风系统测试前，需检查确认设备内部及管路系统（风管、风室、风井）内无杂物，避免损坏设备或吹入隧道；另外，在点测风机、水泵时，注意开启管路上的阀门，保持整个管路系统的畅通。

14.3.8　车站、场段火灾联调联试

14.3.8.1　前置条件

(1)调试设备运行条件

1)车站风水电设备完成与 BAS、综合监控调试，投入运行，消防水泵、应急照明应急电

源投入运行。(完成综合监控与 BAS 联调联试)

2)FAS 系统完成车站级计算机的单系统调试;已完成所有有关火灾联动设备接口调试(ACS、AFC、400 切非、防火卷帘、BAS、综合监控、排烟风机、加压风机、垂直电梯等各设备),车站、中央数据保持一致性,并提供设备接口调试报告。

3)气体灭火系统完成单系统调试,完成与 FAS 系统接口调试。

4)PIS、PA、CCTV、应急电源、ACS、AFC、400 切非、防火卷帘、BAS、综合监控、排烟风机、加压风机、垂直电梯、防火卷帘门、应急照明及疏散指示系统已经完成单系统调试,并投入运行。

(2)关联系统运行条件

无线系统在联调开展前具备全线通信功能,无线通信工具满足调试需要。

14.3.8.2　组织及职责

参与本次联调联试的单位及人员均已熟悉本次联调组织及实施方案,并已做好相关各项准备工作。联调人员安排及岗位职责,如表 14-55 所示。

表 14-55　联调人员安排及职责表

序号	人员分配	人数/人	岗位职责
1	ISCS 人员	2~3	其中 1 人为集成商人员,负责现场软件及技术配合;1~2 人为 ISCS 安装施工人员,负责现场操作配合
2	BAS 人员	2~3	其中 1 人为集成商人员,负责现场软件及技术配合;1~2 人为 BAS 安装施工人员,负责现场操作配合
3	FAS 人员	2~3	其中有 1 人负责现场软件及技术配合,1~2 人为现场操作配合
4	机电施工单位	至少 2	其中 1 人为机电安装施工人员,1 人为设备厂家
5	门禁人员	1~2	其中 1 人为门禁厂家人员,负责现场软件及技术配合;1 人为 BAS 安装施工人员,负责现场操作配合
6	FAS 联动设备各单位	各专业 1	1 人为设备厂家

14.3.8.3　联调步骤

(1)站厅、站台火灾及站台冷烟测试

1)将所有联动设备(通风空调、给排水设备)切换为 BAS 位或远程位。

2)车控室 FAS 人员将 FAS 切换到自动联动状态。

3)由现场 FAS 人员在站台、站厅用烟枪模拟火灾,全线抽取几个站台使用烟饼产生烟雾,模拟触发火灾。

4)由车控室 FAS 人员检查 FAS 系统有无收到火警信息,联动条件是否正确(两烟触发联动),检查联动命令是否正确。

5)由车控室综合监控人员检查 BAS 系统有无正确接收并执行模式指令,检查联动关系是否正确。

6)供电专业人员检查非消防电源是否切除。

7)低压配电专业人员检查应急照明和疏散指示系统是否点亮。

8)低压配电专业人员检查应急照明是否强启。

9)电梯专业人员检查电梯是否迫降到疏散层。

10)AFC专业人员检查闸机是否打开。

11)PA专业人员检查PA是否切换到消防应急广播，与FAS声报警交替循环播放。

12)FAS专业人员检查消防应急广播与FAS声报警是否交替循环播放。

13)PIS专业人员检查PIS播放预录制火灾信息。

14)CCTV专业人员检查CCTV系统是否正常联动。

15)门禁专业人员检查门禁是否释放。

16)机电人员检查VRV是否全部关闭。

17)环控专业人员①检查环控系统是否正常联动，②检查专用消防风机(防排烟风机)是否正常联动。

18)卷帘门人员检查防火卷帘门下降情况(视防火分区情况)。

19)车控室ISCS人员检查IBP盘状态并记录。

20)车控室FAS、ISCS人员在工作站上检查联动设备反馈是否正确，和现场设备名称、状态是否一致。

21)机电专业人员使用风速仪测量公共区各个楼梯口的风速，并判断出风口的风向。

22)站台火灾模式执行后，模拟站厅层进行2个火灾手报操作，记录是否触发站厅火灾模式。

23)重复1)~22)完成站厅火灾模式。

24)查看FAS报警记录，判断有无串烟情况。

25)测试完毕，各专业设备恢复正常。

(2)设备区、主变电所、非气灭保护区火灾

1)机电人员将所有联动设备切换为远程位

2)车控室FAS人员将FAS主机切换到自动联动状态

3)现场气灭人员再次确认已经断开气瓶间启动瓶电磁阀控制接线。气灭人员将气体灭火控制盘切换到自动状态。

4)由现场FAS人员用工具逐个触发火灾信号(触发设备区走廊一个烟感报警和一个手动报警器或者设备房两个烟感，气体灭火系统触发一个烟感和一个温感)。

5)由车控室FAS人员检查FAS系统有无收到火警信息，联动条件是否正确(两烟触发联动)，检查联动命令是否正确。

6)由车控室综合监控人员检查BAS系统有无正确接收并执行模式指令，检查联动关系是否正确。

7)供电专业人员检查非消防电源是否切除。

8)低压配电专业人员检查疏散指示系统是否点亮。

9)低压配电专业人员检查应急照明是否强启。

10)电梯专业人员检查电梯是否迫降到疏散层。

11)AFC专业人员检查闸机是否打开。

12)PA专业人员检查PA是否切换到消防应急广播，与FAS声报警交替循环。

13)FAS专业人员检查消防应急广播与FAS声报警是否交替循环播放。

14)PIS专业人员检查PIS播放预录制火灾信息。

15)门禁专业人员检查门禁是否释放。

16)环控专业人员①检查环控系统是否正常联动,②检查专用消防风机(防排烟风机)是否正常联动。

17)机电人员检查VRV是否关闭。

18)车控室ISCS人员检查IBP盘状态并记录。

19)车控室FAS、ISCS人员在工作站上检查联动设备反馈是否正确,和现场设备名称、状态是否一致。

20)重复1)~19)完成其他小系统火灾模式。

21)测试完毕,各专业设备恢复正常。

(3)场段火灾

1)机电人员将所有联动设备切换为远程位。

2)消控室FAS人员将FAS主机切换到自动联动状态。

3)由现场FAS人员用工具逐个触发火灾信号(触发设备区走廊一个烟感报警和一个手动报警器或者设备房两个烟感)。

4)由消控室FAS人员检查FAS系统有无收到火警信息,联动条件是否正确(两烟触发联动)。

5)由消控室综合监控人员检查BAS系统有无正确接收并执行模式指令,检查联动关系是否正确。

6)供电专业人员检查非消防电源是否正常联动。

7)低压配电专业人员检查疏散指示系统是否正常联动。

8)低压配电专业人员检查应急电源是否正常联动。

9)电梯专业人员检查电梯是否正常联动。

10)PA专业人员检查PA系统是否正常联动。

11)门禁专业人员检查门禁系统是否正常联动。

12)环控专业人员①检查环控系统是否正常联动,②检查专用消防风机(防排烟风机)是否正常联动,③检查VRV是否正常联动。

13)消控室ISCS人员检查IBP盘状态并记录。

14)车控室FAS、ISCS人员在工作站上检查设备是否正确联动,和现场设备名称、状态是否一致。

15)重复1)~14)完成其他火灾模式。

16)测试完毕,各专业设备恢复正常。

(4)气灭保护区火灾工况模式调试

1)FAS人员将气灭控制盘切换到自动位置。

2)灭火控制盘和手自动显示装置显示自动状态。

3)FAS人员用烟枪在保护区内模拟烟感火警,气灭控制盘和FAS主机报一次火警。

4)FAS人员用烟枪在保护区内模拟烟感火警,气灭控制盘和FAS主机报二次火警。

5)声光报警器应动作。

6）经过延时时间发出打阀指令，电磁阀联动。

7）切非、应急疏散、广播、AFC、ACS、垂梯、PA、PIS、防排烟系统、VRV 等设备联动正常。

8）FAS 主机和气灭控制盘复位，设备正常。

9）动作防火阀复位箱，防火阀复位。

10）FAS 人员将气灭控制盘切换到手动位置，灭火控制盘和手自动显示装置显示手动状态。

11）再次按下手动释放，经过延时时间气灭控制盘发出打阀指令。

12）切非、应急疏散、广播、AFC、ACS、垂梯、PA、PIS、防排烟系统、VRV 等设备联动正常。

13）重复1）~13）完成其他气灭保护区测试。

14）测试完毕，各专业设备恢复正常。

14.3.8.4　调试记录

表 14-56　站厅、站台火灾联动功能测试

测试地点：				测试时间：						记录人员：					
火灾联动功能测试															
运行工况	模式编号	火警触发条件	广播与声光交替动作	防排烟模式	切非	EPS	垂梯	AFC	ACS	PIS	VRV	防火卷帘门	应急照明和疏散指示	IBP盘显示正确否	站台门

冷烟风速测试项		
工况	楼梯口 1	楼梯口 2
站台火灾		
站厅火灾		

首火警联动功能测试	串烟情况

问题记录	

参调人员	单位名称	签名

表 14-57 车站冷烟测试（车站火灾工况排烟能力测试）

测试地点：		测试时间：	记录人员：
冷烟风速测试项			
工况	楼梯口 1		楼梯口 2
站台火灾			
站厅火灾			
首火警联动功能测试		串烟情况	
问题记录			
参调人员	单位名称		签名

表 14-58 设备区域火灾联动功能测试

测试地点：		测试时间：				记录人员：									
火灾联动功能测试															
运行工况	模式编号	火警触发条件	广播与声光交替动作	防排烟模式	切非	EPS	垂梯	AFC	ACS	PIS	VRV	防火卷帘门	应急照明和疏散指示	IBP盘显示正确否	站台门
问题记录															

续表 14-58

	单位名称	签名
参调人员		

14.3.8.5 常见问题

（1）问题描述

车站、场段火灾工况模式测试中，小系统 A 端火灾模式 X7 时，综合监控模式表上未显示执行相应模式；测试小系统 B 端火灾模式 XB11 时，排烟风机未按模式启动。

（2）解决措施

经过现场检查，防火阀动作时力度较大，最近调试密集导致防火阀连锁线加快损坏；小系统 A 端火灾模式 X7 未显示执行故障原因为程序反馈延时。

（3）分析总结

火灾联动的末端设备在这之前经过单调、接口等调试，频率使用较高，联锁线容易出现损坏，再加上程序的问题，现场可能会出现交叉故障。按照优先等级，先排查通信问题，再排查终端设备，故障排查完，为保证万无一失，需再次进行模式验证。

14.3.8.6 安全注意事项

①部分探测器未放到相关模式里，导致探测器报火警的时候不能联动相关模式；有火警时，FAS 未能联动 BAS，FAS 厂家检查软件并进行修改。模式联动的设备和环控工艺图不一致，FAS 和 BAS 厂家检查软件并进行修改。综合监控不能联动 PIS 和 CCTV，综合监控按照设计要求编写联动关系。综合监控画面中模式图不完整，综合监控厂家修改了画面。

②部分风机风阀故障导致防排烟模式不能执行到位，排查风机风阀故障后恢复正常。400 V 柜抽屉柜有问题导致切非开关不停动作，检查发现是 400 V 开关柜有问题，更换备件。

③机电接线施工有错误导致 EPS 联动后部分房间应急照明未能强启。有火警时，FAS 未能联动 BAS 执行防排烟模式，检查是因为 FAS 和 BAS 的通信线松脱导致。因为接线有错误导致设备未动作，检查接线并紧固后正常。

④设计图中缺少 FAS 到 EPS 的走线路由，设计提供了路由方案。现场实际风机关联的阀门和图纸不一致，设计进行了修改。测试过程中发现模式存在错误，设计重新给出正确的模式图。

⑤各系统负责人需保证在联调过程中人身和设备安全，进入车站需穿戴好劳保用品。根据测试"内容和步骤"对各系统的影响做好相应的防范措施。

⑥进入车站设备区，需注意地板及临时悬空踏板，避免踏入孔洞。

⑦进行通风系统测试前，需检查确认设备内部及管路系统（风管、风、风井）内无杂物，

避免损坏设备或吹入隧道；另外，在点测风机、水泵时，注意开启管路上的阀门，保持整个管路系统的畅通。

⑧断开气瓶间内启动瓶电磁阀的控制接线，避免误喷气。

⑨测试出现 400 V 切除非消防电源，需要提前广播通知各单位注意。

⑩出现设备故障需要临时检修时，需切断配电箱电源并挂警示牌。

14.3.9　综合监控系统与信号、车辆系统各种工况联调联试

14.3.9.1　前置条件

（1）调试设备技术条件

1）机电施工单位完成全线区间风速测试，保存测试记录表。（测试标准风速大于 2 m/s）

2）综合监控、BAS 系统已完成所有点动和模式调试，机电、BAS、综合监控系统设备投入运行并工作正常。（完成综合监控与 BAS、环控模式联调）

3）综合监控与 PSCADA、供电系统调试完毕。（完成综合监控与 PSCADA、供电系统联调）

4）提供 8 列以上上线列车，运营生产调度部行调组织行车。

5）信号 ATS 子系统实现时刻表功能，列车可实现按时刻表运行，信号已具备 CBTC 功能，ATS 具备正常监控功能并与综合监控系统正常收发相关信息。

（2）关联系统运行条件

1）无线系统在联调开展前具备全线通信功能，无线通信工具满足调试需要。

2）调试要求车站机电、BAS、综合监控、信号投入运行，车辆与信号的相关调试需完成。

3）此调试对上线列车要求尽量在试运行高密度行车阶段或者模拟试运行高密度行车环境下进行，要求车辆和行车调度需紧密配合。

14.3.9.2　组织及职责

参与本次联调联试的单位及人员均已熟悉本次联调组织及实施方案，并已做好相关各项准备工作。联调人员安排及岗位职责，如表 14-59 所示。

表 14-59　联调人员安排及职责表

序号	人员分配	人数/人	岗位职责
1	ISCS 人员	2~3	其中 1 人为集成商人员，负责现场软件及技术配合；1~2 人为 ISCS 安装施工人员，负责现场操作配合
2	BAS 人员	2~3	其中 1 人为集成商人员，负责现场软件及技术配合；1~2 人为 BAS 安装施工人员，负责现场操作配合
3	机电施工单位	至少 2	其中 1 人为机电安装施工人员，1 人为设备厂家
4	车辆、信号设备各单位	各专业 1	设备厂家

14.3.9.3　联调步骤

调试分静态调试和动态调试，静态调试包括除区间阻塞和火灾测试动车之外所有内容。

(1)静态测试步骤和内容

1)综合监控人员和信号人员检查综合监控与信号物理连接是否正常。

2)结合试运行跑图，检查线路列车状态。

3)信号人员选择一列车向综合监控人员依次报告以下列车信息：①列车服务号；②车组号；③序列号；④列车方向编号；⑤列车目的地编号。

4)综合监控人员依次确认以上信息的正确性。

5)信号人员选择下一列车继续调试。

6)重复步骤2)~5)，直至完成全线站点列车调试。

7)综合监控人员及信号人员恢复各自负责的系统及现场设备。

8)结合试运行跑图，综合监控人员检查综合监控子系统信号的正线信号设备与信号系统相符。

9)综合监控人员检查时刻表与信号系统相符。

(2)动态测试步骤和内容

1)风水电施工单位检查所有隧道系统环控设备处于远程位，处理所有设备故障，设备正常报告控制中心。

2)环控人员综合监控检查所有环控隧道系统设备处于远程位置，点控测试正常，运营自动化/环控准备就绪呼叫控制中心。

3)行调在试运行结束后组织列车在区间行车，综合监控和信号检查设备就绪。

4)联调组长通知列车上的车辆检修员在快到B站时模拟触发列车火灾探测器，行调组织列车维持运行至前方车站。

5)信号人员检查信号系统是否接收到火灾报警信息，综合监控检查是否接收到火灾报警信息。

(3)区间火灾及阻塞

对于区间阻塞情景，具体方法步骤如下：

1)机电人员检查所有隧道系统环控设备处于远程位，处理所有设备故障，确认所有设备正常后报给控制中心。

2)综合监控人员检查所有环控隧道系统设备处于远程位置，确认设备点控测试正常后报给控制中心。

3)站台门人员检查站台门系统处于远程位置，确认设备点控测试正常后报给控制中心。

4)PIS人员检查PIS系统处于远程位置，确认设备点控测试正常后报给控制中心。

5)PA人员检查PA系统处于远程位置，确认设备点控测试正常后报给控制中心。

6)控制中心综合监控人员及通信人员确认所有设备准备就绪后报给联调人员。

7)联调人员通知行调指挥司机在A站至B站指定区间位置停车，停车时间240 s以上。

8)综合监控人员检查综合监控系统是否正常接收到阻塞信息，并通知联调人员。

9)重复7)~8)的步骤，直至完成所有区间上、下行的测试。

模拟区间火灾情景，具体方法步骤如下：

1)机电人员检查所有隧道系统环控设备处于远程位，处理所有设备故障，确认所有设备正常后报给控制中心。

2)综合监控人员检查所有环控隧道系统设备处于远程位置，确认设备点控测试正常后报给控制中心。

3）站台门人员检查站台门系统处于远程位置，确认设备点控测试正常后报给控制中心。

4）PIS人员检查PIS系统处于远程位置，确认设备点控测试正常后报给控制中心。

5）PA人员检查PA系统处于远程位置，确认设备点控测试正常后报给控制中心。

6）控制中心综合监控人员以及通信人员确认所有设备准备就绪后报给控制中心。

7）联调人员通知行调指挥司机在A站至B站指定区间位置停车。

8）司机将车停在区间内指定位置并通知行调。

9）列车随车人员模拟列车火灾信号（通过使用烟枪测试车内烟感实现），并通知控制中心。

10）综合监控人员检查综合监控系统是否正常接收到火灾信息及火灾发生的区间位置，并通知联调人员。

11）重复7）～10）的步骤，直至完成所有区间上、下行以及列车不同位置发生火灾情况的测试。

14.3.9.4 调试记录

表14-60 列车区间事故工况联动测试

测试地点：		测试时间：	记录人员：	
序号	操作步骤	结果输出		测试结果
1	准备工作：核实各系统设备处于正常运行模式	隧道系统风道、风室清理完毕并封锁，被测区间两端车站有关环控、动力照明等系统设备处于正常运行模式		
		信号系统处于正常运行模式		
		综合监控系统处于正常运行模式，综合监控正常监控广播、乘客信息、站台门系统		
2	区间阻塞测试：列车行驶至被测区间指定位置停车210 s（停车时间应根据系统设计而定）模拟阻塞模式，停车时间超过信号系统阻塞报警设定时间后，在控制中心记录阻塞报警信息上报情况和区间阻塞模式执行等处理过程；执行列车区间阻塞模式后，记录列车所停区间的风速和风向	列车停车，信号系统触发阻塞信号并有相关提示信息（请信号专业在备注中记录时间间隔）		
		综合监控系统收到列车阻塞报警、事件、弹窗提醒（请综合监控专业在备注中记录综合监控收到阻塞信号时距离停车时间间隔）		
		综合监控能正常下发阻塞模式（请综合监控专业在备注中记录模式号）		
		两个站点阻塞模式符合设计要求		
		两个站点执行模式成功		
		区间断面风速大于2 m/s，风向与人员疏散方向相反（请风水电专业在备注中记录风速数据）		
		综合监控能正常控制区间疏散指示指向人员疏散方向		
		区间疏散指示标识内容和指向正确指向人员疏散方向		

续表 14-59

序号	操作步骤	结果输出	测试结果
3	区间火灾测试：检验列车着火停在区间工况（模拟）时，在控制中心观察火灾信息上报及处理过程，执行列车区间火灾联动模式后，记录区间两端车站通风设备动作情况、现场检测并记录事故列车所在地的区间风速、风向，并检查疏散指示标识内容和指向显示情况	综合监控正确显示列车车厢火灾位置（在列车测试烟感），能正常显示事件和报警	
		综合监控能正常下发灾害模式	
		综合监控系统正确接收 BAS、环控灾害模式执行情况	
4	区间火灾联动模式后，记录区间两端车站通风设备动作情况、现场检测并记录事故列车所在地的区间风速、风向，并检查疏散指示标识内容和指向显示情况	两个站点火灾模式符合设计要求	
		两个站点执行模式成功	
		区间断面风速大于 2 m/s，风向与人员疏散方向相反（请风水电专业在备注中记录风速数据）	
		综合监控能正常控制区间疏散指示指向人员疏散方向	
		区间疏散指示标识内容和指向正确指向人员疏散方向	
5	列车着火进站疏散测试：现场模拟列车着火、开动列车继续前行至前方车站，检验车站相关设备联动情况	综合监控正确显示列车车厢火灾位置（在列车测试烟感），能正常显示事件和报警	
		综合监控能正确显示站台门联动开门	
		综合监控能正常下发灾害模式	
		综合监控系统正确接收 BAS、环控灾害模式执行情况	
		两个站点火灾模式符合设计要求	
		两个站点执行模式成功	
		综合监控可向车站通信系统（PA、PIS）正确下发紧急模式	
		车站站台至站厅疏散楼梯风速不小于 1.5 m/s	
		疏散指示标识内容和指向正确，与设计要求一致	

问题记录		
参调人员	单位名称	签字

14.3.9.5 安全注意事项

①风道有堵塞导致模式运行时风机报警,施工单位检查风道。400 V开关柜处定值设定错误导致运行模式的时候400 V柜跳闸,按照设计要求重新设定定值。冷却循环水系统水量充注不足、冷却水温度超过冷机运行要求导致冷机运行中频繁发生排气压力过高报警,冷冻水系统流量不足导致冷水出水温度变化率过快引发机组报警,冷冻水系统排气阀数量不足和安装位置不适当导致机组运行不稳定,施工单位完善系统状态,优化冷机运行工况后冷机运行稳定。环控电控柜编号与现场设备不一致,导致冷站界面与现场设备动作不一致,环控电控柜厂家和施工单位重新按照图纸核查接线,确保一致。

②综合监控画面连点错误导致无法在工作站上下发模式,综合监控修改软件。环控柜软件故障导致风机启动后又停止,环控柜厂家修改软件。BAS模式编写和设计图纸不一致导致模式运行不成功,BAS修改软件。

③进行通风系统测试前,需检查确认设备内部及管路系统(风管、风室、风井)内无杂物,避免损坏设备或吹入隧道;另外,在点测风机、水泵时,注意开启管路上的阀门,保持整个管路系统的畅通。

④断开气瓶间内启动瓶电磁阀的控制接线,避免误喷气。

⑤测试出现400 V切除非消防电源,需要提前广播通知各单位注意。

⑥出现设备故障需要临时检修时,需切断配电箱电源并挂警示牌。

14.3.10 综合监控系统与车站综合后备盘功能联调联试

14.3.10.1 前置条件

(1)调试设备运行条件

1)IBP盘各系统按钮、灯、旋转开关等都已经完成安装及接线,型号规格符合要求。

2)BAS、PSD、ACS、AFC、SIG、FG、风水电、电扶梯等各专业已经完成点对点接口功能测试,符合设计要求。

3)IBP盘各专业按钮、灯、旋转开关与子专业系统或现场设备现场端对端验证均已测试完成,具备紧急后备操作功能,符合技术规格书要求。

(2)关联系统运行条件

无线系统在联调开展前具备全线通信功能,无线通信工具满足调试需要。

14.3.10.2 组织及职责

表14-61 岗位职责表

序号	人员分配	人数/人	岗位职责
1	ISCS人员	2~3	其中1人为集成商人员,负责现场软件及技术配合;1~2人为ISCS安装施工人员,负责现场操作配合
2	BAS人员	2~3	其中1人为集成商人员,负责现场软件及技术配合;1~2人为BAS安装施工人员,负责现场操作配合
3	机电施工单位	至少2	其中1人为机电安装施工人员,1人为设备厂家
4	IBP盘设备各单位	各专业1	1人为设备厂家

14.3.10.3 联调步骤

表 14-62 测试步骤表

序号	测试步骤
1	站台门
1.1	中央/车站级 ISCS 人员、站台门人员检查各自系统设备正常运行，可以开始测试
1.2	车站 ISCS 人员按下上行测试灯按钮，检查各显示灯正常
1.3	车站 ISCS 人员将上行侧站台门 IBP 允许开关钥匙打到允许位
1.4	车站 ISCS 人员按下上行侧站台门开门按钮
1.5	站台门人员确认现场站台门是否开启
1.6	车站 ISCS 人员确认上行侧站台门开启灯是否点亮，关闭锁紧灯是否熄灭，站级、中央级 ISCS 人员检查综合监控工作站是否显示站台门开启
1.7	车站 ISCS 人员将上行侧站台门钥匙打到禁止位
1.8	站台门人员确认现场站台门是否关闭
1.9	车站 ISCS 人员确认上行侧站台门开启灯是否熄灭，门关闭且锁紧灯是否点亮，站级、中央级 ISCS 人员检查综合监控工作站是否显示站台门关闭
1.10	对下行侧站台门按钮重复 1.1~1.9 步检查下行侧功能区工作情况是否正常
1.11	由车站 ISCS 人员将上、下行钥匙位转为禁止位，站台门人员将站台门恢复至正常使用状态
2	环控模式、区间模式
2.1	将所有机电设备切换为自动、远程或者 BAS 位
2.2	由 ISCS 人员按调试计划选择车站环控模式区中的一个模式并启动按钮
2.3	由车站 ISCS 人员检查 BAS 系统、门禁系统有无正确执行模式指令
2.4	机电专业人员检查机电设备是否正常联动，并报告车控室 ISCS 人员
2.5	车控室 ISCS 人员检查 IBP 盘状态并记录
2.6	由 ISCS 人员再按该模式按钮，取消模式
2.7	机电、ISCS 现场人员检查设备恢复至正常状态，并进行状态核对确认
2.8	由车控室 ISCS、机电人员检查设备，填写记录调试表格
2.9	重复步骤 2.1~2.8，完成所有环控模式、区间模式测试
3	门禁
3.1	ACS 人员确认 ACS 系统正常运营模式
3.2	车站 ISCS 人员将 IBP 盘门禁区域允许开关钥匙打到允许位，再按下 ACS 紧急释放按钮
3.3	ACS 人员确认 ACS 系统是否进入紧急状态
3.4	ISCS 人员在 IBP 盘上恢复 ACS 紧急释放按钮
3.5	ACS 人员确认 ACS 系统是否恢复正常状态
4	信号

续表14-62

序号	测试步骤
4.1	人工排列进路,检查中央 MMI、车站 HMI 显示的进路元素(信号机、轨道区段、道岔状态)是否与进路表一致
4.2	ISCS 人员按下 IBP 盘信号区域上行紧急关闭按钮
4.3	信号专业人员检查对应列车推荐速度下降,无法驶入站台区域 ISCS 人员检查 IBP 盘信号指示灯、蜂鸣器是否动作
4.4	ISCS 人员按下 IBP 盘信号区域上行切断报警按钮
4.5	ISCS 人员检查 IBP 盘是否消音
4.6	ISCS 人员按下 IBP 盘信号区域上行紧急停车复原按钮
4.7	信号专业人员检查列车推荐速度恢复,可驶入站台区域 ISCS 人员检查 IBP 盘信号指示灯、蜂鸣器是否复原
4.8	执行操作 4.1~4.8,完成对端按键测试,并记录测试结果
5	防淹门
5.1	FG 系统模拟水位数据预报警、危险报警,综合监控核对数据信息是否正确
5.2	FG 系统模拟出水位上涨超速,综合监控核对相应报警信息是否正确
5.3	FG 系统模拟防淹门水位一、二级报警状态,综合监控核对水位状态显示及报警信息是否正确
5.4	FG 系统模拟动作防淹门关门,在现场 FG 控制盘发出关门请求信号给综合监控系统,检查是否收到关门请求信息
5.5	FG 系统发出 IBP 盘关门请求给信号系统,检查是否收到关门请求信息
5.6	信号系统确认收到关门请求信息后,发出关门允许信号,综合监控核对关门允许信息是否正确
5.7	FG 系统现场模拟防淹门关门信号,综合监控系统检查收到关门报警信息是否正确及闸门正在关闭状态显示是否正确
5.8	FG 系统现场模拟防淹门关门到位信号,是否显示正确的闸门全关状态
5.9	FG 系统模拟出 FG 系统设备故障,综合监控核对设备点位置及相应报警信息是否正确
5.10	FG 系统现场模拟动作闸门开启信号,综合监控系统检查收到开门报警信息是否正确及闸门正在开启状态显示是否正确
5.11	FG 系统现场模拟防淹门开门到位信号,综合监控检查是否收到正确的闸门全开状态
5.12	FG 系统现场模拟 FG-PLC 状态信号给综合监控,综合监控检查是否收到正确的 PLC 状态
6	闸机
6.1	AFC 人员确认 AFC 系统正常运营模式
6.2	车站 ISCS 人员将 IBP 盘闸机区域允许开关钥匙打到允许位,再按下 AFC 紧急释放按钮
6.3	AFC 人员确认 AFC 系统是否进入紧急状态
6.4	ISCS 人员在 IBP 盘上恢复 AFC 紧急释放按钮,并将开关钥匙打到禁止位
6.5	AFC 人员确认 AFC 系统是否恢复正常状态

续表14-62

序号	测试步骤
7	自动扶梯
7.1	自动扶梯人员确认自动扶梯系统正常运营模式
7.2	车站 ISCS 人员按下 IBP 盘自动扶梯区域故障急停按钮
7.3	自动扶梯人员确认该台扶梯是否紧急停止
7.4	ISCS 人员在 IBP 盘上恢复自动扶梯紧急释放按钮
7.5	自动扶梯人员确认该台扶梯是否恢复正常状态
7.6	执行操作 7.1~7.5，完成所有扶梯测试
8	消防专用风机、消防水泵
8.1	由机电单位人员确认所有设备的状态是否正常（区域出清、设备受电）
8.2	车站 ISCS 人员按下 IBP 盘消防专用风机启动按钮
8.3	机电单位人员负责接收控制命令动作相应设备并反馈设备状态
8.4	车站 ISCS 人员按下 IBP 盘消防专用风机启动按钮
8.5	机电单位人员负责接收控制命令动作相应设备并反馈设备状态
8.6	重复上述步骤，直至完成所有消防专用风机、消防水泵的测试内容
8.7	各专业人员负责各自系统的设备及现场的恢复

14.3.10.4 调试记录

表 14-63 车站综合后备控制盘功能测试

测试地点：		测试时间：		记录人员：			
序号	测试内容	操作步骤	结果输出	上行		下行	备注
1.1	IBP 盘信号控制功能测试	按下 IBP 盘信号区域紧急关闭按钮	列车推荐速度下降，无法驶入站台区域				
			IBP 盘信号指示灯、蜂鸣器动作				
1.2		按下切断报警按钮	IBP 盘蜂鸣器消音				
1.3		ISCS 人员按下 IBP 盘信号区域紧急关闭复原按钮	列车推荐速度恢复，可以驶入站台				
			IBP 盘信号指示灯、蜂鸣器复原				

续表 14-63

序号	测试内容	操作步骤	结果输出	上行	下行	备注
2.1	IBP 盘站台门紧急操作功能测试	车控室将 IBP 盘紧急操作"禁止/允许"按钮切换至允许位	综合监控系统报 IBP 盘紧急操作命令触发			
2.2		车控室人员按下开门按钮	IBP 盘开门状态灯亮			
			综合监控系统 IBP 盘开门命令触发			
2.3		车控室人员按下关门按钮	IBP 盘关门锁紧灯亮			
			综合监控系统 IBP 盘关门命令触发			
2.4		车控室将 IBP 盘紧急操作"禁止/允许"按钮切换至禁止位	综合监控系统报 IBP 盘紧急操作命令恢复未触发			
3.1	IBP 盘站台门排烟操作	车控室将 IBP 盘排烟操作"禁止/允许"按钮切换至允许位	综合监控系统报 IBP 盘排烟操作命令触发			
3.2		车控室人员按下开门按钮	IBP 盘开门状态灯亮			
			综合监控系统 IBP 盘开门命令触发			
3.3		车控室人员按下关门按钮	IBP 盘关门锁紧灯亮			
			综合监控系统 IBP 盘关门命令触发			
3.4		车控室将 IBP 盘排烟操作"禁止/允许"按钮切换至禁止位	综合监控系统报 IBP 盘排烟操作命令恢复未触发			
3.5	防淹门水位测试	测试人员对现场 1 级水位报警传感器给予信号	IBP 盘预报警水位报警灯亮			
3.6		测试人员对现场 2 级水位报警传感器给予信号	IBP 盘危险水位报警灯亮			
4.1	防淹门控制位置切换测试	测试人员在防淹门控制柜将操作位切换到就地检修位	IBP 盘检修控制灯亮			
4.2		测试人员在防淹门控制柜将操作位切换到就地控制位	IBP 盘就地控制灯亮			

续表 14-63

序号	测试内容	操作步骤	结果输出	上行	下行	备注
4.3	防淹门控制位置切换测试	测试人员在防淹门控制柜将操作位切换到远方控制位	IBP盘车站控制灯亮			
5.1	防淹门关门请求测试	测试人员将防淹门控制柜控制位切换到IBP盘控制，测试人员在IBP盘操作关门请求	IBP盘关门请求灯亮			
5.2		信号系统接收到关门请求信号，判断后返回关门允许信号	IBP盘关门允许灯亮			
5.3		测试人员在IBP盘进行关门请求解除	IBP盘关门请求灯灭			
6.1	防淹门开关门测试	测试人员接收到信号系统返回关门允许信号后，在IBP盘操作关闭按钮	IBP盘关门运行灯亮			
6.2		防淹门开始关闭至到位状态	IBP盘关门到位灯亮			
6.3		在IBP盘操作开门按钮，对防淹门进行开启	IBP盘开门运行灯亮			
6.4		防淹门开门到位	IBP盘开门到位并锁定灯亮			

问题记录

参调人员	单位名称	签名

14.3.10.5 常见问题

(1)问题描述

1)车站综合后备盘功能联调中,按下电扶梯急停按钮,扶梯无法停止。

2)按下门禁释放按钮后,门禁无法释放。

(2)解决措施

1)电扶梯故障先检查是否为按钮损坏,继续检查 IBP 盘内接线端子是否连接可靠,测量通断,同时检查电扶梯控制柜中是否正确接受信号。

2)针对门禁无法释放的问题,除上述处理过程检查外,还需检查分励脱扣器是否故障。

(3)分析总结

IBP 常见问题一般容易判断,除去 IBP 盘本身的问题,主要检查末端设备是否正确收到信号并执行,执行 IBP 盘上的紧急模式必须有设备厂家在现场配合,防止末端设备故障。

14.3.10.6 安全注意事项

①IBP 盘线路虚接或有未接现象。

②末端设备厂家设备无法远程启停。

③联锁站负责人如发现异常情况,应立即向信号组长或执行组长报告;

④测试中如发现有危及设备和人身安全的情况,如防淹门关闭过程剐蹭接触网汇流排等,任何人有权中断调试。

⑤联调过程中如果需重启信号系统,受影响区域的调试列车必须停车,等待信号系统恢复正常,方可再次动车。

14.3.11 综合监控系统与大屏关联系统联调联试

14.3.11.1 前置条件

(1)调试设备运行条件

1)PIS 系统设备已投入运行,功能均具备,工作状况良好,如未全部投入,至少每个回路具备 1 台 PIS 屏显示。

2)CCTV 系统设备已投入运行,功能均具备,工作状况良好,如未全部投入,至少不少于车站配置数量的 10%(球机须具备、电梯视频监控必须接入 CCTV)。

3)PA 系统设备已投入运行,功能均具备,工作状况良好,如未全部投入,至少每个回路具备扬声器。

(2)关联系统运行条件

1)综合监控已完成系统调试,A、B 网冗余、告警、事件记录功能正常。

2)综合监控系统设备已经具备车站级和中央级对 PA 系统的联调功能,工作状况良好。

3)综合监控系统设备已经具备车站级和中央级对 PIS 系统的联调功能,工作状况良好。

4)综合监控系统设备已经具备车站级和中央级对 CCTV 系统的联调功能,工作状况良好。

14.3.11.2 组织及职责

参与本次联调联试的单位及人员均应熟悉本次联调组织及实施方案,并已做好相关各项准备工作。联调人员安排及岗位职责,如表 14-64 所示。

表 14-64 联调人员安排及职责表

序号	人员	地点	人员数量/人	内容
1	中心配合人员	OCC 调度大厅	2	使用 ISCS 客户端调看控制 CCTV，检查接口功能实现情况
2	车站配合人员	车控室	2	使用 ISCS 客户端调看控制 CCTV，检查接口功能实现情况
3	中心配合人员	OCC 调度大厅	2	使用 ISCS 客户端下发语音段，检查接口功能实现情况
4	车站配合人员	车控室	2	使用 ISCS 客户端下发语音段，检查接口功能实现情况
5	中心配合人员	OCC 调度大厅	2	使用 ISCS 客户端下发 PIS 文本信息，检查接口功能实现情况
6	车站配合人员	车控室	2	使用 ISCS 客户端下发 PIS 文本信息，检查接口功能实现情况

14.3.11.3 联调步骤

①核查大屏幕投放列车运行状态显示信息、报警信息等内容。

②核查大屏幕投放视频监视画面状态。

③核查大屏幕投放 PSCADA 和 ISCS 界面状态。

14.3.11.4 调试记录

表 14-65 控制中心、车站 CCTV 播放控制功能测试

综合监控与 CCTV 测试记录表

测试地点：		测试时间：		记录人员：

综合监控软件版本：

序号	测试位置	功能	测试内容	综合监控			测试不通过	测试通过
				界面	报警	事件		
1	OCC	人工单选监视	选择并显示全线任意车站任意 CCTV 摄像机的现场画面	□		□	□	□
2		球机控制	可对任意车站的一体化球机进行遥控(水平移动/垂直移动/画面缩放)	□		□	□	□
3		自动循环监视模式	三种方式：全部车站、全部车站站台、全部车站站厅图像轮询	□		□	□	□
4		电梯视频调用	综合监控可以调用室内、室外电梯视频监控	□		□	□	□
5		OPS 显示	OPS 可显示 CCTV 序列	□		□	□	□
6		双通道冗余测试	A 网在工作：断开 A 网，自动切换 B 网工作；连接 A 网，不影响工作	□	□	□	□	□
7			B 网在工作：断开 B 网，自动切换 A 网工作；连接 B 网，不影响工作	□	□	□	□	□
8			A、B 网均断开：连接 A 网或者 B 网均正常工作	□	□	□	□	□

续表 14-65

序号	测试位置	功能	测试内容	综合监控			测试不通过	测试通过
				界面	报警	事件		
1	车站	人工单选监视	选择并显示车站任意 CCTV 摄像机的现场画面	☐		☐	☐	☐
2		球机控制	可对任意车站的一体化球机进行遥控(水平移动/垂直移动/画面缩放)	☐		☐	☐	☐
3		自动循环监视模式	三种方式：车站、站台、站厅图像轮询	☐		☐	☐	☐
4		电梯视频调用	综合监控可以调用室内、室外电梯视频监控	☐		☐	☐	☐
5		双通道冗余测试	A 网在工作：断开 A 网，自动切换 B 网工作；连接 A 网，不影响工作	☐	☐	☐	☐	☐
6			B 网在工作：断开 B 网，自动切换 A 网工作；连接 B 网，不影响工作	☐	☐	☐	☐	☐
7			A、B 网均断开；连接 A 网或者 B 网均正常工作	☐	☐	☐	☐	☐

问题记录	

参调人员	单位名称	签名

表 14-66 CCTV 显示功能测试

测试地点:			测试时间:	记录人员:	
序号	测试内容	操作步骤	结果输出	测试结果	备注
1	CCTV 显示功能测试	操作 OPS 控制器, 使 OPS 大屏显示 CCTV 视频源	视频有无卡顿, 串码、色彩失真等现象		
2		切换 OPS 显示不同车站视频监控内容	设备正常		
3		设置 CCTV 实现自动循环监视模式	OPS 正常轮询		
4	信号显示功能测试	操作 OPS 控制器, 使 OPS 大屏显示信号 ATS 主界面	显示内容与控制中心 ATS 工作站显示界面一致		
5	ISCS 显示功能测试	操作 OPS 控制器, 使 OPS 大屏显示综合监控主界面	显示内容与控制中心 ISCS 工作站显示界面一致		
6	大屏控制功能 (含双路切换) 测试	测试跨屏选择功能	大屏显示正常		
		信号专业进行双路切换测试	大屏显示正常		

问题记录	

参调人员	单位名称	签名

14.3.11.5　安全注意事项

①ISCS 与 PA、PIS、CCTV 的网络不通。综合监控交换机故障导致或者网线问题导致。

②PIS 与 ISCS，上下行文本下发区域相反(上行下发文本，显示在车站下行电视上)。软件配置问题，修改综合监控软件。

③无法显示摄像机三种状态并通过颜色区分状态(红色为故障、蓝色为离线、绿色为在线)。

④对球机操作或者其他摄像机进行调看，无相关事件记录，摄像机的位置、角度、焦距等由用户确认后进行固定，对摄像机的操作应具备操作事件记录并对操作客户端的信息一并记录。

⑤无轮询功能。

⑥广播区域对应关系不正确。

⑦图元错误，摄像机对应点位不正确。

⑧此次联调针对通信时钟系统与其他系统的接口测试，为保证安全评估顺利通过，牵头单位应在各系统终端安装完成后对终端进行检查，包括以下终端：AFC 网管客户端、信号 ATS 网管客户端、ISCS 网管客户端、通信内部网管客户端、调度大厅调度台、CCTV 画面时间、PIS 显示屏、子钟等。

14.3.12　综合监控系统与防淹门联调联试

14.3.12.1　前置条件

(1)调试设备运行条件

1)防淹门设备单体安装结束，配套控制柜完成安装通电及单体调试。

2)防淹门到 IBP 盘接线和校对均完成；防淹门动作能与信号系统互联。

(2)关联系统运行条件

1)综合监控、信号系统与防淹门的接口已经连接，工作状况良好。

2)防淹门与信号系统所接的具体车站是否正确；OCC、车站综合监控的网络是否正常。

14.3.12.2　组织及职责

参与本次联调联试的单位及人员均应熟悉本次联调组织及实施方案，并已做好相关各项准备工作。联调人员安排及岗位职责，如表 14-67 所示。

表 14-67　联调人员安排及职责表

序号	人员分配	人数/人	岗位职责
1	防淹门厂家	2~3	其中 1 人为集成商人员，负责现场软件及技术配合；1~2 人为安装施工人员，负责现场操作配合
2	BAS 人员	2~3	其中 1 人为集成商人员，负责现场软件及技术配合；1~2 人为 BAS 安装施工人员，负责现场操作配合
5	机电施工单位	至少 2	其中 1 人为机电安装施工人员，1 人为设备厂家
8	信号厂家	1	其中 1 人为集成商人员，负责现场软件及技术配合；1~2 人为安装施工人员，负责现场操作配合

14.3.12.3 联调步骤

（1）信号系统与防淹门测试

备注：本项测试均为模拟测试，不实际动车。

1）模拟列车处于不同位置时联调测试

①没有排列进路，也没有模拟列车占用防淹门防护区段及其接近区段，在 IBP 盘上操作上行"关门请求"或下行"关门请求"，信号机立即关闭并封锁，向防淹门发出允许关门的信号。检查确认车控室 IBP 盘及防淹门控制柜是否收到信号"允许关门"信息。

②排列防淹门区域的进路，模拟在列车未占用接近区段情况下，在 IBP 盘上操作上行"关门请求"或下行"关门请求"，信号机立即关闭并封锁，向防淹门发出允许关门的信号。检查确认车控室 IBP 盘及防淹门控制柜是否收到信号"允许关门"信息。

③模拟列车占用接近区段，在 IBP 盘上操作上行"关门请求"或下行"关门请求"，信号机立即关闭并封锁，进路延时解锁，进路解锁后，向防淹门发出允许关门的信号。检查确认车控室 IBP 盘及防淹门控制柜是否收到信号"允许关门"信息。

④模拟列车占用进路，在 IBP 盘上操作上行"关门请求"或下行"关门请求"，进路始端信号机立即封锁，该进路不能再次排列，信号不发出允许关门信号给防淹门，待模拟列车出清防淹门区域且进路解锁后，信号发出允许关门的信号。检查确认车控室 IBP 盘及防淹门控制柜是否收到信号"允许关门"信息。

2）模拟防淹门非全开（开门未锁闭）状态

注意：测试前防淹门承包商需要事前解除防淹门启闭机和锁闭机电机电源。

①防淹门设备房：模拟给出非全开（开门未锁闭）状态信息。

②ATS 工作站显示防淹门处于非全开状态，信号联锁站信号设备房内确认对应的防淹门开门未锁闭，表示继电器未被吸起。

③信号联锁站：检查确认禁止向防淹门方向排列进路。

（2）综合监控与防淹门测试

1）防淹门水位、控制位置切换测试

①FG 系统人员逐级模拟一、二、三、四级水位数据，防淹门设备房人员确认控制柜是否有相应的指示灯亮和报警，车控室人员检查 IBP 盘上"预报警水位"和"危险水位"灯有无变亮且有声音报警；综合监控人员在 HMI 上核对数据信息、水位状态显示及报警信息是否正确。

②FG 系统人员在防淹门控制柜将进行检修控制、就地控制、车站控制切换，车控室人员检查 IBP 盘上"检修控制""就地控制""车站控制"灯有无变亮。

2）防淹门关门请求测试

①系统人员在防淹门控制柜将关门请求发送至信号系统，信号系统接收到关门请求信号，判断后返回关门允许信号，综合监控人员在 HMI 上核对是否收到关门请求信息；防淹门设备房人员确认控制柜"允许关门"指示灯是否变亮，车控室人员检查 IBP 盘上"允许关门"指示灯是否变亮。

②系统人员将防淹门控制柜就地控制切换到车站控制模式，车控室人员在 IBP 盘上进行操作关门请求，信号系统接收到关门请求信号，判断后返回关门允许信号，综合监控人员在 HMI 上核对是否收到关门请求信息；防淹门设备房人员确认控制柜"允许关门"指示灯是否变亮，车控室人员检查 IBP 盘上"允许关门"指示灯是否变亮。

3）防淹门开关门测试

①FG 系统人员现场模拟动作防淹门关闭信号，综合监控人员在 HMI 上核对是否收到关门请求、关门到位相关信息；防淹门设备房人员确认控制柜"门扇关闭到位"灯是否变亮，车控室人员检查 IBP 盘上"允许关门"和"关门到位"指示灯是否变亮。车控室 IBP 盘"关门运行"指示灯灭，"关门到位"指示灯亮。

②FG 系统人员现场模拟动作防淹门开启信号，综合监控人员在 HMI 上核对是否收到开门到位相关信息；防淹门设备房人员确认控制柜"门扇开门到位"灯是否变亮，车控室人员检查 IBP 盘上"开门到位并锁定"灯是否变亮。

4）报警信号测试

FG 系统人员分别将防淹门控制柜内Ⅰ、Ⅱ路 24 V 电源以关门请求继电器、门打开且锁闭继电器断电，综合监控人员在 HMI 上核对是否收到设备故障报警信息；防淹门设备房人员确认控制柜"设备故障报警"灯是否变亮且有声音报警，车控室人员检查 IBP 盘上"设备故障报警"灯是否变亮且有声音报警。

14.3.12.4　调试记录

表 14-68　防淹门与信号系统联动功能测试

防淹门与信号调试

测试地点：			测试时间：		记录人员：	
序号	测试内容	操作步骤	监视(反馈)要求	测试结果		备注
1	模拟没有排列进路，也没有列车占用防淹门区段及接近区段测试	IBP 盘关门请求	现场：始端信号机关闭	合格□　不合格□		
			信号系统：进路不能排列	合格□　不合格□		
			车控室 IBP 盘：收到信号允许关门的信息	合格□　不合格□		
			车控室综合监控：收到信号允许关门的信息	合格□　不合格□		
2	模拟进路已排列，但列车未占用接近区段	IBP 盘关门请求	现场：始端信号机关闭	合格□　不合格□		
			信号系统：发出允许关门的信号	合格□　不合格□		
			车控室 IBP 盘：收到信号允许关门的信息	合格□　不合格□		
			车控室综合监控：收到信号允许关门的信息	合格□　不合格□		
3	模拟列车占用接近区段	IBP 盘关门请求	现场：始端信号机关闭	合格□　不合格□		
			信号系统：引导信号不能开放，延时 45 s 释放进路，进路释放后向防淹门给出允许关门信号	合格□　不合格□		
			车控室 IBP 盘：收到信号允许关门的信息	合格□　不合格□		
			车控室综合监控：收到信号允许关门的信息	合格□　不合格□		

续表 14-68

序号	测试内容	操作步骤	监视(反馈)要求	测试结果	备注
4	模拟列车占用进路	IBP盘关门请求	现场：始端信号机关闭	合格□ 不合格□	
			信号系统：模拟列车在进路中运行时，信号不发出允许关门信号；模拟列车出清进路且已解锁，信号发出允许关闭信号	合格□ 不合格□	
			车控室IBP盘：收到信号允许关门的信息	合格□ 不合格□	
			车控室综合监控：收到信号允许关门的信息	合格□ 不合格□	
5	模拟防淹门非全开	模拟防淹门非全开（开门并锁闭）状态	信号系统：ATS工作站显示防淹门处于非全开状态	合格□ 不合格□	
			信号系统：信号的防淹门开门并锁闭表示继电器未被吸起	合格□ 不合格□	
			信号系统：检查确认不能向防淹门方向排列进路	合格□ 不合格□	

问题记录：

参调人员	单位名称	签名

表 14-69 防淹门与综合监控系统功能测试

防淹门水位、控制位置切换测试

测试地点：		测试时间：		记录人员：	

序号	操作步骤	监视(反馈)要求	测试结果	备注
1	FG系统人员依次现场模拟1、2级水位信号	防淹门控制柜1、2级水位灯依次点亮	合格□ 不合格□	
		IBP盘上预报警水位报警灯亮，危险水位报警灯亮，水位报警蜂鸣器鸣响	合格□ 不合格□	
		中央级、车站级综合监控系统HMI上核对数据信息是否正确	合格□ 不合格□	
2	FG系统人员依次现场模拟3、4级水位信号	防淹门控制柜3、4级水位灯依次点亮	合格□ 不合格□	
		中央级、车站级综合监控系统HMI上核对水位状态显示及报警信息是否正确	合格□ 不合格□	
3	FG系统人员模拟出水位上涨超速信号	中央级、车站级综合监控系统HMI上核对相应报警信息是否正确	合格□ 不合格□	

续表 14-69

序号	操作步骤	监视(反馈)要求	测试结果	备注
4	FG 系统人员在防淹门控制柜将转换开关切换到检修模式	防淹门控制柜检修模式灯亮	合格□　不合格□	
		IBP 盘上检修控制灯亮、就地控制灯不亮、车站控制灯不亮	合格□　不合格□	
		在中央级、车站级综合监控系统事件栏显示就地检修报警和就地检修事件、页面显示就地检修	合格□　不合格□	
5	FG 系统人员在防淹门控制柜将转换开关切换到就地模式	防淹门控制柜就地模式灯亮	合格□　不合格□	
		IBP 盘上就地控制灯亮	合格□　不合格□	
		在中央级、车站级综合监控系统事件栏显示就地控制报警和就地控制事件、页面显示就地控制	合格□　不合格□	
6	FG 系统人员在防淹门控制柜将转换开关切换到远程模式	防淹门控制柜远程模式灯亮	合格□　不合格□	
		IBP 盘上车站控制灯亮	合格□　不合格□	
		在中央级、车站级综合监控系统事件栏显示车站控制事件、页面显示车站控制	合格□　不合格□	

问题记录:

	单位名称	签名
参调人员		

14.3.12.5　常见问题

(1)问题描述

在区间开展的综合监控与防淹门联调测试中,防淹门在检修模式状态下进行起降防淹门,防淹门停止工作,另外在调试过程中发现防淹门测试点位缺少,影响调试效果。

(2)解决措施

检修状态下起降防淹门容易造成热继电器动作,复位热继电器防淹门恢复正常。针对防淹门测试点位缺少的情况,跟设计沟通协商增加就地请求按钮、就地开门按钮、就地关门按钮、IBP 盘请求按钮、IBP 盘开门按钮、IBP 盘关门按钮、允许关门信号,共计 7 个点位,并进行复测。

(3)分析总结

防淹门的作用是防止因突发事故造成隧道破裂后水灌入地铁造成事故扩大,特地在江段两端设置,案例中重新增加点位一是方便控制,二是更清楚地监控防淹门状态。

14.3.12.6 安全注意事项

①防淹门控制柜没有上电。

②综合监控网络断线。

③信号与防淹门的接线如是一根电缆分上下行接线,会影响上下行接线错误。

④IBP 盘上的转换开关、指示灯会接触不良,影响调试。

⑤防淹门控制柜是否上电。

⑥信号系统延时 45 s 需核实。

⑦能否做到模拟出水位上涨超速现场。

⑧综合监控网络是否正常。

第四篇

其他系统调试篇

在系统联调的过程中，有许多关键环节需要严格把控。除了联调前、联调中和联调后的重要测试项外，还包括冷热滑实验、轮轨关系测试、弓网关系测试以及试运行跑图测试等关键环节。这些测试项旨在确保系统的稳定性和安全性，本篇章将围绕这些测试项进行详细介绍。

第 15 章　冷、热滑试验

15.1　冷滑实验

15.1.1　实验概述

冷滑试验为列车在不带电条件下，由内燃机车或专用冷滑试验车牵引在轨道上进行的试验。其主要目的在于：

(1)检查各系统设备安装和性能是否符合设计要求。

(2)检查系统设备、设施是否满足限界要求。

(3)检验线路、接触网安装位置是否满足设计标准。

(4)检查信号系统基础联锁关系是否达到设计要求。

(5)为热滑试验提供条件。

15.1.2　组织方式

冷滑试验以供电专业为主开展，工程车、轨道专业给予配合，并根据调试情况及时对设备进行调整。

15.1.3　前置条件

本项目实施前需确认以下前置条件：

(1)冷滑区域线路限界检测已完成，影响行车因素或障碍物均已消除。

(2)安全接地检查：变电所受电后，所有相接隔离开关均已打开并加锁，隔离开关电源侧进行可靠接地。

(3)冷滑所用工程车调试完成，驾驶、操作人员完成取证。

(4)冷滑所用工程车集电靴安装完毕，压力调整至与电客车相同，摄像头安装、调试完毕。

(5)按照轨行区管理办法，封锁相关区域，其他施工及时消点，确保工完料清。

(6)冷滑试验通告张贴、发布到位。

(7)沿线道岔均已安排人员进行人工转换(由轨道专业负责)。

(8)通信工具分发到位，确保施工负责人与道岔操作人员联系通畅。

15.1.4　调试方法及步骤

冷滑实验一般情况按下列程序开展：

（1）供电系统集成商（安装单位）编制项目联调方案，可根据工程实际条件，制定一次性或分段冷滑方案，但最终应实现全部带电区域的全覆盖试验。

（2）方案应包含联调时间安排、人员分工、行车线路安排、设备保障措施、应急救援方案等，依次提交供电专业组、行车设备联调组审核。

（3）行车设备联调组组织车辆基地工艺设备、轨道专业会商，确定最终联调方案。

（4）冷滑前三天由供电专业负责在冷滑区域所有入口张贴告示。

（5）冷滑前一天试验用工程车辆整备完毕，试验设施安装调试完成。

（6）按照联调方案，按照先车辆段、后正线的顺序，组织冷滑试验。

（7）正线所有区域均依次按照 10 km/h，25 km/h，60 km/h（视区域限速情况可适当降低）的速度，进行三次冷滑。第一次（10 km/h）兼作压道车，及时排除线路遗留障碍物。每次冷滑检出缺陷整改完成后，方可进行下一次冷滑。车辆基地按 10 km/h、25 km/h（视区域限速情况可适当降低）进行两次冷滑。

（8）供电系统集成商编制冷滑实验报告，依次提交供电专业组、行车设备联调组审核。

（9）供电专业组、行车设备联调组审核冷滑实验报告。

15.2　热滑实验

15.2.1　实验概述

热滑试验是在地铁供电系统正常送电条件下列车自主运行进行的试验，其主要目的在于：

（1）检验线路、接触网在动荷载作用下位置、结构牢固度、可靠程度能否满足设计标准。

（2）检验供电系统设备能否满足列车运行的需求，稳定性、可靠性能否达到设计要求。

（3）检验地面信号设备的性能是否符合设计要求。

（4）检验通信设备在使用中各项功能是否符合设计要求。

（5）为动车调试提供条件。

15.2.2　组织方式

热滑试验以供电专业为主开展，车辆、轨道专业给予配合，并根据调试情况及时对设备进行调整。

15.2.3　前置条件

本项目实施前需确认以下前置条件：

（1）冷滑中发现的问题已经各相关专业整改完毕，验收合格。

（2）试验电客车调试、整备完毕，具备自身动力运行条件。

（3）完成牵引供电系统全回路直流电阻测试、相邻牵引所间及越区时直流联跳保护及闭锁测试、供电线路短路试验。

（4）接触网具备正式送电条件，电压测试正常；电力监控系统具备完整功能。

（5）热滑区域通信条件完备，无盲区。

15.2.4 调试方法及步骤

联调按下列程序开展：

（1）供电系统集成商（安装单位）编制项目联调方案并承担调试指挥职责，可根据工程实际条件，制定一次性或分段热滑方案，但最终应实现全部带电区域的全覆盖试验。

（2）方案应包含联调时间安排、人员分工、行车线路安排、设备保障措施、应急救援方案等，依次提交供电专业组、行车设备联调组审核。

（3）行车设备联调组组织车辆、轨道专业会商，确定最终联调方案。

（4）调试负责人通知对热滑区间送电。

（5）轨道专业根据调试负责人指令转换道岔并锁闭到位，及时向调试负责人报告。

（6）调试负责人指挥电客车司机动车，按调试方案对各区段逐一实施热滑。

（7）热滑过程分三种速度往返试验：①低速：试验车以 20 km/h 车速往返运行；②中速：试验车以 40 km/h 车速往返运行；③高速：试验车以正常速度控制在 60~80 km/h 车速往返运行。过岔、过站、尽头线、出入段线及其他曲线地段限速要求按实际执行。试验过程中对产生火花的位置做好记录，并填入调试报告。

（8）热滑完成后，电客车返回车辆段，调试负责人组织车辆、供电专业人员在降下集电靴后，检查集电靴的磨耗情况。

（9）供电系统集成商编制项目联调报告，依次提交供电专业组、行车设备联调组审核。

（10）供电专业组、行车设备联调组审核项目联调报告，评估联调结果。

第16章 轮轨关系测试

轮轨关系测试包括轨道动态几何状态、车辆动力学响应-运行稳定性、车辆动力学响应-运行平稳性测试。

16.1 轨道动态几何状态

16.1.1 测试概述

轨道几何状态是轨道结构部件综合性能的表现,直接反映了轨道质量状态的优劣。较差的轨道几何平顺状态直接影响车辆的安全性能,并且缩短轨道的使用寿命,增加轨道运营维护成本。轨道几何状态检测系统采用激光器和惯性导航系统等检测手段,应用了激光测量原理和综合数据分析软件,对轨道状态进行几何不平顺检测,检测项点包括线路轨距、左右轨向、左右高低、水平(超高)、三角坑、曲率等,并通过里程定位装置,实现异常位置定位。

16.1.2 测试内容

依据56号文要求,对轨道动态几何状态测试的主要技术指标有:高低(1.5~42 m 波长范围)、轨向(1.5~42 m 波长范围)、轨距、轨距变化率、水平、三角坑、车体横向加速度、车体垂向加速度、轨道不平顺质量指数(TQI)。

16.1.3 组织方式

轨道动态几何状态测试由业主牵头,第三方检测单位组织,轨道专业、土建专业、供电专业、车辆专业、通信专业、信号专业进行配合。

16.1.4 前置条件

1)行车限界已完成检测。

2)热滑实验已完成并出具实验报告。

3)测试车辆已完成 5000 km 行驶旅程,且具备与控制中心、场段调度中心通话功能。

4)测试路段,允许进行设计最高速度的跑车试验。

5)里程定位装置安装切调试完成。

6)测试设备已在测试车辆上完成安装。

7)测试方案已完成审批。

8)测试人员已完成方案交底与培训。

16.1.5　测试方法

（1）测试方法

采用装有轨道动态几何状态检测系统的测试车辆在正线上开展测试工作。轨道检测系统主要由激光摄像组件、惯性测量组件、光电编码器组件、机柜、信号处理组件和数据处理组件等组成。采用惯性基准原理、无接触测量方式，采样间隔为 250 mm，采集数据的每一次采样以"m"为单位标记里程。

（2）测试步骤

1）施工清点。

2）检查检测设备的安装与系统运行状况。

3）与调度联系申请动车开始测试。

4）按照设计速度进行列车开行。

5）进行数据监测与记录。

6）对数据进行分析计算。

7）对区段质量进行评价。

（3）区段质量（均值）评价方法

表 16-1　轨道不平顺质量指数（TQI）允许值

波长/m	TQI/mm
1.5~42	9.0

轨道不平顺质量指数（TQI）计算公式如下：

$$TQI = \sum_{i=1}^{7} \sigma_i$$

式中：σ_i 为各项几何偏差的标准差（mm），按下式计算：

$$\sigma_i = \sqrt{\frac{1}{N} \sum_{J=1}^{N} (X_{ij} - \overline{X_i})^2}$$

式中：$\overline{X}$ 为各项几何偏差在单元区域中连续采样点的幅值的算术平均值（mm）。

16.2　车辆动力学

16.2.1　测试概述

车辆动力学是对车辆与线路之间及车辆之间相互耦合作用的复杂动力作用过程机理进行系统研究，并据此提出车辆及列车关键结构和参数的一门学科。主要是研究和确定车辆在导向线路上安全和平稳运行的条件，研究车辆结构、走行悬挂系统、牵引驱动装置、连接与缓冲装置等机构的结构与参数，研究车辆各部件的动载荷特征。

16.2.2　测试内容

车辆动力学响应测试涵盖两个方面：车辆动力学响应-运行稳定性测试与车辆动力学响应-运行平稳性测试。包含脱轨系数、轮重减载率及轮轴横向力等指标，以确保其结果符合标准规定。

16.2.3　组织方式

车辆动力学测试由业主牵头，第三方检测单位组织，轨道专业、土建专业、供电专业、车辆专业、通信专业、信号专业进行配合。

16.2.4　前置条件

1）行车限界已完成检测。

2）热滑实验已完成并出具实验报告。

3）测试车辆已完成 5000 km 行驶旅程，且具备与控制中心、场段调度中心通话功能。

4）测试路段，允许进行设计最高速度的跑车试验。

5）测试设备（传感器）已在测试车辆上完成安装。

6）测试方案已完成审批。

7）测试人员已完成方案交底与培训。

16.2.5　测试方法

（1）车辆动力学响应-运行稳定性测试方法

1）采用装有车辆动力学-运行稳定性检测设备、具备精确定位功能、已完成车辆型式试验的电客车在正线上进行测试。

2）采用测力轮对测试全线轮轨力数据，采集测量并计算脱轨系数、轮重减载率、轮轴横向力等车辆运行安全性特征参数。

3）对脱轨系数、轮重减载率、轮轴横向力等车辆运行安全性特征参数是否符合设计要求进行评价。

脱轨系数、轮重减载率、轮轴横向力等参数应符合如表 16-2 所示评判标准：

表 16-2　有关安全性特征参数评判标准

项目	评判标准
脱轨系数 Q/P	$Q/P<0.8$
轮重减载率 $\Delta P/\overline{P}$	$\Delta P/\overline{P}\leqslant0.6$
轮轴横向力 $H(\mathrm{kN})$	$H\leqslant10+P_0/3$

注：Q 为轮轨横向力（kN）；P 为轮轨垂向力（kN）；$\overline{P}$ 为平均静轮重（kN）；P_0 为静轴重（kN）；ΔP 为轮轨垂向力相对平均静轮重的减载量（kN）；H 为轮轴横向力（kN）。

（2）车辆动力学响应–运行平稳性测试方法

1）采用装有车辆动力学响应–运行平稳性检测设备、具备精确定位功能、已完成车辆型式试验的电客车在正线上进行测试。

2）车体垂向、横向加速度传感器安装在转向架中心位置正上方距其左侧或右侧 1000 mm 位置的车体地板面上，采集车体垂向、横向加速度数据，测试并计算车辆运行平稳性指标。

3）对车辆运行平稳性指标是否符合设计要求进行评价。

依据《城市轨道交通初期运营前安全评估技术规范》对车辆动力学响应–运行平稳性（舒适性）进行评价，车辆运行平稳性指标应小于 2.5，其中平稳性指标 W 按照以下公式计算：

$$W = 7.08 \sqrt[10]{\frac{A^3}{f} F(f)}$$

式中：W 为平稳性指标；A 为振动加速度（g）；F 为振动频率（Hz）；$F(f)$ 为频率修正系数，如表 16-3 所示。

表 16-3　频率修正系数

垂直振动		横向振动	
0.5~5.9 Hz	$F(f) = 0.325f^2$	0.5~5.4 Hz	$F(f) = 0.8f^2$
5.9~20 Hz	$F(f) = 400/f^2$	5.4~26 Hz	$F(f) = 600/f^2$
>20 Hz	$F(f) = 1$	>26 Hz	$F(f) = 1$

第 17 章　弓网关系测试

17.1　测试概述

弓网关系测试即弓网关系检测，是一种可以有效提高接触网的检修效率，及时发现设备缺陷。而弓网关系检测设备的运用更需要坚持技术管理与效益管理相结合的思路，需要机电、车辆、安全等部门的紧密配合，只有正确使用弓网关系检测设备，才能确保电力机车的安全运营，进而确保乘客的人身安全。

弓网关系测试手段主要采用弓网参数动态测试装置来实现。通过在接触网综合测试车、运营电客车、接触网作业车等车辆上安装参数测试设备，实时对弓网参数进行实时动态测试，并能对测试结果进行分析报表，评估接触网状态。

测试系统主要由接触网几何参数测试子系统、弓网关系测试子系统组成，弓网关系测试子系统含弓网加速度测试及弓网燃弧测试。接触网几何参数测试子系统、弓网关系测试子系统通过车载无线网络系统实现与远程监控管理中心进行数据交互。信息交互系统由中央数据处理单元、车载局域网及远程无线网络组成，车载局域网采用统一的千兆以太网传输模式。

各子系统通过车载局域网及中央数据处理单元完成数据融合并实现数据共享，并可通过网络与远程监控中心实现数据交互，实现远程监控及数据管理，及时反馈测试数据至相关部门，便于问题的及时处理。

17.2　测试内容

(1) 接触网动态几何参数检测

测试接触线拉出值、导高和定位点间高差。

(2) 燃弧测试

燃弧性能测试统计单次燃弧产生的里程范围、持续时间，并根据测试数据统计分析得到全线的燃弧率、燃弧次数及单次最大燃弧时间。

1) 燃弧次数应小于 1 次/160 m。

2) 一次燃弧最大时间应小于 100 ms。

3) 燃弧率应小于 5%。

（3）动态接触力测试

测试弓网动态接触力数据，通过测试数据计算每跨内的弓网动态接触力平均值和标准偏差。

对于直流 1500 V 制式，测试结果应符合以下评判标准：

1）平均接触力的最大值（N）：$F_{m, max} < 0.00097v^2 + 140$。

2）平均接触力的最小值（N）：$F_{m, min} > 0.00112v^2 + 70$。

3）标准偏差（N）：$\sigma \leqslant 0.3XF_{m, max}$。

（4）受电弓垂向加速度

测试运行过程中受电弓滑板受到的垂向加速度（硬点）指标。

17.3 组织方式

轨道动态几何状态测试由业主牵头，第三方检测单位组织，轨道专业、供电专业、车辆专业、通信专业、信号专业进行配合。

17.4 前置条件

1）行车限界已完成检测。

2）热滑实验已完成并出具实验报告。

3）测试车辆已完成 5000 km 行驶旅程，且具备与控制中心、场段调度中心通话功能。

4）测试路段，允许进行设计最高速度的跑车试验。

5）测试设备（传感器）已在测试车辆上完成安装。

6）测试方案已完成审批。

7）测试人员已完成方案交底与培训。

17.5 调试方法及步骤

17.5.1 接触网动态几何参数检测

通过接触网动态几何参数检测装置进行检测实现参数检测，设备安装在 C1 车车顶中心与车下补偿装置对应的位置，如图 17-1 所示。使用接触网动态几何参数检测装置时，主要通过 AB 胶黏剂固定在车顶中央（车顶表面先除尘并粘贴 3M 灰胶带），最后通过粘贴 3M 电工胶带进行防护与加固。接触网动态几何参数检测装置分电源线和数据线，均通过 3M 电工胶带、3M 灰胶带、扎带进行固定，并就近从侧门引入车内。

图 17-1　接触网动态几何参数检测装置安装示意图

17.5.2　燃弧检测

弓网燃弧通过在受电弓附近安装的离线火花检测仪进行检测，安装在第一列车 MP2 车上，如图 17-2 所示。传感器朝向受电弓碳滑板方向，安装前使用酒精棉清洁平面，使用工装及胶带固定牢靠，试验完成后拆除传感器。

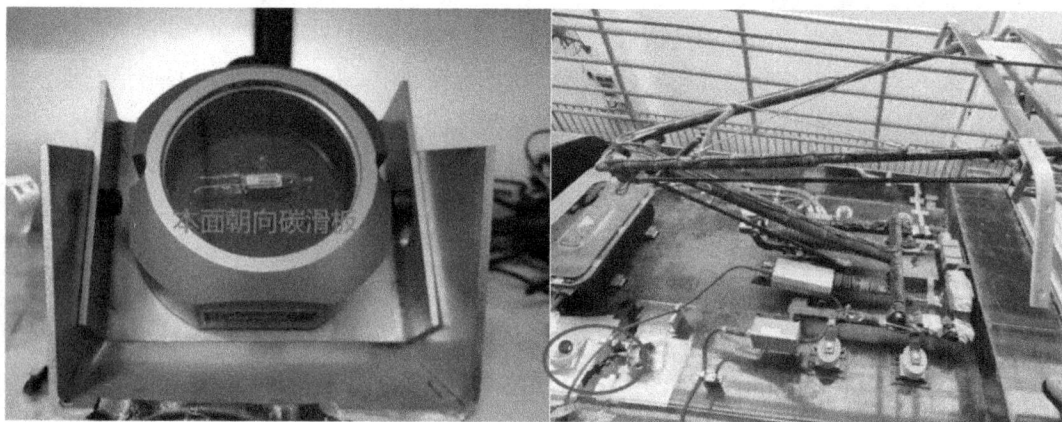

图 17-2　燃弧传感器安装示意图

17.5.3　动态接触力检测

弓网动态接触力检测使用动态接触力传感器，安装在第一列车 B2 车上。动态接触式力传感器需要通过拆卸固定螺栓，由定制工装安装于碳滑板四角支撑受力处，安装完成后需要受电弓厂家配合调整接触力(图 17-3)。

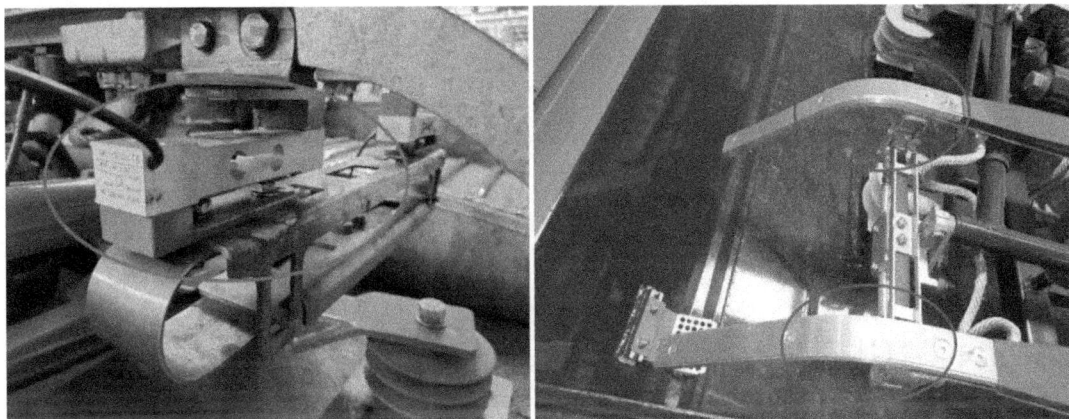

图 17-3 动态接触力传感器安装示意图

17.5.4 受电弓垂向加速度测试

弓头振动可通过在 MP2 车弓头滑板底部中心位置安装加速度传感器进行检测，如图 17-4 所示。加速度传感器安装于受电弓碳滑板下方，安装前使用酒精棉清洁平面并用砂纸打磨，使用 AB 胶将传感器粘牢，试验完成后拆除传感器，使用除胶剂清除残余胶水。

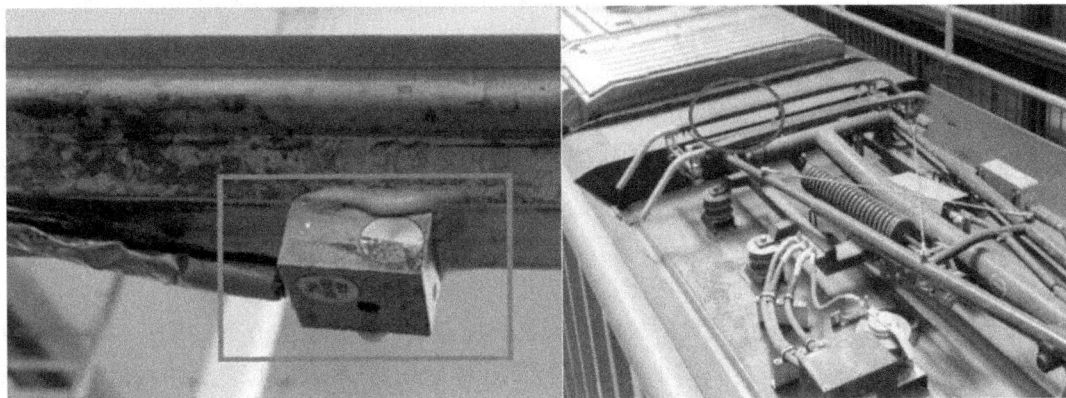

图 17-4 加速度传感器安装示意图

第 18 章　试运行跑图调试

18.1　概述

《城市轨道交通运营安全评估规范第 1 部分：地铁和轻轨》（GB/T 42334.1—2023）明确定义了试运行的概念，即在城市轨道交通工程竣工、冷滑和热滑试验成功、系统联调结束后，且行车基本条件已具备的情况下，通过不载客运行来检验运营组织管理和设施设备系统的可用性、安全性和可靠性的活动。此过程为地铁系统运行水平逐步提升、不断完善的动态过程。为确保充分磨合各系统、发现问题并提升试运营水平，试运行期应不少于三个月。

通常，试运行阶段划分为三个主要阶段：

第一阶段聚焦于设备性能验证与人机磨合。根据电客车接收数量、轨行区资源计划等因素安排上线列车数量。在这一阶段，列车驾驶模式将从手动驾驶逐步过渡到自动驾驶，以验证 CBTC 信号级别是否符合设计要求及运营需要，同时培养电客车司机的手动驾驶能力和车站人员信号设备操作能力。此阶段，车站站台门将根据实际情况进行联动，对于不联动的车站，站台门 PSL 将打至关闭位。

第二阶段为提升阶段，主要检验与提升运营人员的业务能力。通过增加上线列车数量，模拟非正常行车、应急处置等场景，验证设备可靠性、熟悉新线设备特性，并锻炼调度、站务、乘务以及设备维护人员的实操技能和故障处置能力，提高应急情况下的行车组织能力。从本阶段开始，全线站台门与车门将进行联动，司机在开关门作业时需确保现场安全。

第三阶段模拟初期运营阶段，按照正常运营期的列车运行图组织上线列车。通过组织行车，验证运营时刻表的可行性及设备故障时人员的应急响应能力，为开通初期运营奠定坚实基础。此阶段要求按照开通运营时的列车运行图连续组织行车 20 日以上，并确保关键指标符合规定。在运营指标统计时间内，不得安排手动驾驶练习、不得开展影响行车的演练项目等可能影响运营指标的活动。试运行第三阶段的连续 20 日将作为行车指标统计时间，期间需按照开通运营时的列车运行图组织行车。行车指标应满足 GB/T 42334.1—2023 的要求，关键指标需按全线进行统计。考虑到工程进度的实际情况，第一、二阶段的指标仅进行统计并不作为对标依据，而第三阶段的指标统计则作为试运营的基本条件。

18.2　组织方式

地铁线路试运行通常由地铁线路运营单位主导，并联合线路建设单位及其他相关参建单位共同协作完成。

18.3　前置条件

本项目实施前需确认以下前置条件：

(1)系统联调所有前置项目全部实施完成,影响行车安全的问题均已整改完毕,或已制定、落实保障措施。

(2)运营管理、操作、维护人员已完成相关取证培训,到岗并按要求实行轮值。

(3)已制定下发试运行、试运营初期设施设备保障方案,各系统集成商、供货商、安装单位及建设、设计、施工人员已按方案要求组建保障网络。

(4)车辆、信号已完成充足数量的电客车调试和预验收工作。

(5)各系统设备均已进入不间断、全功能运行模式(部分设备可在约定时段进入休眠模式)。

(6)关键系统备品备件及常用生产性耗材已完成布点。

(7)各类应急预案编制完成并卜发,应急抢险队伍已建立。

18.4　程序及主要内容

按下列程序开展：

(1)组织车辆、信号专业,讨论明确试运营初期可上线电客车数量。

(2)地铁线路运营单位编制试运行工作方案,应根据可上线电客车数量编制运营时刻表(运行图),编制时应充分考虑运行调整空间裕量。

(3)试运行领导组组织各专业会商,确定试运行跑图方案。

(4)试运行领导组根据规范要求,组织计算试运行跑图关键指标目标值,并指定专人统计实际指标,每日结束运营后及时更新通报：

1)列车运行图兑现率;

2)列车正点率;

3)列车服务可靠度;

4)列车退出正线运营故障率;

5)车辆系统故障率;

6)信号系统故障率;

7)供电系统故障率;

8)站台门系统故障率。

(5)经试运行跑图,各项指标满足规范要求后,组织编制试运行报告,以供评审。

第五篇

无人驾驶篇

　　随着我国城市化进程的加快以及人们出行需求的日益增长，轨道交通成为解决城市交通拥堵问题的关键手段。近年来，我国在城市轨道交通技术方面取得了昂著的成果，特别是在无人驾驶领域，技术发展日新月异。如今，无人驾驶逐步从实验室走向实际运营，本篇将围绕无人驾驶的场景测试进行详细介绍，以期为读者提供有关无人驾驶技术发展的全面认识。

　　自动驾驶技术可以分为五个等级，从 0 级(无自动驾驶功能)到 5 级(完全自动驾驶)。在我国，政府、企业和科研机构共同努力，推动无人驾驶技术的发展。相关政策法规和标准不断完善，为无人驾驶的研发和测试提供了有力的支持。此外，我国各地开展了多种形式的无人驾驶测试，如封闭场地测试、半封闭道路测试和实际道路测试等，以验证无人驾驶技术在不同场景下的适用性。

　　无人驾驶技术在轨道交通领域的应用也取得了重要进展。目前，我国多个城市的地铁线路已经实现了无人驾驶的试运行，如广州、深圳、北京等。这些线路的无人驾驶系统在运行速度、安全性、能耗等方面表现出色，为我国无人驾驶轨道交通技术的发展积累了宝贵的经验。

　　然而，无人驾驶技术在实际运营过程中仍面临诸多挑战。例如，在复杂的道路环境下，无人驾驶车辆需要具备高度的感知、决策和控制能力。此外，无人驾驶系统还需要与现有的交通系统实现高效协同，以提高整体运行效率。为了应对这些挑战，我国在无人驾驶技术研发和测试方面持续加大投入，力求实现轨道交通的智能化、绿色化发展。

第19章 无人驾驶联调联试介绍及正常运行场景验证

无人驾驶联调联试基本原理介绍如下：

（1）全自动运行系统是一项多专业、综合性工程，涉及车辆、信号、综合监控、通信、站台门、场段工艺等系统。各系统应增加或完善设备配置及功能，满足全自动运行总体要求，并提高系统 RAMS 性能指标，保障全自动运行系统的安全、高效、稳定运行。鉴于全自动运行线路的核心系统功能，运营管理与传统线路之间有较多差异，因此总结全自动运行线路联调组织模式、调试科目设置，提出适合全自动运行线路的联调指导是十分必要的。

（2）结合国内全自动运行线路联调经验，从总体要求、联调组织、联调科目等方面提出具有普遍意义的联调要求，分享系统联调问题和经验，列举了一些典型故障和应急场景联调测试内容作为参考。希望对后续各城市全自动运行线路的联调管理具有一定的借鉴意义。结合场景设定，制定全自动运行系统各场景功能验证，验证内容如表 19-1 所示（包括但不限于）。

表 19-1 全自动运行系统各场景验证内容表

序号	场景	
1		运营前准备
2		唤醒
3		轧道车运行
4		运营列车出库
5		列车进入正线服务
6		列车区间运行
7		列车进站停车
8		列车站台发车
9		列车折返换端
10		清客
11	正常运行场景	运营调整
12		末班车运行
13		自动关站
14		列车停止正线服务
15		列车回库
16		清扫
17		休眠
18		日检及维修
19		洗车
20		场段内转线
21		车上设备工作状态远程检测
22		自动化区域内人员防护

续表19-1

序号		场景
23		安全门故障
24		车辆故障
25		信号设备故障
26		蠕动模式
27	故障场景	远程限制运行模式（RRM）
28		综合监控设备故障
29		通信设备故障
30		故障复位控制
31		列车远程控制功能
32		接触网失电
33		紧急呼叫
34		车门紧急解锁装置
35		障碍物/脱轨检测
36		车上设施异常
37		再关车门/安全门控制
38		站台紧急关闭
39		车辆火灾
40	应急场景	车站火灾
41		区间火灾
42		恶劣天气模式
43		列车救援
44		区间疏散
45		区间阻塞
46		区间积水
47		控制中心失效
48		远程紧急制动

19.1　运行前准备场景

19.1.1　场景概述

在每天运营开始前的规定时间（具体时间设联阶段确定）开展运营前的准备工作，包括施工作业销记确认、运营计划图/派车计划加载、早间上电、车站开启。

当天运营开始前，综合监控系统接收信号 ATS 系统发送的当日列车运营计划，并根据预定时间表，在中心行调/场调综合监控工作站进行上电提示。中心行调/场调在首列车唤醒前能通过综合监控工作站人工调看相关区域 CCTV 图像及播放段内预录制广播。

19.1.2　前置条件

（1）信号

1）具备当日列车运行、检修计划录入和查看功能。

2）具备出库计划编制功能，出库计划应有出车顺序表，并具有导出、打印功能。

3）正线轨行区、场段自动化区域应设置人员防护开关（SPKS），并能在相关调度。

4）工作站显示人员防护开关的激活状态信息。

5）具备自动调用当日运营计划功能，支持人工创建/修改当日运营计划。

6）信号系统能将当日正线运行计划发送至综合监控系统。

7）接收并显示综合监控系统发送的接触网带电状态。

（2）综合监控

1）具备实时进行综合监控系统设备及 PSCADA、BAS 等设备状态监控功能。

2）早间上电前根据预定时间表，中心行调/场调综合监控工作站进行上电提示，具备轨行区远程高压上电功能。

3）综合监控工作站应能显示变电站设备状态、接触网带电状态，能将接触网带电状态反馈给信号系统。

4）具备手动调看 CCTV 图像功能。

5）具备人工下发预录制广播功能。

6）应具备接收列车运行时刻信息的功能。

7）车站综合监控工作站具备开站提醒功能。

8）具备一键开启车站功能（固定时间可用，时间可设置）。

（3）通信

1）响应综合监控系统的触发指令，播放接触网送电提醒广播。

2）响应综合监控系统的触发指令，播放开站广播。

3）响应综合监控系统的触发指令，开启车站 PIS 屏。

4）响应综合监控系统的触发指令，将场段自动化区域的视频图像推送至场段。

5）响应综合监控系统的触发指令，将车站卷帘门、电扶梯等处相应的视频图像推送至车站 CCTV 终端。

19.1.3　验证流程

1）中心及车站、场段需进行施工作业销记确认。

2）在每天开班运营前的规定时间，中心调度人员和车站值班员共同确认夜间施工及维护工作业务结束并已清场，各系统设备恢复至正常状态（如 SPKS、信号机封锁、区段封锁等）。

3）DCC 调度人员确认夜间场段的施工及维护作业结束并已清场，各系统设备恢复至正常状态（如 SPKS、信号机封锁、区段封锁等）。

4)根据当日列车运营计划，通过车辆基地的 ATS 工作站编制派车计划，并下发至相关岗位。

5)每日 04:00(可调整)，由信号系统自动调用/中心调度人员设置当日运营计划，下发至各相关系统及岗位。

6)信号系统自动调用当日运营计划，中心调度人员也可设置当日运营计划。

7)中心调度人员在每日的固定时间确认当日运营计划，确认无误后下发至各相关系统。

8)场段 DCC 以车辆检修人员提供的当日具备上线条件的列车、检修用车情况为基础，确认当日用车底。

9)场段 DCC 结合当日计划运行图、库内列车实际股道占用情况，通过 ATS 工作站编制派车计划。

10)场段 DCC 在运营前将派车计划发送给中心调度人员等相关岗位。

11)每日投入运营前，行调和设备调度(电调)根据唤醒列车时刻表提前一段时间 T(可设置)对接触网进行带电检查，进行上电操作。

12)首列车唤醒前一定时间 T(可设置)，综合监控系统在中心/场调综合监控工作站进行早间上电提示。

13)场调人工调看场/段自动化区域 CCTV 图像，可人工进行段内预录制广播。

14)中心行调/场调确认早间上电条件：中心行调/场调人员确认所有现场人员已经销点。具备上电条件后，通过电话或其他手段提醒设备调度(电调)送电。

15)设备调度(电调)远程送电：设备调度(电调)确认上电范围后进行远程送电；具备上电条件后，通过电话或其他手段提醒设备调度(电调)送电。

16)非全自动区按照现有操作规程，由行调确定现场作业人员已经出清后，通知设备调度(电调)送电。行调根据运营需求，人工触发相关区域上电预录制广播。

17)根据 ATS 系统提供的运营时刻表，本站运营前 30 分钟(可设置)，综合监控系统提醒自动进行开站作业，车站值班员点击确认。

18)综合监控系统根据开站时间自动或由车站人员人工开启车站的相关机电设备，包含：播放开站广播；站内照明、广告照明、安全照明开启；PIS 显示屏开启；自动售检票机切换至正常模式；电扶梯开启(需人工逐个调取现场视频画面，根据现场情况远程人工开启)；出入口的卷帘门开启(需人工逐个调取现场视频画面，根据现场情况远程人工开启)。

19.1.4　注意事项

1)施工销点根据运营管理规章制度进行操作。

2)中心调度人员应当在每日运营开始前提前确认当日运行图，如计划有误则需要人工手动重新下载。

3)检修人员应在每日 3:30(可调整)前将当日电客列车运用车、检修用车情况发送给场调。

4)应结合场段股道实际情况合理编制出库计划。

5)所有车站设备在运营开始前确认完毕，若有故障及时报修，确保对外运营前完成所有站内设备的正常运行。

6)确认轨旁信号设备异常后及时组织抢修维护。

7)特殊情况下,设备调度(电调)人员能通过与行调电话沟通,确认具备送电条件的前提下对相关区段人工远程送电。

8)特殊情况下,设备调度(电调)人员能通过与行调电话沟通,确认具备送电条件的前提下对相关区段人工远程送电。

9)如现场已经完成人工上电,行调工作站、设备调度(电调)工作站应显示已上电状态。

10)控制中心设备调度(电调)确认接触网送电异常后,通过综合监控系统执行重合闸。

11)越区送电或安排人员进入变电站手动处理。

12)非全自动区按照现有操作规程,由场调确定现场作业人员已经出清后,通知设备调度(电调)送电。根据运营需求,人工触发相关区域上电预录制广播。

13)所有车站设备在运营开始前确认完毕,若有故障及时报修,确保对外运营前完成所有站内设备的正常运行。

14)设备远程开启失败时,车站值班员能现场就地操作人工开启设备。

15)开站中遇设备故障开启失败时,继续开站。在车站综合监控工作站显示报警,需安排人员现场处理。

19.2　唤醒场景

19.2.1　场景概述

1)由系统或人工对场段或正线休眠的列车实施唤醒作业,含以下三种方式:远程自动唤醒:ATS 系统按计划自动发送唤醒指令、远程人工唤醒:调度人员远程人工发送唤醒指令、本地唤醒:人员登车按压车辆上电按钮。

2)具备唤醒功能的位置如下:停车列检库线(含试车线模拟车站)、正线存车线、终端折返线、正线车站(可选项,根据各线路实际情况设联确定)。

3)车载设备上电自检成功后进行静态测试和动态测试(如有,下同),一端成功后自动换端,另一端继续进行列车静态测试和动态测试,两端静态测试和动态测试均通过后列车具备全自动运行能力。

19.2.2　前置条件

(1)车辆

1)具备本地唤醒功能。

2)具备向车载信号设备反馈列车低压上电状态功能。

3)成功上电后应能执行车辆各设备的自检。

4)车辆各设备自检完成后将自检结果发送至 TCMS 并由 TCMS 将各设备自检结果(含专用无线车载台、地面 PIS 车载设备)转发给车载信号设备。

5)车辆 TCMS 应能将唤醒自检相关状态信息传送给信号系统。

6)车辆自检完成后,车辆各设备响应车载信号设备的控制指令,执行静态测试和动态测试(如有),并将静态测试和动态测试的结果反馈给车载信号系统。

7)唤醒失败后应具备响应远程/本地休眠指令的功能。

8）响应信号系统发送的工况指令。

（2）信号

1）具备显示列车工况状态信息及向列车发送工况指令的功能。

2）根据出库计划依次按时向列车发送自动唤醒指令。

3）具备远程人工下发唤醒指令功能。

4）具备判断列车是否上电激活功能。

5）车载信号设备具备自检功能，并主导静态测试和动态测试。

6）车辆调工作站应具备实时显示列车唤醒过程中的状态信息的功能。

7）唤醒成功的列车应能自动进入 FAM 模式。

8）应能将车载信号系统的实时状态信息传送给车辆调工作站；能显示 TCMS 发送的唤醒自检相关状态信息。

（3）通信

应对车上专用无线通信、地面 PIS 车载设备进行上电自检，并向车辆 TCMS 反馈自检结果。

19.2.3　验证流程

（1）远程唤醒

1）调度人员在列车自动唤醒前通过 ATS 系统确认停车库内或正线休眠点按计划需唤醒的列车均为休眠状态。

2）调度人员确认列车出库计划并录入 ATS 系统，与各列车进行匹配。信号系统根据出库计划自动向列车发送唤醒指令，判断列车是否上电激活，并将结果上传至调度工作站。

3）列车上电后车辆设备、车载信号设备开始自检，并由车载信号设备将自检结果汇总后上报调度工作站。

4）列车完成上电自检后执行受电弓升弓操作并进行静态测试。信号系统将静态测试的完整信息上报调度工作站；列车完成静态测试后可进行动态测试（如有）。信号系统将动态测试的信息上报调度工作站；信号系统自动向唤醒成功的列车下发"待命"工况；信号系统自动向唤醒成功的列车下发出库计划。

（2）本地唤醒

1）进行本地唤醒操作的人员需按规定在 DCC 处进行登记且激活 SPKS 后方允许进入指定区域。

2）执行列车本地唤醒的操作人员上车后，人工按压车辆上电按钮对列车进行上电。

3）人工本地唤醒时，列车可仅执行车载信号设备自检，不进行静、动态测试，相关静态、动态测试可人工完成。

4）列车在本地唤醒成功且满足相关条件升级后能进入 FAM 模式。

19.2.4　注意事项

1）夜间人工动车后乘务人员应确保列车停回指定位置（动车前的休眠位置）。

2）调度人员若发现列车工况显示未休眠，需人工确认原因，如无故障，远程人工进行休眠。

3) 调度人员需确认出库计划在规定时间成功激活并下发。

4) 当需唤醒非出库计划内列车时,应由调度人员执行远程人工唤醒。

5) 列车无法唤醒将影响列车出库计划,调度人员需及时调整计划。

6) 列车唤醒过程中不得有人员上下列车或倚靠车门。

7) 若远程自动唤醒失败,调度人员能远程人工休眠列车后再发送唤醒指令,若仍然无法唤醒的情况下可派遣工作人员登车查看,执行本地人工唤醒或报修。

19.3　轧道车运行场景

19.3.1　场景概述

1) 在每天正式运营开始前,乘务人员以人工驾驶模式控制轧道车出库并进入正线运行,不停站不开门,对整条线路进行检查,轧道车运行路径及模式可设置。

2) 乘务人员应对沿线线路情况进行检查,发现异常时应停车处理并向中心行调汇报。

3) 轧道任务结束后,乘务人员在规定位置(终点折返轨处或始发站台)按照流程手动升级为 FAM 模式。乘务人员可通过客室门上下车。

19.3.2　前置条件

(1) 车辆

1) 乘务人员登乘用客室门应设置车门外解锁装置,具备便于乘务人员平地登乘的辅助装置。

2) 列车前方设置全自动运行模式指示灯(具体指示灯位状态显示在设联阶段确定)。

3) 列车在用于乘务人员登乘作业的客室门外设置列车启动提示灯。车辆根据车载。

4) 信号系统输出的指令,控制启动提示灯(具体指示灯位状态显示在设联阶段确定)。

(2) 信号

1) 具备根据计划运行图远程自动唤醒轧道车的功能,支持远程人工唤醒轧道车。

2) 自动唤醒成功后,可人工取消列车全自动运行授权,列车不自动发车。

3) 车辆输出指令,控制列车上模式指示灯和启动提示灯的点亮、熄灭。

4) 应根据计划自动触发/人工命令办理相应进路。

5) 应监督对应的防护区域 SPKS 状态,并进行相应防护处理。

6) 宜接收并显示综合监控系统转发的人防门、防淹门(如有)状态信息。

(3) 综合监控

具备显示区间人防门、防淹门(如有)状态信息的功能,宜向信号系统提供此类状态信息。

(4) 通信

进入全自动区域的地下通道应实现无线覆盖。

(5) 土建

1) 列检库内应设置地下通道。

2) 应在列检库停车位置设置登乘平台。

19.3.3 验证流程

1）ATS 系统根据计划运行图远程唤醒首列车作为轧道车或远程人工、本地人工唤醒轧道车。

2）列车唤醒成功后，可由调度人员手动取消列车全自动运行授权，列车不自动发车，DCC 调度人员确认列车具备出车条件。

3）乘务人员进入列检库前应在场段 DCC 进行登记并由调度人员激活 SPKS，可在唤醒前或唤醒成功后经过列检库地下通道进入相应区域，确认车辆启动指示灯及模式指示灯状态，通过操作客室门外解锁装置打开车门，进入后将车门恢复、进入驾驶室。

4）乘务人员打开驾驶台盖板，激活驾驶室钥匙，将驾驶模式调整为 CM 模式，通知场段 DCC 调度人员恢复 SPKS。

5）ATS 系统自动触发/人工办理出库进路。

6）联锁系统检查 SPKS 条件满足后，开放出库信号。

7）乘务人员依据车载信号或地面信号，人工驾驶列车运行。列车启动前，乘务人员根据相应管理规定确定是否鸣笛。

8）乘务人员驾驶列车不停站，不开门，监视线路沿线情况。

9）轧道作业完成后，在规定位置(终点折返轨处或始发站台)按照流程手动升级为 FAM 模式，关闭驾驶台盖板。

10）中心调度人员恢复轧道车的全自动运行授权，并设置正线工况；乘务人员可通过客室门上下车，列车按照计划投入正线运营。

19.3.4 注意事项

1）运营组织需考虑线路长度、轧道车速度、轧道车出车位置、轧道车数量及规定的轧道时间来综合制订轧道计划。

2）乘务人员驾驶轧道车运行过程中按照相应限速规定控制列车运行。

3）乘务人员驾驶轧道车运行过程中，如果发现轨道异常、异物侵限、线缆脱落等情况时应立即停车，并向中心行调汇报。

4）当轧道列车唤醒失败且无法通过再次休眠唤醒进行恢复时，可进行人工本地唤醒。

5）如列车因故无法执行轧道作业，需要人工调整运营计划，更换备车，并将列车故障情况报送维护部门。

6）轧道车运行应覆盖当日整个线路正常运营交路。

19.4 运营列车出库场景

19.4.1 场景概述

列车出库(库线：列检库、正线存车线或终端折返线)有如下情况：

1）远程自动：ATS 系统根据计划，为列车分配计划并触发进路，车载信号设备控制列车自动发车。

2)远程人工：人工为列车匹配计划或分配目的地码，系统自动触发或人工办理进路，车载信号设备控制列车自动发车。

3)乘务人员人工：乘务人员根据车载信号或地面信号人工控制列车出库(AM、CM、RM模式)。

19.4.2 前置条件

(1)车辆

1)车辆TCMS接收到车载信号系统发送的鸣笛指令后鸣笛(可设置)。

2)应能执行工况指令，自动控制车载空调、照明设备。

(2)信号

1)具备远程自动、远程人工、乘务人员人工出库功能。

2)具备自动/人工分配计划功能，支持人工分配目的地码，监督列车计划分配情况。

3)具备自动触发/人工办理进路功能，进路开放时应检查相应条件，监督进路触发、办理情况。

4)应检查出库条件，满足条件后允许出库，并根据需求触发车辆鸣笛(可配置)。

5)出库过程中应对驾驶室钥匙状态、SPKS状态、校轮结果进行监督及防护。

6)信号系统下发"场段运行"工况给车辆控制空调、照明设备。

19.4.3 验证流程

(1)远程自动

1)分配计划：ATS系统根据计划，适时自动为列车分配计划(派车计划或运行计划)，向列车发送运行方向(或目的地信息)及发车时刻信息。

2)触发进路：ATS系统适时为列车触发进路；CI开放出库进路允许信号时应检查SPKS状态。

3)发车条件确认：FAM模式，车载信号系统检测倒计时、移动授权等条件满足时允许发车；车载信号系统向车辆发送鸣笛命令(可设置)。

4)控制列车运行：车载信号设备控制列车出库运行，列车出库运行过程中按照场段各区域限速运行。

5)信号系统下发"场段运行"工况给车辆，车辆控制空调、照明等设备至指定状态。

6)DCC调度人员可通过信号系统监控列车FAM模式运行。

(2)远程人工

1)分配计划：场调人工为列车分配计划(派车计划或运行计划)或目的地码，ATS向列车发送运行方向(或目的地信息)及发车时刻信息。

2)触发进路：ATS系统为列车触发进路；CI开放出库进路时应检查SPKS状态。

3)发车条件确认：FAM模式，车载信号系统检测倒计时、移动授权等条件满足时允许发车。

4)控制列车运行：车载信号设备控制列车出库运行，列车出库运行过程中按照场段各区域限速运行。

5)信号系统下发"场段运行"工况给车辆，车辆控制空调、照明等设备至指定状态。

6）DCC 调度人员可通过信号系统监控列车 FAM 模式运行。

（3）乘务人员人工

1）分配计划：ATS 系统自动为列车分配计划、场调人工匹配计划或目的地码。

2）触发进路：ATS 系统自动或场调人工为列车触发进路；CI 开放出库进路时应检查 SPKS 状态。

3）发车条件确认：车载信号系统检测移动授权等条件满足时允许发车。

4）控制列车运行：乘务人员以 AM、CM、RM 模式控制列车出库运行或乘务人员按流程人工升级为 FAM 模式。列车出库运行过程中按照场段各区域限速运行。

19.4.4　注意事项

1）SPKS 激活时，车站值班员/场段调度人员应确认所有满足发车的条件后方允许恢复 SPKS。

2）ATS 系统应监督列车计划分配、CI 办理进路状态，若失败应进行报警，调度人员人工分配计划、人工办理出库进路。

3）如因故导致出库计划发生偏移，调度人员能人工干预调整。

19.5　列车进入正线服务场景

19.5.1　场景概述

出场或正线存车线的列车，车载信号系统收到 ATS 正线服务工况指令后，向车辆 TCMS 发送"正线服务工况"指令，车辆控制照明、空调进入相应服务模式。

19.5.2　前置条件

（1）车辆

1）接收车载信号系统发送的"正线服务工况"，并控制照明、空调进入相应服务模式。

2）接收并执行车载信号系统发送的照明、空调服务模式设置命令。

3）将照明、空调服务模式状态、故障等信息通过车辆 TCMS 反馈给信号系统。

（2）信号

1）列车出库运行至转换轨或在正线存车线唤醒后进入正线服务时，ATS 系统自动向车载信号系统发送列车"正线服务"工况，车载信号系统将工况命令转发至车辆 TCMS。

2）ATS 系统根据计划运行图为该列车自动分配车次号，自动分配失败时应故障报警并能进行人工分配，同时支持人工为列车设置目的地码或车次号。

3）应接收车辆 TCMS 发送的照明、空调服务模式状态、故障等信息，并在车辆调工作站进行显示及报警。

4）行调工作站应显示列车运行信息、列车服务工况等信息。

5）车辆调工作站具备人工远程设置照明、空调服务模式的功能。

19.5.3　验证流程

1)ATS 系统根据运行计划自动为列车分配计划，或调度人员人工为列车设置目的地码。

2)FAM 模式下，ATS 系统根据列车位置及计划，向车载信号设备发送"正线服务工况"。

3)计划列车或人工列车(中心行调人工分配目的地码)由场段完全进入转换轨时。

4)ATS 系统赋予正线折返轨、存车线待命工况/退出服务工况列车新的计划或目的地码时。

5)车载信号系统将"正线服务工况"转发至车辆 TCMS。

6)车辆 TCMS 控制照明、空调等进入相应服务模式。

7)行调工作站应显示列车运行信息、列车服务工况等信息。

8)车辆调工作站具备人工远程设置照明、空调等服务模式的功能。

19.5.4　注意事项

1)进入正线服务各项执行失败时应进行报警，由车辆调工作站人工远程设置照明、空调服务模式。

2)当车辆 TCMS 控制照明、空调故障时应进行报警，由行调、车辆调根据故障原因对故障进行复位、安排列车退出运行或安排人员上车处理。

3)车辆 TCMS 因通信故障等原因无法接收到"正线服务工况"时，应维持当前服务工况。

4)非全自动运行模式时，乘务人员应人工设置车辆照明、空调等服务模式。

19.6　列车区间运行场景

19.6.1　场景概述

在满足规定的运营间隔和区间运行时间的前提下，列车以安全进路、安全间隔、安全速度为目标，在区间自动追踪运行。列车在区间运行的安全由信号系统和车辆共同保证，信号系统保证列车运行的安全进路、安全追踪间隔和安全运行速度，车辆保证列车机械走行、牵引和制动性能稳定可靠。

19.6.2　前置条件

(1)车辆

1)应将故障信息发送至信号系统。

2)响应中心远程对列车进行广播。

3)根据输入的触发指令执行预录广播。

4)接收中心乘客调下发的文字信息，并在车辆 PIS 显示屏上进行显示。

5)设置乘客与中心紧急呼叫装置。

6)应接收信号系统触发命令进行列车临时停车广播。

(2)信号

1)中心 ATS 能直观显示列车驾驶模式、运行状态、车地通信状态、设备状态、控制权状态、早晚点、故障报警、应急情况等信息。

2)应能控制列车按运营计划在区间自动运行。

3)应能联动车辆 TCMS 触发车载广播及 PIS 显示信息。

4)应能提前触发前方停靠站台广播及 PIS 显示信息。

5)列车区间临时停车时，向车辆发送联动广播命令。

6)宜接收并显示综合监控系统转发的人防门、防淹门(如有)状态信息。

(3)综合监控

1)具备向列车 PIS 下发文字信息的功能。

2)乘客调工作站应具备进行列车人工广播点选和点选接听/挂断乘客紧急呼叫的功能。

3)具备显示区间人防门、防淹门(如有)状态信息的功能,宜向信号系统提供此类状态信息。

(4)通信

1)应为列车状态数据提供车地传输通道。

2)应能根据信号的输入触发站台 PIS、站台 PA 提示列车相关运营信息。

3)TETRA 为中心对列车客室内广播及乘客紧急呼叫功能提供通道。

19.6.3　验证流程

1)列车根据运营计划自动运行,中心调度人员通过信号系统对列车运行情况进行监视。

2)列车站台发车后,自动更新下一站车载 PIS 信息并进行车载广播。

3)列车在区间常用制动停车后,当收到移动授权延伸时,自动启动列车并以 FAM 或 CAM 模式继续运行。

4)列车因故在区间紧急制动停车后,应在行调工作站上报警,若导致紧急制动的原因恢复,自动或人工缓解紧急制动,列车在获得移动授权后自启动列车并自动运行到下一站。

19.6.4　注意事项

列车在区间运行时如出现故障、应急等情况,按对应的故障场景及应急场景流程处理。

19.7　列车进站停车场景

19.7.1　场景概述

列车进站对标停车,停准后联动打开车门、站台门,并在停站倒计时结束前联动关闭车门、站台门;全自动运行(FAM 模式)列车未停准时,控制列车自动跳跃对标或人工对标,信号系统对跳跃对标或人工对标过程及结果进行监督及防护。列车进站时应触发站台及车载广播、PIS。

19.7.2　前置条件

(1)车辆

1)FAM 模式列车根据信号输出的方向指令控制列车。

2)FAM、CAM 模式零速时,车辆应对信号系统输出的方向指令进行防护,出现异常时车辆 TCMS 向信号系统报警。

3)接收车载信号系统触发命令,联动车载 PIS、PA。

4)根据车载信号系统的指令执行开/关车门作业。

5)具备车门与站台门的对位隔离及提示功能。

6)FAM、CAM 模式下全自动开、关门指令的传递不受开门模式选择开关影响。

(2)信号

1)检查满足条件时授权列车进站。

2)控制列车进站对标停车并对停准结果进行防护,列车未停准时向中心提供报警,并将报警信息转发综合监控系统。

3)列车未停准时,控制列车自动跳跃对标,且对跳跃对标过程及结果进行监督、防护。

4)应触发站台进站/越站等广播、PIS 显示。

5)应能联动车辆 TCMS 触发车载广播、车载 PIS 显示。

6)行调工作站、车辆调工作站显示列车停准、跳跃状态信息,并显示欠标/过标、跳跃失败的报警信息,并将跳跃失败的报警(如跳跃对标 3 次仍未对准)信息转发综合监控系统。

7)停准后联动打开相应站台侧的车门、站台门。

8)停站倒计时结束前联动关闭车门、站台门。

9)ATS 工作站应能显示车门和站台门的开关状态。

10)过标超距或跳跃失败时,可由行调确认是否运行到下一站或等待人员上车处理。

11)FAM、CAM 模式下全自动开、关门指令的传递不受开门模式选择开关影响。

12)ATS 应具备对站台设置最小停站时间的功能。

13)配合车辆、站台门实现车门与站台门的对位隔离功能。

(3)综合监控

1)应接收信号 ATS 系统提供的未停准报警信息,并在乘客调工作站进行显示。

2)列车过标超过规定距离时,在乘客调工作站上人工进行车辆及车站广播,或发布乘客紧急文本信息。

3)应能接收并显示站台门发送的站台门状态、间隙探测状态、报警、旁路等信息。

(4)通信

接收信号系统触发命令,联动站台进站/越站等广播、PIS 显示。

(5)站台门

1)站台门系统应能根据信号系统指令执行开、关门操作,在无法接收到信号系统指令时,应能根据设置在站台的控制盘(PSL)指令或车控室内综合后备盘(IBP)指令执行开、关门操作。

2)站台门系统应监督门状态并将状态汇报至信号系统和综合监控系统,在故障情况下提供相应故障门的声光报警以及故障门人工隔离/旁路功能。

3)具备与车门的对位隔离功能及其提示功能。

4)车门和站台门之间间隙应有间隙探测装置,具备旁路功能,并将间隙探测状态、报警以及旁路信息发送给综合监控系统。

19.7.3　验证流程

（1）确认满足进站停车条件：以下条件任意一项不满足，则无法正常进站停车，应停在站外等待，具体如下：

1）移动授权满足进站停车条件。

2）站台门关闭且锁闭。

3）紧急停车按钮未按下。

4）SPKS 开关置于非激活位。

5）列车进站前触发列车/站台进站广播及 PIS 显示。

（2）FAM 模式列车进站对标停车，并向 ATS 系统汇报停准信息。如列车未停准，根据不同情况做如下处理：

1）欠标未超规定距离（5 m）

①FAM 模式列车进站欠标未超规定距离时，应向 ATS 系统报警，并向前跳跃对标。

②行调工作站、车辆调工作站显示列车跳跃状态。

2）欠标超过规定距离

FAM 模式列车进站欠标超规定距离时，应向 ATS 系统报警，并继续自动控制列车对标停车。

3）过标未超规定距离（暂定 5 m）

①FAM 模式列车进站过标后应自动施加最大常用制动并向 ATS 系统报警，停车过标未超规定距离时，控制列车向后跳跃对标。

②行调、车辆调工作站显示列车跳跃状态。

4）过标超过规定距离

①FAM 模式列车进站过标后超过规定距离时，可施加紧急制动不缓解、不允许退行，或施加最大常用制动，并向 ATS 系统报警。

②系统或人工触发站台及车载广播。

③可通过行调工作站远程授权列车缓解紧急制动并继续运行至下一站；或行调安排乘务人员激活驾驶室钥匙，缓解紧急制动，切除车载 ATP，人工驾驶列车以 EUM 模式对标停车站进前 ATS 系统，提前触发列车进站广播及 PIS 显示，列车停准后，中心行调工作站显示列车停准状态。

④ATS 系统向列车发送停站倒计时信息。

⑤停准时信号系统自动联动车门、站台门同步开启。

⑥停站倒计时结束前联动关闭车门、站台门。

⑦停站时间内，保持车门和站台门开启。

19.7.4　注意事项

1）FAM 模式列车跳跃对标时，可向前或向后跳跃调整，跳跃方向宜限制为仅转换一次。

2）为了防止多次跳跃仍然无法跳跃成功，车载信号系统对跳跃次数进行限制，同一方向最多可以跳跃 3 次（暂定），如需要改变跳跃方向，则改变方向后最多可再跳跃 3 次，若仍然未能跳跃成功，则车载信号系统将不再允许跳跃，并输出紧急制动命令。

3)应对列车跳跃距离、跳跃次数及跳跃方向转换进行防护;超过相应限制要求时,应输出紧急制动,并向行调、车辆调工作站报警。

4)列车停车过标超过规定距离(暂定 5 m)时,可远程授权运行至下一站或安排人员上车处理。

5)为了防止多次跳跃仍然无法跳跃成功,车载信号系统对跳跃次数进行限制,同一方向最多可以跳跃 3 次(暂定),如需要改变跳跃方向,则改变方向后最多可再跳跃 3 次,若仍然未能跳跃成功,则车载信号系统将不再允许跳跃,并输出紧急制动命令。

6)列车以 AM、CM、RM 模式运行过程中,若方向手柄回零位,列车立即实施紧急制动。

19.8　列车站台发车场景

19.8.1　场景概述

ATS 系统从列车在站台停准后开始计时,停站时间结束后,全自动运行列车自动站台发车。

19.8.2　前置条件

(1)车辆

1)接收车载信号系统牵引、制动等控制命令,并执行相应动作。

2)接收车载信号系统命令,联动车载 PIS、PA 等。

3)车门关闭前,车辆通过客室门声光或声音报警提示车门即将关闭。

(2)信号

1)根据时刻表自动排列发车进路并开放信号。

2)具备检查发车条件功能,能在发车条件满足后自动发车。

3)车载 HMI 显示发车倒计时。

4)应能联动车辆 TCMS 触发车载 PIS、PA。

5)发车时刻前,信号系统自动向车门和站台门发送关门指令。

6)应能在 ATS 工作站上显示车门和站台门开关状态。

7)应能向车站 PIS 发送离站信息。

(3)综合监控

接收站台门发送的站台门状态信息以及间隙探测设备状态信息,在综合监控工作站上显示。

(4)通信

接收信号系统命令进行预录制站台广播和站台 PIS 进行到发时间信息显示。

(5)站台门

1)响应信号发送的开/关站台门指令。

2)站台门系统应监督站台门状态并将状态发送至信号系统、综合监控系统。

3)应设置间隙探测装置,具备旁路功能,并将间隙探测状态、报警以及旁路信息发送给综合监控系统。

4)间隙探测检测结果纳入站台门关闭且锁闭状态以作为列车站台发车的前提条件之一。

5)站台门关闭过程中输出声光提示。

19.8.3 验证流程

1)根据时刻表发车时间，停站列车进行倒计时。

2)发车时间到且发车条件满足后，列车自动发车。全自动运行车载信号系统检查以下条件满足后发车。发车条件包括：车门、站台门关闭且锁闭、间隙探测无障碍物、车站信号开放、区间 SPKS 开关设置为非激活位、其他防护功能未激活(如有)、车载 PIS、PA 提示离站信息。

3)在列车停站期间，ATS 系统进行扣车操作时列车车门和站台门应重新打开，并应自动触发站台广播。扣车命令取消后，列车自动关闭车门和站台门并发车。

19.8.4 注意事项

当存在以下情况时，列车应停在站内不发车：

1)车门或站台门未关闭且锁闭。

2)紧急停车按钮按下。

3)出站信号未开放。

4)SPKS 开关设置为激活位或设置其他防护措施(如有)。

5) 中心行调取消了全自动运行授权。

6)站台设置扣车。

7)部分车门或站台门故障场景，具体参见"车门故障隔离站台门"和"站台门故障隔离车门"。

8)当 SPKS 开关置为激活位后发生故障无法复位时，应人工保证轨行区安全、已经无人且具备行车条件的前提下，通过 SPKS 旁路开关旁路 SPKS 防护状态，使列车正常出站。

19.9 列车折返换端场景

19.9.1 场景概述

列车进站及出入折返轨运行，确保列车顺利完成。

19.9.2 前置条件

(1)车辆

1)接收信号指令，并联动列车清客广播、PIS 显示。

2)正常情况下，在站前折返换端时应能保持开门状态。

3)车辆优先采用信号系统提供的零速信号，信号系统切除或故障后，采用车辆制动系统提供的零速信号。

4)零速信号不与激活端联锁，避免换端时自动关门。

5)应能根据列车端部激活状态和前后向指令控制头尾灯。

（2）信号

1）车载信号系统在进行站前折返换端和站后折返换端时，应保持驾驶模式及"正线运行"工况不变。

2）ATS 系统根据时刻表自动触发折返进路，并适时办理折返进路。

3）当列车运行至折返区域后，ATS 系统自动为列车重新分配车次号。

4）列车停准后，车载信号系统根据 ATS 系统发送的停站时间，自行倒计时发车。

5）具备进路变通功能。

6）折返线支持双方向全自动运行功能。

7）应能联动车辆 TCMS 自动触发车载清客广播、车载 PIS 显示。

8）应将触发信息发送给地面 PA，PIS 进行车站清客广播、PIS 显示。

9）站前折返换端时车载信号系统持续向车辆提供零速信息，可用于保持车门开启。

（3）通信

接收信号系统清客命令，联动站台广播播放相应预录制广播、站台 PIS 提示本站清客。

（4）站台门

1）接收信号系统指令，打开或关闭站台门。

2）在站前折返期间，没有关门命令时，站台门保持打开状态。

19.9.3　验证流程

（1）折返方式

1）全自动运行模式下的自动折返。

2）非全自动运行模式下的自动折返。

3）人工折返。

（3）折返类型

1）站前折返，在站台进行换端时，要求保持车门、站台门处于打开状态。

2）站后折返，停在站后折返轨换端时，要求保持车门处于关闭且锁闭状态，折返完成并在发车站台停车后，立即打开车门、站台门。

（3）场景处理流程

1）列车进站前播放运营交路终端站广播、站台 PIS 显示清客提示。

2）ATS 系统根据时刻表自动触发折返进路，并适时办理折返进路。

3）站前折返时：车进站停稳后车门和站台门打开；车载信号系统在 FAM/CAM 模式下可根据 ATS 计划或命令自动换端；换端期间车门和站台门保持打开；自动换端完成且根据发车时刻完成自动关门并发车。

4）站后折返时：对于具备多种折返路径的情况，根据折返优先策略自动选择折返路径，排列进折返线进路；发车时间到且发车条件（如进路开放、车门及站台门关闭且锁闭、紧急停车按钮未按下、SPKS 未激活、清客确认后等）满足后，列车自动进入折返线；停车后，自动转换列车行驶方向并自动匹配新的正线运行计划；发车条件（同上）满足后，列车自动进入发车站台并打开车门、站台门。

5）非全自动运行模式下的自动折返：经必要操作，车载信号系统在折返站台或控制列车运行至站后折返轨停车后，自动换端；站前折返时，乘务人员关门后，启动发车；站后折返时，信号系统判断满足发车条件后，自动驶入发车站台。

6）人工折返：乘务人员驾驶列车运行至规定站台或站台折返轨；人工关闭驾驶室并激活对端驾驶室；满足发车条件时，人工驾驶列车运行至下一站台。

7）站前折返换端时，车门、站台门应保持打开状态。

19.9.4 注意事项

当进路由折返进路转为通过进路时：

1）如此时车门已打开，通过远程或站台值班人员人工关闭车门。

2）如列车已完成换端，在分配车次或目的地码后，列车自动再次换端。

3）进行进路变更时应通过车站广播和车辆广播通知乘客。

19.10 清客场景

19.10.1 场景概述

1）ATS 系统自动或人工对车站或列车设置清客命令，联动通信系统及车辆对乘客进行提示。

2）清客分为：自动清客、人工临时清客。

3）对于清客命令可进行如下操作：远程确认清客（设计联络时确认具体使用方式）、站台确认清客、远程取消清客。

19.10.2 前置条件

（1）车辆

1）车辆 TCMS 网络接收车载信号系统的"清客"及"临时清客"指令。

2）根据不同清客指令联动车载广播及车载 PIS 提醒乘客下车。

3）响应控制中心的调看指令，配合完成车载 CCTV 的图像调看。

4）应能执行车载信号系统发送的"退出正线服务"工况，自动关闭空调、照明等设备。

（2）信号

1）具备根据运行计划自动设置清客站台功能，并显示清客状态。

2）具备中心远程人工对任意站台设置清客功能，并显示清客状态。

3）具备联动车辆及车站的 PIS、PA 进行相应的清客信息显示及广播功能。

4）清客未完成时向 TCMS 持续发送清客命令，并保持车门站台门打开状态。

5）车载信号设备接收到站台关门按钮按压命令或中心远程关门命令后，联动车门站台门关闭。

6）车载信号设备接收到站台清客确认按钮按压命令或中心清客确认命令后，车载信号系统检查发车条件满足后自动发车。

7）设置站台关门按钮、站台开门按钮、站台清客确认按钮。

8）系统具备行调远程清客确认功能。

9）能够向综合监控系统提供清客信息。

10)针对清客后退出运营的列车应能发送"停止正线服务"工况命令。

（3）综合监控

1)综合监控工作站应具备配合调用车载 CCTV 图像辅助确认清客完成的功能。

2)乘客调工作站界面上显示相应站台的清客状态。

（4）通信

接收信号系统的清客命令，联动站台广播播放相应预录制广播、站台 PIS 提示本站清客。

（5）站台门

接收信号系统命令，执行关闭/打开站台门。

19.10.3　验证流程

（1）自动清客设置

1)对于线路终端的大交路折返站，可自动按站台设置清客。

2)对于线路中间的小交路折返站，自动按列车设置清客。需要自动设置清客的列车为：执行在该车站折返的计划列车。

3)对于回场段列车，可自动按列车设置清客。

4)列车在清客站台的上一站出站后，ATS 系统发送清客指令给车载信号系统。

5)车载信号系统向车辆 TCMS 发送清客命令，车辆联动车载广播、车载 PIS，提示乘客下车。

6)ATS 系统联动车站广播，同时联动站台 PIS 提示本站清客。

7)列车运行至清客站台后，信号系统联动打开车门、站台门并保持。

8)人工临时清客设置中心行调可人工指定列车临时清客(下一站清客)或站台临时清客。

9)ATS 发送清客指令给车载信号系统。

10)车载信号系统向车辆 TCMS 发送清客命令，触发车辆广播、车载 PIS，提示乘客下车。

11)ATS 系统联动车站广播，同时联动站台 PIS 提示本站清客。

12)列车运行至清客站台后，打开车门、站台门并保持。

（2）站台确认清客

1)站台值班人员人工确认乘客全部下车后，按压站台关门按钮。

2)CI 采集到站台关门按钮按下信息，将该按钮按下状态发送给车载信号系统。

3)车载信号系统收到站台关门按钮按下信息后，联动车门、站台门关闭。

4)站台值班人员确认允许发车后按压清客确认按钮，列车自动发车。

（3）远程确认清客

1)需要进行远程清客确认操作时，站台工作人员确认乘客全部下车后向控制中心汇报清客状态，按压站台关门按钮关闭车门和站台门，或由中心调度人员远程关闭车门及站台门。

2)中心行调收到站台工作人员汇报清客完毕且车门及站台关闭后，或通过调用车载 CCTV 视频，远程辅助确认清客完毕后，进行远程"清客确认"操作。

3)中心行调可以根据临时清客列车的具体状态安排人员上车处理或人工设置"退出正线服务"工况以及更新列车计划。

4)列车转为人工驾驶继续运行或按新的目的地码回正线休眠区(存车线)或回库。

(4)远程取消清客

1)行调可取消临时清客命令。

2)取消清客后,当运营列车到达原来设置的临时清客站台时,ATS 系统不向该列车发送清客命令,列车在该站正常开关门作业。

19.10.4 注意事项

1)站台关门后,如发现乘客未下车等异常情况,能通过操作站台开门按钮再次打开车门站台门。

2)因信号系统故障不能执行则应等待乘务人员上车手动关闭车门,站台值班人员关闭站台门或操作 PSL 旁路后人工驾驶继续运行。

19.11 运营调整场景

19.11.1 场景概述

中心调度人员可通过跳停、扣车、人工替换计划运行图(如临时调整运营车次和临时交路)、选择列车增加/删减(实现加开、替开等运营需求)、提前发车、调整停站时间、改变列车目的地、设置/取消线路临时限速、调整列车反方向运行、调整列车运营状态(列车下线、待命)等措施实现运营调整。

19.11.2 前置条件

(1)车辆

接收车载信号系统命令,联动车载 PIS、PA 等。

(2)信号

1)具备计划跳停功能,支持对列车(单列、多列)及站台(单站、多站)设置跳停的功能。

2)扣车或跳停时,信号触发站台广播、站台 PIS 相关信息。

3)行调工作站对扣车、跳停站台特殊显示。

4)向车辆、通信、综合监控发送扣车、跳停信息。

5)应具备对列车、站台设置或取消扣车作业的功能。

6)将跳停、扣车信息转发给车辆 TCMS,用于触发车载广播及 PIS 信息提示。

7)车载 HMI 显示扣车、跳停图标。

8)扣车后列车自动打开车门及站台门并保持。

9)ATS 系统应具备删除/增加列车,调整站停时间/提前发车功能。

10)对列车计划更改时进行冲突检查。

11)行调工作站应具备设置列车属性(如计划车、头码车、人工车等)的功能。

12)设置提前发车后,司机显示屏应显示为发车状态(倒计时清零),条件满足后应能立即发车。

13)应具备对正线全部或部分区段设置临时限速功能,宜具备针对列车单车进行限速的功能。

14）列车在限速区域运行过程中速度不超过所设置的限速运行。

15）应具有反向运行模式，可由中心调度人员人工设置进入该模式。

16）反向运行时，列车至少应能以 ATP 模式运行。

17）ATS 应能人工排列反向进路。

（3）综合监控

接收信号系统发送的扣车、跳停信息，乘客调工作站界面上显示相应站台的扣车、跳停状态，宜具备记录此类事件信息的功能。

（4）通信

接收信号系统发送的命令，联动播放相应站台广播、站台 PIS 信息显示。

（5）站台门

响应信号系统命令开关站台门。

19.11.3　验证流程

（1）中心实施扣车

1）中心行调操作行调工作站设置扣车。

2）ATS 系统将扣车信息发给车载信号系统。

3）信号系统对尚未进入和已进入车站的列车实施扣车，列车停在车站后打开车门及站台门并保持。

4）可针对上行、下行、全线扣车、批量扣车等分类扣车。

5）通知乘客：站台广播和 PIS 通知站台乘客临时停车；车载广播、车载 PIS 通知列车上乘客临时停车。

（2）车站扣车

1）车站人员通过车站 ATS 工作站或 IBP 盘操作扣车。

2）ATS 系统将车站扣车信息发送给车载信号系统。

3）信号系统对尚未进入和已进入车站的列车实施扣车，列车停在车站后打开车门及站台门并保持。

（3）信号系统自动扣车

信号系统根据线路实际情况、列车运行情况、故障及应急情况等进行判断，实施自动扣车。（如区间超过最大列车数联动扣车、障碍物脱轨检测激活后扣车、接触网失电联动扣车等，具体根据工程需求及厂家方案确定）

（4）取消扣车

自动扣车满足动车条件后可自动取消扣车状态，人工设置的扣车命令必须人工取消，应按照"谁扣谁取消，自动扣车满足动车条件自动取消，特殊情况下自动扣车也可由中心调度人员按照相关运营规则人工取消"的方式执行。

（5）跳停

1）行调操作行调调度工作站设置跳停。

2）ATS 系统将跳停信息发给车载信号系统。

3）车载信号系统接收到跳停信息后，列车经过跳停站时，车载信号系统不发送跳停站的进站广播触发信号。

4)ATS 系统将跳停信息发送给综合监控及通信系统，触发车站跳停广播和 PIS 显示。

5)车载信号系统将跳停信息发送给车辆，触发跳停广播和 PIS 显示。

(6)列车增加/删减

1)中心行调根据运营情况确定是否需要增加/删减列车，并在行调工作站上输入增加/删减列车。

2)场段调度人员确认增加/删减列车车况。

3)场段调度人员布置增加/删减任务，根据中心行调要求在场段工作站输入备车出库派车计划/回库目的地。

4)中心行调通过行调工作站设置车次号及相应工况。

5)列车执行增加/删减计划。

(7)提前发车/设置站停时间/更改列车目的地

1)当需要进行运营调整作业或在紧急状态下，中心行调可在行调工作站上对停在车站的列车设置停站时间或提前发车作业。

2)行调设置站停时间或提前发车命令后，车载信号系统收到站停时间或提前发车命令时对倒计时进行调整，倒计时结束前，车载信号系统关闭车门和站台门，倒计时为 0 时启动列车。

3)提前发车命令对停在站台的列车一次有效。

4)当进行运营调整时，需要对列车更改目的地时，可在行调工作站上进行操作。

5)选择更改列车，在行调工作站上将列车进行删除(删除的是计划车)。

6)选择此列车设为头码车，输出目的地头码号，只能设置列车所在上行或下行线路的头码、列车运营方向向前的头码。

(8)设置/取消线路临时限速

1)因运营调整或行车安全考虑，应具备对正线线路全部或部分区段设置临时限速的功能，宜具备对列车单车进行限速的功能。

2)行调能通过行调工作站设置起止区段，选定需设置临时限速的正线区段。

3)设置临时限速值，经行调二次确认后，临时限速设置成功，行调工作站显示。

4)界面上有线路临时限速显示，列车运行进入临时限速区域，响应临时限速运行。

5)当运营临时调整结束，列车可恢复正常速度运营时，行调能通过行调工作站取消临时限速，经二次确认后取消临时限速。

(9)调整列车反方向运行

1)正向运行的列车，如因运营调整，需反方向运行时，行调通过行调工作站首先取消该列车正向运行车次，已开放的正线运行前方进路需人工解锁。

2)设置列车反方向运行目的地码，列车反方向运行前方进路开放后，列车反方向运行至目的地后，人工进行开关门作业，宜具备系统自动开门功能。

3)中心调度人员应提前通知相关车站和列车，并通过广播告知乘客。

4)中心调度人员按照"乘务人员登乘原则"安排乘务人员登车人工驾驶。

5)中心调度人员人工办理进路。

6)乘务人员人工驾驶列车运行。

19.11.4　注意事项

1) 如果车载信号系统与 ATS 系统通信故障, 车载信号系统应执行完成最后一条指令。

2) 应在列车进站前提前设置跳停。

3) 列车停在车站内收到跳停命令将不执行。

4) 转换轨(正线场段转换轨)应设置扣车功能。

19.12　末班车运行场景

19.12.1　场景概述

在末班车到达车站前, 车站广播应自动提前告知旅客末班车的发车时间, 末班车离开后, 车站播送当天运营结束广播, 提醒末班车和旅客出站或已进站的旅客离开车站。

19.12.2　前置条件

(1) 信号

1) 末班车运行过标后不自动运行至下一站, 在行调工作站显示报警。

2) 触发末班车运行相关的站台广播及 PIS 显示。

3) 将列车运行时刻信息发送给综合监控系统。

(2) 综合监控

1) 接收信号系统发送的列车运行时刻信息。

2) 根据列车时刻表联动车站广播, 提前告知旅客末班车的发车时间。

(3) 通信

1) 根据运营要求可对车站进行自动广播或人工广播。

2) 响应综合监控系统的触发命令联动车站广播。

3) 站台 PIS 显示末班车相关内容。

19.12.3　验证流程

1) 当天本站上、下行最后一班列车运行时, 系统根据时间自动播放广播, 提醒乘客为最后一班列车, 站台 PIS 显示某方向的最后一班列车。

2) 末班车运行前方是换乘站时, 换乘站可提前通过邻线站台广播通知邻线乘客末班车即将到站信息, 提醒乘客换乘。

19.12.4　注意事项

站台值班人员进行清场巡视, 避免造成乘客滞留车站。

19.13 自动关站场景

19.13.1 场景概述

车站运营结束后，综合监控系统根据 ATS 系统提供的运营时刻表，在规定的时间内按照规定的程序对车站实行自动关站作业。

19.13.2 前置条件

(1)信号
发送当前运营时刻表至综合监控系统。
(2)综合监控
1)根据关站时间联动车站广播自动播放相关预录制广播。
2)根据关站时间联动车站 PIS 自动触发显示车站即将关闭信息。
3)应具备调看机电设备相关区域 CCTV 图像的功能。
(3)通信
1)车站广播接收综合监控系统联动指令，触发车站即将关闭预录制广播，提醒滞留乘客。
2)车站 PIS 接收综合监控系统联动指令，触发车站即将关闭信息显示，提醒滞留乘客。
3)车站 CCTV 接收综合监控系统调用指令，并在车站 CCTV 监视器上显示相关图像。

19.13.3 验证流程

(1)综合监控系统申请关站
当日车站运营结束(末班车离站)后，综合监控系统联动触发关站广播，提醒滞留旅客和工作人员车站即将关闭，并在车站值班员工作站显示关站确认提示窗。
(2)车站值班员确认关站
1)车站值班员可通过现场巡查或 CCTV 巡视等方式掌握车站机电设备的即时状态，确认关站条件。
2)车站值班员确认具备关站条件后，通过车站综合监控工作站进行关站确认操作。
(3)综合监控关站
1)综合监控系统延时 2 分钟(可设置)自动关闭车站，在延时的时间段依然进行自动关站广播。
2)综合监控系统自动或由车站人员人工关闭车站的相关机电设备(具体设备清单设联阶段确定)。

19.13.4 注意事项

1)上下行末班车离开后，应自动播放当天运营结束的预录制广播，提醒乘客不要进站或已进站的乘客离开车站。随后在规定的时间逐个关闭车站。
2)自动关站失败时，车站值班员能通过车站综合监控工作站及车站 IBP 盘、现场操作等方式人工关闭。

　　3)车站值班员可人工取消自动关站。

　　4)完成关站后,车站根据当日调度计划组织进行施工/维护作业,并按施工/维护作业规章进行相应防护。

19.14　列车停止正线服务场景

19.14.1　场景概述

　　在FAM模式下,回场段列车完全进入转换轨时,或者进入正线存车线的停止正线运营列车,收到停止正线服务指令后将停止正线服务,进入停止正线服务工况。

19.14.2　前置条件

　　(1)车辆

　　车辆实时接收车载信号系统发送的停止正线服务工况指令。

　　(2)信号

　　1)ATS系统判断列车是否满足进入停止正线服务工况条件,自动为该列车清除。

　　2)目的地码或车次,并向列车发送"停止正线服务"指令。

　　3)车载信号系统实时接收ATS系统发送的停止正线服务指令。

　　4)该列车为回场段列车时,则按照派车计划自动或人工设置目的地码,排列至库线的列车进路。

　　5)如该列车为进入正线存车线/终端折返线停止运营的列车,则延时2分钟(可设置)后自动向该列车发送休眠指令。

19.14.3　验证流程

　　(1)回场段列车停止正线服务

　　1)ATS系统自动向完全进入转换轨列车发送"停止正线服务"指令。

　　2)车载信号系统收到指令后,向车辆发送停止正线服务指令,清除车次(具体流程各线路设计联络具体确定),车辆关闭照明、空调。

　　(2)进入正线存车线/终端折返线停止正线服务

　　1)ATS系统自动向进入存车线/终端折返线列车发送"停止正线服务"指令,清除车次(具体流程各线路设计联络具体确定)。

　　2)车载信号系统收到指令后,向车辆发送指令"停止正线服务",车辆关闭照明、空调。

　　3)因列车设备故障进入存车线/终端折返线并停止正线服务的列车,列车保持上电状态,并等待人员上车处理。

　　4)列车按计划在存车线/终端折返线正常休眠并参与次日运营时(该停车区域支持休眠唤醒),次日支持自动唤醒及人工远程唤醒。

19.14.4 注意事项

1) 车载信号系统与 ATS 系统通信故障,列车停在转换轨或存车线不发车,列车执行信号系统最后发送的工况命令。

2) 车载信号系统与车辆 TCMS 通信故障,列车停在转换轨或存车线不发车,列车执行信号系统最后发送的工况命令。

19.15 列车回库场景

19.15.1 场景概述

在每日规定时间之前,根据当日正线运行计划,场段人员编制入库计划。列车停止正线服务后,由转换轨回库。

19.15.2 前置条件

(1)车辆

接收并执行车载信号系统控车指令。

(2)信号

1) 应提供编制入库计划的功能,并在转换轨向入库列车下发入库计划信息。

2) 按照派车计划自动或人工设置目的地码/回库计划,排列回库进路。

3) 从场段内调车或者洗车后回库时,ATS 系统自动或人工为列车设置目的地码,办理回库进路。

4) 该列车完全进入库线停稳后,自动清除目的地码。

5) 监督回库列车对应防护区域 SPKS 状态。

19.15.3 验证流程

1) 场段人员根据当日运行计划、运营调整情况、股道占用情况、维修计划、洗车计划等,通过信号系统提前编制并加载入库计划。

2) 自动或者人工设置列车目的地码,触发进路。

3) 列车计算移动授权。

4) 列车入库时自动鸣笛(可根据运营需求配置)。

5) 根据移动授权控制列车库内停车。

6) 信号系统按场段内、库内限速进行防护。

7) 列车完全进入库线停稳后,自动删除目的地码。

19.15.4 注意事项

1) 当 SPKS 开关置于激活位后发生故障无法复位时,应人工保证轨行区安全、已经无人且具备行车条件的前提下,通过 SPKS 旁路开关旁路 SPKS 防护状态,使列车正常回库。

2) 当列车以蠕动模式运行回库,车辆无法响应鸣笛命令时,场调可人工对库内进行广播。

19.16　清扫场景

19.16.1　场景概述

列车回到停车列检库后,在安全措施(如启用 SPKS)防护下进行清扫作业。

19.16.2　前置条件

(1)车辆

1)接收车载信号系统清扫工况指令,控制列车空调、照明等至规定服务模式。

2)接收车载信号系统命令,联动列车提示广播。

(2)信号

1)列车回库停稳后延迟一段时间进入休眠状态。

2)具备在延迟进入休眠的时间内向场段调度人员提示是否设置清扫工况的功能。

3)人工设置清扫工况后,车载信号设备向车辆 TCMS 发送进入清扫工况指令。

4)响应 SPKS 操作,并建立防护分区,向综合监控提供 SPKS 状态。

5)清扫结束前,向车辆 TCMS、综合监控系统发送清扫结束提示信息。

6)清扫结束后,场段调度工作站应提示休眠列车。

7)场段调度工作站应具备终止、调整清扫时间的功能。

8)清扫工况的列车进行远程人工休眠时,宜针对休眠操作进行弹窗确认操作。

(3)综合监控

1)在门禁打开或关闭后,应能在 DCC 综合监控工作站上给出门禁开/关状态信息。

2)根据信号提供的 SPKS 信息,显示对应区域的 SPKS 状态。

19.16.3　验证流程

1)列车回库停稳后延迟一段时间(时长可配置)执行休眠作业,并在该时间段内向 DCC 操作人员提示设置清扫工况。

2)由场段人员根据需求通过 ATS 工作站向车辆 TCMS 发送清扫工况,车辆 TCMS 控制空调、照明等至规定服务模式。

3)设置清扫工况时可设定、调整清扫时间。

4)清扫人员在 DCC 登记并领取门禁卡后,由场调控制 SPKS 开关于激活位。

5)清扫人员刷门禁进入下穿通道,至指定股道防护分区后,通过登车平台走行至设置外解锁装置的客室门。

6)清扫人员解锁设置外解锁装置的客室门上车进行清扫作业。

7)在清扫时间(可设置)结束前一定时间(可设置),触发车内清扫结束提示广播。

8)清扫人员将登乘时打开的客室门关闭后离开 SPKS 防护区域,并在 DCC 消记后,场调解除 SPKS 激活位。

9)在清扫时间结束后,场段调度工作站上提示进行列车休眠确认,或根据清扫完成情况进行远程人工休眠(宜弹窗确认)或本地休眠。

10)清扫作业时，场段调度人员能终止、调整清扫时间。

11)针对休眠后的列车如需进行清扫作业，能根据清扫工作需要进行本地人工唤醒，完成清扫后进行本地休眠或远程人工休眠。

19.16.4 注意事项

1)SPKS 开关处于防护位置，场段调度、设备调和行调界面均显示 SPKS 状态。

2)针对已激活 SPKS 防护的区域，需该区域内全部作业完成且销记后或作业人员报告做好相关防护后(如已登乘列车并关门)，方允许恢复对应防护区的 SPKS。

3)当 SPKS 开关处于激活位且发生故障无法复位时，应人工保证轨行区安全、已经无人且具备行车条件的前提下，通过 SPKS 旁路开关旁路 SPKS 激活状态，使列车正常运行。

19.17 休眠场景

19.17.1 场景概述

(1)休眠方式

1)远程自动休眠：ATS 系统按计划自动发送休眠指令。

2)远程人工休眠：中心人工通过车辆调工作站发送休眠指令。

3)本地休眠：人工按压车辆休眠按钮。

(2)具备休眠功能的位置

1)停车列检库线(含试车线模拟站台)。

2)正线存车线。

3)终端折返线。

4)正线车站(可选项，根据各线路实际情况设联确定)。

19.17.2 前置条件

(1)车辆

1)车辆 TCMS 接收车载信号系统的休眠请求，对部分子系统、设备及相应的按钮(如检修按钮/开关)状态进行自检，检查正常才可执行远程休眠，如检查异常则将信息反馈给信号系统。

2)应能执行远程自动/远程人工/本地休眠，提供人工休眠按钮/开关，本地休眠需司控器钥匙不在激活位。

3)车辆收到休眠唤醒单元发来的单端的休眠指令后，降弓并整车延时断电。

4)列车休眠状态下，蓄电池为休眠唤醒单元及通信设备供电，蓄电池容量应满足休眠 7天(暂定)后能够正常唤醒的需求。

5)休眠后，应对蓄电池状态进行持续监测，当发生蓄电池欠压时，向信号系统发送欠压预警、欠压报警信息。

6)检修按钮/开关在检修位时，车辆自动进入检修工况，维持照明和空调状态。

7)照明和空调可进行人工控制，无法执行远程休眠。

（2）信号

1）应能根据计划控制列车停至指定休眠点。

2）ATS 判断列车完全进入休眠唤醒区域，具备休眠条件（列车无故障、无后续计划或任务、处于非检修状态、列车停在休眠唤醒停车窗），ATS 系统延时一定时间后自动向列车发送休眠请求指令。

3）应能监控休眠情况并提供远程人工向列车发送休眠请求指令功能。

4）车载信号系统接收到休眠请求指令，判断满足条件后，向车辆发送休眠请求车载信号系统接收到车辆休眠确认后，向车辆发送休眠指令。

5）信号系统判断是否休眠成功，并将信息上传到调度工作站。

6）休眠后，应能接收向休眠唤醒单元供电的蓄电池状态监测信号，接收车辆提供的蓄电池欠压、蓄电池欠压预警信息，具备报警提示功能。

19.17.3　验证流程

（1）远程休眠

1）远程休眠含远程自动休眠、远程人工休眠（蠕动模式下不支持），具体流程如下：停在休眠/唤醒区域的列车，由车载信号系统实时向 ATS 发送当前状态。

2）ATS 系统检查列车满足远程休眠条件：处于 FAM 模式；列车停在休眠唤醒停车窗；列车无后续计划或当天无计划。

3）ATS 判断列车满足休眠条件后根据计划自动或中心行调/场调调度人工向 FAM 模式列车发送休眠命令。

4）休眠准备：FAM 模式时，车载信号系统收到 ATS 的休眠指令后，自动撤销方向及驾驶室激活指令，同时车载信号系统向车辆 TCMS 发出休眠请求命令。

5）车辆 TCMS 接收到车载信号系统的休眠请求命令，车辆检查相应设备状态、按既定顺序关闭相关设备、降弓，判断允许休眠后，并向车载信号系统发送休眠确认。车辆判断不允许休眠后，保持当前状态，车载信号系统向中心行调/场段调度工作站发送休眠失败报警。

6）列车断电：车载信号系统收到车辆 TCMS 的休眠确认后通过硬线或网络进行休眠，车辆控制整车延时（暂定 30 s）断电。

7）休眠结果监督：ATS 收到休眠确认后，判断与车载信号设备通信是否中断以判断休眠是否成功。

8）调度工作站显示休眠状态，若休眠不成功，进行报警提示，通知人工处理。

（2）本地休眠

1）FAM/CAM 模式下：乘务人员按压车辆休眠按钮后，开始延时断开车辆非永久母线，延时期间车辆完成相应设备状态检查、按既定顺序关闭常规负载、自动落弓。信号自动撤销方向，并完成与 ZC 注销工作，撤销驾驶室激活指令。

2）车载信号系统判断休眠是否成功，将休眠结果及时反馈 ATS 系统。

3）ATS 调度工作站显示休眠状态，若休眠不成功，进行报警提示。由乘务人员通过本地观察，向行调/场调汇报休眠故障，由中心行调/场调通知人工检修。

4）非 FAM/CAM 模式下：乘务人员按压车辆休眠按钮后开始延时断开车辆非永久母线。蓄电池为休眠唤醒单元及通信设备供电。

19.17.4 注意事项

1)休眠唤醒单元采集到检修按钮/开关为检修状态,将此状态上报行调工作站、车辆调工作站,并且不执行唤醒休眠命令。

2)ATS 系统若收到列车休眠失败状态,则向行调、车辆调和维修调工作站报警提示,并由维修调通知人工处理。

3)在以下情况下,车载信号系统不响应远程休眠指令。

4)当收到远程休眠指令时,列车处于非 FAM 模式、非零速状态下、驾驶室激活时。

5)钥匙激活时,车载信号系统处于人工驾驶模式,不执行远程休眠指令。乘务人员按压车辆休眠按钮后,按本地休眠流程执行。

6)休眠异常时,场调(车辆调工作站操作人员)通知人工上车处理;蠕动模式下不支持远程休眠。

19.18 日检与检修场景

19.18.1 场景概述

(1)日检/周月检

日检是指每日在停车列检库内对列车进行日常检查、维修及维护,周月检是指在周月检库内对列车进行周检、月检、维修及维护。检修人员应在安全防护(如启用 SPKS)下对指定列车进行日检/周月检作业,同时根据需要按下检修按钮/开关,日检/周月检分为车内检查、车外检查。

(2)维修

维修指列车进行大修、架修、定修时,须进入非全自动区时系统的处理方式,或列车在自动化区域进行一般性维护的处理方式。

19.18.2 前置条件

(1)车辆

1)车辆设置检修按钮/开关。

2)列车休眠后按下检修按钮时,由车辆保证列车无法移动。

3)检修按钮/开关激活后,车辆自动进入检修工况,维持照明和空调状态,照明和空调可进行人工控制,车辆 TCMS 应停止向信号系统发送列车状态及报警信息。

4)检修按钮/开关激活时,不响应远程休眠、唤醒指令,应响应本地休眠、唤醒命令。

(2)信号

1)实时监督车辆检修按钮/开关状态。

2)FAM 模式下非休眠列车,检修按钮/开关激活时应输出紧急制动;检修按钮/开关恢复后应缓解紧急制动。

3)检修按钮/开关激活时,向场段调度工作站、车辆调工作站汇报列车处于检修状态,并停止发送其他列车信息及报警。

4)检修按钮/开关激活时,ATS 系统应禁止向列车发送远程休眠、唤醒命令,车载信号系统应进行防护;仅响应本地休眠、唤醒命令。

5)应具备安全防护措施(如 SPKS 等),并在行调工作站上显示 SPKS 状态。

(3)综合监控

门禁系统宜根据 SPKS 开关激活的防护区域,激活相应区域的门禁。

19.18.3　验证流程

(1)日检/周月检分为车内检查和车外检查

在车内检查时,提供照明,不断高压电;车外检查时,断高压电。

(2)车内检查

在列车回到停车库后,检修人员向场段调度人员申请办理检修手续并领取物品;DCC 登记后,检修人员经安全措施(如 SPKS)防护后从登乘平台经第一个客室门登乘列车;检修人员上车后,将检修按钮/开关打至"检修位"后进行检修工作;车内检修工作完成后,将检修按钮/开关复位,检修人员经第一个客室门离开车厢并关闭该门;检修结束后,检修人员负责清场,确认安全措施已撤除,检修人员均已撤出自动化区域,具备正常行车条件后方可销点。

(3)车外检查

场段调度人员确认拟进行车外检修的列车所在的防护分区内所有拟回库列车均已入库后,方可同意办理检修施工;检修人员向场段调度人员申请办理检修手续并领取门禁卡、相关物品;在 DCC 登记后,经调度操作安全措施(如 SPKS)防护后,并根据检修需要进行落弓断电,检修人员通过门禁刷卡进入相应的防护区域进行车外检修;检修结束后,检修人员负责清场,确认安全措施已撤除,检修人员均已撤出自动化区域,具备正常行车条件后方可办理检修销点。

(4)维修

非全自动区大修、月修:维修列车需人工上电或车下人工缓解制动后,人工驾驶或由轨道车牵引进入非全自动区进行维修。

19.18.4　注意事项

1)检修按钮为非自复按钮,有状态显示。按钮按下时为检修状态,指示灯点亮。

2)维修时,若休眠唤醒单元断电,在维修完成时,需要恢复休眠唤醒单元供电。

3)对于完成检修后进行休眠的列车,应确保列车停在停车窗内,否则会导致车辆无法唤醒。

4)在检修作业防护区域,运营与检修发生"接触网送电"矛盾时,现场检修人员应具有优先权。

5)列车运行中,使用检修按钮/开关,车载信号系统采集到检修按钮/开关有效,则信号系统触发列车紧急制动;检修按钮/开关恢复后,列车零速时缓解紧急制动,运行级别不变。

19.19 洗车场景

19.19.1 场景概述

根据洗车计划或人工为列车分配计划，触发至洗车库进路，列车运行至洗车库，与洗车机交互完成洗车作业。

（1）洗车场景

1）计划列车全自动洗车。

2）无计划的全自动洗车。

3）有人驾驶洗车。

（2）洗车库设置

1）折返式洗车库。

2）通过式洗车库。

19.19.2 前置条件

（1）车辆

1）车辆 TCMS 接收车载信号系统发送的洗车工况命令（网络）。

2）车辆根据洗车工况控制列车低速运行（车速 3~5 km/h）。

（2）信号

1）场段 DCC 根据当天运营计划选择空当时间设置待洗列车的车组号、洗车时刻，并能自动或远程人工下发"洗车"工况。

2）应与洗车机接口交互信息实现全自动洗车，在洗车机就绪状态下，ATS 系统按洗车计划向场段调度工作站提示洗车请求。

3）在洗车库入库端应能向洗车设备发送洗车请求，待接收洗车机"洗车机就绪"后控制车辆以洗车模式洗车。

4）应对洗车过程中洗车机故障、列车紧急制动进行监督及防护，当信号系统失去与洗车机的信息时，列车应立即制动，发生故障终止洗车后，在接收到洗车机允许通过信号时，能控制列车继续运行。

5）应对列车洗车速度进行超速防护。

6）能将洗车机故障报警信息发送给综合监控系统。

（3）综合监控

接收并显示信号系统发送的洗车机故障报警。

（4）洗车机

1）在洗车机主体正常且远程控制终端正常开启时，洗车机才能向信号系统发送"洗车机就绪"信号，允许进行洗车。

2）洗车设备具有远程、就地开启并设置模式功能，能够远程、就地中止洗车作业。

3）洗车设备应具有自诊断功能，出现无法洗车的故障时，应立即向信号系统发送洗车机故障信息。

4)洗车机收到信号发出的洗车请求后,应在准备就绪后回复"洗车机就绪"。

5)洗车设备根据与信号交互信息执行自动洗车作业,支持全洗(端洗+侧洗)、仅侧洗模式。

6)洗车作业完毕后,洗车设备自动停止运行,进入规定模式。

7)洗车机应在洗车库内设置摄像机,并在 DCC 设置 CCTV 监视终端对洗车库洗车作业以及库内情况进行监控。

19.19.3 验证流程

系统根据洗车计划自动开启洗车机,或由场段人员本地或远程开启,洗车机检查正常后,向信号系统汇报洗车机准备就绪。

(1)计划列车全自动洗车

1)满足如下条件时,场调进行洗车作业任务确认提示:计划列车到达预定时刻及预定地点(停车列检库或转换轨);洗车机准备就绪,列车为 FAM 模式。

2)确认洗车作业:场调确认洗车作业任务。

3)分配洗车计划并触发至洗车库进路:ATS 系统根据计划为列车分配洗车计划,并触发至洗车库进路,开放信号。

4)控制列车运行至洗车库前停车:车载信号系统按照场段限速控制列车运行至洗车库前停车。

5)申请洗车:车载信号系统向洗车机进行洗车申请(含全洗或侧洗模式信息),洗车机确认条件满足后确认洗车作业。

6)进入洗车工况:车载信号系统将洗车工况发送至车辆 TCMS,列车匀速运行。

7)头端洗(可设置):车载信号系统控制列车在头端洗位置停准后向洗车机发送相关触发命令,洗车机对列车进行端洗,端洗结束后,向车载信号系统发送端洗结束信息。

8)侧洗:洗车机启动侧洗,车辆控制列车匀速(3~5 km/h)运行。

9)尾端洗(可设置):车载信号系统/车辆控制列车在尾端洗位置停准后向洗车机发送相关触发命令;洗车机对列车进行尾端洗。

10)控制列车运行至库外:尾端洗作业结束后,洗车机向车载信号系统发送端洗结束信息,车载信号系统/车辆控制列车运行至库外。

11)折返换端(折返式洗车适用):车载信号系统根据 ATS 系统命令控制列车折返换端。

12)申请通过洗车库:车载信号系统向洗车机申请通过洗车库,洗车库回复允许通过后,控制列车以不超过洗车库限速通过洗车库。

13)继续运行至规定位置:车载信号系统根据 ATS 系统命令控制列车运行至规定位置,洗车作业结束。

(2)临时计划的全自动洗车

1)满足如下条件时,场调能进行洗车作业:列车在预定地点(停车列检库或转换轨);洗车机准备就绪;列车为 FAM 模式。

2)人工为列车分配洗车计划,系统自动触发/人工办理至洗车库进路。

(3)有人驾驶洗车

1)满足如下条件时,场调能进行人工洗车作业:列车在预定地点(停车列检库或转换轨);洗车机准备就绪。

2)人工为列车分配洗车计划/目的地码,系统自动触发/人工办理至洗车库进路。

3)运行至洗车库前:乘务人员以 CM、RM 模式人工驾驶列车运行至洗车库前停车。

4)头端洗:乘务人员根据洗车库库内信号,在允许洗车时控制列车运行至端洗位置;洗车机人工确认后进行头端洗;头端洗结束后,洗车机收回洗车臂,并显示允许移动信号。

5)侧洗:洗车机开始侧洗作业,乘务人员转换为洗车模式,人工驾驶列车匀速运行(暂定 3~5 km/h);乘务人员控制列车对准尾端洗位置,洗车机停止侧洗作业。

6)尾端洗:洗车机人工确认后进行尾端洗;尾端洗结束后,洗车机收回洗车臂,并显示允许移动信号。

19.19.4 注意事项

1)由场段派车工作站人工制订洗车计划,设置待洗列车的车组号、洗车时刻。

2)应提前对洗车机进行上电,通过上电自检成功后对外输出准备就绪。

3)当预定的被洗列车不在规定位置或洗车机未准备就绪时,ATS 系统不提示洗车,应向场段调度工作站进行提示。

4)全自动洗车时,若洗车机故障或人工按下洗车机急停按钮时,洗车机需要向信号系统发送相应状态信息,由车载信号系统对列车实施紧急制动。

5)洗车过程中,若车辆、信号等故障导致列车紧急制动时,车载信号系统应立即向场段调度工作站报警并停止洗车,退出洗车工况,洗车机应终止洗车并收回洗车臂。

6)洗车失败后恢复列车运行:因故导致洗车作业终止时,可远程/人工处理故障;故障处理完毕后,洗车机应在人工确认操作后向车载信号系统发送允许通过信号。

7)车载信号系统控制列车或人工驾驶列车运行至规定位置。

8)洗车时,车载信号系统向车辆 TCMS 发送"洗车工况",车辆控制照明、空调进入相应服务模式。

19.20 场段内转线场景

场段人员确认当日列车情况,结合当日场/段作业计划,能通过信号系统编制场/段转线作业计划。根据场/段转线作业计划,使列车在场段自动化区域、非自动化区域内以及自动化区域与非自动化区域之间跨区域作业。

19.20.1 自动化区域内转线

(1)场景概述

段/场内自动化区域可实现转线调车作业,列车在场段自动化区域内可采用 FAM 模式自动运行。

(2)前置条件

土建:

1)段/场应设置自动化区域与非自动化区域,并进行隔离。

2)为保证自动化区域内的上、下车作业人员的安全,防护区域内应配置独立、封闭的安全通道，并设置登乘平台，安装脚蹬与扶手。

车辆：

1）在场段内调车作业时，列车客室内照明、空调按"场段运行"工况执行。

2）列车应有指定的客室车门便于乘务人员从外侧（通过钥匙）进入，并能在车厢内锁闭该扇车门。

3）乘务人员登乘用车门外解锁装置支持客室外复位，且车门不自动关闭。

信号：

1）系统具有手动或自动排列场内进路功能。

2）系统应具有存储及发送场内目的地码功能，且可以通过场段调度工作站进行设置。

3）向车辆输出列车的工况信息。

通信：

进入全自动区域的地下通道应实现无线覆盖。

（3）验证流程

1）场段调度人员根据列车使用情况，编制场内调车计划。

2）根据场内调车计划由场段调度人员手动为列车分配目的地码。

3）场段调度人员人工或信号系统自动排列进路，分配列车移动授权，列车以全自动运行模式驶入指定目的地。

（4）注意事项

1）在自动转线过程中，车载信号系统与 ATS 系统通信故障情况下不影响本次转线作业。

2）编制场内调车计划时，应考虑列车停放顺序。

3）场段调度人员通过 ATS 系统监控场内进路排列情况及调车情况。

19.20.2　非自动区域内转线

（1）场景概述

根据调车计划，列车在非自动化区域按人工驾驶模式驶入指定目的地。

（2）前置条件

土建：

应设置自动化区域与非自动化区域，并进行隔离。

车辆：

1）列车应有指定的客室车门便于乘务人员从外侧（通过钥匙）进入，并能在车厢内锁闭该扇车门。

2）乘务人员登乘用车门外解锁装置支持客室外复位，且车门不自动关闭。

信号：

系统具有手动排列场内进路功能。

（3）验证流程

1）场段调度人员根据列车使用情况，编制场内调车计划。

2）场段调度人员手动排列进路。

3）场段调度人员向乘务人员授权，乘务人员经指定车门登乘列车，按照调车计划人工驾驶列车驶入指定目的地。

（4）注意事项：

1）编制场内调车计划时，应考虑列车停放顺序。

2）场段调度人员通过 ATS 监控场内进路排列情况及调车情况。

19.20.3　自动化区域至非自动化区域转线

（1）场景概述

根据调车计划，列车按在"自动化/非自动化区域转换区"转换驾驶模式后，驶入指定目的地，跨全自动区调车需乘务人员介入完成调车作业。

（2）前置条件

土建：

1）应设置自动化区域和非自动化区域，并进行隔离。

2）为保证自动化区域内的上、下车作业人员的安全，每个防护区域应配置独立、封闭的安全通道，并设置登乘平台；登乘平台应设置一扇登乘门，登乘门宽度应大于车门，供维修人员、乘务人员、清扫人员等登车。

车辆：

1）列车应有指定的客室车门便于乘务人员从外侧（通过钥匙）进入，并能在车厢内锁闭该扇车门。

2）乘务人员登乘用车门外解锁装置支持客室外复位，且车门不自动关闭。

信号：

1）系统具有手动或自动排列场内进路功能。

2）系统应具有存储及发送场内目的地码功能，且可以通过场段调度工作站进行设置。

3）向车辆输出列车的驾驶状态信息。

4）车载信号系统向车辆系统输出列车的驾驶状态信息。

通信：

进入全自动区域的地下通道应实现无线覆盖。

（3）验证流程

1）场段调度人员根据列车使用情况，编制场内调车计划。

2）场段调度人员向乘务人员授权，在激活 SPKS 防护后，乘务人员经指定车门登乘列车后通知场段调度人员恢复 SPKS 至"非激活"状态。

3）场段调度人员根据场内调车计划为列车分配相关路径的目的地码。

4）场段调度人员人工或系统自动排列进路，分配列车移动授权，列车以全自动运行模式驶入自动化/非自动化转换区域。

5）乘务人员将列车从全自动运行模式切换至人工驾驶模式（RM 或 EUM）。

（4）注意事项

1）编制场段内调车计划时，应考虑列车停放顺序。

2）场段调度人员通过 ATS 监控场内进路排列情况及调车情况。

3）"自动化/非自动化转换区域"的管理应按照自动化区域的管理要求进行管理。

4）若列车在库内故障，乘务人员在库内登车，人工驾驶列车驶入非自动化区域。

5）若列车在自动化区域内故障无法自动运行时，需人工登车处理。

19.20.4 非自动化区域至自动化区域转线

（1）场景概述

根据调车计划，列车按在"自动化/非自动化转换区域"转换驾驶模式后，驶入指定目的地，跨全自动区调车需乘务人员介入完成调车作业。

（2）前置条件

土建：

1）应设置自动化区域和非自动化区域，并进行隔离（物理隔离）。

2）为保证自动化区域内的上、下车作业人员的安全，每个工作人员防护区域应配置独立、封闭的安全通道，并设置登乘平台；登乘平台应设置一扇登乘门，登乘门宽度应大于车门，供维修人员、乘务人员、清扫人员等登车。

车辆：

1）在场内调车作业时，列车关闭客室内照明、客室内空调通风、车载 PIS。

2）列车应有指定的客室车门，便于乘务人员从外侧（通过钥匙）进入并能在车厢内锁闭该扇车门。

3）乘务人员登乘用车门外解锁装置支持客室外复位，且车门不自动关闭。

信号：

1）应具备场/段转线作业计划编制功能。

2）系统具有手动或自动排列场内进路功能。

3）系统应具有存储及发送场内目的地码功能，且可以通过场段调度工作站进行设置。

4）向车辆输出列车的驾驶状态信息。

5）车载信号系统向车辆系统输出列车的驾驶状态信息。

通信：

进入全自动区域的地下通道应实现无线覆盖。

（3）验证流程

1）场段调度人员根据列车使用情况，编制场内调车计划。

2）场段调度人员人工排列进路，乘务人员按照调车计划人工驾驶列车（RM 或 EUM）驶入"自动化/非自动化转换区域"。

3）乘务人员将列车驾驶模式切换至全自动运行模式。

4）进路开放后列车按照转线计划自动驶入自动化区域指定目的地。

5）场段调度人员根据场内调车停放位置激活 SPKS 防护后通知乘务人员下车。

6）乘务人员通过指定的客室门下车，关闭该门并离开自动化区域后，告知场段调度人员。

7）场段调度人员在核查该列车所在防护分区全部作业完成可恢复 SPKS 至"非激活"状态。

（4）注意事项

1）编制场段内调车计划时，应考虑列车停放顺序。

2）场段调度人员通过 ATS 监控场内进路排列情况及调车情况。

3）"自动化/非自动化转换区域"的管理应按照自动化区域的管理要求进行管理。

4)若列车在自动化区域内故障，无法自动运行，需人工登车处理。

19.21 车上设备工作状态远程检测场景

19.21.1 场景概述

车载信号系统、车辆TCMS系统将列车状态及报警等信息上传至中心调度工作站，为中心调度人员提供必要信息，强化列车远程监测功能。

19.21.2 前置条件

（1）车辆

1)车辆实时监督车辆相关设备(含车载专用无线设备)的工作状态，并将相应的状态信息、故障及报警信息发送给相关系统或终端。

2)车辆应具备对关键安全电路及元器件状态进行状态监测功能，并将信息发送给信号系统或上传至中心。

3)车辆应具备对关键电断路器进行自动和远程复位功能，具备远程强迫缓解功能，相应故障信息发送给信号系统。

4)车辆应具备客室门防夹激活、紧急解锁情况时，将故障信息发送给信号系统或上传至中心的功能。

5)车辆应具备对受流装置进行中心远程操控的功能。

6)车辆应将行车相关车辆状态及报警信息周期性地发送至车载信号设备。

7)车辆TCMS应周期性通过车地无线将所有车辆设备运维数据发送至地面系统。

（2）信号

1)将车载信号设备状态及报警信息、车载HMI信息上传至行调工作站、车辆调工作站。

2)车辆调工作站显示列车信息。

3)为车辆提供列车至中心传输通道，主要信息为与行车安全相关的列车状态及报警数据。

（3）综合监控

乘客调工作站显示列车状态及报警信息。

（4）通信

应提供车地无线通道，为车辆状态信息(维护信息、弓网检测信息)、设备报警信息等上传至中心提供通道。

19.21.3 验证流程

（1）当列车处于唤醒且正常状态时，车载信号系统、车辆TCMS系统应通过车地无线将列车运行相关信息、车辆设备状态相关信息周期性上传至中心调度工作站，对应信息包括：

1)列车运行状态信息、列车关键设备状态(如制动控制单元、走行部在线检测、蓄电池充电机等)、故障报警信息等信息。

2)车辆TCMS显示屏信息。

3)车载信号HMI显示屏信息。

4) 驾驶台盖板、主要电气柜柜门、紧急疏散门(如有)状态报警状态信息。

5) 灭火器位置检测状态报警信息。

6) 关键电路中主要断路器状态报警信息。

(2) 当列车处于休眠状态时

1) 列车应将蓄电池状态上传至控制中心,当发生蓄电池欠压时,向中心预警及报警提示。

2) 列车应将休眠唤醒单元及配套通信模块的状态上传至控制中心。

3) 当检修按钮/开关在检修位时仅显示列车处于检修状态,不显示车辆状态和故障信息。

19.21.4 注意事项

针对车上设备故障及应急情况下的处理措施见后续故障场景及应急场景相关描述。

19.22 自动化区域内人员防护场景

19.22.1 场景概述

对于自动化区域,应按区域设置人员防护开关(SPKS);人员防护开关激活时,应进行相应的防护,并联动激活相应区域的门禁。

19.22.2 前置条件

(1) 信号

1) 设置人员防护开关(SPKS)及旁路开关,设置开关状态指示灯。

2) 根据SPKS开关状态建立、取消防护分区,向综合监控提供SPKS状态。

3) 信号中心调度工作站、车站现地工作站及场段内工作站应显示SPKS状态及防护分区建立状态。

4) SPKS开关激活后,对应范围内信号为禁止状态。

5) 宜与门禁系统联锁(全自动区入口处门禁装置)。

(2) 综合监控

1) 门禁系统宜根据SPKS开关激活的防护区域,激活相应区域的门禁开关。

2) 宜根据信号提供的SPKS信息,显示对应区域的SPKS状态。

19.22.3 验证流程

(1) 人员防护开关设置原则

1) 对停车列检库每2~3股道设置一个防护分区,SPKS开关设在DCC(暂定)。

2) 场段内咽喉区设置防护分区。

3) 洗车库设置防护分区。

(2) 正线SPKS防护范围原则

1) 每侧站台轨行区设置2个防护分区,正线存车线可根据需要单独设置SPKS,或者通过站台SPKS进行防护。

2) 出站防护分区负责本站出站计轴(不含站台轨)至下一站进站前计轴之前的区段。

3)进站防护分区负责本站进站计轴(含站台轨) 至上一站出站计轴。

4)正线与场段间的 SPKS 防护分界为进场段(JC/JD)信号机处计轴。

5)人员防护开关集中设置于车控室、场段 DCC(暂定)。

(3)人员防护开关激活

1)应对其防护区域内的 CBTC 及以上列车实施紧急制动。

2)信号系统将该防护区域视为封锁区域。

(4)人员防护开关恢复

1)因 SPKS 激活导致关闭的信号机,由中心行调或车站值班员确认后开放。

2)应对其防护区域内的 CBTC 及以上列车缓解紧急制动,列车自动发车。

19.22.4　注意事项

1)如果要跨越股道(2~3 股道为一个分区),需要将跨越股道及目标股道的 SPKS 均设置为有效。

2)SPKS 开关防护区建立后,应允许操纵该区域内的道岔。

3)SPKS 开关与供电不宜联锁。

4)SPKS 开关无法激活时,应通过其他手段进行防护。

5)SPKS 开关激活后无法恢复时,应通过 SPKS 旁路开关取消防护分区。

6)全自动运行发生故障时,应尽量使列车继续运行至站台进行故障处理,避免区间救援。

7)设备故障未导致列车区间停车,至少应行驶至下一站进行故障处理。

8)轨旁设备故障导致区间停车,应尽快排查故障,恢复列车运行。如故障不能短时间内处理完毕,应安排应急人员登车介入。

9)车辆及车载设备发生故障导致区间停车,可采用远程复位及远程重启等手段恢复故障。如故障不能完全恢复,可根据故障情况采取蠕动模式(CAM)、远程限制运行模式(RRM)模式使列车继续运行至站台。如列车完全不能继续运行,应进行救援。

第20章 故障场景验证

20.1 站台门故障场景

20.1.1 站台门故障隔离车门

（1）场景概述

站台门故障并人工锁闭隔离后，列车在该站台停站时，该侧站台的列车相对应的车门也保持锁闭，不参与停站的开门作业。

（2）前置条件

车辆：

1）接收信号系统转发的站台门故障隔离信息，实现对应车门侧的车门隔离不打开。

2）车辆触发隔离站台门相对应的车门上方动态地图上显示此门不打开的信息。

3）车辆应能联动车载广播提醒乘客车门对位隔离信息（如需）。

信号：

1）信号系统接收站台门故障隔离信息并进行报警。

2）ATS调度工作站显示整侧站台门开关的状态。

3）当列车处于FAM、CAM（车载信号系统与车辆TCMS通信正常时）、AM、CM模式时均应支持站台门故障隔离车门。

4）车辆调工作站应显示车门被对位隔离的报警信息，针对车门隔离和车门被站台门对位隔离的状态进行区分显示。

5）车门或站台门动作超时的情况在调度工作站显示相应报警信息。

6）将站台门隔离报警信息转发至地面PA、PIS系统。

综合监控：

1）站台门故障时联动站台相应区域的CCTV图像。

2）综合监控工作站显示站台门故障报警、故障隔离信息，针对站台门隔离和站台门被车门对位隔离状态进行区分显示。

3）综合监控工作站显示车门隔离站台门和站台门隔离车门状态信息。

4）乘客调工作站能够调取CCTV图像。

通信：

1）响应综合监控系统触发命令，能在中心、车站显示站台CCTV图像。

2）接收信号系统站台门隔离车门信息，站台PA、PIS系统进行相应的广播和显示。

站台门：

1）支持对位隔离功能。

2）将站台门的状态、故障、隔离信息发送给综合监控。

3）将站台门隔离信息发送给信号系统。

4）站台门隔离信息提示（站台门的故障状态和对位隔离状态应区分显示）。

（3）验证流程

站台门发生故障并隔离后：

1）站台门应点亮对应站台门的故障指示灯。

2）车辆联动相对应的隔离车门上方的动态地图显示此门不打开的信息。

3）列车进站停稳后，信号系统分别向车辆和站台门发送打开车门指令和打开站台门指令，已隔离站台门对应的车门由车辆控制不打开。

4）列车驶离站台规定距离后，车载信号系统不再转发该站台门故障信息给车辆 TCMS。本列车对由站台门故障隔离导致的车门对位隔离状态进行复位。

（4）注意事项

1）FAM 模式或 CAM 模式下，若车门未接收到站台门故障隔离信息（站台门与信号的网络接口故障，但继电接口仍有效），无须人工介入，不影响列车开关门及发车。

2）站台门故障隔离后，列车进站前或上一站列车出站前在对应的车门上方动态地图显示此车门不打开的信息。

3）采取站台门隔离措施后，能通过警示标志（如围栏、标识条幅等）通知乘客故障滑动门暂停服务，乘客通过其他门上下列车。

20.1.2　站台门状态丢失

（1）场景概述

站台门状态丢失是指站台门关闭且锁闭信号无效或因故导致信号系统检测不到站台门"关闭且锁紧"状态，根据列车运行位置或时机包括进站前、出站前、进出站过程等几种情况。站台门状态丢失后在控制中心及对应车站的综合监控工作站上有报警提示，综合监控将对应摄像头画面推送至控制中心或车站对应 CCTV 终端和控制中心大屏，派遣车站人员现场处理。

（2）前置条件

车辆：

列车紧急制动时，列车进行广播和 PIS 显示，安抚乘客。

信号：

1）信号系统应接收站台门状态，并在调度工作站上进行显示。

2）信号系统应接收整侧间隙探测状态（可由综合监控转发），并在调度工作站上进行显示。

3）根据列车位置，信号系统针对站台门状态丢失对列车进行防护。

4）获取站台门"互锁解除"信息后允许列车进出站，行调工作站应能显示站台门互锁解除状态。

综合监控：

1）接收并显示站台门系统发送的站台门、端门、间隙探测状态及故障报警。

2）通过与站台门系统的接口，联动相应 CCTV 图像。

通信：

1）中心/车站支持人工广播通知乘客故障信息。

2）中心支持人工发布 PIS 系统信息，通知乘客故障信息。

3）接收综合监控系统命令，中心/车站显示站台 CCTV 图像。

站台门：

1）操作 PSD"互锁解除"开关能切除信号系统对站台门状态的监督。

2）站台门将间隙探测检测结果整合至站台门关闭且锁闭状态后，发送给信号系统。

3）站台门系统将站台门、间隙探测状态及故障报警信息发送给综合监测系统。

4）站台门系统将整侧间隙探测状态信息发给综合监控系统、信号系统（或经综合监控转发）。

5）间隙探测系统具备本地旁路功能，能操作旁路开关切除站台门系统对间隙探测状态的监督。

（3）验证流程

1）列车进站前若站台门状态丢失，由信号系统结合列车位置、授权信息等控制列车在站前停车或施加紧急制动。

2）列车运行进站或出站过程（在站台有效范围内）中，若站台门状态丢失，车载信号系统立即实施紧急制动；若站台门状态恢复且处于关闭且锁闭状态时，车载信号系统自动缓解紧急制动，继续以全自动模式运行；出站超出站台有效范围，列车继续运行。

3）列车停稳在站台停车窗内时，若站台门状态丢失，车载信号系统控制列车不发车；站台门状态恢复，处于关闭且锁闭状态时，车载信号系统检查满足发车条件，继续以全自动运行。

4）当由于站台门关闭且锁闭状态丢失导致列车无法继续运行时，能通过人工操作 PSD"互锁解除"开关来切除信号系统对站台门状态的监督，使列车继续运行。

5）当由于间隙探测系统故障导致站台门关闭且锁闭状态丢失，列车无法继续运行时，能通过人工旁路间隙探测旁路开关来切除站台门系统对间隙探测状态的监督，使列车继续运行。

（4）注意事项

1）站台门故障（可关闭）的处理方式为：由站台值班人员人工关闭站台门后，对该站台门进行隔离操作。

2）站台门故障（无法关闭）的处理步骤为：站台值班人员做好现场防护后，通过互锁解除开关解除站台门与信号系统的互锁；信号系统接收到站台门互锁解除信息且其他条件满足后才允许开放信号。

3）站务人员可通过调看端门对应的 CCTV 图像确认端门是否打开。

20.2 车辆故障场景

20.2.1 车辆制动系统故障

（1）场景概述

在车辆制动系统故障、车辆制动力损失的情况下，车载信号系统应能以一定的策略对列车进行控制。

（2）前置条件

车辆：

1）车辆应实时监测制动系统状态，将紧急制动力损失情况（紧急制动力损失的转向架个数）发送给车载信号系统。

2）车辆紧急制动情况下应联动车载广播和车载 PIS 显示，安抚乘客。

3）紧急制动损失后，车辆应进行限速处理。

4）常用制动不缓解时，车辆应能够执行车载信号系统发送的远程强迫缓解指令。

信号：

1）当车载信号系统收到制动重故障信号后，FAM、CAM、RRM、AM、CM、RM 模式列车实施紧急制动不缓解，需切除车载信号系统转 EUM 模式。

2）中心行调工作站、车辆调工作站应能显示列车故障报警信息。

3）发生单个或多个转向架空气制动不缓解时，可在车辆调工作站上人工远程强迫缓解。

综合监控：

乘客调工作站应显示车辆制动系统故障报警信息。

（3）验证流程

空气制动无法缓解

1）列车运行期间发生单个或多个转向架常用制动不缓解故障时，在车辆调工作站上有报警提示。

2）如单个或多个转向架常用制动不缓解时可远程强迫缓解，如故障恢复则继续运行，如无法恢复，安排人员上车进行后续处置。

制动力损失

1）当车辆制动系统故障时，车辆通过 TCMS 将车辆紧急制动损失程度（损失的转向架个数）发送给车载信号系统，并在中心车辆调工作站上显示车辆的紧急制动损失程度。

2）当列车紧急制动损失程度能够支持列车继续运行，则控制中心行调通知乘务人员在下一站登车处置，否则救援。

3）当列车有 2 个（暂定）及以上转向架紧急制动不可用时，判定为车辆制动重故障，向信号系统提供"制动重故障"信号。车载信号系统收到此信号后，FAM、CAM、RRM、AM、CM、RM 模式列车将实施紧急制动不缓解，此时应切除车载信号系统转 EUM 模式人工驾驶。

（4）注意事项

提前做好车辆故障发生的应急措施，列车上须有测试人员，紧急情况下采取人为干预，避免因测试不成功造成意外损失。

20.2.2 车门故障隔离站台门

（1）场景概述

当列车车门故障隔离后，本列车停站时对应的站台门应能保持锁闭不参与停站的开门作业，如站台门打开车载信号系统应对其打开状态进行防护。当列车处于 FAM、CAM（车辆 TCMS 与车载信号通信正常）、AM、CM 模式时均应支持车门故障隔离站台门。

（2）前置条件

车辆：

1）当车门发生故障隔离时，车辆 TCMS 向车载信号系统发送车门故障隔离信息。

2）车辆在相对应动态地图 LCD 屏上显示此门不打开的信息。

3）车辆应能联动车载广播提醒乘客车门故障信息（暂定）。

信号：

1）信号系统接收车门故障隔离信息。

2）行调工作站、车辆调工作站界面显示站台门隔离的状态及报警信息。

3）将车门隔离报警信息转发至综合监控系统，乘客调工作站显示报警信息。

4）将车门隔离报警信息转发至地面 PA、PIS 系统。

5）当列车处于 FAM、CAM（车辆 TCMS 与车载信号通信正常）、AM、CM 模式时均应支持车门故障隔离站台门。

6）行调工作站、车辆调工作站界面针对车门故障隔离站台门和站台门故障隔离车门的状态信息应区分显示。

综合监控：

1）综合监控工作站显示车门故障报警。

2）综合监控工作站区分显示车门故障隔离和站台门故障隔离车门状态信息。

3）乘客调工作站能够调取 CCTV 图像，宜在对位隔离后自动联动相应区域的 CCTV 视频画面。

通信：

1）响应车辆 TCMS 联动，在中心调度 CCTV 监视器上显示对应区域 CCTV 图像。

2）接收信号系统转发的车门隔离站台门信息，站台 PA、PIS 系统进行相应广播及显示。

3）宜根据综合监控的触发命令在对位隔离后联动推动区域的 CCTV 视频画面。

站台门：

1）响应信号系统发送的车门故障隔离状态，保证对位隔离功能。

2）站台门应点亮已隔离车门对应站台门的故障指示灯（站台门的故障状态和对位隔离状态应区分显示）。

3）应能将站台门状态、车门对位隔离站台门状态等信息发送给综合监控系统。

4）列车驶离站台规定距离后，信号系统不再向该站台的站台门发送车门故障隔离站台门信息，本站台的站台门由于车门导致的隔离状态复位，故障指示灯熄灭。

（3）验证流程

1）车门发生故障并隔离后，应对乘客进行提示：车辆联动相对应的隔离车门上方的动态地图 LCD 屏显示此门不打开的信息；车辆联动车载广播提醒乘客车门故障信息（暂定）；站台门系统应点亮故障车门对应站台门的故障指示灯。

2)列车进站停稳后，车载信号系统自动打开车门及站台门，故障车门由车辆控制不打开，故障车门对应的站台门由站台门系统控制不打开。

3)站台广播车门故障隔离站台门的信息，站台 PIS 显示屏进行相应提示。

4)列车驶离站台规定距离后，信号系统不再向该站台的站台门发送车门故障隔离站台门信息，本站台的站台门由车门导致的隔离状态复位。

（4）注意事项

1)FAM 模式下，若站台门未接收到车门故障隔离信息（站台门与信号的网络接口故障，但继电接口仍有效）时，无须人工介入，不影响列车开关门及发车。

2)FAM 模式下，存在个别车门故障无法打开（非隔离）的情况下（车门关闭且锁闭信号仍有效），不影响列车站台作业及发车，向行调工作站、车辆调工作站报警，由中心行调通知人工处理。

3)列车运行至站台停车，整侧车门未正常打开，站台门开启，信号系统向中心报警，并由中心调度人员通知站台值班人员处理。

4)当列车跳停时，信号系统不发送跳停站台对位隔离信息。

5)车门故障隔离站台门应结合前后车情况综合考虑触发命令的发送时机，避免影响其他正常列车的正常开关门作业。

6)当列车处于 FAM、CAM 模式时，车辆及信号宜不响应乘务人员人工按下的开、关门按钮状态。

20.2.3　车门状态丢失

（1）场景描述

FAM 模式或 CAM 模式下，车辆采集到列车车门关闭、锁闭状态丢失时，信号系统根据列车所处位置采取相应的控制措施，行调工作站、车辆调工作站应显示相应的报警信息。

（2）前置条件

车辆：

1)FAM 模式或 CAM 模式下，车门状态丢失且列车为非零速时，车辆不切牵引；车门状态丢失且列车为零速时，车辆切除牵引。

2)车辆分别为信号系统提供车门"关闭"、"锁闭"状态信息。

3)推送车门状态丢失区域的车载 CCTV 图像给中心调度 CCTV 监视器。

4)具备紧急制动后自动触发车辆广播的功能。

5)与通信系统配合实现中心远程人工对列车广播功能。

信号

1)接收车辆发送的车门状态信息并在行调、车辆调工作站进行显示。

2)转发车门状态信息给综合监控系统。

3)应具备不同场景叠加优先处理机制：当车门状态丢失时，若发生站台火灾，信号系统按照优先响应站台火灾处理方式；当车门状态丢失时，若发生车辆火灾，按照优先响应车辆火灾处理方式；除站台火灾和车辆火灾的情况外，其他场景均按照优先响应车门状态丢失的处理方式。

综合监控

1)应能在综合监控工作站上显示车门状态及车门故障报警。

2)乘客调工作站应具备进行列车人工广播点选及 PIS 信息发布的功能。

通信

1)在乘客调 CCTV 显示器或大屏推送显示车门故障区域车载 CCTV 图像。

2)PA、PIS 系统与车辆配合完成远程人工列车广播及车载 PIS 信息下发功能。

（3）验证流程

列车运行过程中，信号系统应实时监督列车车门的"关闭"及"锁闭"状态，信号系统根据列车的具体位置采取措施。

"门关好"信号丢失

1)列车启动出站、区间运行、进站过程中，"门关好"信号丢失，信号系统立即对列车施加紧急制动，停稳后如故障未恢复则保持紧急制动输出。

2)紧急制动后，车辆自动触发广播对乘客进行提醒。

3)联动对应的车载 CCTV 画面，推送给控制中心调度工作站。

4)控制中心调度人员通过视频画面监控车上状态，并进行远程广播安抚、安排人员登乘列车进行后续处理等措施。

5)停稳后如故障恢复，则缓解紧急制动，列车继续运行。

"门锁闭"信号丢失

1)联动对应的车载 CCTV 画面，推送给控制中心调度工作站。

2)列车启动出站过程中，信号系统预判列车紧急停车后与站台仍存在一定的重叠区域（暂定一节车厢）时：信号系统立即对列车施加紧急制动，停稳后如故障未恢复则保持紧急制动输出；紧急制动后，车辆自动触发广播对乘客进行提醒；停稳后如故障恢复，则缓解紧急制动，列车继续运行；其他情况下（区间运行、进站停车），信号系统将控制列车继续运行至下一站停车。

3)列车在站台停稳时，"门关好"信号或"门锁闭"信号丢失，打开车门和站台门不再自动关闭，不再发车。

4)列车零速时，"门关好"信号或"门锁闭"信号丢失时，信号系统将禁止列车启动（或发车）。

（4）注意事项

1)当车门状态丢失时，若发生站台火灾，信号系统优先响应站台火灾处理方式。

2)当车门状态丢失时，若发生车辆火灾，优先响应车辆火灾处理方式。

3)当车门状态丢失时，若列车位于区间且车辆零速，应向中心 ATS 报警，列车切除牵引，推送 CCTV 图像至行调、车辆调 CCTV 监视器；若车门状态恢复，由中心调度通过 CCTV 进行确认后，可授权列车继续运行。

4)除站台火灾和车辆火灾的情况外，其他场景均按照优先响应车门状态丢失的处理方式。

20.3 信号设备故障场景

20.3.1 场景概述

信号设备故障主要包括车载信号设备故障、车地通信设备故障和轨旁信号设备故障。其中轨旁设备故障主要针对信号 ATS 设备故障、信号 ZC 设备故障、联锁故障、道岔故障、计轴故障。

20.3.2 前置条件

信号

1)中心 ATS 设备不可用时应能切换至备用中心 ATS 设备或车站级 ATS 设备。

2)具备车站级控制功能。

3)监控系统设备故障,按故障等级进行报警及提示。

4)关键设备冗余配置,单系/单体故障不影响列车正常运行。

5)具备远程限制运行模式(RRM)。

6)具备通过中心 ATS 工作站对车载信号设备进行远程重启功能。

20.3.3 验证流程

(1)车载信号设备重启

1)车载信号设备两系均故障时列车紧急制动,并向中心调度工作站报警。

2)行调工作站可对车载信号设备进行远程重启。

3)车载信号设备重启后应能使用远程限制运行模式(RRM 模式)驾驶列车,当条件满足时,自动升级为 FAM 模式。如重启不成功,中心调度人员通知车站值班员由就近站台登乘列车处理,并人工驾驶列车运行至站台清客,清客完成后驾驶列车退出运营。

4)车载信号系统应向 ATS 系统及信号维护支持系统汇报控制端、非控制端车载设备状态及故障信息。

(2)信号 ATS 设备故障

1)中心 ATS 单机设备故障时,不影响正线列车运行,热备冗余设备应无缝切换投入工作并在 ATS 调度工作站和信号维护支持系统显示报警。

2)当中心 ATS 主备服务器均故障时,系统自动或人工切换至备用中心的 ATS 服务器并报警,保证不影响正线列车运行。

3)当主、备控制中心的 ATS 主备服务器等冗余设备均故障时,自动降级至站级 ATS 控制。车站级 ATS 设备自动管理各自监控范围内列车的运行,列车仍能按 FAM 模式继续运行至前方站台,中心行调通知车站值班员,安排人员上车转人工驾驶模式运行。

4)车站级 ATS 分机设备故障但联锁控制设备正常工作的情况下,联锁能给列车分配进路,ZC 设备能够给列车分配移动授权,区间的 FAM 模式列车能继续进站待命,中心行调通知站台值班人员上车,转人工驾驶模式运行。

5)车站级 ATS 工作站完全故障情况下(其他设备正常),中心调度工作站显示相应报警信息，由中心调度人员对该站进行监控，区间的 FAM 模式列车继续运行。

6）主、备控制中心设备能自动或人工切换并报警。

（3）联锁故障

1）当联锁单机设备故障时，自动无缝切换到备机工作。

2）当联锁双机故障，该联锁管辖区域的列车将紧急制动，并向中心调度工作站发送报警信息。

3）联锁双机故障时需人工现场处理并排除故障，车站联锁设备故障恢复后，列车根据调度指令恢复运行。

4）如车站联锁双机故障短时间内无法恢复，则故障处理期间安排人员登乘列车，按运营规定组织联锁故障下的运营。

（4）信号 ZC 设备故障

1）ZC 采用冗余架构，其中一般故障时，不影响系统功能。

2）当 ZC 完全故障时，其控制区域中的所有列车紧急制动，降级为非 CBTC 列车。

3）ZC 设备故障时需人工现场处理并排除故障（如重启 ZC），故障恢复后列车根据调度指令安排人员上车或由车上人员人工驾驶，在具备升级条件时，能重新升级到全自动运行。

4）如 ZC 设备故障短时间内无法恢复，该区域范围内安排人员登乘列车后，人工驾驶列车运行。当列车运行至 ZC 工作正常的区域并与其建立有效连接后，在具备升级条件后，能重新升级到全自动运行。

（5）车载 DCS 设备故障

1）车载 DCS 设备应采用双网冗余结构，单网故障不影响列车正常运行。

2）车载 DCS 通信设备采用在车头和车尾分别设置而构成的双网络实现，车地无线双网同时工作，当一个网络故障时，车地通信不会中断，不影响列车的运行。

3）轨旁通信设备故障（中心通信服务器正常）时，该区域内的列车紧急制动停车转为非 CBTC 列车，其他区域的列车应不受影响。

4）中心通信服务器故障无法使用时，全线列车紧急制动停车，转为非 CBTC 列车。

5）车地通信中断的列车由联锁通过计轴进行位置跟踪，实现与其他列车的安全间隔防护。

（6）信号道岔设备故障

1）在正线/场段道岔发生失去表示、转换不到位等故障，人工尝试恢复道岔（人员进入轨行区需进行 SPKS 防护）或变更进路方式维持列车运行。

2）如果列车紧急制动后停在道岔区域，需要安排人员现场确认道岔位置后，以 RM 驾驶模式将列车驶离。

（7）车载信号系统丢失定位

1）车载信号设备定位信息应头尾冗余，正常时采用控制端信息，控制端车载定位。

2）设备故障或控制端丢失位置时不影响列车运行。

3）车地通信正常的情况下，列车丢失定位时，能远程授权列车以远程限制运行模式（RRM）运行一定距离（设联阶段确定），再次获得定位后自动恢复 FAM 模式运行。

4）安排人员及时进行故障设备修复或根据具体情况组织临时交路运行。

5）如站台区域应答器故障影响列车精确停车，导致列车无法自动打开车门及站台门，安排人员上车处理。

20.3.4 注意事项

测试人员需提前熟悉测试方案，避免测试过程中出现乌龙事件。

20.4 蠕动模式场景

20.4.1 场景概述

FAM 模式列车发生特定故障且硬线未报制动重故障后，车载信号系统向 ATS 系统申请进入蠕动模式，中心行调、车辆调授权后，列车以规定的限速(暂定 25 km/h)继续运行。

20.4.2 前置条件

（1）车辆

1）车辆发生上述故障后向车载信号系统申请进入蠕动模式。

2）根据信号蠕动模式输出，牵引、制动指令及模拟量等信息切换至硬线接口。

3）列车紧急制动时，列车进行广播和 PIS 显示，安抚乘客。

4）响应控制中心的预录制或人工广播指令并进行广播，根据预录制条目在 PIS 的显示屏上进行显示。

（2）信号

1）车载信号系统判断列车发生上述故障后，向 ATS 系统申请进入蠕动模式。

2）车载信号系统在接收到车辆发送的上述故障及申请后，向 ATS 系统申请进入蠕动模式。

3）中心行调工作站、车辆调工作站应能显示列车故障报警(包含制动故障)信息。

4）ATS 系统接收到车载信号系统的蠕动模式申请后，在行调工作站上显示列车申请进入蠕动模式。

5）通过行调工作站授权后列车进入蠕动模式，并在站场图上显示蠕动模式状态。

6）应具备对蠕动模式列车变更计划或调整运行目的地，并授权列车继续运行的功能。

（3）综合监控

1）乘客调工作站应具备进行列车人工广播点选及 PIS 信息发布的功能。

2）接收并显示信号系统发送的列车运行信息及故障报警信息。

（4）通信

TETRA 支持远程车辆广播功能。

（5）站台门

根据信号系统指令或站台开关门按钮指令控制站台门动作。

20.4.3 验证流程

（1）信号系统判断 FAM 模式列车发生如下故障时，申请进入蠕动模式：

1）车载信号系统与车辆 TCMS 网络出现通信故障。

2)车载信号系统判断牵引、制动系统反馈异常(可配置,如监督车辆 TCMS 反馈的牵引指令、制动指令、牵引或制动的百分比执行等)。发生如上故障时列车紧急制动停车,车载信号系统向 ATS 系统申请进入蠕动模式。

(2)车辆判断 FAM 模式列车发生如下故障时,申请进入蠕动模式:

1)车辆网络部分故障(如全列有 2 个及以上制动控制单元生命信号同时丢失,或 TMC1 或 TMC2 任意一端 RIOM1、RIOM2 同时通信故障时)。

2)如因网络故障导致牵引损失 1/2 及以上(暂定值,待后续设联确定)且列车零速后。

3)发生如上故障时车辆 TCMS 向车载信号系统汇报故障并主动申请进入蠕动模式,车载信号系统施加紧急制动,列车停稳后向 ATS 系统申请进入蠕动模式。

(3)行调确认进入蠕动模式:

1)行调工作站显示列车故障报警信息并提示列车申请进入蠕动模式。

2)行调授权列车进入蠕动模式。

3)列车转为蠕动模式并缓解紧急制动,继续运行至下一站台对标停车,打开车门站台门并保持。

4)列车后续处理:可安排人员上车转换为人工驾驶模式驾驶列车继续运行,或中心调度组织站台清客后授权列车继续以蠕动模式运行退出服务。

20.4.4　注意事项

1)FAM 模式下,车辆汇报制动重故障时应禁止进入蠕动模式,向行调工作站、车辆调工作站报警,需转人工驾驶。

2)蠕动模式下,车辆汇报制动重故障时实施紧急制动不可缓解,向行调工作站、车辆调工作站报警,需转人工驾驶。

3)蠕动模式下,列车如再次超速则实施紧急制动不可缓解,向行调工作站、车辆调工作站报警,需转人工驾驶。

4)蠕动模式下,不宜进行洗车作业,不允许远程休眠列车,应在列车退出运营后安排维修人员及时处理故障。

20.5　远程限制运行模式(RRM)场景

20.5.1　场景概述

列车以 FAM 模式运行时,列车丢失定位紧急制动停车后应向中心申请进入远程限制运行模式(RRM),由行调授权后,在保证安全的前提下,控制列车低速运行重新建立升级条件或运行至指定区域。信号系统应保证 RRM 模式授权、RRM 模式运行全过程中的安全。

通过采用 RRM 模式,系统能在满足条件后自动升级为 FAM 模式恢复运营。

20.5.2　前置条件

(1)车辆

1)响应信号系统的控车指令。

2)列车紧急制动时，列车进行广播和 PIS 显示，安抚乘客。

3)与综合监控、地面 CCTV 配合实现车头摄像头的调用功能。

（2）信号

1)具备 RRM 模式申请以及中心 ATS 系统的 RRM 模式授权确认功能，并能对模式转换结果进行监督。

2)地面 ZC 负责 RRM 模式移动授权计算，以及 RRM 模式下列车运行安全，在发生影响列车运行安全的事件(如进路取消、列车越过授权范围等)应立即向列车输出紧急制动命令。

3)地面 ZC 应监督列车定位状态。

4)列车以 RRM 模式运行时，若列车运行过程中重新完成定位，满足升级条件时，应自动升级为 FAM 模式恢复运行，并向中心 ATS 汇报状态。

5)向综合监控系统发送列车运行模式、运行状态等信息。

（3）综合监控

1)显示列车的运行模式及运行状态。

2)与车辆、地面 CCTV 配合实现车头摄像头的调用功能。

（4）通信

与综合监控配合实现列车前端摄像头的调用功能。

20.5.3　验证流程

（1）RRM 模式申请

车载信号设备向中心 ATS 系统申请进入 RRM 模式，具体判断条件如下：

1)发生了允许进入 RRM 模式的故障，如列车定位丢失或设备故障重启后造成的列车定位丢失等。

2)列车零速。

（2）RRM 模式授权

行调根据 ATS 调度工作站故障及联动提示信息，判断满足如下条件时，能授权列车进入 RRM 模式：

1)发生了允许进入 RRM 模式的故障。

2)列车运行前方进路处于锁闭状态，信号已开放。

3)故障列车前方至指定区域范围内无其他列车。

（3）进入 RRM 模式

车载信号设备判断满足如下条件时，进入 RRM 模式。

1)发生了允许进入 RRM 模式的故障。

2)列车零速。

3)接收到 ATS 系统回复的 RRM 模式授权。

4)接收到地面 ZC 判断满足进入 RRM 模式的条件(与车载信号设备通信正常、列车所处进路或区段锁闭、前方进路锁闭且信号已开放)。

5)车载信号设备获得中心 ATS 系统的 RRM 模式授权后，应模式转换结果进行监督模式转换成功则向中心反馈进入 RRM 模式，若未成功，向中心汇报模式转换失败。

（4）RRM 模式运行

进入 RRM 模式后，车载信号系统应根据地面 ZC 授权移动范围，向车辆输出牵引、制动命令控制列车以不超过限制速度(暂定 25 km/h)运行。当发生如下情况时，应立即施加紧急制动并退出 RRM 模式：

1)列车超速。

2)车载信号设备与地面 ZC 通信故障。

3)地面 ZC 要求的列车紧急停车，如 SPKS 激活、站台紧急停车按钮激活等。

4)驾驶台钥匙激活。

(5)RRM 模式升级为 FAM 模式

1)列车以 RRM 模式运行时，若列车运行过程中重新完成定位，满足升级条件时，应自动升级为 FAM 模式恢复运行，并向中心 ATS 汇报状态。

2)列车运行至站台轨仍未完成定位升级为 FAM 模式，安排人员上车处理。

20.5.4　注意事项

1)RRM 模式下列车运行安全由信号系统保证，但授权仍需要调度检查安全条件。

2)RRM 模式并不能解决所有列车降级的情况，如地面 ZC 故障、区间相邻区段多列车同时降级等。

3)如 RRM 模式列车无法跨 ZC 边界运行，则 RRM 列车运行至 ZC 边界停车后需安排人员上车处理，信号系统 ZC 边界设置在车站端头附近区域，便于人员登乘。

20.6　综合监控设备故障场景

20.6.1　场景概述

综合监控设备故障主要包括：主/备中心综合监控设备完全故障、车站综合监控设备完全故障、综合监控骨干通信网络完全故障。

20.6.2　前置条件

综合监控：

1)综合监控关键设备冗余配置，单系/单体故障不影响系统正常运行。

2)主用控制中心综合监控设备不可用时应能切换至备用中心综合监控设备。

3)具备车站级控制功能。

4)综合监控系统设备故障，按故障等级进行报警及提示。

20.6.3　验证流程

(1)主用控制中心综合监控设备完全故障

1)主用控制中心综合监控系统完全故障，系统自动或人工切换至备用控制中心。

2)中心调度人员通知维修人员进行抢修。

(2)主用控制中心和备用控制中心设备完全故障

1)主用控制中心和备用控制中心综合监控系统完全故障，中心综合监控工作站监控功能受限。

2)中心调度人员通知车站值班员中心综合监控系统故障,降级至车站管理。

3)设备调度(电调)临时调整为变电所现场控制方式。

4)中心调度人员通知维修人员进行抢修。

5)车站及区间隧道机电设备监控功能和火灾报警管理功能由车站实现。

(3)车站综合监控设备完全故障:

1)一个或若干车站级综合监控系统完全故障,中心级综合监控系统无法实时获取车站级设备信息,工作站部分监控功能受限。

2)中心调度人员通知车站人员重新启动车站冗余服务器,若系统仍不能恢复,车站值班员报告中心调度人员系统故障,安排专业维修人员抢修。

3)中心调度人员通知车站值班员加强现场巡检和人工监护。

4)受影响车站的设备调度(电调)临时调整为变电所现场控制方式。

(4)综合监控骨干通信网络完全故障:

1)综合监控骨干通信网络完全故障,中心级综合监控系统与车站级综合监控系统的通信中断,工作站监控功能受限。

2)中心调度人员通知专业维修人员进行抢修。

3)专业维修人员重启骨干网传输设备,若网络通信仍不能恢复,降级至车站综合监控。

4)中心调度人员通知车站值班员加强现场巡检和人工监护。

5)受影响车站的设备调度(电调)临时调整为变电所现场控制方式。

20.6.4 注意事项

验证前需对配合专业进行方案交底,说明验证时出现的现象,避免出现乌龙事件。

20.7 通信设备故障场景

20.7.1 专用无线通信系统设备故障

(1)场景概述

中心维护人员通过专用无线通信系统网管发现核心设备(含无线二次开发服务器)、调度台、基站、车载台故障;或中心调度发现乘客紧急呼叫功能及中心对车广播功能无法使用,中心无线调度台不能完成与车站通话功能时,通知维护人员处理。

(2)前置条件

综合监控:

应能接收并显示通信系统的告警信息。

通信:

1)专用无线通信网管应能实时显示系统全面准确的运行状态并在故障时告警。

2)专用无线通信车载台的状态应能发送给 TCMS 系统。

(3)验证流程

1)中心维护人员通过通信网管或中心调度发现使用中的故障,上报维修调度。

2)如为地面设备故障,中心调度派遣维护人员通过重启、更换备品备件等方式尝试修复故障;如为车载通信设备故障,则中心调度可通过扣车并派遣维护人员、站台值班人员登车处置。

3)若调度台故障无法及时修复,中心调度可使用手持台或其他通信方式与相关方通信,并安排站台值班人员登车进行监测;若车载台故障在规定时间无法恢复,站台值班人员持续进行监测,列车运行至终点站退出运行。

4)若无线集群调度核心设备(含二次开发服务器)、基站设备故障无法及时修复,可由中心调度人员根据情况对故障影响区域进行扣车,安排站台值班人员登车后取消扣车,登乘人员监视列车运行或转为人工驾驶;故障恢复后,中心调度安排站台值班人员下车。

(4)注意事项

1)专用无线通信系统为全自动运行核心系统,无线集群调度核心设备(含二次开发服务器)。

2)应热备冗余,当中心主用设备故障时,应不影响正常行车调度指挥功能。

20.7.2　PIS 系统车-地无线通信设备故障

(1)场景概述

中心维护人员通过 PIS 系统网管发现 PIS 车地无线通信网络故障,或者中心调度发现无法调取车辆视频或无法下发 PIS 信息时,通知维护人员处理。

(2)前置条件

信号:

具备对车站或列车扣车功能。

综合监控:

应能接收并及时显示通信系统的告警信息。

通信:

1)地面 PIS 系统网管应能实时显示系统全面准确的运行状态并在故障时告警。

2)地面 PIS 系统车载设备的状态应能发送给 TCMS 系统。

(3)验证流程

1)中心维护人员通过网管或中心调度发现故障。

2)如为地面设备故障,中心调度派遣维护人员到现场处置,并安排站台值班人员登车进行监测。

3)如为车载设备故障,中心调度安排维护人员登车进行故障处置,站台值班人员登车监测列车运行。

4)若故障在规定时间无法恢复,登乘列车的工作人员持续进行监测,列车运行至终点站退出运行;若故障恢复,安排登乘列车的工作人员下车。

(4)注意事项

无。

20.7.3　故障复位控制

(1)场景描述

车辆调工作站显示的故障信息(可复位断路器断开、部分设备故障等)经过 ATS 系统的提示信息人工确认后，能通过车辆调工作站采取向车辆发送远程复位指令尝试故障恢复。

（2）前置条件

①车辆：

1）列车为关键电路（设联确定）配备可复位断路器。

2）列车部分子系统宜具备可远程分断闭合控制功能（具体设备设联确定）。

3）列车关键系统（设联确定）应具备远程软件复位功能。

4）列车在 FAM 模式下，零速、可复位断路器断开时，车辆可自动延时（延时时间待定）复位 1 次。

5）列车零速、可复位断路器断开时，接收并执行远程复位指令 1 次（可设置）。

②信号：

1）车辆调工作站显示车辆故障报警信息。

2）根据车辆故障报警信息，具备通过车辆调工作站下发相应指令进行远程复位的功能。

③通信：

TETRA 支持远程车辆广播功能。

（3）验证流程

1）车辆发生可复位故障后，当车辆在 FAM 模式且零速时能进行自动复位。当自动复位不成功时，车载信号系统与 ATS 系统通信正常的情况下能通过车辆调工作站对车辆进行远程复位，主要包含远程人工硬件复位、远程人工软件复位和远程分断及闭合指令 3 种方式。

2）车辆自动复位：列车在 FAM 模式下，零速、可复位断路器断开时，车辆执行自动复位 1 次。

3）远程人工硬件复位：列车在 FAM 模式下，零速、可复位断路器断开时，可通过车辆调工作站向车辆发送远程人工复位指令，车辆 TCMS 只响应远程人工复位指令 1 次（可设定）。

4）远程人工软件复位：支持远程软件复位的牵引辅助系统（如逆变器）或其他可远程软件复位的子系统，可执行远程人工软件复位。

5）远程分断及闭合：针对与行车控制无关或关联度较小的系统设备（如客室内 PIS 屏），可进行远程分断及闭合操作。

6）可复位的车载信号断路器列表如表 20-1 所示（可包括）：

表 20-1　可复位的车载信号断路器列表

序号	可复位断路器名称
1	头端 ATO 断路器
2	尾端 ATO 断路器
3	头端 ATP 断路器
4	尾端 ATP 断路器

7)可复位的车辆断路器列表如表 20-2 所示(可包括):

表 20-2　可复位的车辆断路器列表

序号	可复位断路器名称
1	驾驶室激活断路器
2	空压机启动控制断路器
3	列车控制断路器
4	制动装置控制电源 1
5	制动装置控制电源 2
6	制动控制电源 1
7	制动控制电源 2
8	安全回路电源
9	转向架远程隔离供电电源
10	辅助电源控制
11	列车激活控制
12	RIOM 模块供电控制
13	驾驶室广播供电
14	客室广播供电
15	车载 PIS 主机供电
16	无线电主机
17	车载火灾报警主机供电
18	车门控制电源
19	车门电源 1
20	车门电源 2

(4)注意事项

1)远程复位功能需车辆 TCMS 与车载信号系统网络通信正常,车地无线通信正常。

2)列车非零速状态时,车辆接收到中心的远程复位或远程强迫缓解指令后不执行该命令。

20.7.4　注意事项

测试人员需提前建立额外的信息沟通方式,避免测试过程中因通信部分专业服务退出造成信息沟通不畅。

20.8 列车远程控制功能场景

20.8.1 场景描述

在某些故障情况下需远程对列车照明、空调、车内广播/PIS、受电弓进行控制时，能通过车辆调工作站进行远程控制。

20.8.2 前置条件

（1）车辆

1）响应信号系统的远程控制指令。

2）响应控制中心室内广播音量、远程控制媒体音量远程控制。

（2）信号

1）信号系统接收设备状态信息、故障报警信息，并将状态信息、故障报警信息显示在车辆调工作站上。

2）具备通过车辆调工作站对客室照明、空调系统、室内广播音量、远程控制媒体音量、受电弓进行远程控制的功能。

20.8.3 验证流程

（1）客室照明控制

正常情况下，车辆根据运行工况自动打开或关闭客室照明。在某些故障情况下需远程对列车进行客室照明控制时，车辆应优先响应车辆调人工远程对客室照明进行的打开或关闭控制，车辆调工作站显示列车客室照明打开/关闭状态信息。

（2）空调控制

1）正常情况下车辆根据工况自动启动或关闭空调，在某些特殊情况下需远程对列车空调进行控制时，车辆调能人工远程对单列车空调进行开关控制、模式设定、温度设定等操作。

2）全线列车空调参数采用统一参数（含根据环境温度自动调整选项），该参数由车辆调进行统一设定、统一下发。当列车唤醒后，可通过信号系统向列车发送列车空调参数。

3）车辆调工作站显示列车空调参数、空调模式、空调温度等状态信息。

4）车内广播/PIS控制（可设置）可通过车辆调工作站远程控制客室内广播音量、远程控制媒体音量。

（3）受电弓控制

在某些故障情况下需远程对列车进行升弓、降弓控制时，可进行如下操作：

1）当FAM模式列车为零速时，车辆调能远程对车辆受电弓进行升弓、降弓控制。

2）车辆调人工选择单/双受电弓，发送降单/双弓命令，车辆收到降单/双弓指令，自动断开高速断路器后降下受电弓。

3）车辆调人工选择单/双受电弓，发送升单/双弓命令后，车辆收到升单/双弓指令，控制受电弓升弓后自动闭合高速断路器。

4）车辆调工作站显示列车受电弓升/降状态信息。

20.8.4 注意事项

测试负责人对参与测试人员做好测试方案交底，避免现场组织混乱，效率低下。

20.9 接触网失电场景

20.9.1 场景概述

当线路正常运营时，供电断路器/隔离开关跳闸导致一个或多个供电分区接触网失电，控制中心有相应状态变化显示。中心调度人员安排维修人员查看现场情况并进行抢修。若抢修时间过长可考虑进行列车人员疏散，其他未受影响的区域根据具体情况组织临时交路运行。

20.9.2 前置条件

(1) 车辆

1) 车载广播应能响应人工远程广播。

2) 应能与通信系统、综合监控系统配合完成车载 PIS 信息下发显示功能。

3) 车辆的蓄电池应满足 45 分钟紧急负载工况。

4) 具备远程升降列车受电弓功能。

(2) 信号。

1) 应能显示接触网带电/失电状态信息。

2) 应能对进入该失电分区前的站台设置扣车。

3) 应具备通过车辆调工作站对指定列车进行受电弓远程升降控制功能。

(3) 综合监控

1) 应能显示接触网带电/失电状态信息。

2) 应能向车站和车载 PIS 下发乘客服务信息。

3) 应能向车站和车载 PA 下发预录制广播信息。

4) 应能向信号系统转发相关供电分区状态。

5) 应能开启隧道通风模式。

(4) 通信

1) 应能对车站 PA 进行人工广播。

2) TETRA 支持远程车辆广播功能。

3) 应能在站台 PIS 显示相关信息。

20.9.3 验证流程

(1) 正线接触网失电

1) 接触网失电后在中心调度工作站显示相应的接触网状态信息，列车惰行至停。

2) 中心收到接触网失电状态显示后，中心调度人员通过综合监控工作站确认直流开关跳闸、接触网失电。

3)由中心调度人员开启失电列车所在区间隧道。

4)正线供电区段失电时,信号系统对进入该供电分区前的车站设置站台扣车。

5)中心调度人员对断电区段接触网尝试送电,如送电成功则恢复正常运营;如送电失败,安排人员进行抢修或考虑越区送电。

6)故障设备修复后,专业维修队伍对接触网进行试送。

7)维护人员确认进入场段的专业维修队伍及工具均出清线路。

8)各相关岗位确认故障区段恢复供电。

9)如抢修时间较长,则需对区间迫停列车进行人员疏散,其他未受影响的区域根据具体情况组织临时交路运行。

(2)场段接触网失电

1)当场段内接触网断路器/隔离开关跳闸,导致一个或多个供电分区失电,在DCC综合监控工作站和中心综合监控工作站上显示失电状态。

2)中心调度人员通过综合监控工作站确认直流开关跳闸、接触网。

3)中心调度人员尝试对断电区段进行远程复位,进行断路器/隔离开关合闸。

4)若尝试送电失败,安排专业维修队伍进入场段对牵引电力系统进行抢修。

5)设备故障修复后,专业维修队伍对接触网进行试送电。

6)送电成功后,维护人员确认进入场段的专业维修队伍及工具均出清线路。

7)各相关岗位确认故障区段恢复供电。

20.9.4　注意事项

1)验证前确认车辆的蓄电池状态。

2)车站扣车功能调试完毕。

第21章　应急场景验证

21.1　紧急呼叫场景

21.1.1　场景概述

车辆客室内设置紧急呼叫按钮，自动联动车载视频监控推送至中心 CCTV 终端和大屏，控制中心调度人员可远程查看现场情况，中心乘客调接听紧急对讲后能与车内乘客进行通话。

21.1.2　前置条件

(1)车辆

1)设置紧急呼叫按钮，并将紧急呼叫报警信息发送至信号系统。

2)联动车载 CCTV 将对应区域 CCTV 图像显示在中心调度 CCTV 监视器和驾驶台 CCTV 监视器上。

3)与通信系统、综合监控系统配合实现紧急呼叫语音、状态落地。

4)在驾驶室钥匙未激活时，乘客紧急对讲同时与控制中心和本地进行连接，驾驶台紧急对讲呼叫无提示音，仅进行指示灯闪烁提醒，控制中心或乘务人员任意一方可选择接听。在驾驶室钥匙激活时，乘客紧急对讲仅进行本地连接。

5)紧急对讲在对话结束挂断后应能自动复位。

(2)信号

1)应能接收车辆发送的紧急对讲报警信息，并在行调/车辆调工作站进行状态显示。

2)应能将紧急对讲报警信息转发至综合监控系统。

(3)综合监控

1)乘客调工作站显示紧急呼叫报警信息。

2)联动触发相应区域的视频画面，推送至中心调度 CCTV 监视器。

3)乘客调工作站具备点选接听/挂断乘客紧急呼叫的功能；应支持多个乘客紧急。

4)呼叫并显示，选择任一接通后，其余未被接听的紧急呼叫应保留请求。

(4)通信

1)接收车载 CCTV 联动图像并在中心调度 CCTV 监视器上显示，当出现多个乘客紧急呼叫请求时，应能按多面显示相应的视频图像。

2)响应综合监控系统命令调取视频至乘客调 CCTV 监视器。

3)应支持多个乘客紧急呼叫请求，选择任一接通后，其余未被接听的紧急呼叫应保留请求。

4)乘客调无线调度台结束乘客紧急对讲通话，报警信息复位。

5)乘客调无线调度台具备对全部紧急对讲装置进行复位的功能。

6)设备配置应支持乘客紧急通话与远程人工广播同时进行。

21.1.3 验证流程

1)当乘客按压列车客室内的紧急对讲按钮后，车辆将紧急对讲报警信息发送至信号系统、通信系统、综合监控系统。

2)综合监控系统联动推送相应区域的视频画面至中心调度 CCTV 监视器，中心调度通过CCTV 远程查看车厢内情况。

3)乘客调工作站上显示紧急对讲报警信息，中心无线调度台收到紧急对讲请求，中心乘客调能通过视频监控了解车内状态，并按需选择接听乘客紧急对讲，与乘客进行通话。当多个乘客紧急对讲触发时，中心乘客调可手动选择其中一个进行接听，其余未被接听的呼叫应保留请求。

4)乘客调可根据需求手动调看相关区域视频画面，必要时通过无线调度台对列车进行人工广播。

5)乘客调结束紧急对讲，挂断后，紧急对讲相应的报警信息自动复位。

21.1.4 注意事项

车辆紧急呼叫按钮为自复位式，乘客按下此按钮后闪烁提示，仅允许中心乘客调或乘务人员挂断。

21.2 车门紧急解锁装置场景

21.2.1 场景概述

车辆客室内设置车门紧急解锁装置，用于在无法开车门或遇到突发事件时，人为开启列车乘客操作紧急解锁装置后，系统根据列车位置进行相应处理，同时联动车载 CCTV 和对应的紧急呼叫装置至中心调度。

21.2.2 前置条件

（1）车辆

1)设置车门紧急解锁装置，在车载 TCMS 显示屏上显示车门紧急解锁装置状态。

2)能将车门紧急解锁装置触发信息发送给信号系统及综合监控系统。

3)联动车载 CCTV 将对应区域 CCTV 图像显示在中心调度 CCTV 监视器和驾驶台 CCTV 监视器上。

4)车门紧急解锁触发后，应自动联动对应的紧急呼叫装置。

5)车门紧急解锁装置触发，车门锁闭状态应丢失，列车零速且信号系统输出的保持关门未激活时，车门进行解锁后能手动拉开，列车切除牵引。

（1）信号

1）接收车辆发送的车门紧急解锁装置触发状态信息，并在车载 HMI、行调工作站和车辆调工作站上显示。

2）车门紧急解锁装置触发后，信号系统应根据列车所处位置，采取相应处理措施。

3）可根据是否为疏散平台侧，向车辆发送保持车门关闭指令。

4）支持将车门紧急解锁装置触发信息转发至综合监控系统。

（3）综合监控

1）接收车门紧急解锁装置触发状态信息，并在综合监控工作站上显示。

2）应能联动推送车厢内相应区域的视频画面至控制中心调度 CCTV 监视器。

3）综合监控终端显示紧急对讲报警及位置，乘客调工作站能选择接听/挂断紧急对讲装置。

4）乘客调工作站应具备进行列车人工广播点选及 PIS 信息发布的功能。

（4）通信

1）支持中心对列车广播、乘客紧急呼叫功能。

2）接收车载 CCTV 联动推送图像并在中心调度 CCTV 监视器上显示。

3）响应综合监控命令手动调取视频至乘客调 CCTV 监视器。

21.2.3　验证流程

1）车门紧急解锁装置被触发后，车辆将此信息发送给信号系统，在控制中心调度工作站显示相应状态提示，同时实现车载 CCTV 和对应的紧急呼叫装置联动。

2）列车在区间运行、进站过程中：若车门紧急解锁装置被触发，列车继续运行至站台对标停车，打开车门、站台门并保持，站台值班人员需上车处理。人工复位后，可通过按压站台关门按钮（PCB）或中心远程关门后自动发车。

3）列车在停站过程中：若车门未关闭前车门紧急解锁装置被触发，车门、站台门保持打开；若车门、站台门关闭后车门紧急解锁装置被触发，且列车未启动，信号系统应切除牵引或禁止发车，打开车门、站台门并保持。站台值班人员需上车处理，人工复位后，可通过按压站台关门按钮（PCB）或中心远程关门后自动发车。

4）列车在出站过程中：若车门紧急解锁装置被触发，车载信号系统预判紧急制动停车后列车车身与站台位置存在一定的重叠区域（暂定至少一节车）时，则立即施加紧急制动停车。站台值班人员上车进行处理并人工复位后，可通过按压站台关门按钮（PCB）或中心远程关门后自动发车。

5）若车门紧急解锁装置被触发，车载信号系统判断紧急制动停车后列车车身与站台位置无重合时，则列车运行至下一站处理。

6）列车区间停车，区间有疏散平台侧车门紧急解锁装置激活后，列车车门能立即释放，信号系统输出紧急制动，车辆切除牵引。

21.2.4　注意事项

车门紧急解锁装置安装于客室内，为非自复位式，需要人工恢复。

21.3　障碍物/脱轨检测场景

21.3.1　场景概述

列车在全自动运行过程中，障碍物检测设备检测线路轨行区列车前轨道上范围内的障碍物，脱轨检测装置检测车辆转向架与轨道的关系。当障碍物检测设备检测到轨行区障碍物或脱轨检测装置检测到列车脱轨时，系统应立即实施紧急制动停车，并进行相应的防护及联动处理。

21.3.2　前置条件

（1）车辆

1）设置障碍物/脱轨检测装置，并具备本地旁路功能。

2）车辆在检测到障碍物或脱轨信息后，实施紧急制动。

3）车辆将检测结果（"障碍物/脱轨检测有效"）发送给车载信号系统。

4）车辆在检测到障碍物或脱轨信息后，联动车载 CCTV 和车载 PA/PIS，推送列车运行前方轨道的 CCTV 图像至中心调度工作站，联动车载 PA/PIS 对乘客进行提示。

5）应具备对障碍物/脱轨检测装置进行本地人工复位的功能。

（2）信号

1）车载信号系统接收车辆发送的障碍物/脱轨检测结果，并对列车施加紧急制动。

2）ZC 建立防护区域，对防护区域内的列车实施紧急制动。

3）在行调工作站、车辆调工作站上显示障碍物/脱轨检测报警信息。

4）ATS 宜根据本线防护及邻线防护区域，对相关站台联动扣车。

（3）综合监控

1）综合监控工作站显示障碍物/脱轨检测报警信息。

2）乘客调工作站支持远程点选调用列车 CCTV 图像，并具备远程对列车进行人工广播点选功能或车站进行广播的功能。

3）根据现场情况应能手动启动隧道通风模式。

（4）通信

1）接收车载 CCTV 联动推送图像并在中心调度 CCTV 监视器上显示。

2）响应综合监控命令手动调取视频至中心调度 CCTV 监视器。

3）TETRA 支持远程车辆广播功能。

21.3.3　验证流程

（1）障碍物/脱轨检测激活

1）车辆应实时对障碍物/脱轨进行检测，障碍物/脱轨检测装置激活后应立即触发列车紧急制动停车，同时联动车载广播对乘客进行提示，推送车载图像（车辆前端行车摄像机）至中心 CCTV 监视器。

2）车辆将障碍物/脱轨检测结果发送至车载信号系统，车载信号系统将该信息发送至 ZC

及 ATS,在中心调度工作站进行报警。

3)ZC 建立防护区:ZC 建立本线及受影响邻线的防护区域,防护区内的列车实施紧急制动,防护区外的列车按移动授权正常运行。

4)ATS 进行联动处理:ATS 根据本线及邻线防护区域,对相关站台联动扣车。

5)中心行调通过 CCTV 图像查看现场情况,安排车站值班员激活车站 SPKS 开关,对相应区域进行防护后,组织人员现场处理。

6)人工现场清除障碍物并确认轨道上无遗留障碍物时,人工激活驾驶室驾驶台钥匙,并复位障碍物/脱轨检测装置,车辆、信号缓解紧急制动。

7)车站值班员恢复 SPKS 开关。

8)ZC 取消防护区:障碍物/脱轨检测恢复后,行调工作站上提示行调进行 ZC 防护区取消确认,行调确认后,ZC 取消本线、邻线防护区,行调人工取消相关车站扣车命令。

(2)列车恢复运行:

1)转人工驾驶模式,运行至车站进行清客。

2)人工确认为误报或障碍物清除后,在具备全自动驾驶条件时,重新升级为 FAM 模式继续运行。

3)处置结束后,控制中心应及时进行运营调整,逐步恢复正常运营秩序。

(3)场段障碍物/脱轨检测激活

1)车辆应实时对障碍物/脱轨进行检测,障碍物/脱轨检测装置激活后应立即触发列车紧急制动停车。

2)车辆应将障碍物/脱轨检测结果发送至信号系统和综合监控系统,信号系统输出紧急制动。

3)ATS 工作站、综合监控工作上应有报警提示。

4)综合监控系统联动车载图像(车辆前端行车摄像机)至段/场调度 CCTV 终端。

5)段/场行调落实事故区段安全防护措施及列车出入库调整方案,预判事故影响并通知相关车站。

6)场段调度人员通过 CCTV 图像查看现场情况,通知段/场工作人员到事发地点处理。

7)专业维修队伍负责人通过 SPKS 封锁相应区段后进行现场抢修。

8)抢修结束后,专业维修队伍负责人确定动车条件及运营限制,组织执行设施设备测试及清场工作。

9)处置结束后由场段调度人员根据实际情况进行运营调整,逐步恢复场段正常行车秩序。

21.3.4 注意事项

1)提前确认脱轨检测装置工作状态。

2)对车体进行必要的防护,避免实验失败时对车体造成损伤。

21.4 车上设施异常场景

21.4.1 场景概述

全自动运行列车在运行过程中发生驾驶台盖板开启、电气柜门开启、紧急疏散门盖板开启、灭火器取出等情况时，应在中心调度工作站上显示相关报警信息，综合监控联动车载CCTV推送对应区域的CCTV图像至中心调度工作站CCTV监视器。

21.4.2 前置条件

（1）车辆

1）车载TCMS应能将驾驶台盖板开启、电气柜门开启、紧急疏散门盖板开启、灭火器取出信息发送至车载信号系统。

2）车载CCTV将对应区域的图像推送至中心调度工作站CCTV监视器上。

3）应能将紧急疏散门打开或关闭状态发送给信号系统。

4）灭火器固定装置应具备打开或取出的状态报警信息输出。

（2）信号

行调工作站、车辆调工作站应显示驾驶台盖板开启、电气柜门开启、紧急疏散门盖板开启、灭火器取出报警状态。

（3）综合监控

1）乘客调工作站应显示驾驶台盖板开启、电气柜门开启、紧急疏散门盖板开启、灭火器取出报警。

2）乘客调工作站支持远程点选调用列车CCTV图像，并具备远程对列车进行人工广播点选功能或车站进行广播的功能。

（4）通信

1）支持中心对列车广播、乘客紧急呼叫功能。

2）接收车载CCTV联动推送图像并在中心调度CCTV监视器上显示。

3）响应综合监控命令手动调取视频至乘客调CCTV监视器。

21.4.3 验证流程

（1）驾驶台盖板、电气柜门开启

1）驾驶台盖板、电气柜门开启时应向中心报警，相关报警信息发送至中心调度工作站，车载CCTV推送对应区域的图像至中心调度工作站CCTV监视器。

2）中心乘客调能通过人工广播劝阻乘客不要擅动驾驶台、电气柜。

3）列车运行至前方站台，中心行调安排站台值班人员上车关闭驾驶台盖板或电气柜门。

4）若经站台值班人员上车处置后确认是误报警，可继续维持运行或列车运行至该次运行终点站后退出运营。

（2）紧急疏散门盖板（如有）

1）紧急疏散门盖板开启时向中心告警，相关报警信息发送至中心调度工作站，车辆联动车载 CCTV 将对应区域的图像在中心调度工作站 CCTV 监视器上显示。

2）中心乘客调通过车载 CCTV 了解紧急疏散门状态。

3）若紧急疏散门盖板封盖打开，但经确认未发生紧急情况，中心乘客调通过人工广播劝阻乘客不要接近紧急疏散门，列车运行至下一站人工扣车，安排人员上车关闭紧急疏散门盖板。

4）若确认发生紧急情况需进行疏散时，则按相关管理要求组织疏散。

（3）灭火器取出

1）车上灭火器取出后，相关报警信息发送中心调度工作站，车辆联动车载 CCTV 将对应区域的图像在中心调度工作站 CCTV 监视器上显示。

2）中心调度根据 CCTV 图像、是否接收到车辆火灾报警，以及利用乘客紧急呼叫进行通话等综合判断，确认现场情况。

3）中心调度人员如通过 CCTV 判断确实发生车辆火灾，及时转入车辆火灾工况（参见车辆火灾场景）。

4）如确认未发生车辆火灾，通过人工广播劝阻乘客不要擅动灭火设备并将灭火器归位。

23.4.4　注意事项

1）验证前做好验证方案的交底工作。

2）提前准备验证过程中使用的记录表，并如实记录。

21.5　再关车门/站台门控制场景

21.5.1　场景概述

1）车门夹人夹物时，车辆自动开关车门多次（暂定 3 次）后仍未关闭，通过 TCMS 给车载信号系统反馈车门防夹状态，站台值班人员确认可以关门后，按压站台关门按钮，车门、站台门联动关闭。

2）站台门夹人夹物时，站台门系统自动多次（暂定 3 次）后仍未关闭；站台值班人员确认可以关门后，按压站台关门按钮，车门、站台门联动关闭。

3）再关车门、站台门功能分为本地（站台）再关门；中心远程再关门。

车门、站台门关闭时，应有声光提示。

21.5.2　前置条件

（1）车辆

1）车门具备防夹功能并向车载信号系统发送防夹状态。

2）接收信号发送的关门指令并执行关门。

3）车门防夹时，联动推送对应区域的车载 CCTV 图像。

4）设置声光报警装置。

（2）信号

1）接收并显示车门防夹状态。

2)站台设置站台关门/开门按钮,具备本地关门/开门功能。

3)针对在站台停准的列车,应具备进行远程开关车门、站台门操作的功能。

4)车门、站台门防夹时,如果信号系统无法收到站台门或车门"关闭且锁闭"信息,则已经停在站台的列车将禁止启动离开车站。

5)具备显示车门防夹报警的功能,并能将车门防夹报警信息转发至综合监控系统。

(3)综合监控

1)接收并显示站台门发送的防夹报警信息。

2)接收并显示信号系统转发的车门防夹报警信息。

3)站台门防夹时,综合监控系统应联动站台 CCTV 远程辅助确认。

(4)通信

1)接收车载 CCTV 联动推送图像并在中心调度 CCTV 监视器上显示。

2)响应综合监控系统指令,推送相应区域的车站 CCTV 图像至中心调度 CCTV 监视器。

(5)站台门

1)具备防夹功能并向综合监控系统发送防夹报警信息。

2)接收信号系统发送的关门指令,具备再关门功能。

3)站台设置 PSL,具备互锁解除功能。

4)设置声光报警装置。

21.5.3　验证流程

本地再关门控制:

1)车辆 TCMS 向车载信号系统发送车门防夹状态;站台门系统向信号系统、综合监控系统发送站台门防夹状态。

2)信号系统接收到车门防夹状态/站台门防夹状态后在相应调度工作站显示报警信息。

3)站台值班人员确认可以关车门时,按压站台关门按钮,信号系统采集该按钮状态,转发给车载信号系统。

4)车载信号系统向车辆、站台门发送关门指令。

5)车辆、站台门接收到关门命令时,仅未关闭的车门、站台门执行关门命令,已关闭的不动作。远程再关门控制。

6)车门、站台门防夹时,系统应联动站台 CCTV 和车载 CCTV 供中心调度人员远程辅助确认。

7)车辆调可为 FAM/CAM 模式(需车载信号设备与车辆 TCMS 通信正常)列车发送远程关门指令,车载信号系统联动车门、站台门关闭。

21.5.4　注意事项

验证前需保证车门防夹功能测试完毕。

21.6 站台紧急关闭场景

21.6.1 场景概述

站台或 IBP 盘上的紧急停车按钮按下后，该车站相应站台实施紧急关闭，系统联动处理，信号系统控制列车运行、显示相关报警信息，中心调度人员可进行远程广播、PIS 信息下发及 CCTV 图像调用等。

21.6.2 前置条件

（1）车辆

自动触发或接收命令，联动车载 PA，安抚车厢内乘客。

（2）信号

1）设置 SPKS，SPKS 激活后将建立相应防护分区。

2）站台紧急关闭时，禁止列车出发进入区间。

3）在行调工作站、车辆调工作站显示站台紧急关闭报警信息。

4）因紧急停车按钮被按下导致关闭的信号机，人工执行信号重开才能允许信号开放。

（3）综合监控

1）综合监控工作站显示站台紧急关闭报警信息。

2）具备调取站台紧急关闭车站和车载 CCTV 图像的功能。

3）具备联动或人工对车站 PIS 发布乘客信息的功能。

4）联动车站 PA 播报预录制广播，具备人工对车站和列车进行远程广播功能。

（4）通信

1）响应综合监控系统联动或人工发布的指令，站台 PIS 显示对应乘客信息，站台 PA 播报广播提醒乘客。

2）支持对列车远程人工广播。

21.6.3 验证流程

1）站台紧急关闭后应在 ATS 行调工作站上显示相应报警信息。

2）站台紧急关闭后，对于尚未进入站台的列车，应禁止其进入站台。

3）站台停车的列车实施紧急制动，禁止列车出发进入区间。

4）站台紧急关闭后，如列车已启动但尚未完全离开站台，列车应实施紧急制动停车，车门保持关闭，等待后续系统指令或人工处理。

5）站台紧急关闭解除后，列车根据运行授权恢复自动运行或人工驾驶运行。

6）列车停车后，车载广播自动播放预录制广播或由乘客调远程人工广播。

7）如在列车开/关门过程中实施站台紧急关闭，则车门及站台门应继续打开或关闭。

21.6.4 注意事项

1）站台如有乘客按下站台紧急停车按钮，需通过 CCTV 远程或站台值班人员现场进行复核、确认。

2)实施站台紧急关闭后如需进行疏散，根据相关应急预案进行有序疏散，并通过广播、PIS 系统显示屏等及时进行疏导。

3)如需人员进入区间进行处理，需按规定将 SPKS 置激活位，并由设备调度(电调)确定是否需进行断电。

4)如发现有人员擅入轨行区，车站值班员应立即实施站台紧急关闭，联动站台 PA 进行紧急广播、站台 PIS 进行紧急信息发布，并人工激活对应 SPKS，建立防护分区，禁止列车驶入该区域。

21.7 车辆火灾场景

21.7.1 场景概述

1)全自动运行列车在运行过程中检测到火灾报警后，系统进行相应联动处理(联动车载摄像头将火灾位置图像推送至中心)，可远程对火灾报警进行确认、复位处理。

2)正线全自动列车发生火灾时优先选择运行至前方就近站台进行后续处置，对于进入长大 区间范围运行的火灾列车，优先选择运行至就近疏散点停车进行后续处置，回场段运行列车优先选择运行至转换轨进行后续处置，出场段列车应立即停车进行后续处置。

21.7.2 前置条件

(1)车辆

1)车辆应配置火灾检测装置，并将列车火灾信息汇报给车载信号系统。

2)车辆检测到火灾探测器火灾报警时，自动关闭新风、空调。

3)车辆 TCMS 应联动车载 CCTV 推送火灾报警区域的 CCTV 图像。

4)应支持对火灾报警进行远程/本地确认，确认为火灾后，联动车载 PIS、PA。

5)车辆 TCMS 收到信号系统发送的火灾报警复位指令后，复位火灾报警。

(2)信号

1)监督车辆火灾报警，并进行相应的防护处理。

2)车辆调工作站、行调工作站应显示车辆火灾检测状态及报警，车辆调工作站具备对火灾进行远程确认、复位的功能。

3)确认火灾后，应联动站台扣车、跳停处理。

4)将火灾报警、火灾复位、火灾确认状态转发至综合监控系统。

(3)综合监控

1)乘客调工作站应显示车辆火灾信息及报警。

2)乘客调人工向站台 PA、PIS 发送相关信息，通知乘客离开。

3)应具备远程对列车人工广播功能。

(4)通信

1)接收车载 CCTV 联动图像并在中心调度 CCTV 监视器上显示。

2)支持远程对站台人工广播。

3）支持远程对列车进行人工广播。

（5）站台门

响应信号系统的开门控制指令。

21.7.3　验证流程

（1）火灾报警

1）车辆将火灾报警信息通过车载信号系统上报给 ATS 系统，并由 ATS 系统转发给综合监控系统。

2）车辆联动车载 CCTV 将火灾报警区域 CCTV 图像显示在中心调度工作站 CCTV 监视器及驾驶台 CCTV 监视器上。

3）列车运行控制：车载信号系统接收到车辆火灾报警时，应按如下原则进行处理。

4）列车在区间或出站过程中，继续控制列车运行至前方站台停车，打开车门、站台门并保持。

5）列车在停站过程中或已关闭车门但未发车时，应禁止列车发车，打开车门、站台门并保持。

6）列车出场段运行时，应立即停车，等待人工处理。

7）列车回场段运行时，应运行至转换轨停车，等待人工处理。

（2）火灾确认

1）当中心调度人员观察后确认为火灾，远程或本地对车辆火灾进行确认操作；信号系统将火灾确认信息发送给车辆 TCMS。

2）火灾确认后车辆火灾联动。

3）车辆应联动车载预录制广播和车载 PIS 提醒乘客。

4）信号系统应联动相关站台进行扣车、跳停等相关处理，已进入相应区间的列车应由控制中心调度人员远程施加紧急制动。

5）根据车辆火灾情况，通过综合监控系统选择应急联动模式，联动 PIS、PA。

（3）车辆火灾复位

1）当火灾报警确认为误报时，远程或本地对车辆火灾进行复位。

2）如确认为火灾且已处理完毕后，需对火灾报警装置进行本地复位。

3）列车恢复继续运行。

21.7.4　注意事项

1）正线范围内发生车辆火灾时，车站值班员应根据中心调度及车辆火灾信息开展相关应急操作。

2）场段运用库内发生车辆火灾时，场段值班人员应根据现场情况及车辆火灾信息开展相关应急操作，如激活 SPKS 防护、确保消防通道畅通等。

3）信号系统接收到车辆火灾报警信息时，中心调度人员需对车辆火灾报警提示进行确认后，信号系统再执行车辆火灾联动模式，此时信号系统对车辆火灾进站停车处理的优先级高于跳停命令处理。

21.8　车站火灾场景

21.8.1　场景概述

车站发生火灾时，信号、综合监控、车辆、通信等系统按照一定的规则完成相应处理。

21.8.2　前置条件

（1）车辆

1）车载信号系统向车辆 TCMS 发送车站火灾信息时，相关区间和车站的车辆关闭新风系统。

2）列车驶离火灾站台一定距离后，车载信号系统取消向 TCMS 发送车站火灾信息，车辆自动恢复新风系统。

3）车辆响应信号系统的扣车、跳停命令，联动车载 PIS、PA。

（2）信号

1）接收综合监控系统发送的车站火灾报警信息，行调工作站自动弹出车站火灾联动对话框。

2）行调确认车站火灾联动后，系统执行相邻上一站站台扣车，火灾车站站台跳停，向相邻区间进站方向的列车/停在火灾站台的列车发送火灾应急指令。

1）当该火灾站台有停站列车时，停站列车应关闭车门，中心行调应组织立即发车。

2）当该火灾站台无停站列车，区间内有待进站列车时，若出站信号开放，满足跳停条件，则实施跳停；若出站信号未开放，则停在站外，等待跳停条件满足后自动越过车站。

3）若已进入站台区域正常进站停车，车载信号系统不自动打开车门，保持车门关闭，等待跳停条件满足后自动越过车站。

（3）综合监控

1）综合监控工作站应有火灾报警信息显示。

2）综合监控系统应能联动发生火灾车站 PIS 显示紧急信息，并支持在中心人工对受火灾影响而扣车的上下行后方车站发送广播，提示乘客离站。

3）综合监控系统应能联动车站 CCTV 系统，调用该车站火灾区域的图像。

4）综合监控系统应能通过车载广播、车载 PIS 向车内受影响列车的乘客说明运营情况。

5）综合监控系统应能将车站火灾报警信息传递给信号系统。

（4）通信

1）车站 CCTV 应响应综合监控系统联动指令，推送火灾区域的图像至中心和车站的 CCTV 监视器。

2）车站 PA 应响应 FAS 系统联动指令，播放相应的消防广播和疏散引导提示。

3）车站 PIS 应响应综合监控系统联动指令，显示紧急文本。

21.8.3　验证流程

（1）当车站发生火灾探测器报警

1)FAS系统应进行报警,并将车站报警信息传送给综合监控系统,控制中心及车站综合监控工作站应显示报警。

2)当中心、车站综合监控工作站显示火灾报警信息时,综合监控系统联动车站CCTV显示火灾现场的图像。

3)通过车站FAS主机确认火灾后,应触发车站火灾联动,包括联动车站消防应急广播、消防灭火设备、门禁(释放)、AFC闸机(打开)、电扶梯等车站设备,联动BAS系统执行相应的火灾模式。

4)FAS系统将火灾确认报警发送给综合监控系统,综合监控系统将该信息发送给信号系统,信号ATS行调工作站自动弹出车站火灾联动对话框[可勾选跳停、扣车车站、区间列车紧急制动(可设置),上一站默认勾选扣车,本站默认勾选跳停],中心行调通过与车站电话沟通以及通过CCTV确认现场火灾情况后,点击确认执行联动。

5)火灾车站相邻上一站站台扣车后,如列车车门和站台门关闭,则车载信号系统应重新打开车门和站台门,并自动触发车载和站台扣车广播;扣车命令取消后,列车应自动关门并发车。

(2)火灾车站站台跳停

1)当该火灾站台有停站列车时,停站列车应关闭车门,应立即发车。

2)当该火灾站台无停站列车,区间内有待进站列车时,应向待进站列车发送车站火灾应急指令。

3)待进站列车接收到车载信号系统发送的车站火灾应急指令后,车辆关闭新风系统,若出站信号开放,满足跳停条件,则实施跳停。列车驶离火灾站台一定距离后自动或由行调手动开启新风系统。若出站信号未开放,则停在站外,等待跳停条件满足后自动越过车站。

4)若已进入站台区域正常进站停车,车载信号系统不自动打开车门,保持车门关闭,等待跳停条件满足后自动越过车站。

5)乘客调能人工触发车辆广播、车载PIS显示,告知乘客站台火灾,不要在该站下车。

6)确认车站火灾消除后,需人工在行调工作站上取消扣车、跳停等。

21.8.4　注意事项

1)若信号机未开放时,需中心行调人工开放出站信号机,使列车能够跳停经过火灾站台。

2)当终点站发生站台火灾列车无法进站时,列车站外停车,组织乘客区间反向疏散。

21.9　区间火灾场景

21.9.1　场景概述

区间发生火灾时,信号、综合监控、车辆、通信等系统按照一定的规则完成相应处理。

21.9.2　前置条件

(1)车辆

1)车辆接收到车载信号系统发送的区间火灾信息后,关闭新风系统。

2)根据信号系统发送的扣车、跳停等相关命令联动车载广播/PIS 系统。

3)与综合监控、通信系统配合实现车头摄像头的调用功能。

4)列车到达站台后，车载信号系统停止向车辆发送区间火灾信息，车辆自动恢复新风系统。

（2）信号

1)接收综合监控系统发送的区间火灾信息，在中心行调工作站、车辆调工作站显示区间火灾报警。

2)行调工作站能自动弹出区间火灾联动确认对话框，确认后，联动上一站站台进行扣车。

3)通过行调工作站向列车下发火灾模式时，车载信号系统向 TCMS 发送火灾指令。

（3）综合监控

1)综合监控工作站应有区间火灾报警信息显示。

2)综合监控系统应能将区间火灾报警信息发送给信号系统。

3)应能手动执行区间火灾模式。

4)支持调看火灾区域前后方车站、列车的视频图像。

5)应能通过车载广播、车载 PIS 向车内受影响列车的乘客说明运营调整情况。

（4）通信

1)通信系统应能根据信号系统发出的扣车指令，进行站台广播和乘客信息显示提醒乘客。

2)响应综合监控的指令进行车站 PIS 显示。

3)响应综合监控的调用指令，实现车站、车载 CCTV 图像的调看功能。

21.9.3　验证流程

1)当 FAS 系统检测到区间发生火灾时将火灾报警信息发送给综合监控系统，综合监控系统进行区间火灾报警，并将区间火灾报警信息发送给 ATS 系统。

2)信号系统应在行调工作站上自动弹出区间火灾联动对话框，经行调确认后，系统自动执行火灾区间对应上一车站站台扣车；同时检查该区域的列车运行状态，将区间的火灾报警信息发送给该区间运行的列车。

3)信号系统下发区间火灾信息给区间运行列车后，车辆自动关闭新风系统，中心调度人员可人工介入，能通过列车运行方向前端摄像头调看区间状况。列车到达站台后，信号系统取消发送区间火灾信息，车辆自动恢复新风系统。

4)区间火灾确认后，环调根据火灾地点及列车位置确定区间风机运转方向，通过综合监控工作站手动启动区间火灾模式。

5)控制中心乘客调能对区间运行列车进行人工广播、乘客紧急信息文本发布。

6)控制中心行调根据火灾影响，及时组织进行运营调整。

7)根据区间火灾应急预案，组织车站值班员安排人员携带消防救援装备开展前期火灾扑救工作并通知消防救援人员进行火灾扑救。

8)当中心调度确认区间火灾已被扑灭，区间火灾报警消失后，人工取消上一站扣车，组织恢复运营。

21.9.4 注意事项

发生区间火灾如需进行区间疏散，按"区间疏散"场景执行。

21.10 恶劣天气模式场景

21.10.1 场景概述

1）恶劣天气模式是指列车在线路运行时，遇到恶劣天气的情况下，为保证行车安全采取的对列车速度、牵引/制动最大加减速度、列车紧急制动率进行限制的一种控车策略。

2）中心调度人员可根据天气预报在系统内提前设置恶劣天气模式，或根据列车在某一区间空转、打滑状态触发进入恶劣天气模式。恶劣天气模式应根据线路条件按区间进行设置，车辆在该区间可自动或人工确认后进入恶劣天气模式。

21.10.2 前置条件

（1）车辆

实时监督列车空转、打滑状态，并将空转、打滑信息发送至车载信号系统；接收车载信号系统控制命令实现限制状态下的控车运行。

（2）信号

1）车载信号系统接收车辆发送的空转、打滑信息，并将自身判断的空转、打滑信息发送至 ATS 系统。

2）ATS 系统接收车载信号系统发送的列车运行状态，满足进入恶劣天气模式的条件时进行提示（具体条件设联阶段确定）。

3）ATS 具备远程设置和取消恶劣天气模式的功能。

4）车载信号系统具备进入和退出恶劣天气模式的功能。

5）恶劣天气模式下，宜具备按照能保证的紧急制动率（GEBR 值在具体线路执行过程中确定）进行超速防护曲线计算的功能。

6）恶劣天气模式下，对列车牵引制动加减速度、列车最高运行速度进行防护。

（3）综合监控

1）乘客调工作站显示相应列车状态。

2）根据实际情况触发预录制车内广播或人工广播。

（4）通信

与综合监控系统、车辆配合完成针对列车的远程预录制广播或远程人工广播。

21.10.3 验证流程

（1）列车运行状态监督

1）车辆实时监督列车空转、打滑状态，并将空转、打滑信息发送至车载信号系统。

2）车载信号系统将自身判断的空转、打滑信息以及车辆发送的空转、打滑信息发送至 ATS 系统。

3)ATS 系统监督列车运行状态,满足进入恶劣天气模式的条件时(具体条件设联阶段确定),提示行调确认进入恶劣天气模式。

(2)进入恶劣天气模式

1)行调确认进入恶劣天气模式后,ATS 系统向指定区间内列车发送恶劣天气模式指令。

2)FAM、CAM 模式下,车载信号系统接收到 ATS 系统发送的恶劣天气模式指令,在列车运行至车站、转换轨、折返轨停车后转换为恶劣天气模式。

(3)恶劣天气模式下,系统进行如下防护

1)限制列车按最高限速(如需,暂定 40 km/h)。

2)限制列车牵引制动加减速度(暂按不超过 60%)。

3)能够按照能保证的紧急制动率(GEBR 值在具体线路执行过程中确定)进行超速防护曲线计算。

4)中心行调可随时人工取消恶劣天气模式。

5)列车处于恶劣天气模式时,如车辆仍持续汇报空转打滑信息,应在行调工作站上报警,中心行调可在列车运行前方站台设置扣车,列车运行至前方站台后打开车门并保持,等待人工上车处理。

(4)退出恶劣天气模式

1)FAM、CAM 模式下,车载信号系统收到 ATS 的取消恶劣天气模式指令后,列车在车站、转换轨、折返轨停车,随后退出恶劣天气模式,转为正常控车模式。

2)FAM、CAM 模式列车驶离设置了恶劣天气模式的区间,在前方就近车站、转换轨、折返轨停车后自动退出恶劣天气模式。

21.10.4 注意事项

1)恶劣天气模式下,中心调度应及时做出行车运营调整。

2)设置/取消恶劣天气模式失败时,应在行调工作站上显示失败报警,可再次设置/取消。

3)恶劣天气模式的进入及退出应在车站、转换轨、折返轨等地点停车后转换。

4)全线列车设置/取消恶劣天气模式若设置失败,应在行调工作站上报警。

21.11 列车救援场景

21.11.1 场景概述

当列车因严重故障无法行驶时,人工驾驶救援列车救援故障列车。

21.11.2 前置条件

(1)车辆

1)车辆宜设置自动化车钩,具备自动联挂、解钩功能。

2)应能与通信系统、综合监控系统配合完成车载 PIS 信息下发显示功能。

（2）信号

1）向车辆输出指令，控制列车上模式指示灯和启动提示灯的点亮、熄灭。

2）行调工作站、车辆调工作站显示故障列车状态及故障报警信息。

3）具备对列车设置临时清客功能。

（3）综合监控

1）乘客调工作站显示相应列车故障报警信息。

2）乘客调可远程对相应列车、车站进行广播/PIS 文本下发，可远程调取车载 CCTV 图像。

（4）通信

1）应能与综合监控系统、车辆配合完成车载 PIS 信息下发显示功能。

2）响应综合监控系统调取命令，在中心调度 CCTV 监视器上显示对应区域车载 CCTV 图像。

21.11.3　验证流程

救援流程：

1）救援列车在站台清客后安排 2 名乘务人员上车，在与中心确认发车条件后，驾驶列车以 AM 或 CM 模式运行至移动授权终点，将驾驶模式转换为 EUM 模式后驾驶救援列车运行至故障列车前一定距离（暂定 30 m）停车。

2）车站值班员激活 SPKS 开关或其他区域防护措施。

3）救援列车运行至距故障车 5 m 处停车，确认两车挂钩状态；距故障列车 0.5 m 时再度停车，确认对准钩位后进行联挂（3 km/h 速度撞击联挂）。

4）救援人员上车后将故障列车转为 EUM 模式。

5）车站值班员恢复 SPKS 开关或其他区域防护措施。

6）救援列车后退进行试拉（此时故障列车应处于制动状态）。故障列车乘务人员缓解故障列车制动并负责瞭望，救援列车向前推进（限速 30 km/h）或牵引（限速 40 km/h）。

7）若故障车有乘客，先将故障车推至站台规定的停车位置对位停车，人工打开故障车的车门及站台门，引导车厢内乘客下车，同时提示站台乘客不要上车。

8）车站清客完成后人工关闭故障车的车门及站台门，救援列车继续以 EUM 模式运行，按规定的速度将故障车推送至停车线或车辆基地。

21.11.4　注意事项

1）救援人员登乘故障列车前，应特别关注车体外启动提示灯状态。

2）当无法确定列车状态，需采取相应防护措施（如激活 SPKS）确保列车不会移动，防止人员登乘时车辆意外启动。

21.12　区间疏散场景

21.12.1　场景概述

1）区间疏散分为紧急疏散和非紧急疏散。紧急疏散是指列车发生爆炸、火灾等危及乘客人身安全的事件，且迫停在区间无法动车时组织的疏散；非紧急疏散指设备发生故障等不会危及乘客人身安全的突发事件导致列车无法动车，且无法使用列车救援的情况下组织的疏散。

2）列车因故迫停在区间需要疏散乘客时，由乘务人员/站台值班人员上车或乘客调远程引导乘客疏散。

21.12.2　前置条件

（1）车辆

1）设置紧急疏散门。

2）车内设置车门紧急解锁装置，列车零速且信号系统输出的保持关门未激活（或开门侧防护允许打开）时，车门进行解锁后能手动拉开。

3）车外设置车门外解锁装置及相关配套设施。

4）将列车相关状态信息上传至中心调度工作站。

5）自动触发或接收命令，联动车载 CCTV、PA、PIS。

（2）信号

1）设置 SPKS，SPKS 激活后，建立相应防护分区。

2）可根据是否为疏散平台侧，向车辆发送保持车门关闭指令或提供疏散平台侧开门防护。

3）行调工作站、车辆调工作站显示车辆和信号系统相关故障信息及相关报警。

（3）综合监控

1）乘客调工作站显示车辆、信号系统故障信息及相关报告。

2）乘客调工作站支持调看地面和车载 CCTV，并具备向车站和车载 PIS 下发乘客信息的功能。

3）乘客调工作站应具备进行列车人工广播点选的功能。

4）应具备联动区间通风、照明等设施设备的功能。

5）中心调度根据现场情况判断是否控制接触网断电。

（4）通信

1）响应综合监控系统指令，在车站显示对应乘客信息。

2）应能与综合监控系统、车辆配合完成车载 PIS 信息下发显示功能。

3）接收车载 CCTV 联动图像并在中心调度 CCTV 监视器上显示。

4）支持远程车辆广播功能。

（5）其他

1）区间应设置疏散平台，长大区间应考虑疏散需求设置区间疏散点。

2)区间应设置疏散导向标识。

21.12.3 验证流程

原则上，发生故障或紧急情况后，如列车可继续运行至车站，则应运行至车站进行疏散；长大区间如设置区间疏散点，可根据情况选择就近疏散点进行疏散。当列车因严重故障导致在区间无法继续运行时，按如下原则处理：

1)中心调度可通过远程调看车载 CCTV 图像了解车内情况，可通过远程广播及远程控制车载 PIS 对车厢乘客进行安抚。

2)中心调度根据现场情况判断是否控制接触网断电。

3)综合监控系统启动区间照明、区间通风、疏散指示等措施。

4)站台值班人员应及时到达列车停车位置，打开车门开始区间疏散，引导乘客至车站疏散，若长/大区间内有区间风井，可视情况安排乘客从风井疏散。

5)乘客调可通过人工广播远程指导乘客在车内对客室车门进行解锁，解锁车门(列车零速且信号系统输出的开门侧防护允许信号有效时，车门进行解锁后能手动拉开，列车切除牵引)后，乘客能手动打开客室车门，并由区间疏散平台进行疏散；或乘客调通过人工广播远程指导乘客通过打开列车紧急疏散门罩板(罩板打开后会联动 CCTV 向中心报警)并打开解锁手柄后，手动打开紧急疏散门，由区间道床进行疏散。

6)前车在区间进行疏散时，应封闭该区间，车站值班员激活 SPKS，远程人工设置扣车将后车扣在疏散区间后方最近的站台等候，不允许发车，如果后车已进入疏散区间，则可远程对后车实施紧急制动。

7)车站值班员在车站控制室对车站乘客进行广播，并接应疏散乘客，引导乘客从站台端门疏散至站台。

8)若疏散区域与邻线间无永久性隔离，在紧急疏散和非紧急疏散时，邻线区间应停运。

9)若疏散区域处于岔区，或该区域设有联络通道、区间泵房等，则在紧急疏散时，邻线区间应停运并设置防护；在非紧急疏散时，应组织车站人员到岔区、联络通道、区间泵房等处进行把守，邻线区间限速 30 km/h(暂定)运行。

10)若疏散区域与邻线间设有永久性隔离，且该区域无道岔、联络通道、区间泵房等，则在紧急疏散和非紧急疏散时，邻线区间限速 45 km/h(暂定)运行。

21.12.4 注意事项

1)区间疏散(非火灾情况)时，应引导乘客由事发列车向其就近车站方向疏散。

2)区间疏散时应防止邻线列车与疏散乘客之间产生人车冲突。

3)根据故障影响范围，结合应急处理预案，全线可组织临时交路运营。

4)恢复正常运营时，中心调度应安排乘务人员人工驾驶列车通过故障区段，并限速运行。

21.13　区间阻塞场景

21.13.1　场景概述

当列车因故障或其他原因停在区间超过一定时间后，信号 ATS 系统向综合监控系统发送列车阻塞信息，中心调度在综合监控工作站上人工确认启动区间阻塞模式，联动区间通风、照明等设备开启。

21.13.2　前置条件

（1）车辆

1）响应中心乘客调下发的指令，在车辆 PIS 屏上显示信息以安抚或引导乘客。

2）提供车上广播系统及乘客应急通话功能，实现中心乘客调对列车广播及与乘客之间的紧急通话。

（2）信号

1）判断列车区间停车超时，在行调工作站、车辆调工作站上显示相应报警信息。

2）将列车阻塞信息发送给车辆、综合监控。

3）发生区间阻塞时，系统应具备调整后续列车运行的功能。

（3）综合监控。

1）乘客调工作站、环调工作站显示信号系统发送的区间阻塞信息或停车超时信息。

2）通过综合监控工作站启动相应的风机等控制或对相应的区间阻塞模式进行确认。

3）应具备进行列车人工广播点选及 PIS 信息发布的功能，应支持人工调取阻塞列车车载 CCTV 图像的功能。

4）联动 BAS 系统对区间通风、照明进行控制。

（4）通信

1）响应综合监控系统指令，在中心调度工作站显示车载 CCTV 图像。

2）TETRA 支持远程车辆广播功能。

3）支持乘客紧急呼叫功能。

21.13.3　验证流程

1）列车因故障或其他原因停在区间超过一定时间后，信号系统判断列车在区间停车超时后，在行调工作站、车辆调工作站上显示相应报警信息。

2）信号系统向综合监控系统发送列车位置和阻塞信息，在综合监控工作站上显示相关报警信息，提示执行区间阻塞模式；经中心调度在综合监控工作站上人工确认后进入区间阻塞模式。

3）信号系统根据列车阻塞位置自动调整后续列车运行。

4）综合监控系统联动 BAS 系统对区间通风、区间照明进行控制，通风方向尽量与列车运行方向保持一致。

5）列车区间临时停车后可触发车辆自动广播，也可通过远程人工广播和发布 PIS 信息安抚或引导乘客。

21.13.4 注意事项

如需进行区间疏散或救援,则按对应场景执行。

21.14 区间积水场景

21.14.1 场景概述

正常运营期间,区间泵房液位探测仪报警,CCTV 摄像头自动切换至轨行区最低处或液位探测仪所在区间水泵处,中心调度人员和车站值班员按相关应急预案进行处置。

21.14.2 前置条件

(1)车辆

响应控制中心远程指令,进行列车临时停车、跳停等广播和 PIS 显示。

(2)信号

1)ATS 应具备对指定列车设置远程紧急制动的功能。

2)ATS 应具备设置区间封锁的功能。

3)ATS 应具备对线路区段设置临时限速的功能。

(3)综合监控

1)应显示车站、区间水泵水位及报警信息。

2)应能远程启动区间水泵。

3)当区间液位探测仪报警时,CCTV 系统响应综合监控系统的联动。

4)如因区间积水导致区间阻塞,综合监控系统根据阻塞场景,进行区间照明、区间通风等 BAS 系统联动模式。

(4)通信

1)在液位探测仪附近设置 CCTV 监视轨面积水情况。

2)根据综合监控的触发指令将液位探测仪相关区域 CCTV 图像显示在中心调度 CCTV 监视器。

3)TETRA 支持远程车辆广播功能。

21.14.3 验证流程

综合监控系统接收到区间积水井水位超高报警后,中心调度人员在操作界面上查看区间水泵工作情况;综合监控系统自动联动水泵处 CCTV,以便中心调度人员通过 CCTV 图像确认现场情况,并根据需要安排人员登乘列车至现场查看积水情况和原因。

(1)区间无积水情况

1)中心调度人员根据 CCTV 观测到的或登乘人员上报的信息获知区间轨行区无积水情况,维持正常运营。

2)车站值班员通过综合监控系统,加强对区间泵的工作情况监视。

3）中心调度人员在运营结束后安排专业维修队伍进入液位探测报警所在区间进行处置。

（2）区间有积水情况

1）根据区间积水相关应急预案组织运营调整和抢修，尽快排除区间积水、恢复运营。

2）中心调度人员根据 CCTV 观测到的或登乘人员上报的区间轨行区积水情况，可通过 ATS 系统对积水区段设置区段临时限速或区段封锁。

3）如区间水位呈逐渐上升趋势但未达到列车禁止通行的状态，中心调度人员安排后续列车上人，可采用 FAM 模式人工监护或人工驾驶的方式通过积水区段。

4）如检测区间高水位报警达到禁止列车通行的状态，中心调度人员应根据应急预案及时组织临时交路行车，并在激活区间 SPKS 或其他区间防护措施后，安排设备检修人员进入积水区间进行排水抢修。

5）待积水情况缓解后，中心调度人员组织恢复列车正常交路运营；必要时可启用防淹门（如有）关闭程序。

21.14.4　注意事项

场景验证前需完成 ATS 对线路区段设置临时限速的功能测试。

21.15　控制中心失效场景

21.15.1　场景概述

主用控制中心设备采用冗余结构，各系统服务器、接口设备、交换机单点故障均不应对调度人员正常调度指挥产生影响。备用中心采用热备方案，在主用控制中心发生大规模断电、灾害事件等造成系统完全失效的情况下，各系统服务自动切换至备用控制中心维持全自动运行。主用控制中心、备用控制中心设备均失效的情况下，全线降级至站控，安排人员上车继续维持运营。

21.15.2　前置条件

（1）车辆

1）启用备用控制中心后，车厢乘客紧急呼叫请求发送至备用控制中心。

2）工作人员登乘后，打开驾驶台盖板，此时车厢紧急呼叫请求发送至列车驾驶台。

（2）信号

1）主控制中心服务器、接口设备、网络设备热备冗余设计，主用设备故障后应自动切换至热备设备；如采用云平台架构，云平台应提供不低于此配置的冗余设计。

2）主控制中心主用服务器与备用服务器、接口设备、网络设备切换时不影响列车全自动运行。

3）主、备控制中心应具备自动切换功能，接收方应具备确认接收操作权限功能。

（3）综合监控

1）主控制中心服务器、接口设备、网络设备热备冗余设计，主用设备故障后应自动切换至热备设备；如采用云平台架构，云平台应提供不低于此配置的冗余设计。

2)主、备控制中心应具备自动切换功能,接收方应具备确认接收操作权限功能。

3)启用备用控制中心后,备用控制中心综合监控系统终端能立即投入使用。

(4)通信

1)通信各系统服务器、接口设备、网络设备等应热备冗余,主用设备故障后应自动切换至热备设备;如采用云平台架构,云平台应提供不低于此配置的冗余设计。

2)启用备用控制中心后,备用控制中心通信设备(PA、PIS、无线对讲等)能立即投入使用。

3)备用控制中心设备为主用控制中心设备的热备冗余,专用无线、视频监视、专用电话、广播、乘客信息、时钟等子系统的主用控制中心核心设备、服务器故障时,备用中心设备可以远程接管各系统的业务,不影响主用控制中心的正常行车调度指挥。

21.15.3　验证流程

1)主用控制中心各系统出现服务器、接口设备、交换机等单机设备故障时,热备冗余设备自动切换投入使用,并提示相应报警信息。

2)因发生大规模断电、灾害事件等外界原因主用控制中心各系统主、备机均无法运行时,自动切换至备用控制中心设备(热备)。备用控制中心调度人员确认设备正常后能继续维持全自动运行。

3)主用控制中心、备用控制中心均失效的情况下,全线降级至站控,安排人员上车。

21.15.4　注意事项

主控制中心采用云架构、备用控制中心采用常规架构时,主备控制中心操作界面应统一。

21.16　远程紧急制动场景

21.16.1　场景概述

1)行调可远程对 FAM/CAM 模式列车设置远程紧急制动。

2)单列车:可对线路上运行的单列 FAM/CAM 模式列车实施紧急制动和缓解紧急制动。

3)全线列车:可对全线 FAM/CAM 模式列车实施紧急制动和缓解紧急制动。

21.16.2　前置条件

(1)车辆

1)响应车载信号系统发出的紧急制动及紧急制动缓解命令。

2)联动车载 PIS、PA。

(2)信号

1)行调工作站具备对单车或全部列车施加远程紧急制动及紧急制动缓解的功能。

2)车载信号系统根据 ATS 系统命令,向车辆输出紧急制动及紧急制动缓解命令。

3)向综合监控系统转发列车紧急制动状态。

（3）综合监控

中心乘客调应显示列车紧急制动状态，并应具备进行列车人工广播点选及 PIS 信息发布的功能，支持对多列车同时进行点选组播。

（4）通信

1）应能与综合监控系统、车辆配合完成车载 PIS 信息下发显示功能。

2）TETRA 支持远程车辆广播功能，且具备对多列车同时进行组播、接收综合监控的指令，实施对列车远程广播的功能。

21.16.3　验证流程

（1）命令的发送

1）可通过中心行调工作站对指定单列车或全线列车发送紧急制动指令。

2）可通过中心行调工作站对已实施紧急制动指令的单列车或全线列车发送缓解紧急制动指令。

（2）命令的执行

1）车载信号系统接收 ATS 系统发送的紧急制动命令时，立即实施紧急制动，乘客调可对单车或多车进行人工广播。

2）远程紧急制动缓解指令发出后，如列车为零速，可缓解紧急制动。

21.16.4　注意事项

1）场景验证前做好现场封闭。

2）测试技术人员随车测试，必要时进行人为干预，防止意外发生。

第六篇

管理篇

城市轨道交通的建设与运营是一项复杂而庞大的系统工程，其涵盖了众多专业领域，如土建、电气、机械、通信等。从设备单体调试到系统联调，再到跑图试运行直至初期运营，每一个阶段都面临着巨大的工作量。在这一过程中，良好的管理策略至关重要，它能有效地提高工作效率，确保项目的顺利进行。本文将围绕组织管理、计划管理、问题管理、安全管理、轨行区管理、人员考核管理及信息化管理系统等方面，对系统联调期间的项目管理进行详细探讨。

第22章 组织管理

系统联调组织管理是从系统联调阶段的组织原则、组织模式等方面阐述了为实现系统联调的目标，系统联调期间工作之间的逻辑关系。

22.1 组织原则

设备系统综合联调按照"由简到难，逐步深化"的原则，分车站控制级联调和中央控制级联调两个层次，分别在每个车站进行车站控制能力及车站设备系统的功能测试，然后在中央控制中心内对整个城市轨道交通线车站设备系统进行功能测试，实现对各个子系统的集中监控功能。

（1）设备系统综合联调组织架构编制遵循以下指导原则

1）各方应根据联调组织机构及职能安排合适人员共同组建，人员选定应以"利于工作协调、利于资源调配、利于问题整改"为原则。

2）保证系统联调决策和指挥的权威性、现场指令唯一性和高效率。

3）以设备安装阶段建设分公司主要负责为基础，增加工程部、运营管理、操作、维护人员，保证现场协调指挥的平稳衔接和过渡。

4）组织架构及管理模式与项目建设、运营单位组织架构相匹配，最大限度调动设计、集成商、供货商、施工安装、运营各单位的积极性。

5）组织架构有利于设备实施使用权、管理权、调度指挥权"三权"从建设期向运营期的平稳移交过渡。

6）组织架构及管理模式体现全方位投入、全员参与、全过程协作。

7）组织架构设计贯彻"安全第一"原则，确保联调指挥与实施按照安全生产原则开展。

（2）实施前需确认以下前置条件

1）相关工程和设备完成分部工程验收，遗留问题基本完成整改。

2）相关系统单体功能调试已完成，调试结果经各方确认，各系统设备均可以正常投入使用。

3）控制中心实现信号系统监控功能；广播、闭路电视、时钟、专用电话、公务电话、无线调度等通信系统功能；通风空调、低压配电与照明各专业均已完成安装调试并可正常投入使用；大屏幕系统可正常显示全线车站系统设备示意图。

4）设备厂家、设计、施工单位提交正式的各系统设备的安装施工图纸、设备系统连接图、技术规格书、设计联络文件、设备操作手册、设备维修手册等相关技术资料给运营分公司。

5）各控制系统完成软件开发及测试工作，实现站级、中央级监视、控制功能，软件运行稳定。

6）基地、场段所有工程和设备完成分部验收，并经工程整改、确认不存在对运营安全构成威胁的工程缺陷，各项设备设施达到设计功能，满足运营调试和运作条件；轨道系统设备具备接车条件、试车线具备设计行车速度的行车条件；信号系统及其控制系统具备功能、车辆检修配套设施具备使用条件。

7）基地、场段须基本满足运营办公和生活等条件。

8）联调前须完成轨行区封闭，控制中心、信号楼设备须投入使用，必要时实行运营临时接管。

9）联调前须完成行车、信号、线路等安全标识安装。

（3）组织构成

一个优秀的组织架构是项目执行高效的基石，是质量安全体系得以贯彻的保障，如图 22-1-1 所示组织架构图为推荐组织架构模式，仅供参考。

组织层级	成员组成				职责
领导层	建设单位主要领导	运营单位主要领导			1. 确定总体计划、目标、实施方案等纲领性指导文件 2. 协调各部门间的配合工作
协调管理层	建设单位各部门分管领导	运营单位各部门分管领导	第三方单位管理人员		1. 细化分解纲领性指导文件 2. 协调各部门间的配合工作 3. 监督推动项目执行实施状态 4. 协调各参调单位间的配合工作
实施层	设计单位	设备集成商	施工单位	监理单位　第三方技术人员	1. 协调本单位人、物资源配合项目计划的执行 2. 如实记录现场问题 3. 对问题做到及时整改销项

图 22-1　组织构成

22.2　组织模式

在我国，城市轨道交通建设项目的综合联调的实施模式一般分为 3 种：自主结合专家咨询、第三方咨询单位实施、自主实施执行。

自主结合专家咨询：业主自行负责设备系统综合联调的策划、组织实施、联调总结，专家对联调项目的各项工作提供建议和咨询意见，该模式一方面有利于项目执行过程中的协调，可确保项目执行效率，另一方面专家咨询团队在短时间内对工程项目的具体情况了解有限，提供的建议或解决方案很可能不是最优方案。

自主施行执行：地铁公司自己负责设备系统综合联调的策划、组织实施、联调总结。运营单位派驻运行管理、行车指挥、设备操作等关键工作岗位技术工程师负责实施项目的设备系统综合联调工作，对设备系统综合联调负完全责任，进行设备联调、空载试运行的策划准备实施，并制定地铁开通运营的对接、过渡方案，与业主共同实施。

第三方咨询单位实施：第三方咨询单位负责设备系统综合联调的策划、组织实施、联调总结。项目实施中对关键程序，岗位进行工作监护、指导，对建立项目的质量、进度、安全保证体系负责，业主组织人员进行指挥，业主和咨询单位密切配合，共同完成综合联调项目，该模式可有效利用专业团队的项目经验，加之业主单位的协助，可有效保证项目的执行效率，同时第三方咨询单位的专家团队实时跟进项目执行情况，对项目技术难题可以提供最优的建议或解决方案。

无论是委外还是自主联调，业主方都需要有一个牵头部门，主要负责综合联调事务性管理工作，包括工作会议组织、调试计划编制、作业通知发布、质量问题追踪管理等。因为联调联试涉及众多专业的供货、施工、设计、监理单位，从建设单位看，地铁开通前期会进行繁杂的系统验收，如没有独立的建管职能部门，建议由系统设备部门牵头；从运营单位看，由于涉及与施工、供货单位大量的协调工作，建议由新线或安技职能管理部门牵头。目前，在我国城市轨道交通项目中，联调实施主要有以下3种模式：

1) 第三方单位实施：联调单位承担联调实施任务，并对联调进度负责。

2) 自主结合专家咨询：联调单位提供联调方案，组织进行联调，培训运营人员并对联调提供技术指导；运营单位在联调单位指导下进行联调和运营演练。

3) 自主实施：由地铁公司自行编写联调方案并实施。

3种模式主要区别在于：

1) 第三方单位实施：适用于新兴地铁城市以及建设、运营相互独立的地铁城市，应用相对较少，不利于运营技术骨干的培养。

2) 自主结合专家咨询：多应用在城市轨道交通建设初期，如宁波、西安、昆明、长沙等城市最初几条线路建设时就曾采用此模式，利于运营技术骨干培养。

3) 自主实施：适用于已有多条地铁线路开通运营经验的地铁公司，如广州地铁、深圳地铁等，可以充分、合理利用自身优势资源。

表22-1　三种模式应用线路表

编号	服务模式	应用线路	备注
1	第三方单位实施	北京5、15号线及机场线；重庆1、3(单轨)、6号线；西安2号线	应用较少
2	自主结合专家咨询	西安地铁1号线，苏州1、2号线，长沙2号线，成都1号线，昆明轨道交通首期工程郑州1号线，宁波1、2号线，大连2号线东莞R2线，青岛3号线，南京1号线，深圳1号线续建段等	应用较多
3	自主实施	广州、深圳	应用较少

22.3　组织流程

联调联试是城市轨道交通建设阶段的一个重要环节。合理组织系统联调联试，在有限的时间和空间内综合利用线路条件、加强协调管理，完成全线各专业设备系统间的联合调试，以检验城市轨道交通系统达到的运行能力,是下一阶段开展试运行的基础,也是城市轨道交通工程项目能否获准载客试运营的关键。

城市轨道交通地铁各系统安装完成后,需经过单机单系统调试、接口调试及联调联试阶段,各调试层次如图 22-2 所示。

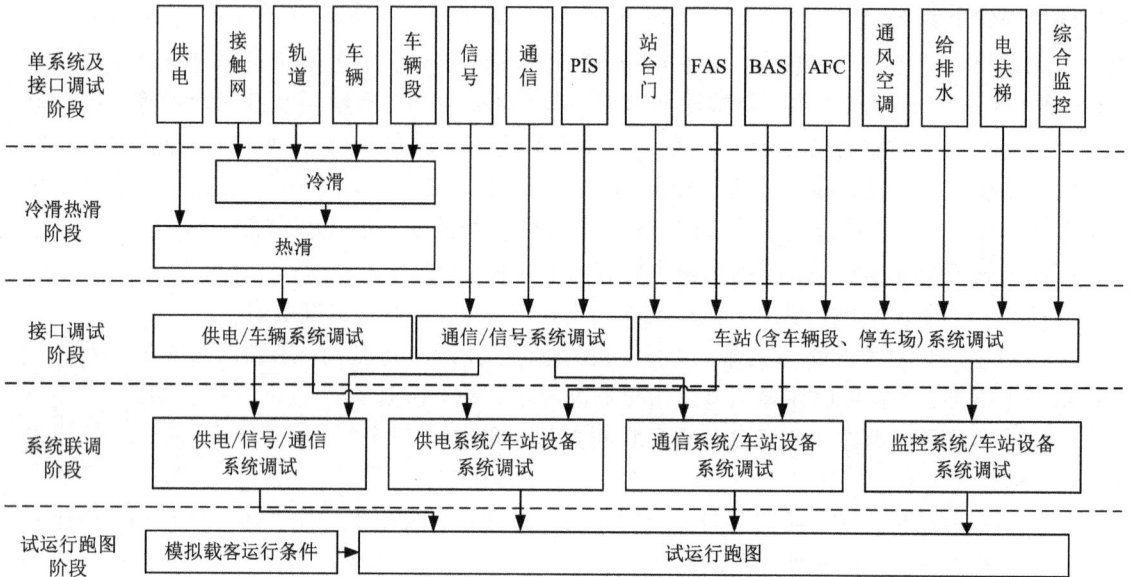

图 22-2 调试层次示意图

第23章　计划管理

项目计划工作在现代工程项目管理中占有最重要的地位，是整个项目管理的龙头。计划具有权威性，一旦计划确定不能擅自改变。由于项目的其他管理工作都是围绕着如何实现项目总进度计划所制定的目标而展开的，全面优质的计划管理是工程项目成功的关键。

联调联试计划是指运用整体和综合平衡的方法所制定出的、用于指导联调联试开展和实施的整体性、综合性、全局性、协调统一的一系列计划文件。通常这类计划的编制需要通过多次反复优化和修订才能完成。合理的计划安排为联调联试期间的项目管理提供了科学依据及手段，通过对各项测试计划的时间、工序的合理安排和优化，有效降低了计划实施风险，大大提高了工程实施效率，为联调联试进度、质量和成本控制提供依据。

23.1　实施流程

联调联试流程图如图23-1所示。

城市轨道交通设备系统联调联试具有多专业交叉联合调试、持续时间长、涉及单位多、安全风险高、质量责任大等特点，因此合理设置联调联试的实施流程和进程控制至关重要。

联调联试各环节的主要工作内容：

（1）联调联试初期：确认接口功能、编制联调大纲、建立组织机构。

（2）联调联试中期：组织实施方开展联调联试工作。

（3）联调联试末期：验收及评价。

在明确了联调联试项目、满足联调联试条件后，各项目必须根据项目的实际测试项点详细排列出每个测试内容所需时间；在每个项目具体实施时，应充分考虑到作业空间资源尤其是轨行区资源的分配、问题处理所需时间、复测复验的安排及试运行准备对资源的占用等可能性因素，各项目的时间周期比所需作业天数要长。因此，基于每个联调项目所需天数，可合理、交叉安排总体的联调联试时间进度安排。

23.2　计划管理

在完成联调方案和测试大纲编制后，将同步编制联调测试科目总体计划。采用总体计划+滚动周计划进行管理。总体计划的目的是明确测试科目及总体工作量，用于跟踪和管理总体测试进度；周计划由每周四发布下一周的测试计划，并由执行组提前一天确认测试条件后按计划执行。不同的计划的参考依据不同、作用不同、编制周期和内容不同。

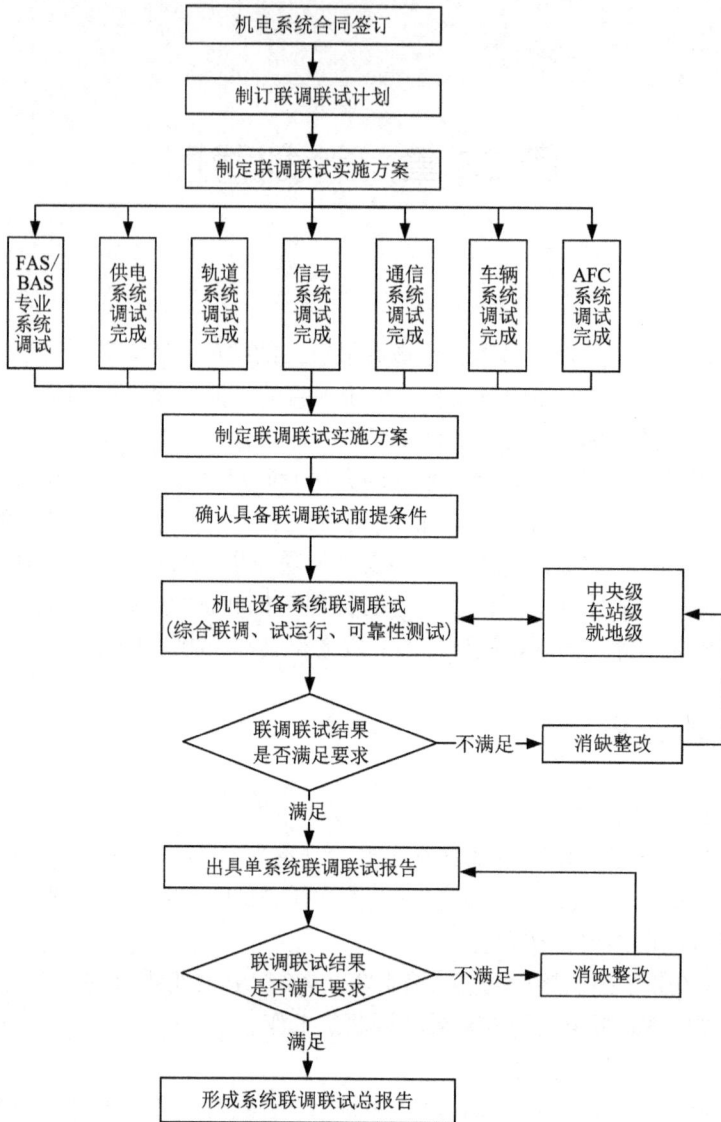

图 23-1 联调联试流程图

23.2.1 总体计划

联调联试总体计划用以描述联调联试筹备、设计、实施各个阶段主要工作的大致时间安排和资源配置情况。在编制联调联试总体计划时，应首先依据城市轨道交通项目整体进度计划，通过相关主要里程碑时间(各主要系统验收测试完成时间、运营列车运抵现场时间、接触网通电时间、试运行开展时间等)确定联调联试的关键里程碑时间(联调联试现场实施开始时间、结束时间等)，然后根据联调联试大纲中关于联调联试总体方案的设定，确定联调联试各主要测试项目(性能参数类测试、运营场景类测试和运行参数类测试)的大致开展时间。

联调联试总体计划一般以天为单位，对联调联试各测试项目的时间安排逐一进行描述。

联调联试总体计划主要描述包括：

(1)联调联试里程碑时间，包括联调联试主要前提条件具备时间(主要系统验收测试完成时间)、主要系统资源具备时间(运营列车运抵现场时间、接触网通电时间)、联调联试结束时间等。

(2)联调联试各测试项目的计划开展情况,包括测试项目名称、编号、计划开始时间、计划结束时间、主要前提条件、主要配合条件(如需接触网断电、道岔锁闭等)等。

(3)联调联试各项工作的完成情况,包括项目名称、编号、开始时间、结束时间等。对于已经完成的各项工作,总体计划采用不同的颜色进行标注,用以区分计划开展情况。

联调联试总体计划的主要用途包括:

(1)与相关单位协商沟通。业主、总承包商、系统分包商等相关单位可以通过联调联试总体计划了解联调联试的总体进度安排,从而为安排相应的工作、调配相关资源提前做好准备。此外,当联调联试主要前提条件具备时间或主要系统资源具备时间无法满足联调联试需求时,联调联试单位可通过总体计划与相关单位沟通,以便协商相关的解决方案。

(2)为编制人员入场表和设备进场表提供依据。根据总体计划中规定的各项测试工作的开展时间,可以编制人员进场表和设备进场表,进而确定人员培训、设备标定、运输、安装等相关事宜的时间安排。人员进场表和设备进场表还是进行联调联试成本估算的主要依据。当人员、设备无法根据总体计划的规定时间到场,或者相应的人员和设备占用计划无法满足成本控制的需求时,计划编制人员应根据需要相应调整总体计划,以便满足实际需要。

(3)为测试人员开展测试相关工作提供时间标尺。通过参考总体计划,负责每项测试的测试小组可以编制本小组的总体工作计划,明确方案设计、细则编制、设备准备、现场测试、报告编制等相关工作的大致时间安排,也为测试小组负责人合理调配组内资源、开展合理的分工合作提供依据。

(4)对联调联试总体进展情况进行描述。通过采用不同颜色对项目已完成工作和计划开展工作进行标注,便于让相关单位了解联调联试的总体进展情况以及对剩余工作量和工程进度进行合理的估计。

联调联试总体计划编制自联调联试大纲发布之日起,至联调联试现场工作全部完成之日为止。为了让联调联试总体计划能真实反映联调联试的计划和执行情况,编制周期一般为10天或1个月。

23.2.2　周计划

在联调联试实施期间,为了更好地指导现场的测试工作开展,通常需要编制周计划,进一步细化每周的工作安排。联调联试期间,城市轨道交通现场并非只安排联调联试工作,还需要留出必要的时间安排工程收尾工作、系统验收测试、必要的系统缺陷整治和精调等作业,在工程进展紧张的情况下,并非全线所有车站或所有区段都具备测试条件。因此,在编制联调联试周计划前,计划编制人员需在研究城市轨道交通项目整体进度的前提下,与相关单位人员认真沟通以确定下周大致分配给联调联试的时间范围、能开展测试的区段等,在此基础上开展周计划的编制。

此外,在编制联调联试周计划前,计划编制人员需与相关单位进行沟通。联调联试作为综合性的测试工作,往往需要系统分包商、运营商等相关单位在测试中给予必要的人力资源及现场设备的配合。因此,计划编制人员必须了解相关单位在近一阶段的人力资源及现场设备使用情况,以便确定在现有配合条件下能够开展哪些测试项目,从而更好地提高计划对实际工作的指导作用。

调联试周计划是联调联试总体计划的细化和延伸，主要包括：

1)本周内联调联试里程碑时间，包括联调联试主要前提条件具备时间(主要系统验收测试完成时间)、主要系统资源具备时间(运营列车运抵现场时间、接触网通电时间)、主要测试工作的完成节点时间等。

2)联调联试各测试项目的计划开展情况，包括测试项目名称、编号、计划开始时间、计划结束时间、主要配合条件(如需接触网断电、道岔锁闭等)等。与总体计划不同，周计划中各测试项目的计划时间安排以"h"为单位，以便更准确地估计每项测试的时间跨度，合理安排平行作业。周计划中一般需要明确各测试项目的具体测试地点(如 A 站)或区域(A 站到 B 站的下行线)，以便更准确地估计每项测试的区域范围。

3)对于易造成事故或一旦发生事故便会造成较大人员伤亡或财产损失的作业如高空(高空作业)，应在周计划中以不同颜色高亮显示，从而引起相关人员注意做好必要的防护措施。

4)为了体现联调联试各周测试计划的接续性，以及更好地让测试人员及配合人员了解测试的进展情况，很多联调联试周计划设计为三周滚动计划的形式，即包含测试计划制订的当下一次的周计划内周(记为第 0 周)、下一周(记为第 1 周)和下下一周(记为第 2 周)的内容则包括第 1 周、第 2 周和第 3 周的内容，以此类推。

联调联试周计划的主要用途包括：

1)为计划汇总组编制工作周计划提供依据。必须说明的是，联调联试需根据联调联试计划汇总组制订的工作周计划(而非联调联试单位制订的测试周计划)规定的时间、地点开展工作。工作周计划的编制是在汇总联调联试单位、各土建、系统分包商等单位提交的周计划基础上，进行统筹安排后制订的。测试周计划编制得越完善、越合理，即为工作周计划的制订提供更为准确的依据，确保对包括联调联试在内的各项作业实施更有效的进度控制。

2)为各测试组调配测试人员提供依据。通过参考周计划，各测试小组的现场负责人可以根据本阶段的工作安排合理调配人员，完成好设备安装/调试、现场测试以及测试数据分析等工作，避免在某个环节产生疏漏。特别是当进度压力比较大，需要在一段时间内密集开展多次试验的情况下，更需要认真参考周计划做好各项安排。

3)为后勤保障工作提供依据。特别是当进度压力比较大，需要在一段时间内密集开展多次试验的情况下，需要提前认真落实各项后勤保障措施能否满足现场测试需求，比如通信设备是否足够、交通工具能否及时到位等，以免影响现场测试的进展。

联调联试周计划编制自联调联试主要设备运抵现场之周起，至联调联试主要设备从现场拆除之周为止。

23.2.3 日计划

联调联试日计划依据工作周计划编制，根据工作周计划中确定的测试时间、测试地点(区域)合理安排相关测试工作的具体实施。联调联试日计划是联调联试周计划的细化和加强，具体体现在：

(1)精确规定测试区域范围。对于同一个测试作业，周计划只规定了在 A 站开展，而在日计划中则明确测试区域为 A 站车控室或 A 站南侧站台，从而更加准确地对测试区域范围进行界定。

（2）对于需要安排行车配合的作业，日计划中给出了每次行车的行进速度、进路图、限速位置等相关信息，以便测试人员以及行车指挥、驾驶人员掌握。

（3）对于每项测试作业，日计划规定了作业前的初始准备需求，如试验前列车应停在什么位置、OCC或站控室内的各工作站应位于何种界面等。这样的规定是为了让配合人员能够提前做好准备工作，全面将有限的测试时间全部有效地用于测试工作中。

（4）对于每项测试作业，日计划详细列出了相关的安全注意事项，以便督促测试相关人员遵照执行。

（5）日计划中给出了测试单位及配合单位在测试现场的负责人联系方式，以便相关人员随时沟通，出现问题能够及时解决。

（6）日计划还给出了其他周计划中未提及的信息，比如通信工具使用的频率、测试相关人员进场/离场的位置等。

本篇最后的附件中以麦加轻轨铁路联调联试某天的日计划为例，给出了联调联试日计划的编制范例。联调联试日计划编制从联调联试主要设备运抵现场之日起，至联调联试主要设备从现场拆除之日为止。

联调联试总体计划、周计划、日计划之前的关系，如图23-2所示。

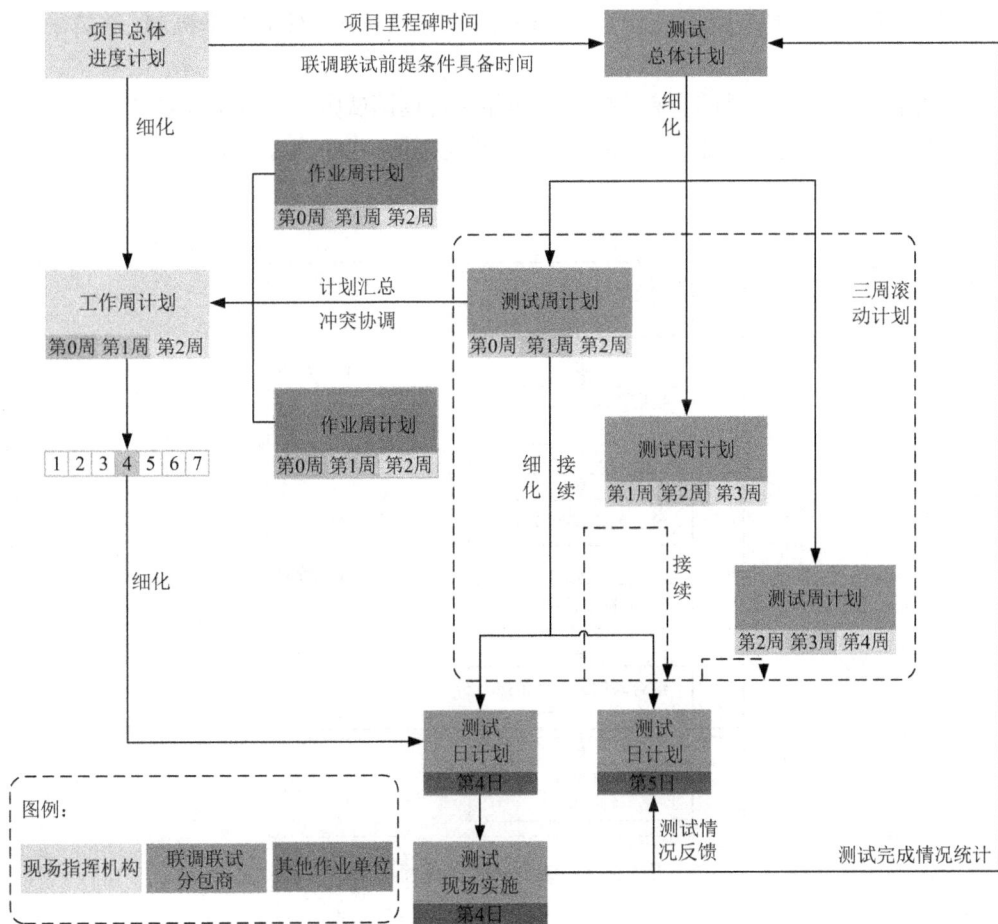

图 23-2　联调联试总体计划、周计划、日计划关系示意图

23.3 进度管理

23.3.1 进度管理

1)根据项目执行组制订相应的分项调试计划,各联调小组制定的调试任务具体、责任明晰。

2)组织各现场联调小组制定计划论证,充分考虑各系统间关联及调试资源配置、占用情况,进行计划修正。核实项目启动的前提条件,视条件具备情况提报联调办公室准备启动该项目或申请调整计划。

3)前提条件具备:项目执行组召开项目启动会议,实施调试。

4)前提条件不具备:若项目迟迟无法按计划启动或进展缓慢,影响试运行、评审等重大工程节点。报联调办公室,后根据影响程度召开相应级别的专题会议,研究针对性的解决措施并落实责任。

23.3.2 调试的流程管理

1)建设、设计、集成、施工、监理等单位提供调试负责人,建立联络机制(通信录和交流微信群)。

2)根据各系统专业提供的资料,按接口功能对现场调试内容进行统计复核。

3)根据现场施工进度,按"先点后面,从近至远"的方式组织综合调试。具体综合调试总体流程如图23-3所示。

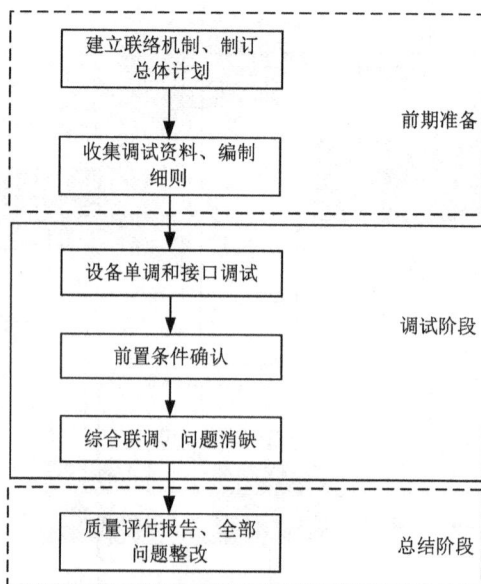

图 23-3 综合调试总体流程图

4)联调专业组在调试过程中按照"先易后难"原则进行组织现场调试工作,在现场确保调试过程中设备及人身安全,每日调试过程中按照下列流程进行组织管理,如图23-4所示。

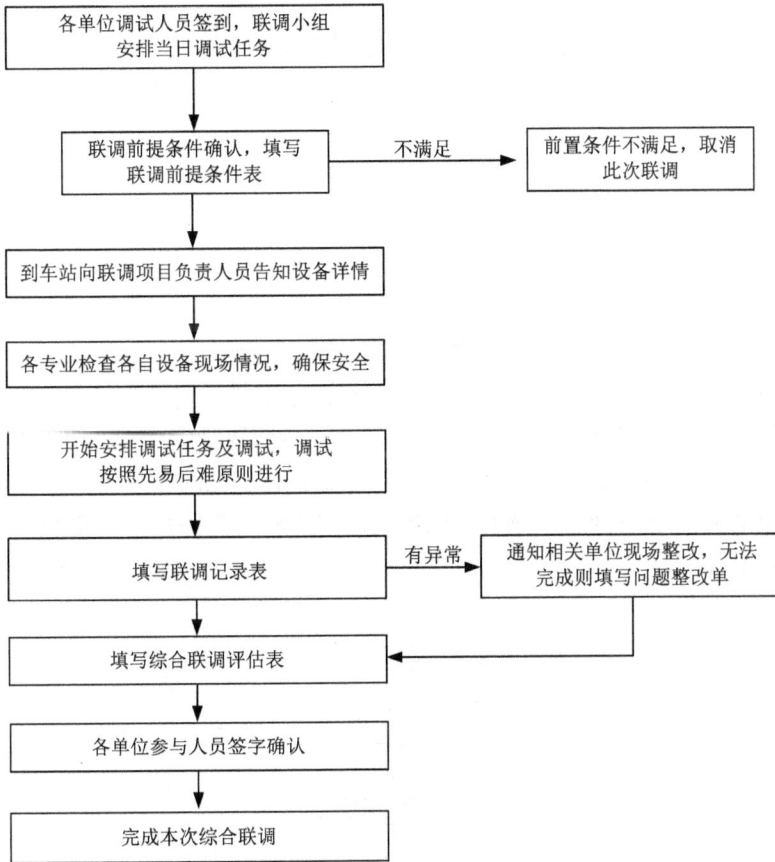

图 23-4 联调当日调试流程图

第 24 章　问题管理

24.1　问题消缺流程

系统联调联试的目的之一是发现并解决问题，使系统处于最佳匹配状态。为此，在联调联试过程中，可以建立"在线问题库"和"本地问题库"，安排专人跟踪管理，对于现场发现的问题在明确责任单位和整改期限后录入在线问题库，待问题整改完成后变更问题整改状态，联调工程师现场消缺验证合格后方可闭环，闭环问题转存本地问题库。在线问题库仅存放未闭环问题，本地问题库存放所有联调联试问题，并对闭环与未闭环问题进行区别标识、动态管理，如图 24-1 所示。

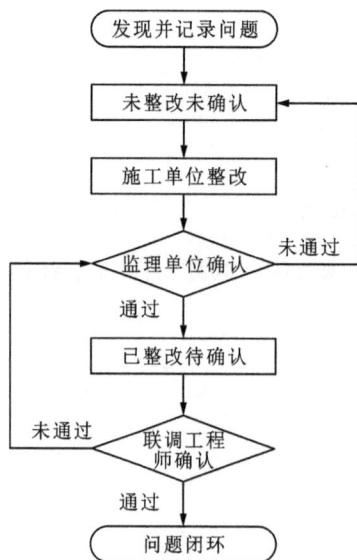

图 24-1　问题消缺管理流程图

24.2　问题统计方式

（1）按属性分类统计分析

联调问题一般分为：设备类问题，包括设备软、硬件问题；安装类问题，包括设备安装不到位、漏安装、线路未接、线路短路等问题；设计类问题，包括图纸和专业提资等问题。其中设备、安装类问题以个性问题为主，需要针对每一个问题特性进行专项解决。设计类问题集中体现为各设备之间联动逻辑关系错误或同一系统下发至不同施工单位的图纸不一致等，此类问题归为共性问题管理，解决该类问题时可以形成"一点突破，全线解决"的效果。

（2）按影响程度统计分析

在调试中，根据问题的影响程度，可将问题标注为 A、B、C 三类。情况如下：

1）A 类：严重问题，影响行车、消防、人身、安全的问题；不符合强制性规范。本次联调联试中未发现 A 类问题。

2）B 类：影响设备主要功能未实现，不能达到设计功能；不良状态影响其他设备运行；不良状态长期持续将导致本设备运行质量严重恶化；不具备检修条件，无法实施日常检查与维修；设备设施不满足开通需求。

3）C 类：一般问题，设备状态不良或功能不完善；对运营服务长期有影响或对用户使用有影响的问题；给乘客出行、用户使用或维修维护造成不便。

（3）按专业组统计分析

问题按专业组划分，一般分为车辆、供电、信号、通信、综合监控、机电。问题最多的是机电组，主要是机电类设备涉及每个车站，包括通风空调系统、冷水系统、给排水系统、低压配电系统、消防系统、电扶梯、站台门和智能照明等，该专业涉及的设备数量、种类、品牌多，分布区域广。同时，各机电类设备专业标段划分较细，施工单位较多，部分机电标段采用联合体形式，对整体把控施工质量带来一定难度。问题较多的是综合监控组，主要原因：一是软件因素，调试期间软件版本不稳定，人机界面工作站出现错漏，部分功能需与设计沟通明确并校对等；二是综合监控向下接口众多，涉及专业面广，需调整参数，核对状态，数量巨大。应对症下药，及时消缺问题，不让个别专业成为联调工作的绊脚石。

24.3　问题消缺管理

联调联试是对设计及施工质量的检验，加强协调管理，完成地铁全线各专业、系统间的系统联调。联调联试期间会发现各专业不同类型的联调问题，为满足地铁运营后安全、可靠、可行性的要求，问题消缺尤为重要，结合不同时期问题管理的不同特点，联调项目部动态调整优化问题管理机制，切实有效地完成问题闭环工作，现在就以下管理方法做简要介绍。

（1）甲方专业代表督促制

定期统计相关超期问题及未整改未超期问题发至甲方专业代表，超期问题包含联调项目部的考核意见，由甲方专业代表督促机电单位对相关联调问题进行整改，业代回复所有问题的整改进度及期限。加快联调问题整改进度。

（2）每周定期通报制

定期对所有问题按车站分类统计，并对超期的重点关注问题逐条汇总，整理公布至"联调信息交流群"，营造"比学赶超"的积极氛围，提醒有关人员和相关单位对责任范围内的未整改问题高度重视。

（3）工作联系单提醒制

为了更高效地推进各项问题解决，定期将未整改问题整理，以"工作联系单"的形式将问题统计发送相关监理和设计单位，对责任单位的整改工作进行监管、跟踪和回复。

（4）责任单位负责人坐班制

联调进度白热化期，为强化联调问题快速闭环机制，秉持超期问题共同关注、严肃考核的原则，要求超期问题责任单位项目负责人每天至联调项目部报到，现场坐班直至问题解决。加快了问题闭环速度，提高了联调质量、效率。

（5）"问题日消会"制

联调高潮期，为切实推动联调问题消缺工作，连续每天可在下班后组织设计、施工、甲供、监理以及联调工程师召开"问题日消会"，对当日进展和明日计划交流分析，问题消缺做到日清日结，未整改问题逐条梳理、分析措施、落实时间，有效提高联调问题解决速度和质量。

（6）攻坚包保制

只剩联调问题时，针对遗留困难问题，按车站将问题指定包保人。包保人负责协调督促相关单位到场整改，并全程跟踪问题整改进度，直至问题整改完成。

第25章 安全管理

所谓安全管理就是运用安全系统工程的原理和方法，对拟建或已有工程可能存在的危险及可能产生的后果进行综合分析，并根据可能导致的事故风险的大小，采取相应的安全对策措施，实现工程、系统安全的活动。联调联试安全管理是城市轨道交通项目安全管理的重要组成部分。在联调联试过程中，必须采用必要的手段保证设备和人员安全，否则会造成设备损坏和人员伤亡，处理这些意外事故还会导致联调联试工作中断，影响项目整体进度。无论是哪一类的安全管理，其遵循的原则、采用的方法和手段以及实现的目标都与整个项目安全管理的相关要求相一致。本章对联调联试安全管理进行介绍。

25.1 人员安全

在设备系统联调联试实施前，各联调科目组都将召开交流会或者交底会，将安全注意事项进行培训，如进行车站环控模式联调，在联调实施前，所有参调人员严格遵循以下要求：

1) 各系统负责人需保证在联调过程中人身和设备安全，进入车站需穿戴好劳保用品。根据测试"内容和步骤"对各系统的影响做好相应的防范措施。

2) 进入车站设备区，需注意地板及临时悬空踏板，避免踏入孔洞。

3) 测试过程必须保证所有环控设备均能正常运行，所有环控设备处于停止状态，所有设备处于满足测试要求的状态。

4) 风机、空调机启动前，需先确认没有人进入风机房或空调机组内。

5) 出现设备故障需要临时检修时，需切断配电箱电源并挂警示牌。

6) 通风系统测试期间，所有风室、风道门关闭，避免人员误入发生意外。

7) 进行通风系统测试前，需检查确认设备内部及管路系统（风管、风室、风井）内无杂物，避免杂物损坏设备或吹入隧道；另外，在点测风机、水泵时，注意开启管路上的阀门，保持整个管路系统的畅通。

8) 联调结束后，测试人员、设备承包商必须将所有设备恢复正常运行状态，发现设备损坏的，应由设备供货单位立即更换，保证系统的正常运行。

9) 参与测试所有人员应遵守相关安全规章及作业程序。

设备系统联调联试期间现场防护是保护措施之一，人员安全教育到位也是必要条件之一，因此设备系统联调联试期间要求调试人员做到：

1) 所有联调参与人员须经过安全教育，熟悉安全管理制度与施工作业流程，掌握联调项目实施过程中的风险点、危险源及其防控措施。

2) 所有联调参与人员须清楚联调科目测试用仪器、仪表、工具的安全要求，并能熟练使用，进行设备操作的人员需取得相关资质。

3)操作和使用特种设备调试的人员，必须取得相应的证件，方可操作调试。

4)所有参调人员必须配备安全劳动保护用品，如安全鞋、安全帽等劳动保护用品。

5)联调前后负责人需清点人数，确认无误后方可作业和离开。

6)"三权"移交前，出现人身伤害事件按机电设备部、工程管理部及施工单位规定处置；"三权"移交后，按运营分公司制度执行。

25.2　应急管理

针对联调联试过程中那些安全风险较大、不易采取风险控制措施的隐患或危害，在开展相关测试前应制订相应的应急预案。应急预案应包括以下内容：隐患或危害导致的安全事故发生时的主要现象；应对安全事故的处理流程；进行事故处理的指挥机构和人员；事故报告程序和通信手段；应急物资、设备及技术保障；相关部门和救援人员的具体行动措施及职责划分等。

应急预案除落实人员外，重点是设施设备及技术措施的保障。设施设备保障主要包括通信设备、照明设备、排烟设备、消防设备以及各类其他设施的启动机制和预案，并且在事故发生时能够及时开启救援和疏散通道，保证救援人员、设施进入事发现场，保障现场人员安全撤离。

联调联试应急预案分为两类。第一类是由联调联试单位以外的单位(包括业主、总承包商、运营商等)主持、联调联试单位配合编制的应急预案。这一类应急预案主要针对在联调联试期间现场各类作业中都存在的安全隐患或危害制定，主要包括：

1)针对突发灾害性天气(暴雨、大风、高温、沙暴等)的应急预案；

2)针对突发重大安全事故(火灾、爆炸)的应急预案；

3)针对重大行车事故(列车脱轨、挤岔、追尾、制动故障、动力丢失、溜车)的应急预案；

4)针对突发大型设备故障(接触网大范围停电、电气设备短路、控制室重要设备大范围死机、大范围通信中断)的应急预案；

5)针对一般性人员伤害(人员跌落、高处坠物、触电、灼伤)的应急预案；

6)针对一般性施工事故(临时设施倒塌)的应急预案。

另一类联调联试应急预案由联调联试单位主持编制，其他单位配合。这一类应急预案针对仅在联调联试各项测试中存在的安全隐患制定，主要包括：

1)针对测试人员或配合单位人员操作出现重大失误(按压接触网供电紧急切断按钮ECO)的应急预案；

2)针对测试人员或配合单位人员进入危险区域(如高压配电室、发电机房)开展工作的应急预案；

3)针对测试过程中突发通信中断的应急预案；

4)针对被测系统在测试中出现重大系统缺陷的应急预案；

5)针对测试仪器/传感器在测试过程中意外脱落的应急预案。

尽管联调联试单位的安全管理人员主要负责编制的是第二类应急预案，但也要熟悉第一类应急预案中规定的应急处理方法和流程，并在安全培训中组织相关人员针对各种情况按照相关的应急预案开展应急演练，确保在联调联试过程中一旦发生安全事故能够迅速应对，避免或降低人员和设备的损失。

第26章　轨行区管理

地铁线路建设期的轨行区施工存在大量的交叉施工，交叉调试与人车、人电冲突现象，如出现安全施工，因空间与通信条件的限制，轨行区在建设期安全风险系数极高。对轨行区进行科学合理的管理，是轨行区安全的重要保障，也是项目如期推进的前提。

轨行区管理一般情况可分为调度室管理、现场管理与轨行区安保管理三方面。轨行区管理、调度室管理与联调联试工作密切相关。管理得当会给联调联试工作锦上添花，如果管理混乱，很容易掣肘联调联试工作的开展。

26.1　现场管理

（1）现场管理基本原则

1）轨行区安保为现场第一管理员，任何人员进出轨行区，必须经安保人员同意。

2）各参建单位轨行区作业必须依照本实施细则的相关规定，由轨行区管理工作小组统一安排后方可进行，均应服从轨行区管理工作小组的统一管理。

3）各参建单位在进入轨行区施工前必须和轨行区管理组签订《安全协议》，并向轨道公司缴纳安全风险保证金。

4）全线轨行区未封锁的区间允许交叉作业，但是封锁区间内严格执行"行车不施工、施工不行车"的要求。

5）各参建单位必须在轨行区管理工作小组办理准入证，并按照已经批复的作业令方可进入轨行区施工作业。严禁无令无证作业，未按照规定作业的单位或个人，自行承担相应的后果和责任。

（2）管理制度

1）请销点制度

①请点规定

轨行区的施工作业，施工负责人请点作业时须持施工工具物料请点清单，请点清单留存在请点站备案，销点清单留存在销点站备案，施工工具物料由施工负责人负责清点、管理。同一项作业多个站点施工作业，施工人员必须得到施工负责人和站务人员同意后方可下轨行区，不得擅自作业。

a.属于 A 类的作业，施工负责人在施工开始前 15 分钟到车站填写《车站施工登记表》，具备施工条件后，由行值（既影响正线又影响基地的作业统一在 DCC 登记向行调请点）向行调请点，得到行调的准许后方可施工。

b.属于 A 类作业，但需由多个车站进入施工的作业项目，施工负责人除到主站按办理外，另需核实辅站情况。辅站施工联络人在作业令规定施工开始前10分钟到达辅站办理登记手续，辅站值班员向主站值班员报告施工事项并请点。主站接到行调允许施工的命令后，向施工负责人及辅站传达，辅站值班员允许施工联络人开始该作业点的施工。

c.属于B类的作业，施工负责人到DCC填写《基地施工、检修登记表》请点，经DCC调度员同意后施工。

d.属于C类的作业，施工负责人到车站/变电所等场所登记请点。

e.施工负责人须持施工工器具物料清单、施工作业令（或施工作业许可单）、施工负责人合格证。

f.无须提报计划的施工，施工负责人直接与DCC调度员/车站行车值班员/电调等人员联系并登记，经DCC调度员/车站行车值班员/电调等相关人员同意后开始施工。

②销点规定

轨行区的施工作业，销点作业时施工负责人持施工工器具物料销点清单交销点站备案，施工工器具、物料由施工负责人专人负责清点、管理。

a.A类作业，施工负责人确认施工区域出清，报车站，由车站向行调销点。作业区域包含基地和正线的施工作业，施工负责人在出清施工区域后，向DCC调度员销点，DCC调度员在办理销点手续时必须同时向行调办理销点，同时通知作业区域内的车站。

b.B、C类作业施工完毕后，施工负责人负责施工区域的出清后到基地DCC调度员或车站行车值班员处销点。

c.当多站销点时，辅站施工联络人负责本段线路出清并报施工负责人后，在辅站销点；辅站值班员向主站值班员销点；施工负责人在该项作业区域全部出清后，报主站值班员销点，主站值班员向行调销点。

d.需异地销点的施工，施工负责人应在《车站施工登记表》备注栏中注明异地销点的地点。请点站值班员及时通知异地销点的车站值班员。

e.异地销点时，施工负责人向销点站登记销点，销点站经与施工负责人核对销点的施工内容、施工人数、地点等全部无误后，记录作业代码、作业人数、施工负责人等，并向请点站核对无误后，准予销点；销点站向请点站销完点后负责向行调销点，行调同意销点后销点站通知请点站相关事宜。

f.施工计划的填报及作业登记按人工书面登记办理，待相关设备及网络软件调试完毕后转为施工管理软件进行作业。

③跨线施工请销点规定

a.施工负责人到相关车站登记请点、车站向行调请点。

b.本线行调向邻线行调请点。

c.邻线行调待施工条件满足后同意本线行调请点、本线行调批准施工请点。

d.施工结束后，销点车站向行调销点，本线行调经请点线路行调同意后批准销点，销点站告知请点站，此项作业已销点。

e.施工作业单位在主线办理请销点手续，辅线配合，施工请点后，主线行调需通过录音电话与辅线行调办理请销点，请点/销点时间记录在作业内容栏内，辅线行调将该作业正常登记。

f.施工作业需要发布调度命令时，辅线行调为受令处所之一。

g. 原则上,除抢修外,跨线施工作业不予办理延点作业。

2)需接触网停电挂地线的作业规定

①正线施工作业,自身挂拆地线按以下程序执行:

a. 施工负责人到车站登记请点,车站向行调请点。

b. 线路出清后,行调通知电调停电。

c. 行调接到电调已停电的通知,向车站发布停电通知,行调确认施工负责人已与电调请完点后批准车站请点。

d. 车站接到行调的通知,做好安全防护后方可批准施工负责人施工。

e. 施工结束,施工人员出清施工现场,施工负责人向电调销点并向车站销点,车站报告行调销点,行调向电调确认地线撤除、线路出清后方可同意车站销点。

f. 行调确认可以送电,通知电调送电。

g. 电调根据行调的要求送电。

②正线施工作业,需配合挂拆地线按以下程序执行:

a. 施工负责人到车站登记请点,车站向行调请点。

b. 线路出清后,行调通知电调停电。

c. 行调接到电调已停电的通知,向车站发布停电通知,并确认可以挂地线后,通知电调可以挂地线。

d. 电调接到行调可以挂地线的通知,通知现场挂地线,确认完成后由电调通知行调。

e. 行调接到挂好地线的通知后,通知车站准许施工。

f. 车站接到行调的通知,做好安全防护后即可批准施工负责人开始施工。

g. 施工结束,施工负责人向车站销点,车站报告行调销点。

h. 行调接到车站销点并确认后,通知电调施工结束。

i. 电调获知施工结束后,通知现场拆除接地线。

j. 电调确认现场已拆除接地线,施工人员已出清施工现场后通知行调。

k. 行调接到电调地线已拆的通知,行调确认销点生效并确认可以送电,通知电调送电。

l. 电调根据行调的要求送电。

26.2 调度室管理

在轨行区管理期间"调度室"将对轨行区内的车辆、电力、施工进行统一调度,是确保轨行区安全的中枢。其主要工作内容如下:

1)全面负责管辖线路的运营调度指挥工作,实行高度集中、统一指挥,保证列车安全、正点、舒适、快捷运行。

2)负责审批、调整周施工计划、日补充计划、临时施工计划,组织各单位严格按批准的计划施工,确保轨行区维修施工任务的落实。

3)负责对行车相关系统的运作实施有效监控,对各系统运作过程中出现的异常情况及时采取措施。

4)负责妥善处理线路上发生的各类突发事件,降低事件影响,防止次生灾害的发生,并按规定程序及时向上级有关部门汇报。

5)定期召开本调度室各项会议，检查分析、贯彻执行上级指令的落实情况和安全生产情况，对工作和管理中存在的薄弱环节和问题做出决策，限期改进；抓准典型，总结经验，组织推广。

6)组织制定联合调度室各项业务及管理规章制度和工作标准。

7)负责本调度室人员的培训、用工、考核、分配等管理工作。

8)及时、准确地处理调试、施工期间行车异常情况，防止行车事故的发生。

9)当发生事故时，按规定程序及时向上级主管部门汇报，并采取措施防止事故扩大，积极参与组织救援工作。

10)严格执行各种施工计划的审批手续，并组织各施工单位实施。

11)对行车、供电系统的运作实施有效监控。

26.3 轨行区安保管理

轨行区安全管理是轨行区管理阶段的核心。安全的轨行区施工环境，有利于提升施工调试进度。

为确保轨行区的安全环境，根据现场及项目需要制定轨行区安全保卫工作方案，同时为了加强安保人员的管理，制定安保人员管理细则及安保人员工作手册。

轨行区安全保卫工作方案：根据项目需求及管理环境，制定出高效的轨行区安全保卫工作整体制度及工作流程。

安保人员管理细则：轨行区安保工作人员面临几大难题，一是人员不稳定，二是人员管理难度大，为更好地做好安保人员的管理，需制定安保人员管理细则及奖惩措施，通过奖惩并行的方式，提高安保人员的服务意识与工作质量。

安保人员工作手册：建设期轨行区安保面临人员更换频繁的弊端，为避免人员更换带来的工作阻滞，应提前制定不同岗位安保人员工作手册，工作人员根据工作手册可快速适应现场工作环境及工作流程。

轨行区安保范围包括工程车辆段、所有站台、车站轨行区、区间轨行区、出入段场线、正线及辅助线区域，联合调度室。以下将以站台轨行区安保工作手册阐述轨行区安保工作内容。

（1）基本工作原则

1)各施工单位人员需要进入轨行区，须签订安全协议，指定办理准入证人员持准入证，出具施工作业令，由项目部主要施工负责人之一和安全员带队，四个条件缺一不可。

2)四个条件具备后，安保人员要对出入人员进行验证登记，记录需写清施工人员单位、进场时间、施工专业、施工现场负责人姓名及联系电话、进出人数，进入区间所携带的工具、材料，区间施工地点，同时由安保人员负责各单位进入轨行区施工前人员、工器具等检查的工作并拍照留存。

3)登记完毕后，电话(手台)与安保调度联系，安保人员口述调度命令编号、作业区域与安保调度进行核对，命令上的内容需全部口述给安保调度。口述完毕后听安保调度命令，安保调度同意后方可进入。

4)屏蔽门专业设备属于轨行区管理，屏蔽门施工也需要具备上述条件。

5）进入轨行区施工人员需戴安全帽穿反光衣。

6）各站执勤安保，于当日 6：00 前将轨行区巡视完毕，然后向安保调度汇报出清情况。

7）参加清场工作的安保人员，要增强责任心，工作认真细致尽职尽责。

8）工作必须徒步全线进行，不得有任何遗漏。

9）清场中发现的安全隐患应立即整改，不能整改的应及时上报安保调度，如遇突发事件发生，要及时保护现场，并听从现场应急小组的指挥，正确、及时地做好事故处理工作。

10）各组清场工作结束后，应立即向安保调度报告。清场后实行封闭管理，24 小时值守。交班前 20 分钟，由当班安保调度将本班当班情况汇总，并填写工作日志交接班记录，日志内容应包括交班时间、调度员姓名、安保巡视检查记录、当日出入人员（含携带物品）记录、本班遗留工作或正在进行的工作、安全重点、卫生状况等内容。做好交班前各项准备工作。严禁任何无关人员进入封闭区。

11）动车调试中出现故障，需要下轨行区处理时，未接到接触网停电命令，严禁任何人员靠近接触网带电区域。

（2）值守巡查标准

车站上行头端、下行头端各布置 1 个值班点位，值守及巡逻示意图如图 26-1 所示。

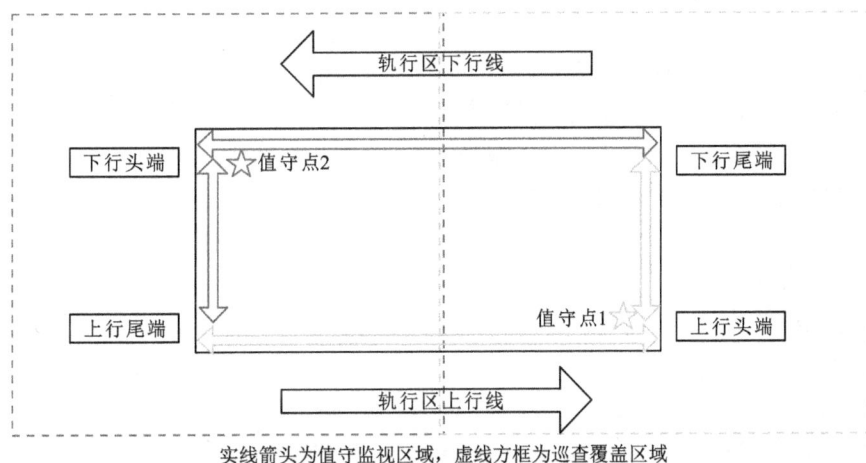

实线箭头为值守监视区域，虚线方框为巡查覆盖区域

图 26-1　值守巡查标准示意图

（3）值守规范

①值守点位物资：

桌椅（1 套）、手台（1 个含充电器及电池）、端门钥匙（1 把）、手电筒（1 个）、《工作流程图》（1 页）、《注意事项》（1 页）、《轨行区进出登记簿》（1 本）、《安保交接班记簿》（1 本）。

②岗位基本要求：

坚守岗位：坚守值守点工作台（定期巡查除外）。

着装规范：穿戴安全帽、安保服、反光服、工作牌。

严禁杜绝：擅离职守、睡觉、玩手机、扎堆聊天等。

特别提醒：任何时候须保证至少一人在站台值守。

③人员进出端门：

步骤1：申报(安保调度)；

步骤2：确认(放行条件)；

步骤3：登记(拍照、填写登记簿)；

步骤4：放行(放行后锁闭端门)。

(4)巡查标准

①站台巡视：

范围：端门、站台门1 m范围内；

频次：持续；

对象：作业人员、工具及材料；

目的：无人员、物料、工器具侵入轨行区。

②小站台巡查：

范围：小站台、应急通道；

频次：2 h/次；

对象：应急通道封闭及封条状况；

目的：无人员违规闯入轨行区。

③记录汇报：

实时记录(巡查拍照、保存2天)；

登记台账(2 h/次，登记到交接班记录簿)；

暂缓汇报(巡视正常，调度点名时汇报)；

立即汇报(紧急情况，手台直接呼叫)。

④违规处理：

发现(违章行为)；

制止(违规单位)；

取证(拍照录像)；

报告(安保调度)。

(5)施工管理规范

①请点作业规范：

步骤1：检查(出入证、施工负责人证、作业令)；

步骤2：报告(安保调度)；

步骤3：登记(轨行区进出登记簿)；

步骤4：拍照(人员、工器具、证件)；

步骤5：放行(获得许可后)。

②人员临时出入管控流程(吃饭、如厕等)：

步骤1：扣押出入证(可不登记)；

步骤2：报备(安保调度)；

步骤3：归还出入证(返回时)；

步骤4：报备(安保调度)。

③销点作业规范：

本站销点：

步骤1：检查（施工作业令、人员物料出清）；

步骤2：报告（安保调度）；

步骤3：销点（获得许可后）。

异地请点（其他站请点，本站销点）：

步骤1：核实信息（请点站安保）；

步骤2：检查（施工作业令、人员物料出清）；

步骤3：报告（安保调度）；

步骤4：销点（获得许可后）。

（6）交接班工作标准

1）交接班内容

①当班期间轨行区、小站台施工人员进场、出清情况。

②当班期间小站台值班及巡视人员进场、出清情况。

③当班期间站台巡视情况、小站台应急通道锁闭情况及封条状态。

④未完成工作说明。

⑤其他需交代事项。

2）交接班注意事项

①各车站交接班必须在站台进行。

②交接班拍照应带有水印（包含时间、车站、交班人、接班人），且照片背景为站台门或端门。

③交接班照片由交班人员下班后将照片发至工作群。

④8：00、20：00安保调度手台点名时，回复交接情况，格式如下：××站上行，已在××点××分完成交接，已经充分了解现场情况。

⑤交接完成后，安保调度询问现场情况，如果回答不清楚，视为交接班没有认真开展，按规定考核。

（7）离岗工作要求

车站安保遇特殊情况须保证至少有1人在岗，值守时要加强站台范围全覆盖巡查，及时发现问题和施工作业需求。

1）"离岗"五步曲

步骤1：申报（安保调度）；

步骤2：交接（另一安保）；

步骤3：离岗（限时返岗）；

步骤4：返岗（告知另一安保）；

步骤5：汇报（安保调度）。

2）离岗人员事项提醒

①非特殊情况，离岗不得超过20分钟，超时将由安保调度通知安保队长追究离岗安保责任，必要时纳入考核。

②车站安保取饭，由安保调度扎口管理通知，收到通知后按上述条款执行。取饭时间应控制在5分钟左右，以提高车站值守在岗率。

3)在岗人员事项提醒

①严禁坐岗。

②上、下行巡逻(值守监视区域)。

③重点关注防护(端门及站台门)。

④常规工作补位(请销点、登记、开门)。

第27章 考核与信息化管理

地铁线路的综合联调项目特点之一"涉及单位、人员众多",致使综合联调人员管理难度偏大,为确保联调工作的顺利进行,需制定合理有效的人员考核办法,一方面约束参与单位人员的调试行为,一方面调动联调参与单位(设计、集成、施工、监理)、人员的积极性。

综合联调考核管理一般可分为联调工程师的考核管理与联调单位的考核管理。联调工程师的考核管理旨在提高联调工程师的工作意识,确保联调计划的推进与联调质量的提高;联调单位的考核管理旨在提高参与单位的主观能动性,确保工程进度合理化的推进与工程项目的安全。

以联调办公室成员组成考评小组,考评小组组长牵头制定考核管理文件,并负责日常考评统计。

考评频率:考评小组原则上采取月考评的形式,对联调工程师及联调参与单位当月的工作进行考评和通报。

(1)联调工程师考评内容

1)联调工程师未按照联调计划开展联调工作的。

2)无故缺席、迟到、擅自早退联调或会议。

3)参与联调的工程师技术能力不足、不了解现场或设备,无法解决联调现场发现的、应由配合人员当场完成、处理的问题,影响联调顺利开展。

4)对联调发现的问题未及时跟踪整改超过5天,且无正当原因。

5)提报的安装、调试、问题整改进度数据与现场不一致(如数据显示已完成的,经现场核实实际未完成)。

6)未按已发布的联调总体计划的时间节点提前1天具备前提条件,且无正当理由。

7)在轨道交通工程质量安全监管通报中,涉及各联调小组相关问题的,纳入考核管理。

8)未按联调方案要求携带联调所需材料,或未按联调启动会要求做好职责范围内的准备工作。

考评结果运用:联调考评结果纳入联调月报,每月向联调办公室书面通报。轨道公司根据当月考评结果对联调工程师落实考评。对联调工作造成重大影响的联调小组,在轨道公司层面进行通报。

(2)联调参与单位考评内容

1)重视程度。

①专业负责人无故不能按时参加由轨道集团公司组织召开的专项会议;

②重大技术问题设计未能及时提供技术方案,重大设备故障监理未能协调组织快速处理;

③专业负责人无故不能按时参加由综合联调工作组通知的专题会；

④未按照业主要求及时提供现场数据报表的；

⑤按合同约定，不能及时提供相关设备技术和设计资料的。

2）人员情况。

①专业负责人未按时参加综合联调会议；

②联调相关人员无故缺席（含迟到 30 分钟以上、早退）；

③没有按照实施方案以及联调计划做好人员、技术资料的准备；

④不服从现场调试组长统一协调指挥，擅自行事或脱离岗位。

3）问题整改跟踪处理。

①联调过程中没有及时跟进处理解决问题；

②监理对故障未能及时跟踪处理，影响综合联调；

③未能按照轨道集团公司专项会议、联调专题会约定的时间督促问题整改；

④监理未及时在联调信息交流总群内督促问题单位更新问题整改的、设计未及时配合提供问题整改方案的，或弄虚作假。

4）质量问题。

①未达到合同约定的设备质量要求，设计和监理并未及时督促整改的；

②设计漏项较多，设计内容不明确，影响现场施工调试；

③设备安装及接线质量不达标，监理单位并未及时跟进整改的；

④监理对施工、设备质量卡控不严；

⑤监理对施工单位/集成商提供单调报告未进行审核的；

⑥不文明行为（乱扔垃圾、随地大小便等）。

5）施工安全。

①未审查作业计划或无作业令擅自进入行车区间进行作业；

②施工作业超出作业批准的区域；

③未按规定检查出清作业现场或其他不符合轨道集团公司相关安全管理规定的行为。

6）工期进度。

①因组织不力，工作落实不到位等原因影响综合联调项目周计划实施，造成延迟时间达 1 天；

②设计进度跟不上现场需求；

③现场监理单位对施工组织方案审查、落实不力，造成施工单位、设备厂商工期进度失控。

考评小组根据以上方面对各单位进行考核，实行加分减分制，并在月度例会通告各单位当月考核成绩，联调工作整体结束后根据各单位每月的考核成绩进行综合评优，并对表现优异的单位进行表彰，进而激励各单位的调试主动性。

27.1 信息化软件

信息化软件最早从 1998 年开始应用于工程项目管理，主要为解决国际大型建设项目信息管理难题，信息化软件是现代项目管理发展的趋势和主要手段之一，其建立在对项目实施全过程中项目参与各方产生的信息和知识进行集中式存储和管理的基础上。这同样也适用于地铁项目的联调联试,其为项目参与各方在网络平台上提供一个获取综合联调项目信息的入口;同时是基于互联网的一个开放性工作门户,为项目各参与方提供项目信息共享、信息交流和协同工作的环境。

为提高地铁建设的质量和效率,各类信息化平台不断地被引入地铁建设的各个环节之中。联调联试信息化软件就是其中之一,它是指在进行联合调试的时候使用的软件,联调项目管理、联调计划编制、问题上报、联调计划执行及反馈、数据统计图,均配置在综合联调系统内。管理员可通过 WEB/APP 端界面进行联调项目管理、联调计划编制、查看数据统计图。专业工程师和外部单位可以使用 WEB/APP 端界面进行问题上报、执行联调计划并进行反馈、查看数据统计图等。综合联调系统提供 WEB 端和 APP 端两种用户交互,WEB 端拥有的核心功能模块为基础数据管理、计划管理、实施管理、问题管理、系统管理、统计分析与报表。APP 端拥有的核心功能模块为计划管理、问题管理、现场执行管理、实施管理、统计分析与报表(图 27-1)。

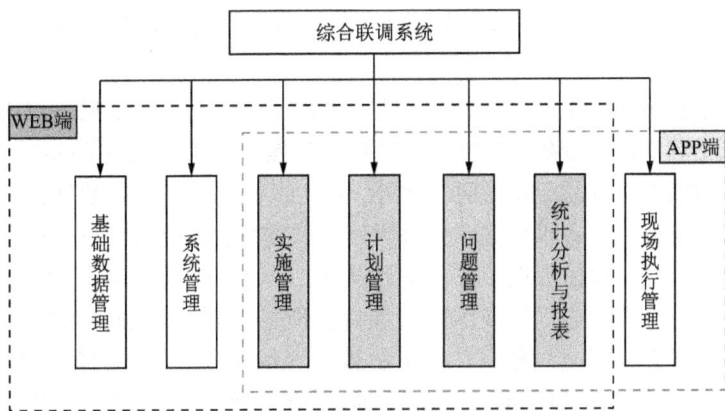

图 27-1 综合联调系统功能模块图

27.1.1 传统对比

27.1.1.1 传统调试方式缺陷

1)缺乏必备的数据采集终端。联调是地铁项目建设的关键环节,尽管如此,许多地铁公司还是使用传统的综合联调模式。联调的调试结果记录依赖于纸质记录,调试结束后,记录数据仍需要人工二次填写到电子表格。初级阶段的手工填写方式缺乏高效的信息化管理手段,整个联调调试过程不仅效率低、易出错,而且造成了大量的人力成本浪费。

2)缺乏预警提醒手段。联调计划、问题整改计划等关键时间节点需要采取合理有效的预警提醒手段。如常用的终端应用内提醒、短信提醒等,提醒相关单位负责人进行及时跟踪处理,保障项目进度。

3)缺乏多厂家协同作业平台。联调联试工作的开展过于依赖施工总承包的牵头,其他监理、施工方等的配合积极性不高,协调和沟通工作效率低下。同时轨道交通项目建设的联调工作设计单位众多,在技术协调、问题整改环节缺乏有效的协同手段,需要展开大量的沟通和协调工作。调试工作中的问题涉及多厂家多品牌，通知与整改反馈仍然依靠即时通信工具、电话等方式相互传达，信息沟通路径长、效率低，过程无法跟踪。

4）缺乏项目成果数据有效应用。在历史数据的保存和统计分析方面，当前联调联试历史数据文件的保存过于分散、质量也参差不齐，难以开展数据分析工作。联调联试数据量大，手工录入易造成数据一致性差、质量参差不齐等问题，增加后期数据分析工作的难度，导致大量的调试成果、经验数据未能发挥潜在的利用价值。

5）缺乏责任担当。权责划分方面，联调联试工作的参与人员过多，人员间相互替班、代办等现象频繁发生，事故出现或调试结果不佳时，易导致权责不明的结果。

27.1.1.2　软件调试方式的优势

1）实现即时通信，提高调试效率。利用项目信息门户实现所有参与人员的实时沟通，及时解决联调联试工作中遇到的问题。综合利用多样化的 WEB 端、APP 端使用信息平台，简化了联调联试工作流程，真正实现联调联试工作的移动化，也提高了调试效率。

2）增强了历史调试信息的可追溯性。通过将历史调试信息存储在 BIM 和项目信息门户平台的云端。当在调试工作中遇到问题时，可以快速、准确地定位到相关工作的负责人。因而可以实现责任追踪制，并且为寻找问题的原因提供直接的数据支持，提高联调联试工作的质量。

3）可进行大数据分析，便于改进调试方案。在联调联试过程中，通过对 BIM 和项目信息门户平台中的历史数据进行分析、挖掘，确定调试过程中的关键构件和步骤，有利于提高调试工作的进度控制能力，缩短实际工期。此外，对比工作现状和历史数据，进行大数据分析，可以预测接下来可能遇到的各种问题，及时调整调试方案，避免造成重大损失。

4）实现无纸化办公，简化管理工作。联调联试工作中会产生大量的文档记录，并且这些文档记录会在不同的专业组之间以及不同的项目管理层、参与方之间传输。上述各类信息化平台的应用实现了线上共享文档信息，真正做到了无纸化办公，节约项目管理成本。此外，通过信息化平台的多角色控制方法，可以实现文档管理协同化和集中化，也简化了管理工作。

27.1.2　设计开发

在软件设计开发过程中，要全面参考与传统联调联试多端融合的轨道交通综合联调管理平台，对综合联调项目测试记录表进行整合，可实现综合联调测试记录表的标准化、规范化与无纸化，并具备在移动端的离线操作功能，贴合现场实际使用环境，信息存储内容增强了历史调试信息的可追溯性。开发要求应满足以下条件，避免传统调试过程的缺陷。

1）管理流程无纸化。业务处理过程中全部使用无纸化操作，既能实现便捷操作，也能节约纸张；省去纸质签批审核等繁杂步骤；增加了工作内容的"可携带性"，随时随地工作；系统记录操作人不可更改，如有人为破坏更改，皆有历可查；线上问题及时记录并推送相关单位，减少推脱现象的发生；减少纸张的使用和油性笔的污染，保护生态环境。

2）调试要求标准化。因地制宜编制城市轨道交通联调联试方案、大纲、细则，并作为综合联调前延伸内容在软件平台上实现下发及通告。同时根据最新规范编制包含接口功能、正常工况多系统联动功能、消防联动功能、灾害模式下多系统联动功能、系统关键能力、全自动运行场景功能等定制方案。

3)问题处理简约化。单机、联调调试过程中发现问题,只需要一键生成,系统就能自动关联生成问题库,不仅满足单调测试审核过程中问题的一键生成、联调测试中问题的一键生成、问题的定向推送,使问题整改更直观,还能满足问题整改倒计时,提升整改紧迫感。

提高效率推进整个联调过程。

4)数据分析智慧化:支持多维度数据分析、总结,区分测试统计以及问题库整改统计,测试统计包含联调标准按大类进行统计。将联调标准划分为接口功能、正常工况下多系统联动功能、消防联动功能、灾害模式下多系统联动功能、系统关键能力、全自动运行场景功能,不同的项目对应权重比例统计出项目类型调试进度,协助技术人员更透彻地理解调试进度,及早准备。同时针对问题分布情况、整改问题分布情况、问题属性分布情况、各系统问题分布情况、各站点问题分布情况,多维度剖析问题分布情况以及现场整改情况。

5)多端操纵角色化:手机端与系统后台多端联动,线路管理权限、单位权限、运营权限,实现全过程便捷式管理。此外,通过信息化平台的多角色控制方法,可以实现管理协同化和集中化,也简化了管理工作。系统结合计算机、大数据、安全信息等多种新近技术为整套联调软件赋能。

27.1.3 环境要求

27.1.3.1 系统性能指标

要求实施单位提出的硬件架构方案必须达到以下技术性能指标,在使用负荷最多时,服务器的性能在如下范围内。

1)CPU 最大使用率(<70%)。

2)内存最大使用率(<70%)。

3)所有系统在最大并发用户的情况下及项目所采用硬件配置环境下,进行典型操作(如查询、报表展现)等时系统用户页面交互时间原则上小于 5 s,如果超过 5 s,投标人必须提出合理解析。

4)开发的应用报表每次在系统执行运算的时间小于 1 min。

5)系统最高负荷持续时间不超过 1 h。

27.1.3.2 系统可靠性指标

系统可靠性应达到如下要求。

1)稳定运行时间:在指定的事物数、指定的负载用户下稳定运行时间。

2)系统能支持系统主机、操作系统、网络、数据库 7×24 h 平稳运行。

3)业务的可用性应达到:99.9%。

4)MTBF(平均故障间隔)>2196 h。

5)MTTR(平均修复时间)<1 h。

6)确保硬件出现单点故障时,不影响信息系统的使用。

7)系统支持双机热备,单台设备的故障不影响业务进行,实现故障恢复,不中断业务服务。

8)对数据库中常用的、符合添加索引要求的表字段要添加合适的索引。

9)系统应提供任务管理功能,对于大量消耗资源的批处理任务可以允许用户定义安排到系统资源空闲的时候运行。

27.1.3.3 运行环境要求

系统应能支持以下运行环境。

1）操作系统：Windows/Linux/UNIX 等各种平台。

2）支撑应用服务器：Tomcat 8.5/Weblogic/IBM Websphere 等。

3）数据库：Mysql5.5 以上/Oracle 10i 以上等。

4）编码：UTF-8/GB2312/GBK 编码/BIG5 编码。

5）浏览器：Chrome、Internet Explorer 10 或以上，兼容市场主流浏览器 FIREFOX、SO-GOU、360 等。

6）支持主流手机型号。

27.1.4 使用纠偏

在软件使用过程中，因为现场调试节奏变化，软件使用一旦出现混乱、卡滞的现象，实际操作者会懈怠使用，长期积累则使用软件的初衷得不到体现，并会成为一种负担。所以在软件使用过程中须有专人进行软件问题的统计、商讨和处理，确保每条线的调试软件都能个性化存在和使用，满足地铁建设过程中变化多端、繁杂的局面。

27.1.4.1 系统纠偏

通过专业、场所、状态三个层次进行接口体现的划分，并在调试完成后录入接口调试小结，小结内容包含调试状态、存在问题、整改措施、整改消缺项等内容。完成小结后需调试人员进行手签，自动添加时间戳，当调试工作中遇到问题时，可以快速、准确地定位到相关负责人。因而可以实现责任追踪制，并且为寻找问题的原因提供直接的数据支持，提供联调联试工作质量。同时确认系统正常逻辑流程，不产生多余主线步骤。联调标准由系统提供，各单位用户调试完毕后在系统中记录联调实施的情况，在调试过程中记录问题描述，完整清晰地记录联调变更过程，为各参调单位的联动及时更新联调信息、联调进度，并迅速、高效地流转处理调试中产生的问题库，避免浪费不必要的时间成本。

27.1.4.2 问题纠偏

系统提供自动生成问题库以及问题库的追踪机制，对问题进行分类管理和持续跟踪整改情况，提高问题的处理速度，实现联调问题库的 PDCA 闭环，使整个问题的整改更加透明，提高整改的质量，保证工程的进度。同时系统将问题库整改反馈意见同步更新，将标准统一化，既能缩短沟通路径又能提升工作效率，也可以避免错误和不必要的返工。规范化生成的问题库，录入项包含问题来源描述、问题内容描述、问题级别描述、发现日期、整改日期、整改状态、责任牵头单位、责任相关单位等。清晰记录每一次调试过程中的问题，沉淀数据。通过查看记录的问题库，对工作现状和历史数据进行大数据分析，可以预测接下来可能遇到的各种问题，便于专家及时调整技术调试方案，避免造成重大损失。

27.1.4.3 计划纠偏

综合联调前组织各项联调工作，在调试初期按专业、场所、状态进行计划管理分类，利用移动终端信息化管理。各单位负责人可以及时控制现场动态，也简化了人工操作。实现项目调试过程中不同专业组之间的中心对多点的交互，解决沟通滞后的问题，确保整体工程按时并保质完成。

27.1.5 归档分析

27.1.5.1 资料归档

1) 联调初始阶段。信息化软件会根据线路特点导入前置文档和新建参考文档。这些文档分别隶属不同模块,同时是信息化软件具备使用的前提条件。文档包含但不限于:联调联试方案、联调联试大纲、联调联试细则、联调前置条件、年度计划、多层级通信录。

2) 联调行进阶段。信息化软件使用必将产生大量的文档记录,通过不同的专业组之间以及不同的项目管理层、参调单位之间传输,线上共享文档信息,实现真正的无纸化办公,节约了成本。此外,通过信息化平台的多角色控制方法,可以实现文档管理协同化和集中化,也简化了管理工作。

3) 联调收尾阶段。信息化软件内已经储存大量文档资料,系统根据前置设定,按照业主需求导出相应内容进行归档。归档文档包含但不限于:联调调试记录表、联调问题库、联调月计划、联调周计划、联调日计划、联调日报、会议记录、联调进度图、总结报告。

27.1.5.2 分析展望

(1) 软件分析

传统的进度统计均需大量的人员对数据单元进行人工统计计算,在大量的工作下容易出现错误。本次通过信息化进度研究,以现场实测数据为基准,应用储存数据分析,系统自动分析计算出联调的准确进度,并将数据进行图表可视化处理,供各参建单位直观了解综合调试进度,为各单位合理安排工作提供参考。

地铁综合联调信息化软件是集移动数据采集、数据共享、数据统计分析为一体的系统,可实现综合联调调试进度等信息的采集、分析和进度可视化管理。相较于传统人工计算,大幅提高了进度统计的效率及准确性,便于业主直观透明地了解当前综合联调整体进度;在信息共享上加快了联调相关信息交流速度,提高联调信息采集的及时性与准确性,使各单位更准确、深入地了解信息,提高工作效率,改善管理质量,避免信息混乱造成的计划延误及错误施工带来的经济损失。

(2) 展望未来

未来,联调信息化软件甚至可以通过对地铁项目建设的各个子系统的功能实现、性能试验,过程监督、组织管理等进行了全过程跟踪和记录,制作记录表格并按时、准确填写,既能尽可能准确地收集地铁项目建设中各个系统的功能实现情况、联调联试组织制度情况、外部干扰情况和接口实现情况等一手资料,为今后的地铁线路运营、维护和应急管理提供丰富的历史参考数据,又能够为新的地铁项目建设的联调联试工作提供标准化的工作流程和管理范本。

随着信息技术和网络科技的不断发展,地铁综合联调管理信息化是未来轨道交通综合联调领域的必然发展趋势,综合联调进度管理和调试过程管理方面进行信息化的探索和研究开发,成果不仅在地铁建设前期的关键环节中起到显著的优化作用,此外,通过形成的历史数据总结分析既往综合联调可改进项,可为今后的综合联调实施及推进工作做出有益指导。

27.2 AI 探索

地铁综合联调系统是综合联调前置条件管理、综合联调实施过程管理、综合联调档案管理、统计管理的全过程信息化。依托大数据、移动互联网、物联网等主流技术，建设工程项目联调联试移动终端 APP 系统、联调联试管理系统、大数据可视化系统等，实现数据流、信息流的流转贯通，以及数据资产的加工利用等，形成一个功能完备的闭环效应。随着近年来 AI 的发展，把 AI 应用于综合联调信息化，这无疑填补了国内联调联试数据采集、设备厂家协调、预警提醒、任务分发管理、成果管理等综合性应用型工具的空白。

在地铁系统的建设和运营过程中，综合联调联试是一个至关重要的环节。它涉及多个系统、多个设备和多个团队的协同合作，确保地铁系统能够正常、安全、高效地运行。而 AI 技术的应用，则为综合联调联试带来了更多的可能性和优势。

（1）智能化的调试与测试

传统的综合联调联试往往需要大量的人力投入，而且调试过程复杂、耗时。而 AI 技术可以通过机器学习和数据分析，自动识别和修复系统中的问题，大大减少了人工调试的时间和成本。AI 可以模拟各种实际运营场景，对地铁系统进行全面的测试，确保系统的稳定性和可靠性。

（2）实时监控与预警

在综合联调联试过程中，AI 可以实时监控地铁系统的运行状态，一旦发现异常情况，立即发出预警。这有助于及时发现和处理问题，避免潜在的安全隐患。同时，AI 还可以对调试过程中的数据进行实时分析，为调试人员提供决策支持。

（3）优化调试策略

AI 可以根据历史数据和实时数据，预测地铁系统的运行趋势和可能出现的问题。这有助于调试人员制定更加科学合理的调试策略，提高调试效率和准确性。同时，AI 还可以对调试过程进行智能优化，减少不必要的调试步骤和成本。

（4）提升团队协作效率

综合联调联试涉及多个部门和团队的协作。AI 技术可以帮助各部门之间实现信息共享和协同工作，提高团队协作效率。同时，AI 还可以提供智能化的沟通工具，帮助团队成员更好地沟通和协作，确保调试工作的顺利进行。

（5）自动化故障模拟与应对

在综合联调联试阶段，AI 可以模拟各种潜在的故障情况，以测试地铁系统的容错性和故障恢复能力。这种自动化的故障模拟能够大大加快测试进程，并且能够模拟出实际中难以复现的复杂场景。通过模拟，可以验证地铁系统在出现故障时的响应速度和恢复策略的有效性。

（6）数据驱动的调试优化

AI 技术能够利用大数据和机器学习算法，对综合联调联试过程中产生的海量数据进行分析。通过分析，可以找出地铁系统中可能存在的瓶颈和问题，提出优化建议。这种数据驱动的调试优化方法，不仅提高了调试的精度，还使得调试过程更加科学和系统。

（7）虚拟仿真与实体调试相结合

AI技术还可以与虚拟仿真技术相结合，通过构建虚拟的地铁运行环境，对地铁系统进行虚拟调试。虚拟仿真可以模拟各种极端情况和复杂场景，对地铁系统的性能进行全面测试。同时，虚拟仿真与实体调试相结合，可以在保证安全的前提下，大大提高调试效率和覆盖范围。

（8）智能化的调试决策支持系统

AI可以构建一个智能化的调试决策支持系统，为调试人员提供决策支持和建议。这个系统可以根据实时数据和历史数据，分析地铁系统的运行状态和性能表现，提出针对性的调试方案和优化建议。通过智能化的决策支持，可以进一步提高调试的效率和准确性。

（9）促进标准化与规范化

AI技术有助于促进地铁综合联调联试的标准化和规范化。通过制定统一的数据标准和操作流程，可以确保调试过程的一致性和可重复性。同时，AI技术还可以对调试过程进行监督和评估，确保调试结果符合标准和要求。

（10）用户体验与安全性增强

AI技术在地铁综合联调联试中的应用，还可以显著增强用户体验和安全性。通过模拟乘客的实际出行场景，AI可以评估和优化地铁系统的服务质量和舒适度，从而提供更加便捷、舒适的出行体验。同时，AI还可以分析地铁系统的潜在安全隐患和风险点，提出相应的安全措施和改进建议，确保乘客的安全出行。

（11）灵活应对变化与不确定性

地铁系统的建设和运营过程中，常常会遇到各种不可预见的变化和不确定性。AI技术具有强大的自适应和学习能力，可以灵活应对这些变化和不确定性。通过不断地学习和调整，AI可以优化地铁系统的性能和稳定性，确保系统的顺畅运行。

（12）预测性维护与故障预防

利用AI的预测分析能力，可以对地铁系统进行预测性维护，提前发现并解决潜在问题。通过对系统运行数据的实时监控和分析，AI可以预测设备的磨损趋势和故障风险，从而制订针对性的维护计划，减少故障发生的可能性。这种预测性维护不仅可以提高地铁系统的可靠性，还可以降低维护成本和时间。

（13）促进知识共享与传承

AI技术还可以促进地铁系统调试和维护过程中的知识共享和传承。通过构建知识库和学习平台，AI可以将调试过程中的经验、技巧和最佳实践进行积累和分享。这不仅有助于新手快速掌握调试技能，还可以帮助资深人员不断学习和进步。

（14）绿色环保与可持续发展

在地铁综合联调联试中，AI技术还可以助力绿色环保和可持续发展。通过分析地铁系统的能耗和排放数据，AI可以提出节能减排的优化方案和建议。同时，AI还可以优化地铁系统的运行模式和调度策略，减少对环境的影响和破坏。AI与地铁综合联调联试的结合具有巨大的潜力和价值。AI技术的应用不仅可以提高调试效率和准确性，还可以提升团队协作效率，确保地铁系统的正常运行。随着AI技术的不断发展和创新，其在地铁综合联调联试中的应用也将越来越广泛。

第 28 章　系统联调的评估总结与收尾内容

结合地铁建设项目标志性工筹节点，综合联调总结与评估报告可分三阶段进行，第一阶段为试运行开始前的综合联调评估报告、第二阶段为试运行结束前的综合联调总结与评估报告、第三阶段为在本工程所有综合联调作业完成时提供的综合联调总结与评估总报告。

在评估报告编制结束后还需对整个项目过程资料进行汇总。

28.1　试运行开始前的综合联调评估报告

（1）评估总结内容

行车类的测试项完成后进行该阶段的总结与评估，如轮轨关系测试、弓网关系测试、信号系统功能综合测试、大屏系统与关联系统综合联调、车辆系统相关功能测试、站台门系统相关测试等，报告内容包含影响行车安全的测试全过程资料、可能发生的风险评估及应急预案等。

（2）评估总结方式

该阶段的总结与评估可以采取资料审查与会议确认的形式进行，首先对各相关测试项的测试过程文件进行汇总审查，结合相关联调问题的整改闭环情况进行总结与评估，形成初步的试运行前评估报告，其次组织各相关承包商召开对总结评估报告的审查确认会议，最终形成试运行前的评估。

（3）评估总结意义

试运行是各设备与设备之间、系统与系统之间、人员与设备系统之间充分磨合的阶段，也是验证新线是否可以安全运营的关键阶段，基于行车类测试项目的完成状况与问题整改闭环的进度，并包含风险预测与应急处置方案的该阶段总结评估报告是试运行顺利进行的重要保障。

28.2　试运行结束前的综合联调总结与评估

（1）评估总结内容

试运行结束前，需对试运行期间各行车类指标进行统计与汇总，如：列车运行图兑现率、列车正点率、列车服务可靠度、列车退出正线运营故障率、车辆系统故障率、信号系统故障率、供电系统故障率、站台门系统故障率；同时对试运行期间进行的联调测试项进行总结与评估，如通信系统的相关测试内容、综合监控系统的相关测试内容与 AFC 系统的相关测试内容等，该阶段的总结与评估需包含试运行的过程记录和行车类指标与规范要求指标对比等内容。

（2）评估总结方式

该阶段的总结评估应基于试运行结束前所进行的综合联调作业记录、阶段性总结与评估报告编制，首先通过对试运行过程资料与其他联调资料进行汇总，其次对联调问题进行分类总结，针对常见问题进行分析，形成试运行结束前的综合联调总结评估报告初稿，最后与所有承包商共同确认形成正式的试运行结束前的综合联调总结与评估报告。

（3）评估总结意义

试运行结束前的综合联调总结与评估是对试运行期间设备与设备之间、系统与系统之间、人员与设备系统之间充分磨合的阶段效果的总结，也是系统功能缺陷整改效果的总结，同时也是为运营服务质量提升提供参考的重要文件。

28.3 综合联调总结与评估总报告

（1）评估总结内容

综合联调总结与评估总报告是在综合联调所有测试结束，联调问题整改完成后对所有测试过程结果的汇总总结，内容应包含过程记录、问题整改记录、问题分析与总结、风险预测与建议等内容。

（2）评估总结方式

综合联调总结与评估总报告应基于所有测试项的过程记录与问题整改记录进行编制，首先对各测试项目的评估总结进行汇总与分析，其次对联调问题进行分类并汇总，再次对常见问题进行总结分析并提出解决方案，最后结合各测试项的测试报告编制总报告。

（3）评估总结意义

在综合联调所有测试项结束后意味着各系统功能均已满足设计要求，经主管部门验收审查后即可进入初期试运营阶段，综合联调总结与评价总报告为验收、专家评审等过程提供一定的技术参考资料，也是初期运营期间运营组织的重要参考。

28.4 文档整理归档

（1）地铁综合联调资料收集整理归档的重要性

1）提高运营管理水平：地铁综合联调资料是评估地铁系统运行状态的重要依据。通过对这些资料的收集、整理和归档，可以及时发现潜在的安全隐患，为运营管理提供科学依据，提高运营效益。

2）保障地铁安全：地铁综合联调涉及众多专业领域，如土建、车辆、信号、供电等。对这些领域的资料进行收集整理归档，有助于确保地铁系统各部分之间协调与配合，降低安全事故发生的风险。

3）促进地铁可持续发展：地铁综合联调资料的收集整理归档，有助于总结地铁建设与运营经验，为未来地铁项目提供借鉴。同时，这些资料可以为政府、企业、研究机构等多方提供参考，推动地铁行业的技术创新与产业发展。

（2）地铁综合联调资料收集整理归档实践方法

1）明确收集整理归档的范围与内容：根据地铁综合联调的实际需求，明确所需收集的资料范围，包括设计文件、施工图纸、设备说明书、验收报告、运营数据等。同时，确保收集的资料完整、准确、系统。

2）建立完善的资料管理制度：建立健全地铁综合联调资料的管理制度，包括资料的分类、归档、查询、借阅、更新等环节。明确各级管理人员职责，确保资料的安全与保密。

3）采用现代化管理手段：运用计算机技术、网络技术等现代化手段，对地铁综合联调资料进行数字化管理。搭建信息平台，实现资料的快速查询、分析与传递，提高管理效率。

4）加强培训与宣传：加强对地铁综合联调资料收集整理归档工作的培训与宣传，提高相关人员的政治觉悟和业务能力，确保工作的顺利开展。

5）定期检查与评估：对地铁综合联调资料的收集整理归档工作进行定期检查与评估，及时发现问题，制定整改措施，持续改进工作。

附录: 名词术语

序号	缩略语	英文解释	中文解释
1	AFC	Automatic Fare Collection	自动售检票系统
2	ACC	AFC Clearing Center	清分系统
3	AGP	Accelerated Graphics Port	加速图形端口
4	AI/AO	AnalogueInput/Analogue Output	模拟输入/模拟输出
5	ASD	Automatic Sliding door	滑动门
6	ATC	Automatic Train Control	列车自动控制系统
7	ATO	Automatic Train Operation	列车自动运行子系统
8	ATP	Automatic Train Protection	列车自动保护子系统
9	ATS	Automatic Train Supervision	列车自动监控子系统
10	BAS	Building Automatic System	环境与设备监控系统
11	BM	Block Mode	点式后备模式
12	CBTC	Communication-Based Train Control	基于通信的列车控制;连续式控制模式
13	CC	Carbone Controller	车载控制器
14	C/S	Client/Server	客户机/服务器
15	CCTV	Closed Circuit Television	闭路电视系统
16	CLK	Clock	时钟系统
17	CISCS	CentralIntergrated Supervision &	中央综合监控系统
18	CPU	Central Processing Unit	中央处理器
19	DC	Direct Current	直流
20	DCC	Depot Control Centre	车辆段运营控制中心
21	DCU	Door Control Unit	门控单元
22	DI/DO	DigitalInput/Digital Output	数字输入/数字输出
23	DISCS	Depot Main Control System	车辆段综合监控系统
24	DVD-ROM	Digital Video Disk-Read Only Memory	数字视盘—只读存储器
25	EED	Emergency Egress Door	应急门

续表

序号	缩略语	英文解释	中文解释
26	ESS	Emergency Stop Switch	紧急停车按钮
27	FAS	Fire Alarm System	火灾报警系统
28	FC	Fibre Channel	光纤通道
29	FEP	Front End Processor	前端处理器
30	GUI	Graphical User interface	图形用户接口
31	I/O	Input/Output	输入/输出
32	IBP	Integrated Backup Panel	综合后备盘
33	MBN	ISCS Backbone Network	综合监控骨干网
34	ISCS	Intergrated Supervision & Control System	综合监控系统
35	HMI	Human Machine interface	人机界面
36	MTBF	Mean Time Between Failure	平均无故障时间
37	MTTR	Mean TimeTo Repair	平均修复时间
38	NFS	Network File System	网络文件系统
39	NMS	Network Management System	网络管理系统
40	OA	Office Automation	办公自动化系统
41	OCC	Operating Control Centre	运营控制中心
42	O/E	Optical/Electrical	光电转换器
43	OPS	Overview Projection System	大屏幕系统
44	PA	Public Address	广播系统
45	PSC	PSD System Controller	站台门系统控制器
46	PSD	Platform Screen Door	站台门系统
47	PSL	PSD System Local Controller	站台门系统就地控制器
48	PIS	Passenger Information System	乘客信息系统
49	RAID	Redundant Array of In-expensive Disks	冗余磁盘阵列
50	RISC	Reduced Instruction Set Computer	精简指令集
51	SCR	Station Control Room	车控室
52	SCSI	Small Computer Serial Interface	小型计算机接口
53	SIG	Signaling System	信号系统
54	SISCS	StationIntergrated Supervision &	车站综合监控系统
55	SMP	Symmetrical Multi Processor	对称多处理器
56	SOE	Sequence Of Event	事件序列
57	TEL/ALM	Telecommunication Alarm system	集中告警系统

续表

序号	缩略语	英文解释	中文解释
58	TMS	Training Management System	培训管理系统
59	UPS	Uninterrupted Power System	不间断电源系统
60	USB	Universal Serial Bus	通用串行总线
61	VGA	Video Graphics Array	视频图形阵列
62	VLAN	ViFEPal Local Area Network	虚拟局域网
63	VME	Versa Module Euro card	多模块接口总线

参考文献

[1] GB 50157—2013 地铁设计规范[S].北京:中国标准出版社,2013;

[2] GB 50490—2009 城市轨道交通技术规范[S].北京:中国标准出版社,2009;

[3] GB/T 30013—2013 城市轨道交通试运营基本条件[S].北京:中国标准出版社,2013;

[4] GB/T 30012—2013 城市轨道交通运营管理规范[S].北京:中国标准出版社,2013;

[5] JB104—2008 城市地铁工程项目建设标准[S].北京:中国计划出版社,2008;

[6] GB 50382—2016 城市轨道交通通信工程质量验收规范[S].北京:中国标准出版社,2016;

[7] GB/T 20907—2007 城市轨道交通自动售检票系统技术条件[S].北京:中国标准出版社,2007;

[8] GB 16899—2011 自动扶梯和自动人行道的制造与安装安全规范[S].北京:中国标准出版社,2011;

[9] GB/T 7588—2020 电梯制造与安装安全规范[S].北京:中国标准出版社,2020;

[10] GB/T 16275—2008 城市轨道交通照明[S].北京:中国标准出版社,2008;

[11] GB/T 7928—2003 地铁车辆通用技术条件[S].北京:中国标准出版社,2003;

[12] GB/T 12758—2004 城市轨道交通信号系统通用技术条件[S].北京:中国标准出版社,2004;

[13] GB 50578—2010 城市轨道交通信号工程施工质量验收规范[S].北京:中国建筑工业出版社,2010;

[14] 中国交通运输协会城市轨道交通专业委员会.城市轨道交通信号系统 ATS 技术规范[R].2009(4);

[15] TB 10009—2016 铁路电力牵引供电设计规范》[S].北京:中国铁道出版社,2016;

[16] GB 50308—2017 地下铁道、轻轨交通工程测量规范[S].北京:中国建筑工业出版社,2017;

[17] GB 50339—2013 智能建筑工程质量验收规范[S].北京:中国标准出版社,2013;

[18] GB/T 50732—2011 城市轨道交通综合监控系统工程施工与质量验收规范[S].北京:中国计划出版社,2011;

[19] GB 50636—2018 城市轨道交通综合监控系统工程设计规范[S].北京:中国建筑工业出版社,2018;

[20] TB 10007—2017 铁路信号设计规范[S].北京:中国铁道出版社,2017;

[21] TB/T 3027—2002 计算机联锁技术条件[S].北京:中国铁道出版社,2002;

[22] TB/T 1774-1986 继电式电气集中联锁技术条件[S]

[23] T/CAMET 04017.4—2019 城市轨道交通全自动运行系统规范第4部分:测试及验证[S]

[24] 中华人民共和国铁道部运输局.铁路信号集中监测系统安全要求[R].运基信号[2011]377号;

[25] TB/T 32296—2019 铁路信号计轴设备通用技术条件[S].北京:中国铁道出版社,2019;

[26] TB/T2615-1994 铁路信号故障-安全原则[S].北京:中国铁道出版社,1994;

[27] 中交协 10 号—2019 城市轨道交通 CBTC 信号系统行业技术规范-需求规范[S];

[28] GB/T 20907—2007 城市轨道交通自动售检票系统技术条件[S].北京:中国标准出版社,2007;

[29] GB 50381—2010 城市轨道交通自动售检票系统工程质量验收规范[S].北京:中国标准出版社,2010;

[30] CJJ/T162—2011 城市轨道交通自动售检票系统检测技术规程[S].北京:中国建筑工业出版社,2011;

[31] GB 50300—2013 建筑工程施工质量验收统一标准[S].北京:中国建筑工业出版社,2013;

[32] 建标 104 城市快速轨道交通工程项目建设标准[S];

[33] TB/T 2614—2005 转辙机通用技术条件[S].北京:中国铁道出版社,2005;

［34］住建部 42 号文 城市轨道交通建设工程验收管理暂行办法［R］;

［35］交运规〔2022〕4 号 城市轨道交通初期运营前安全评估管理暂行办法［R］;

［36］交运规〔2019〕16 号 城市轨道交通正式运营前和运营期间安全评估管理暂行办法［R］;

［37］交办运〔2023〕56 号 城市轨道交通初期运营前安全评估规范［R］;

［38］交运规〔2019〕15 号 城市轨道交通客运组织与服务管理办法［R］;

［39］交运规〔2019〕14 号 城市轨道交通行车组织管理办法［R］;

［40］交办运〔2023〕58 号 城市轨道交通运营期间安全评估规范［R］;

［41］T/CAMET 04016—2019 城市轨道交通系统设备综合联调规范［S］.北京:中国建筑工业出版社,2019;

［42］兰星.地铁无人驾驶信号系统与屏蔽门接口设计［J］.铁道通信信号,2017(4);

［43］陈辉,刘林发,张洪.地铁无人驾驶场段的全自动调车功能应用［J］.城市轨道交通研究,2020(12);

［44］孙永才,马志荣,张顺.无人驾驶地铁车辆火灾报警系统设计及试验验证［J］.电力机车与城轨车辆,2023(4);

［45］赵宗建,江国前.浅谈全自动无人驾驶地铁功能分析及故障应对［J］.中国科技投资,2021(22).

［46］李军,王亮,张辉.城市轨道交通综合联调组织指南［M］.北京:中国建筑工业出版社,2020;

［47］陈开东,沈鑫.轨道交通机电总承包系统集成管理指南［M］.镇江:江苏大学出版社,2022;

［48］沈卫平,崔学忠.城市轨道交通综合联调组织与实践［M］.北京:人民交通出版社,2022;

图书在版编目(CIP)数据

城市轨道交通工程系统联调联试 / 张建平主编.
长沙：中南大学出版社，2024.10.
ISBN 978-7-5487-6015-3

Ⅰ. U239.5

中国国家版本馆 CIP 数据核字第 2024H4E374 号

城市轨道交通工程系统联调联试
CHENGSHI GUIDAO JIAOTONG GONGCHENG XITONG LIANDIAO LIANSHI

张建平　主编

□出 版 人	林绵优
□责任编辑	刘　辉
□责任印制	李月腾
□出版发行	中南大学出版社
	社址：长沙市麓山南路　　　　邮编：410083
	发行科电话：0731-88876770　　传真：0731-88710482
□印　　装	广东虎彩云印刷有限公司

□开　　本	787 mm×1092 mm 1/16	□印张 25.25	□字数 640 千字
□版　　次	2024 年 10 月第 1 版	□印次 2024 年 10 月第 1 次印刷	
□书　　号	ISBN 978-7-5487-6015-3		
□定　　价	128.00 元		

图书出现印装问题，请与经销商调换